MEDIEN IN ERZIEHUNG UND BILDUNG

Grundlagen und Beispiele
einer handlungs- und entwicklungsorientierten
Medienpädagogik

von

Gerhard Tulodziecki

3., überarbeitete und erweiterte Auflage von
„Medienerziehung in Schule und Unterricht"

1997

VERLAG JULIUS KLINKHARDT · BAD HEILBRUNN

Die Deutsche Bibliothek – CIP-Einheitsaufnahme

Tulodziecki, Gerhard:
Medien in Erziehung und Bildung : Grundlagen und Beispiele einer handlungs- und entwicklungsorientierten Medienpädagogik / von Gerhard Tulodziecki. - 3., überarb. und erw. Aufl. - Bad Heilbrunn : Klinkhardt, 1997
Bis 2. Aufl. u.d.T.: Tulodziecki, Gerhard: Medienerziehung in Schule und Unterricht
ISBN 3-7815-0916-8

1997.10. khg. © by Julius Klinkhardt
Das Werk ist einschließlich aller seiner Teile urheberrechtlich geschützt. Jede Verwertung außerhalb der engen Grenzen des Urheberrechtsgesetzes ist ohne Zustimmung des Verlages unzulässig und strafbar. Das gilt insbesondere für Vervielfältigungen, Übersetzungen, Mikroverfilmungen und die Einspeicherung und Verarbeitung in elektronischen Systemen.
Gesamtherstellung: WB-Druck GmbH & Co. Buchproduktions-KG, Rieden
Printed in Germany 1997
Gedruckt auf chlorfrei gebleichtem alterungsbeständigem Papier
ISBN 3-7815-0916-8

TULODZIECKI
MEDIEN IN ERZIEHUNG UND BILDUNG

*Herrn Dr. Sommer
mit besonderer Anerkennung
der Verdienste um die
Medienerziehung und
mit einem herzlichen Gruß
ein [Unterschrift] Tulodziecki
25.01.98*

Vorwort

Kinder und Jugendliche widmen einen erheblichen Teil ihrer Freizeit der Nutzung von Medien. Damit kommt den Medien eine besondere Bedeutung im Leben der Schülerinnen und Schüler zu. Des weiteren haben Medien eine wichtige Funktion als Hilfsmittel des Lehrens und Lernens. Aus dieser Situation erwachsen für die Pädagogik verschiedene erzieherische und didaktische Aufgaben. Der Bearbeitung solcher Aufgaben ist das vorliegende Buch gewidmet.

Der Band stellt eine vollständig überarbeitete und in wesentlichen Punkten erweiterte Fassung des früheren Buches "Medienerziehung in Schule und Unterricht" dar. Die Überarbeitung des Bandes wurde notwendig, weil sich seit dem ersten Erscheinen 1989 viele neue Entwicklungen - insbesondere im Bereich der Informations- und Kommunikationstechnologien - ergeben haben. Multimedia und Computernetze sind entsprechende Stichworte, die auch für pädagogische Überlegungen bedeutsam geworden sind. Es erweist sich zum einen als notwendig, die neuen Entwicklungen in die medienerzieherischen Überlegungen einzubeziehen. Zum anderen sind – mit den neuen Entwicklungen - die Medien wieder stärker als Hilfsmittel des Lehrens und Lernens ins Bewußtsein gekommen.

Vor diesem Hintergrund ist es sinnvoll, einen Band zur Medienpädagogik nicht allein auf medienerzieherische Fragen zu beziehen, sondern auch mediendidaktische Fragen zu bearbeiten. In dieser Erweiterung liegt auch der entscheidende Grund für die Titeländerung. Zugleich soll der Untertitel "Grundlagen und Beispiele einer handlungs- und entwicklungsorientierten Medienpädagogik" zwei weitere Dinge signalisieren: Erstens ist der Grundlagenteil in Relation zu den Beispielen verstärkt worden. Dies hängt auch damit zusammen, daß mittlerweile ein eigener Band mit vielen Beispielen zur Medienpädagogik publiziert worden ist (vgl. *Tulodziecki, G. u.a.*, 1995: Handlungsorientierte Medienpädagogik in Beispielen. Projekte und Unterrichtseinheiten für Grundschulen und weiterführende Schulen. Bad Heilbrunn: Klinkhardt). Zweitens soll der Untertitel anzeigen, daß die Grundintention des ursprünglichen Bandes erhalten geblieben ist, einen handlungsorientierten Beitrag zur Medienpädagogik zu leisten: Auf der Basis praxisrelevanter theoretischer Erwägungen sollen Handlungsanleitungen für medienpädagogische Aktivitäten in Schule und Unterricht erarbeitet werden. Die theoretischen Erwägungen sind dabei sowohl auf lern-, bedürfnis- und entwicklungstheoretische Ansätze als auch auf mediendidaktische und medienerzieherische Konzepte gerichtet. Wegen der besonderen Akzentsetzung bei entwicklungstheoretischen Grundlagen sowie zur Unterscheidung von anderen handlungsorientierten Ansätzen habe ich im Untertitel die Bezeichnung "handlungs- und entwicklungsorientierte Medienpädagogik" gewählt: In der Medienpädagogik soll es nicht nur um eine handlungsorientierte Auseinandersetzung mit Medienfragen gehen, sondern zugleich um die Bereitstellung von entwicklungsstimulierenden Bedingungen mit dem Ziel einer allgemeinen Förderung der intellektuellen und der sozialen bzw. moralischen Entwicklung.

Als Ausgangspunkt der Überlegungen skizziere ich im ersten Kapitel die Medienlandschaft in der Bundesrepublik Deutschland sowie ihre Entwicklungstendenzen und verweise auf deren Bedeutung für Erziehung und Bildung. Das zweite Kapitel ist einer Klärung des Medienbegriffs sowie einer Ausdifferenzierung von Medienmerkmalen und von Teilgebieten der Medienpädagogik gewidmet.

Auf dieser Basis wird im dritten Kapitel die Medienverwendung für Lehr- und Lernzwecke in den Blick genommen. Dabei geht es um empirische, theoretische und konzeptionelle Grundlagen der Mediendidaktik.

Im vierten Kapitel werden Erziehungs- und Bildungsfragen im Medienbereich thematisiert. Medienerzieherisch relevante Forschungsansätze werden ebenso behandelt wie medienerzieherische Konzepte und die informationstechnische Grundbildung.

Vor diesem Hintergrund soll im fünften Kapitel aufgezeigt werden, wie der grundsätzliche Stellenwert der Medien im schulischen Kontext zu sehen ist, welchen Intentionen eine schulische Medienpädagogik heute und zukünftig verpflichtet sein sollte, welche situations-, bedürfnis-, erfahrungs- und entwicklungsbezogenen Bedingungen sie beachten muß und an welchen Leitkategorien sich ihre Umsetzung orientieren sollte.

Im sechsten Kapitel münden die bisherigen Überlegungen in die konzeptionelle Darstellung von fünf Aufgabenbereichen mit einer Differenzierung in verschiedene Teilaufgaben ein. Die Aufgabenbereiche und Teilaufgaben werden charakterisiert und an Beispielen erläutert.

Es schließt sich das siebte Kapitel an, in dem die Frage der Medienverwendung im Kontext allgemeindidaktischer Überlegungen und der damit verbundenen Lehraufgaben behandelt wird.

Im achten Kapitel werden die übergreifenden Aufgaben der Förderung der intellektuellen und sozial-moralischen Entwicklung besonders hervorgehoben. Die Umsetzung dieser Aufgaben illustriere ich an mehreren Beispielen.

Das Buch endet mit einigen Überlegungen zum Zusammenhang medienpädagogischer Umsetzungen in der Schule mit Fragen der gegenwärtigen und zukünftigen Schulentwicklung.

Die Überlegungen in diesem Buch habe ich mehrfach in Hochschulseminaren und Veranstaltungen zur Lehrerfortbildung vorgetragen und diskutiert. U.a. habe ich die Inhalte in eine Veranstaltung zu "Medien und Informationstechnologien in Erziehung und Bildung" eingebracht, die wir im Rahmen der BIG-Initiative "Bildungswege in der InformationsGesellschaft" entwickelt haben. Die Veranstaltung steht im Kontext eines BIG-Teilprojekts zur Lehrerausbildung, das in Kooperation und mit Unterstützung der Bertelsmann Stiftung und der Heinz Nixdorf Stiftung durchgeführt wird. Die Rückmeldungen, die ich bei der Durchführung dieser und entsprechender Veranstaltungen erfahren habe, waren mir eine wichtige Hilfe und Anregung bei der Ausarbeitung dieses Bandes. Allen Teilnehmerinnen und Teilnehmern entsprechender Veranstaltungen sage ich dafür meinen Dank.

Besonderer Dank gebührt Ursula Preuß für die aufwendigen Schreibarbeiten und Christa Mütze für die Unterstützung bei der Zusammenstellung des Literaturverzeichnisses. Darüber hinaus gilt mein herzlicher Dank Stefan Leufen, Bardo Herzig und Annemarie Hauf-Tulodziecki für viele Anregungen beim Erstellen der Endfassung und beim Einbezug der neuen Informations- und Kommunikationstechnologien in die medienpädagogischen Überlegungen. Stefan Leufen danke ich zusätzlich für die Formatierung sowie für die Erstellung des Autoren- und Sachwortverzeichnisses.

Ich wünsche mir, daß das Buch allen Leserinnen und Lesern Anregungen für ihr Studium, für ihre Arbeit in der Schule oder in der Hochschule, für die Lehrerausbildung oder für die Lehrerfortbildung zur Medienpädagogik gibt. Über Rückmeldungen freue ich mich.

Paderborn, im August 1997
Gerhard Tulodziecki

Inhalt

1 Die Medienlandschaft als eine Bedingung für Erziehung und Bildung 11
1.1 Medienausstattung und Mediennutzung 12
1.2 Medienlandschaft in der Bundesrepublik Deutschland 18
1.2.1 Rechtliche Grundlagen und Funktionen von Medien 18
1.2.2 Medienbereiche 22
1.2.3 Entwicklungstendenzen der Medienlandschaft 27
1.3 Zur Bedeutung der Medienlandschaft für Erziehung und Bildung 28

2 Grundbegriffe und Teilgebiete der Medienpädagogik 33
2.1 Medienbegriff 33
2.2 Medienmerkmale 37
2.3 Teilgebiete der Medienpädagogik 42

3 Ansätze zur Mediendidaktik 47
3.1 Empirische Forschungsansätze 48
3.1.1 Untersuchungen zu allgemeinen Medieneffekten 48
3.1.2 Untersuchungen zu speziellen Medienmerkmalen 49
3.1.3 Interaktionsorientierte Studien 52
3.1.4 Evaluationen zu Kursen mit Medienverwendung 54
3.2 Theoretische Ansätze zur Unterstützung von Medienentscheidungen 56
3.2.1 Medientaxonomische Ansätze 56
3.2.2 Lerntheoretische Ansätze 59
3.3 Konzepte zur Verwendung von Medien in Lehr- und Lernprozessen 64

4 Ansätze zur Medienerziehungstheorie 70
4.1 Medienerzieherisch relevante Forschung 71
4.1.1 Von der Wirkungsforschung zum Systemdenken 72
4.1.2 Vom Systemdenken zur Gesellschaftskritik 76
4.1.3 Von der Medienorientierung zur Rezeptionsforschung 77

4.2 Konzepte der Medienerziehung in systematischer und historischer Sicht. 82
4.2.1 Behütend-pflegende Medienerziehung 84
4.2.2 Ästhetisch-kulturorientierte Medienerziehung 90
4.2.3 Funktional-systemorientierte Medienerziehung 94
4.2.4 Kritisch-materialistische Medienerziehung 97
4.2.5 Handlungs- und interaktionsorientierte Medienerziehung 101
4.3 Informationstechnische Grundbildung und Medienerziehung 105

5 Ziele und Bedingungen medienpädagogischen Handelns in der Schule 112

5.1 Zur Diskussion um Schule und Medien 112
5.1.1 Funktionen von Schule und Stellenwert von Medien 113
5.1.2 Schulische Leitideen unter dem Einfluß der Mediensituation 114
5.2 Bedingungen des Handelns im Medienbereich 116
5.2.1 Modellvorstellung zum Handeln 117
5.2.2 Bedürfnisse, situative Bedingungen und Mediennutzung 120
5.2.3 Kenntnis- bzw. Erfahrungsstand und Mediennutzung 129
5.2.4 Intellektuelle Entwicklung und Mediennutzung 130
5.2.5 Sozial-moralische Orientierung und Mediennutzung 134
5.2.6 Zur gedanklichen Verarbeitung der Folgen von Handlungen 139
5.3 Leitkategorien für medienpädagogisches Handelns 140

6 Aufgabenbereiche der Medienpädagogik 142

6.1 Auswählen und Nutzen von Medienangeboten 143
6.1.1 Überlegte Auswahl von Medienangeboten 145
6.1.2 Erfahren von Alternativen zum Medienkonsum 149
6.1.3 Entscheiden in Konfliktfällen 152
6.2 Eigenes Gestalten und Verbreiten von Medienbeiträgen 155
6.2.1 Unterrichtsthematisch angelegte Mediengestaltung 158
6.2.2 Publizistisch angelegte Mediengestaltung 164
6.2.3 Fiktional orientierte Mediengestaltung 167
6.3 Verstehen und Bewerten von Mediengestaltungen 175
6.3.1 Unterscheiden verschiedener Darstellungsformen 176
6.3.2 Erkennen und Einschätzen von Gestaltungstechniken 180
6.3.3 Erfassen und Bewerten verschiedener Gestaltungskategorien 187

6.4	Erkennen und Aufarbeiten von Medieneinflüssen	189
6.4.1	Aufarbeitung medienbedingter Emotionen	190
6.4.2	Aufarbeitung medienvermittelter Vorstellungen	193
6.4.3	Aufarbeitung medienvermittelter Verhaltensorientierungen	201
6.5	Durchschauen und Beurteilen von Bedingungen der Medienproduktion und Medienverbreitung	209
6.5.1	Beachten und Einschätzen rechtlicher Bedingungen	211
6.5.2	Durchschauen und Bewerten ökonomischer Bedingungen	213
6.5.3	Erfassen und Beurteilen organisationsbezogener Bedingungen	218
7	***Medienverwendung in Schule und Unterricht***	**222**
7.1	Schulische Lern- und Arbeitsformen als Rahmen für die Medienverwendung	222
7.2	Medienverwendung in einem handlungs- und entwicklungsorientierten Unterricht	224
7.3	Aufgaben für Lehrpersonen	234
8	***Entwicklungsförderung als übergreifende Aufgabe der Medienpädagogik***	**239**
8.1	Förderung der intellektuellen Entwicklung	239
8.2	Förderung der sozial-moralischen Entwicklung	248
9	***Medienpädagogik und Schulentwicklung***	**263**
Literaturverzeichnis		268
Autorenverzeichnis		290
Sachwortverzeichnis		295
Verzeichnis der Darstellungen		300
Verzeichnis der Tabellen		300

1 Die Medienlandschaft als eine Bedingung für Erziehung und Bildung

Medien sind in vielfältiger Weise in den Alltag von Kindern und Jugendlichen verwoben. Dies wird bewußt, wenn man sich einmal den möglichen Tagesablauf eines Jugendlichen in der derzeitigen Mediensituation vergegenwärtigt. Beispielsweise könnte der Tagesablauf eines Jugendlichen - ich nenne ihn hier Andreas - etwa folgendermaßen aussehen:

Um 6.45 Uhr wird Andreas durch seinen Radiowecker mit Pop-Musik geweckt. Als er zum Frühstück erscheint, blättert der Vater gerade in der Tageszeitung, welche die Familie abonniert hat. Im Hintergrund läuft das Radio-Morgenmagazin. Nach dem Frühstück macht sich Andreas auf den Weg zur Schule. An der Bushaltestelle trifft er seine Mitschülerinnen und Mitschüler. Diese unterhalten sich gerade über eine Vorabendserie des Fernsehens, die die meisten von ihnen am Tag zuvor gesehen haben. Im Bus lesen einige Erwachsene auf dem Weg zur Arbeit in der aktuellen Ausgabe einer weit verbreiteten Straßenverkaufszeitung. Andreas versucht die ins Auge springenden Schlagzeilen mitzubekommen. Mehrere Jugendliche hören über ihren Walkman die Musik ihrer Lieblingsbands. Die Schule beginnt mit einer Mathematikstunde. Die Lehrperson benutzt dabei einen Arbeitsprojektor. Im späteren Geographieunterricht wird die Videoaufzeichnung einer Schulfernsehsendung gezeigt.

Zu Hause angekommen macht Andreas nach dem Mittagessen seine Schularbeiten. Dabei läuft im Hintergrund eine Musikkassette. Nachdem er die Schularbeiten erledigt hat, verabredet er sich per Telefon mit einigen Freunden zum Fußballspielen. Als er nach dem Spiel wieder zu Hause ist, blättert er in einer Rundfunk-Illustrierten, um sich zu informieren, welche Spielfilme am Abend im Fernsehen laufen. Danach begibt er sich auf sein Zimmer, um ein neues Computerspiel, das er zum Geburtstag geschenkt bekommen hat, auszuprobieren. Nach einiger Zeit geht er zurück ins Wohnzimmer, wo er sich eine Vorabendserie anschaut. Nach dem Abendessen erkundigt er sich, welches Fernsehprogramm die Eltern am Abend anschauen möchten. Da die Eltern sich für ein politisches Magazin entscheiden, zieht sich Andreas in sein Zimmer zurück. Dort verfügt er über einen eigenen Fernsehapparat. Er wählt einen Actionfilm aus, schaut sich diesen an und schläft danach ein.

In diesem Beispiel eines Tagesablaufs wird zum einen eine relativ vielfältige Medienausstattung des betreffenden Haushalts und zum anderen eine beträchtli-

che Mediennutzung unterstellt. Zugleich erscheint die Medienlandschaft als ein selbstverständlicher Bestandteil der Lebenswelt. Vor dem Hintergrund des Beispiels ergeben sich u.a. folgende Fragen:
(1) Wie stellt sich die Medienausstattung und Mediennutzung von Kindern und Jugendlichen - über diesen Fall hinaus - generell dar?
(2) Durch welche Merkmale und Entwicklungstendenzen ist die Medienlandschaft in der Bundesrepublik Deutschland gekennzeichnet?
(3) Welche Chancen und Problemlagen für Erziehung und Bildung sind mit der Medienlandschaft und ihren Entwicklungstendenzen verbunden?
Diese Fragen sollen in den folgenden Abschnitten behandelt werden, um wichtige Rahmenbedingungen für medienpädagogisches Arbeiten zu verdeutlichen.

1.1 Medienausstattung und Mediennutzung

Ein Tagesablauf wie der obige hängt nicht zuletzt mit der umfangreichen technischen Ausstattung der Haushalte zusammen. Beispielsweise hatten in der Bundesrepublik Deutschland 1996 praktisch alle Personen in ihrem Haushalt einen Zugang zu einem Fernsehgerät (98%) und zu einem Radio (98%). 91% besaßen ein Telefon, 71% einen Kassettenrecorder, 62% einen Videorecorder, 58% einen CD-Player und 21% einen Personalcomputer (vgl. *Media Perspektiven* 1996, S. 65). Diese Prozentanteile liegen bei Haushalten, in denen Kinder und Jugendliche leben, zum Teil noch höher. Jedenfalls deuten darauf Ergebnisse einer Befragung hin, die im Schuljahr 1995/96 mit Schülerinnen und Schülern der Jahrgangsstufen 3 - 6 und 7 - 10 aller Schulformen in sechs unterschiedlichen Städten durchgeführt wurde. Die Studie steht im Rahmen eines Projekts der Bertelsmann Stiftung mit dem Titel "Öffentliche Bibliotheken und Schule" (vgl. *infas* 1996 a, b). Die Ergebnisse sind in der Tabelle 1 dargestellt.
Unterschiede der Bertelsmann-Studie zu den allgemeinen Ausstattungszahlen liegen vor allem bei den deutlich höheren Anteilen an Videorekordern, Kassettenrekordern, CD-Playern und Computern. Selbst wenn in der Bertelsmann-Studie eine gewisse Verzerrung im Hinblick auf die Stichprobe und aufgrund der Befragungsmethode vorliegen sollte, lassen die Ergebnisse doch den Schluß zu, daß elektronische Medien in Haushalten, in denen Kinder und Jugendliche der Klassen 3 - 10 leben, besonders häufig zu finden sind.

Tabelle 1: Ausstattung von Haushalten mit elektronischen Medien nach Angaben von Schülerinnen und Schülern (zusammengestellt nach *infas* 1996 a;b)

	Jahrgangsstufen 3-6 n = 1623	Jahrgangsstufen 7-10 n = 1974		
	haben wir zu Hause	nicht vorhanden	ein Gerät	zwei oder mehr Geräte[1]
Fernseher	98 %	1 %	25 %	68 %
Videorecorder	84 %	14 %	56 %	25 %
Videokamera	nicht gefragt	57 %	33 %	3 %
Radio	98 %	0 %	5 %	88 %
Plattenspieler	73 %	20 %	46 %	27 %
Kassetten-Rekorder	98 %	0 %	8 %	86 %
CD-Player	87 %	5 %	24 %	67 %
Computer	70 %	32 %	64 %[2]	

[1] Die fehlenden Anteile (bis 100%) verteilen sich auf die Kategorien "weiß ich nicht" oder "keine Angabe"
[2] Hier wurde nur danach gefragt, ob ein Computer vorhanden ist oder nicht.

Die Tabelle 2 zeigt darüber hinaus, daß ein erheblicher Teil der Kinder über eine eigene Medienausstattung verfügt, vor allem über Walkman, Radio und Kassettenrekorder, wobei in vielen Fällen CD-Player, Fernseher und Gameboy bzw. Computer hinzukommen.

Tabelle 2: Eigene elektronische Medien nach Angaben von Schülerinnen und Schülern (zusammengestellt nach *infas* 1996 a;b)

	Jahrgangsstufen 3-6 n = 1623	Jahrgangsstufen 7-10 n = 1974
Fernsehen	38 %	50 %
Videorekorder	15 %	20 %
Walkman	70 %	82 %
Radio	80 %	89 %
Plattenspieler	19 %	24 %
Kassettenrekorder	84 %	88 %
CD-Player	47 %	75 %
Gameboy	47 %	39 %
Computer	42 %	42 %

Auch die Tabelle 3, die eine Übersicht über die Freizeitaktivitäten nach Angaben von Schülerinnen und Schülern der Jahrgangsstufen 7 - 10 gibt, belegt die Bedeutung von Medien im Alltag von Kindern und Jugendlichen: LPs/ Kassetten/ CDs hören, Fernsehen, Radio hören und eine Zeitschrift lesen sind neben Treffen mit Freunden und Sport treiben die häufigsten Freizeitaktivitäten. In einer zusätzlichen Frage zum Fernsehen gab es folgende Angaben: 47% sehen täglich mehrmals fern, 30% täglich einmal, 10% ungefähr jeden zweiten Tag und 6% seltener (vgl. *infas* 1996 b).

Tabelle 3: Freizeitbeschäftigung nach Angaben von Schülerinnen und Schülern der Jahrgangsstufen 7 - 10 in % (n = 1974) (zusammengestellt nach *infas* 1996 b)

	oft	manchmal	selten	nie
LPs/Kassetten/CDs hören	79	12	4	1
Selber Musik machen	18	15	20	43
Radio hören	44	29	17	6
Fernsehen	61	28	6	1
Video gucken	29	36	22	9
Ins Kino gehen	14	43	34	5
Ein Buch lesen	36	28	20	11
Zeitung lesen	28	32	25	11
Eine Zeitschrift lesen	42	34	15	5
In die Stadtbücherei gehen	11	30	34	21
Sport treiben	53	26	13	3
Malen oder zeichnen	19	32	30	15
In die Disco gehen	17	21	23	35
Auf Feten gehen	24	30	27	15
Sich mit Freunden treffen	68	20	6	1
Etwas mit Tieren machen	28	22	24	22
Etwas basteln	6	14	29	47
Nutzung des Computers	(fast) jeden Tag	ein- bis dreimal in der Woche	seltener	gar nicht
	20	20	20	39

Aus anderen Studien ist bekannt, daß die Tagesreichweite des Fernsehens für 3-13jährige bei 61% mit einer täglichen Durchschnittsfernsehzeit von 101 Minuten liegt. Die entsprechenden Werte liegen für Erwachsene ab 14 Jahre bei 73% und 195 Minuten (vgl. *Feierabend/ Windgasse* 1997, S. 187).

Das gesamte tägliche Zeitbudget für die Nutzung audiovisueller Medien (Radio, Fernsehen, Video und Tonträger) betrug 1996 für die 14-19jährigen mehr als fünf Stunden und für die Gesamtbevölkerung mehr als 6 Stunden (vgl. *Media Perspektiven* 1996, S. 70).

Neben dem Umfang der Mediennutzung ist die Frage nach der Art der rezipierten Medienangebote wichtig. Bezogen auf das Fernsehen fassen *Feierabend/ Windgasse* (1996) das Auswahlverhalten der 3-13jährigen wie folgt zusammen: "Kinder mögen Zeichentrickfilme, ob nun Klassiker wie 'Tom und Jerry' und 'Familie Feuerstein' oder die neueren Angebote wie 'Stimer & The Real Ghostbusters' und 'Captain Planet'. Aber auch Disney schafft es mit neuen Serien immer wieder, die Kinder zu erreichen ('Aladdin', 'Arielle, die Meerjungfrau'). So finden sich über weite Strecken des Tages, sozusagen von morgens bis nachmittags, Zeichentrickangebote, die vor allem den privaten Programmen das Kinderpublikum sichern. Ab der Zeitschiene von 18.00 bis 21.00 Uhr gehören zu den meistgenutzten Sendungen auch Sitcoms. Am Abend sind es mit Action oder Komik unterhaltende Spielfilme und Serien, die Kinder sehen" (S. 193).

Für die 14-19jährigen sind Spielfilme, Musikvideos und Serien die beliebtesten Fernsehangebote. Immerhin stehen allerdings Infosendungen (Magazine/ Reportagen) und Nachrichten auf dem vierten und fünften Platz der Beliebtheitsskala (vgl. *Schmidt* 1995, S. 221).

Nicht nur beim Fernsehen dominiert die Nutzung zur Unterhaltung. Auch der Computer wird vor allem zum Spielen genutzt. Die Nutzung zum Schreiben und für die Schule stehen auf dem zweiten und dritten Platz (vgl. *infas* 1996 b).

Bei der Mediennutzung haben verschiedene Medienangebote im Detail allerdings unterschiedliche Funktionen. Eine Zusammenstellung zu diesem Sachverhalt zeigt Tabelle 4 für Schülerinnen und Schüler der Jahrgangsstufen 7 bis 10.

Nach der Tabelle 4 dienen Comic lesen, Video gucken, ins Kino gehen und ein Computerspiel spielen vor allem dazu, Spaß zu haben, während Zeitschriften schwerpunktmäßig zur Information, Musik zum Ausruhen und Fernsehangebote zur Vermeidung von Langeweile genutzt werden. Ein Buch wird hauptsächlich zur Hand genommen, wenn man allein ist.

Der Umfang und die Art der Mediennutzung durch Kinder und Jugendliche ergeben sich in Wechselwirkung mit der Medienlandschaft als integrativem Bestandteil der Lebenswelt. Deshalb soll im folgenden ein kurzer Blick auf die Medienlandschaft und ihre Entwicklung gerichtet werden.

Tabelle 4: Funktionen der Mediennutzung für Schülerinnen und Schüler der Jahrgangsstufen 7 - 10 in % (n = 1974) (zusammengestellt nach *infas* 1996 b)

	um mich auszuruhen	um mich zu informieren	um Spaß zu haben	wenn ich allein bin	wenn nichts los ist	um alles um mich herum zu vergessen	Mache ich gar nicht
Ich höre Musik	71	6	44	39	32	38	0
Ich gucke Fernsehen	37	55	40	40	60	9	1
Ich lese ein Buch	32	36	30	41	35	28	13
Ich lese Zeitschriften	14	75	26	19	25	5	7
Ich lese Comics	9	2	44	12	22	4	40
Ich gucke Videos	24	8	59	25	42	10	13
Ich gehe ins Kino	7	5	83	2	16	11	8
Ich spiele ein Computerspiel	9	3	53	21	34	9	31
Ich mache etwas anderes mit dem Computer	4	24	20	15	20	4	45

1.2 Medienlandschaft in der Bundesrepublik Deutschland

Die Medienlandschaft in der Bundesrepublik Deutschland läßt sich u.a. durch ihre rechtlichen Grundlagen und die Funktionen von Medien sowie durch die verschiedenen Medienbereiche und bestimmte Entwicklungstendenzen kennzeichnen.

1.2.1 Rechtliche Grundlagen und Funktionen von Medien

Die Medienlandschaft in der Bundesrepublik Deutschland ist durch eine *Vielfalt von Medien* geprägt. Die Palette der Medien umfaßt sowohl Presse, Buch, Film, Fernsehen, Hörfunk sowie Ton- und Bildträger verschiedener Art als auch Computer und Telekommunikationsdienste. Die Medien bieten ein weitgefächertes Programm von Nachrichten und politischen Magazinen über vielfältige dokumentarische, fiktionale und bildungsbezogene Angebote bis zu simulierten Gewalt- und Horrorszenarien.

Die allgemeine rechtliche Grundlage für die Mediengestaltung, -produktion und -verbreitung bildet der Artikel 5 des *Grundgesetzes* (GG):

"(1) Jeder hat das Recht, seine Meinung in Wort, Schrift und Bild frei zu äußern und zu verbreiten und sich aus allgemein zugänglichen Quellen ungehindert zu unterrichten. Die Pressefreiheit und die Freiheit der Berichterstattung durch Rundfunk und Film werden gewährleistet. Eine Zensur findet nicht statt.

(2) Diese Rechte finden ihre Schranken in den Vorschriften der allgemeinen Gesetze, den gesetzlichen Bestimmungen zum Schutze der Jugend und in dem Recht der persönlichen Ehre."

Mit der so garantierten Meinungs-, Informations- und Pressefreiheit sind verschiedene Verpflichtungen und Rechte verbunden:
- die Auskunftspflicht der Behörden,
- das Zeugnisverweigerungsrecht der Journalisten,
- das Gegendarstellungsrecht sowie
- bestimmte Grenzen (gemäß Art. 5 Abs. 2 GG).

Die *Auskunftspflicht der Behörden* ist in den Landespressegesetzen geregelt. Sie verpflichtet die Behörden, Auskünfte zu erteilen. Auskünfte dürfen nur verweigert werden, wenn dadurch Geheimhaltungsvorschriften verletzt, öffentliche Interessen geschädigt, schutzwürdige private Interessen verletzt oder schwebende Verfahren beeinträchtigt würden.

Das *Zeugnisverweigerungsrecht* bedeutet, daß Journalisten von der Strafprozeßordnung das Recht zugestanden wird, vor Gericht Aussagen darüber zu verweigern, von wem sie bestimmte Informationen erhalten haben. Dies soll es ermöglichen, daß Journalisten auch Informationen bekommen, die ihnen sonst unter Umständen vorenthalten würden.

Das *Gegendarstellungsrecht* räumt betroffenen Bürgern oder Institutionen - gemäß den Landespresse- und Rundfunkgesetzen - die Möglichkeit ein, bei falschen Tatsachenbehauptungen eine Gegendarstellung in den betreffenden Medien zu verlangen. Damit sollen Bürger und Institutionen vor falschen Berichterstattungen geschützt werden. Allerdings gilt das Gegendarstellungsrecht nur für Tatsachenbehauptungen und nicht für Werturteile, wobei die Grenze zwischen beiden oft nur schwer zu ermitteln ist.

Grenzen der Meinungs-, Informations- und Pressefreiheit sind zunächst - gemäß Art. 5 Abs. 2 GG - durch allgemeine Gesetze, z.B. durch das *Strafgesetzbuch* (StGB), gegeben. Beispielsweise ist - nach § 131 Abs. 1, 2 StGB - die Verbreitung von Schriften, Ton- und Bildträgern sowie Rundfunkdarbietungen mit Strafe bedroht, "die zum Rassenhaß aufstacheln oder die grausame oder sonst unmenschliche Gewalttätigkeiten gegen Menschen in einer Art schildern, die eine Verherrlichung oder eine Verharmlosung solcher Gewalttätigkeiten ausdrückt oder die das Grausame oder Unmenschliche des Vorgangs in einer die Menschenwürde verletzenden Weite darstellt". Des weiteren bieten die gesetzlichen Bestimmungen zum Schutze der Jugend eine Einschränkung. Beispielsweise schreibt das *Gesetz über die Verbreitung jugendgefährdender Schriften* (GjS) im § 1 vor, daß Schriften, Ton- und Bildträger sowie Abbildungen und andere Darstellungen, "die geeignet sind, Kinder und Jugendliche sittlich zu gefährden" in eine Liste aufzunehmen sind, für welche eine "Bundesprüfstelle" zuständig ist. Personen, die entsprechende Medien Kindern oder Jugendlichen anbieten oder zugänglich machen, werden gemäß § 21 Abs. 1 GjS "mit Freiheitsstrafe bis zu einem Jahr oder mit Geldstrafe bestraft". Schließlich endet die Meinungs-, Informations- und Pressefreiheit am Recht der persönlichen Ehre. So kann sich beispielsweise ein Journalist, der eine andere Person verleumdet, nicht auf die Meinungsfreiheit berufen.

Neben gesetzlichen Grenzen gibt es für bestimmte Medienbereiche *Selbstkontrolleinrichtungen*. So besagt beispielsweise der vom Presserat vertretene "Pressekodex": "Zur Veröffentlichung bestimmte Nachrichten und Informationen in Wort und Bild sind mit der nach den Umständen gebotenen Sorgfalt auf ihren Wahrheitsgehalt zu prüfen. Ihr Sinn darf durch Bearbeitung, Überschrift oder

Bildbeschriftung weder entstellt oder verfälscht werden." (Zitiert nach *Bundeszentrale* 1990, S. 3). Außer der Selbstkontrolle der Presse gibt es die "Freiwillige Selbstkontrolle der Filmwirtschaft" (FSK), die "Freiwillige Selbstkontrolle Fernsehen e.v." (FSF), den "Unterhaltungssoftware Selbstkontrolle Förderverein für Jugend- und Sozialarbeit e.v." (USK) sowie die "Freiwillige Selbstkontrolle Multimedia-Diensteanbieter" (FSM). Allerdings werden Status und Wirksamkeit der einzelnen Selbstkontrolleinrichtungen unterschiedlich beurteilt. Insbesondere bei der Selbstkontrolle von Unterhaltungssoftware gibt es eine Reihe von offenen Fragen.

Im Rahmen der allgemeinen grundgesetzlichen und rechtlichen Bestimmungen kommen den Medien im gesellschaftlichen Raum verschiedene Funktionen für Politik und Kultur zu. Als *politische Funktionen* werden in der Regel hervorgehoben
- die Informationsfunktion,
- die Meinungsbildungsfunktion sowie
- die Kontroll- und Kritikfunktion (vgl. *Bundeszentrale* 1990, S. 1).

Die *Informationsfunktion* besagt, daß die Medien möglichst verständlich, sachlich und vollständig über das öffentliche Geschehen und seine sozialen, wirtschaftlichen und politischen Zusammenhänge berichten sollen. Die Informationen sollen zum Verstehen der demokratischen Grundordnung unseres Staates, zum Erkennen der eigenen Interessenlage, zur Aufklärung über die Absichten und Handlungen der am politischen Prozeß Mitwirkenden und zur aktiven Mitgestaltung beitragen - sei es als Wähler, als Mitglied einer Partei oder einer anderen politischen Gruppierung (vgl. ebd., S. 1).

Die *Meinungsbildungsfunktion* bedeutet, daß die Medien nicht nur berichten, sondern auch durch Kommentare und Stellungnahmen den Prozeß der politischen Meinungs- und Willensbildung mitgestalten sollen. Allerdings wird dabei unterstellt, daß über Medien nicht nur eine Meinung, sondern ein Spektrum unterschiedlicher Meinungen zu politischen Sachverhalten verbreitet wird. Damit ist die für die Demokratie grundlegende Annahme verbunden, daß sich in einer offenen und freien Diskussion letztlich das Vernünftige durchsetzt.

Die *Kritik- und Kontrollfunktion* kommt in einem parlamentarischen Regierungssystem zwar hauptsächlich der Opposition zu, sie soll jedoch auch durch die Medien wahrgenommen werden. Dabei geht es vor allem darum, Mißstände aufzuspüren und durch Berichte und Kommentare gegebenenfalls parlamentarische Anfragen oder die Einrichtung von Untersuchungsausschüssen anzuregen.

Kritik und Kontrolle durch Medien sollen helfen, mögliche bürokratische Willkür oder Korruption zu unterbinden.

Die Einschätzungen, ob die Medien in der Bundesrepublik Deutschland ihre Informations-, Meinungsbildungs- und Kontrollfunktion angemessen und zum Wohle der Demokratie wahrnehmen, gehen zum Teil erheblich auseinander. Je nach politischer Gruppierung oder Betroffenheit wird den Medien vorgeworfen, daß sie in Einzelfällen oder insgesamt zu einseitig, zu vehement oder zu zaghaft berichten sowie Stellung beziehen oder Kritik üben. Strittig ist zum Teil auch die Frage, ob eine gewisse Ausgewogenheit durch die Angebote einer einzelnen Medieneinrichtung, z.B. der ARD, des ZDF oder einer privaten Rundfunkanstalt, gegeben sein muß oder ob die Medienlandschaft insgesamt die Ausgewogenheit garantieren soll. Damit verknüpft ist die Frage, wie sich ein gleichberechtigter Zugang zu den Medien erreichen läßt und wie eine solche Gleichberechtigung im Einzelfall zu verstehen ist. Die immer wieder auftretenden Meinungsunterschiede zu den Medien bzw. zur Wahrnehmung ihrer Funktionen sind als Anzeichen dafür zu werten, daß die Medienkritik selbst ein wesentliches Element demokratischer Auseinandersetzung ist und sein sollte.

Über die oben genannten politischen Funktionen hinaus kommen den Medien im gesellschaftlich-kulturellen Zusammenhang wichtige *Informations-, Bildungs-, Beratungs-* und *Unterhaltungsfunktionen* zu. Beispielsweise wird im *Staatsvertrag über den Rundfunk im vereinten Deutschland* vom 31. August 1991 erwartet, daß in einem Vollprogramm - wie es für die ARD und das ZDF vereinbart ist - "Information, Bildung, Beratung und Unterhaltung einen wesentlichen Teil des Gesamtprogramms bilden" (§ 2 Abs. 1). In gleicher Weise heißt es im *WDR-Gesetz*: "Sein Programm hat der Information, Bildung und Unterhaltung zu dienen. Er hat Beiträge zur Kultur, zur Kunst und zur Beratung anzubieten" (§ 4 Abs. 2).

Ähnlich wie bei der Diskussion um die politischen Funktionen wird den Medien im Hinblick auf die kulturellen Funktionen zum Teil vorgeworfen, daß sie diese unzureichend wahrnehmen. In der Diskussion wird unter anderem die Meinung vertreten, daß bei den Angeboten eine leichte - oder sogar problematische - Unterhaltung überwiegt, hingegen andere Funktionen, z.B. im Bereich von Bildung und Kunst, zu kurz kommen. Unstrittig ist, daß beim Medienangebot die Unterhaltungsfunktion in der Regel deutlich dominiert (vgl. z.B. *Krüger* 1995, S. 71). Strittig ist allerdings im Einzelfall die Frage, welche Anteile und welche Arten von Unterhaltung dem Auftrag der verschiedenen Medien letztlich angemessen wären. Die Diskussion um rechtliche und funktionsbezogene Fragen der Medien verweist zugleich auf wichtige medienpädagogische Aufgaben: Kinder und Jugendliche sollten Gelegenheit erhalten, sich mit rechtlichen, ökonomischen und institutionellen Bedingungen der Medienproduktion und Medienverbreitung im gesellschaftlichen Kontext kritisch auseinanderzusetzen. Ein solcher Aufgabenbereich wird im Abschnitt 6.5 besprochen. Zunächst scheint es sinnvoll, einen - zumindest kurzen - Blick auf die verschiedenen Medienbereiche zu werfen.

1.2.2 Medienbereiche

Eine schlüssige Unterteilung nach Medienbereichen bzw. Medienproduzenten und Medieninstitutionen wird aufgrund zunehmender Überschneidungen, Verflechtungen und Mehrfachverwertungen immer schwieriger. Dennoch lassen sich - wenn auch ohne Anspruch auf eine trennscharfe Unterteilung und auf Vollständigkeit - folgende Bereiche nennen:
- Presse (Zeitung und Zeitschrift)
- Buch (Fachbuch, Wissenschaft, Allgemeine Literatur)
- Rundfunk (Hörfunk, Fernsehen, Videotext),
- Film (Kinofilm, Video, Bildplatte),
- Tonträger (Schallplatte, Kassette oder Compactdisc),
- Computersoftware (Off-line: Diskette und CD-ROM),
- Telekommunikation (Telefon, Telefax, Informationsdienste, E-Mail).

Die *Presse* ist in der Bundesrepublik Deutschland durch vielfältige Zeitungs- und Zeitschriftenangebote charakterisiert. Das Spektrum reicht bei den Zeitungen von der lokalen über regionale bis zu überregionalen Zeitungen, von kostenlosen Anzeigenblättern über Straßenverkaufs- bis zu Abonnementszeitungen, von Tages- über Wochen- bis zu Monatszeitungen. Bei den Zeitschriften wird u.a. zwischen Illustrierten, Frauenzeitschriften, Programmzeitschriften, Billigblättern und Zielgruppenzeitschriften unterschieden (vgl. *Bundeszentrale* 1990, S. 13).

Die *Presse* ist in der Bundesrepublik privatwirtschaftlich organisiert. Sie wird durch Werbung bzw. Anzeigen und Verkauf bzw. Vertrieb finanziert. Für die Finanzierung der Tagespresse gilt dabei ein Verhältnis von etwa 2 (Anzeigen) zu 1 (Vertrieb). Druckerzeugnisse, bei denen Parteien, Verbände und ähnliche Einrichtungen Herausgeber sind, werden ganz oder teilweise von diesen finanziert.

Die Gesamtauflage für Tageszeitungen lag in der Bundesrepublik Deutschland im Jahr 1995 bei ca. 25 Millionen täglich. Den höchsten Anteil hatte dabei die Straßenverkaufszeitung Bild mit ca. 4,4 Millionen. Bei den Abonnementszeitungen lag die Westdeutsche Allgemeine mit einer Auflage von ca. 620.000 an der Spitze. Von den überregionalen Zeitungen erreichte die Süddeutsche Zeitung die höchste Auflage mit ca. 400.000 Exemplaren (vgl. *Media Perspektiven* 1996, S. 46 ff.). Die Auflagen der zehn auflagenstärksten Zeitschriften lagen zwischen 2,8 Mio. (ADAC Motorwelt) und 1,4 Mio. (Tina). (Vgl. ebd., S. 56).

Auf dem *Buchmarkt* erschienen in der Bundesrepublik Deutschland im Jahre 1995 ca. 74.000 Titel - davon knapp drei Viertel als Erstauflage. Den größten Anteil hatten dabei die Sozialwissenschaften sowie die Sprach-, Literaturwissenschaften und Belletristik sowie Angewandte Wissenschaften, Medizin und Technik (Vgl. *Media Perspektiven* 1996, S. 59).

Der Buchmarkt ist privatwirtschaftlich organisiert. Er wird im wesentlichen durch den Verkauf finanziert, der vor allem über den Sortimentsbuchhandel erfolgt.

Der *Rundfunk* war in der Bundesrepublik bis in die 80er Jahre öffentlich-rechtlich organisiert. Seit Mitte der 80er Jahre ist privatwirtschaftlicher Rundfunk zugelassen. Mittlerweile hat sich ein duales Rundfunksystem entwickelt.

Im *Fernsehbereich* gibt es zur Zeit zwei öffentlich-rechtliche Vollprogramme und zwei große private Vollprogramme. Die öffentlich-rechtlichen Vollprogramme sind das Erste Programm der Arbeitsgemeinschaft der öffentlich-rechtlichen Rundfunkanstalten der Bundesrepublik Deutschland (ARD) und das Zweite Deutsche Fernsehen (ZDF), die großen privaten Vollprogramme werden von der RTL-Deutschland Fernsehen GmbH & Co. KG (RTL) und der SAT.1 Satellitenfernseh GmbH (SAT.1) gestaltet. Daneben sind öffentlich-rechtliche Kultur- und Regionalprogramme sowie fiction-orientierte kommerzielle Programme und verschiedene Spartenprogramme, z.B. für Nachrichten, Popmusik, Sport, Frauen und Kinder zu nennen. Zusammen mit den internationalen Angeboten sind in der Bundesrepublik Deutschland ca. 70 Programme über terrestrische Frequenzen, über Kabel oder über Satellit potentiell empfangbar. Davon konnte sich ein durchschnittlicher deutscher Haushalt Ende 1995 knapp 30 auf den eigenen Bildschirm holen (vgl. *Gerhard* 1996, S. 198).

Im Hörfunkbereich gibt es außer den Landesrundfunkanstalten (mit jeweils mehreren Programmen) die Deutsche Welle und das Deutschlandradio als Bundesrundfunkanstalten. Daneben existiert eine Fülle privater Programmanbieter auf lokaler, regionaler oder überregionaler, bundesweiter und europäischer Ebene, die terrestrisch oder über Kabel bzw. Satellit empfangen werden können (vgl. *Media Perspektiven* 1996, S. 6 ff.).

Die öffentlich-rechtlichen Programme werden durch Gebühren und Werbung finanziert. Beispielsweise lag der Werbeanteil des Fernsehhaushaltes der ARD

1995 bei ca. 8%; beim ZDF machte der Werbeanteil ca. 21% aus (vgl. ebd., S. 10 f.). Die privaten Rundfunkanstalten müssen sich im wesentlichen aus Werbeeinnahmen finanzieren. Nicht zuletzt deshalb unterscheidet sich das Programmangebot der öffentlich-rechtlichen und der privaten Rundfunkanstalten im Hinblick auf die Kategorien Unterhaltung und Information erheblich. Beispielsweise lag 1994 der Informationsanteil am Programm beim ZDF mit 45% am höchsten. Der entsprechende Anteil für die ARD lag bei 38%, für RTL bei 20%, für SAT.1 bei 17% und für PRO 7 nur bei 5% (vgl. *Krüger* 1995, S. 71).

Den höchsten Marktanteil beim Fernsehen hatte 1995 der Sender RTL (17%) gefolgt von ARD (15%), ZDF (14%) und SAT.1 (13%), sowie PRO 7 (10%). (Vgl. *Gerhard* 1997, S. 217). Vom Fernsehen wurden 1995 täglich im Durchschnitt 83% aller Personen ab 14 Jahren erreicht. Die entsprechende Reichweite liegt beim Hörfunk bei 75%. (Vgl. *Media Perspektiven* 1996, S. 70 ff.).

Auf dem *Filmmarkt* gab es im Jahr 1995 Erstaufführungen im Umfang von 260 Spielfilmen, von denen mehr als die Hälfte aus den USA stammte und etwa ein Viertel aus der Bundesrepublik Deutschland (vgl. *Media Perspektiven* 1996, S. 63).

Der *Film* ist in der Bundesrepublik privatwirtschaftlich organisiert. Er wird durch Bundes- und Landesmittel unterstützt sowie durch Kooperation mit den Rundfunkanstalten gefördert.

Vor allem mit dem Aufkommen des Fernsehens gingen die Kino-Besucherzahlen von ca. 800 Millionen im Jahr 1956 auf ca. 103 Mill. im Jahr 1990 zurück. Im Jahr 1995 lag die Besucherzahl unter Einbezug der neuen Bundesländer bei 125 Millionen. (Vgl. *Bundeszentrale* 1990, S. 28; *Media Perspektiven* 1996, S. 62). Außer in Kino und Fernsehen werden Filme über Video verbreitet. Dabei ist der Umsatz auf dem Videomarkt mittlerweile höher als auf dem Kinomarkt.

Beim Videoverleih dominieren die Genres Action und Komödie, mit deutlichem Abstand gefolgt von Thriller und Sience Fiction. Der Bildplattenmarkt fällt gegenüber dem Kino- und Videomarkt kaum ins Gewicht.

Der *Tonträgermarkt* ist ebenfalls privatwirtschaftlich organisiert. Bei den Verkaufszahlen dominieren CDs (1995: 177 Mio. Stück) vor Singles (44 Mio.) und Musikkassetten (31 Mio.). Das Verhältnis von Unterhaltungsmusik zu ernster Musik liegt bei etwa 9/1. (Vgl. *Media Perspektiven* 1996, S. 66).

Beim Vertrieb von *Computersoftware* (für den off-line-Betrieb) wird die Diskette zunehmend von der CD-ROM abgelöst. 1995 wurde die Zahl der auf dem deutschen Markt verfügbaren CD-ROM-Titel mit 4.000 bis 6.000 geschätzt. Im

Angebot dominieren Titel mit Bezügen zu Allgemeinwissen und Freizeit, Kunst und Kultur, Bildung und Karriere. Der Vertrieb erfolgt zur Zeit hauptsächlich über Mailorder, Fachhandel oder Verbrauchermärkte. Es wird mit einer erheblichen Zunahme des Angebots in den nächsten Jahren gerechnet. (Vgl. *Bellinghausen* 1995, S. 491 f.).

Im Bereich der *Telekommunikation* war lange Zeit der fernmündliche Informations- und Gedankenaustausch durch Telefon dominant. Hinzu sind u.a. verschiedene Ansage- und Auftragsdienste, ein Telefon-Info-Service, die Möglichkeit der Telefonkonferenz und das Telefax gekommen. Einen entscheidenden Schub erhielt die Telekommunikation durch die Vernetzung von Computern. Dabei kommt dem Internet, einem nichtkommerziellen Datennetz, das auf dem Zusammenschluß dezentraler Rechner beruht, eine besondere Bedeutung zu. Das Internet entwickelte sich seit Ende der 60er Jahre zunächst aus der militärisch relevanten Überlegung heraus, ein dezentrales Kommunikationsnetz zu schaffen, das auch im Katastrophen- oder Kriegsfall funktioniert bzw. nicht lahmgelegt werden kann. Über das Internet lassen sich verschiedene Dienste abwickeln. Die wichtigsten sind (vgl. *Zimmer* 1995, S. 476):
- der Dateitransfer zwischen zwei Rechnern, der es u.a. erlaubt, frei verfügbare Informationen von einem anderen Rechner auf den eigenen "herunterzuladen" (File Transfer Protocol: FTP),
- die Nutzung von Datenbeständen und Programmen angeschlossener Rechner vom eigenen PC aus, z.B. für Bibliotheksabfragen oder für Datenbankrecherchen (Telnet),
- Elektronische Post (E-Mail), mit der Texte, aber auch Grafiken, Ton- und Videodokumente an eine oder mehrere E-Mail-Adressen verschickt werden können,
- vielfältige offene oder geschlossene Diskussionsforen zu unterschiedlichen Themen (News Groups),
- synchrone Kommunikation zwischen einem oder mehreren Nutzern (Internet Relay Chat: IRC).

Der eigentliche Durchbruch des Internet erfolgte mit der Entwicklung und Verfügbarkeit des World Wide Web (WWW oder W3). Das WWW besteht aus zahllosen miteinander "verwebten" Dokumenten bzw. Web- oder Bildschirmseiten, die außer Text auch Bilder, Filmteile und Tonpassagen sowie Verbindungen (links) zu anderen Dokumenten enthalten. Dadurch entsteht ein multimedialer Hypertext. Durch die grafische Benutzeroberfläche erleichtert das WWW das Erschließen der Internet-Ressourcen (vgl. *Döring* 1995, S. 317). Die Zahl der

Internet-Nutzer ist schwer zu ermitteln. Schon 1995 wurde sie von der Internet-Society auf 20 bis 40 Mio. weltweit geschätzt (vgl. *Zimmer* 1995, S. 478).
Für die Telekommunikation sind außerdem die kommerziellen Online-Dienste wichtig, die mittlerweile als Standard auch Übergänge zum offenen Internet für ihre Kunden anbieten. Wichtige kommerzielle Online-Dienste sind z.b. Compuserve, American Online/ Bertelsmann, Telekom-Online und Microsoft Network.

Die bisherige Darstellung der Medienlandschaft richtete sich vor allem auf das Medienangebot generell. Im Rahmen dieses Angebots gibt es für jeden Medienbereich auch spezielle Angebote für Kinder und Jugendliche, z.B. Kinder- und Jugendillustrierte sowie Kinder- und Jugendbücher im Bereich der Printmedien, Kinder- und Jugendprogramme bei Hörfunk und Fernsehen, Kinder- und Jugendfilme auf dem Film- und Videomarkt, Kinder- und Jugendkassetten bei den Tonträgern, CD-ROMs sowie spezielle Diskussionsforen für Kinder und Jugendliche im Computer- und Telekommunikationsbereich.

Darüber hinaus gibt es spezielle Angebote für Unterricht und Schule bzw. für Lehren und Lernen, z.B. Schulbücher, Schulfunk- und Schulfernsehsendungen, Telekolleg, Unterrichtsfilme, Sprachlehrprogramme mit Tonkassetten sowie Software für den Unterricht und Lernsoftware für den Nachmittagsmarkt.

Das Angebot erfolgt über privatwirtschaftlich organisierte Verlage oder durch den öffentlich-rechtlichen Rundfunk oder durch andere öffentliche Institutionen, z.B. durch die Bundeszentralen oder die Landeszentralen für politische Bildung sowie durch die Landesbildstellen. Für den Bildungsbereich ist vor allem das Institut für Film und Bild in Wissenschaft und Unterricht (*FWU*) bedeutsam. Es stellt eine gemeinnützige Einrichtung in der Rechtsform einer GmbH mit den Bundesländern als Gesellschaftern dar. Aufgabe des FWU ist es, "audiovisuelle Medien herzustellen und deren Verwendung als Lehr- und Lernmittel in Bildung, Erziehung und Wissenschaft zu fördern." (*FWU* 1995, S. 60). Darüber hinaus erfüllt das FWU Prüfungs- und Beratungsfunktionen im Hinblick auf den Einsatz von Informations- und Kommunikationstechniken im Bildungsbereich. Der Gesamtbetand lieferbarer Titel umfaßte 1995: 494 Diareihen, 765 Filme (16 mm), 1388 Videokassetten und 34 Computer-Software-Angebote (vgl. *FWU* 1995, S. 59). Neben produzierenden Institutionen sind für das Bildungswesen Verleihinstitutionen, vor allem das Bibliothekswesen und das Bildstellenwesen, von großer Bedeutung.

1.2.3 Entwicklungstendenzen der Medienlandschaft

Die Medienlandschaft ist in einer ständigen Entwicklung begriffen. Einzelne Entwicklungstendenzen wurden bereits oben angesprochen. Sie sollen im folgenden aufgenommen und durch weitere Aspekte ergänzt werden (vgl. dazu auch *BLK* 1995 und *Groebel* 1996).
Zunächst einmal ist eine *Vergrößerung des Medienangebots* zu erwarten. Diese ist nicht zuletzt durch die technischen Möglichkeiten der Verbreitung von Medienangeboten über Satellit und Kabel bzw. Computernetze und die Öffnung für internationale Angebote bedingt. Gleichzeitig wird die *Konkurrenz auf dem Medienmarkt* steigen, was wiederum zu einem verstärkten Bemühen um die Gunst des Mediennutzers führt, sei es durch besonders aufmerksamkeitserregende Darstellungen - von überzogenen Schlagzeilen über erotische Bilder in der Werbung bis zu spektakulären Gewaltdarstellungen - oder sei es durch besonders preisgünstige Angebote.
Begleitet werden diese Entwicklungen durch eine fortschreitende *Perfektionierung der Präsentationstechniken*, z.B. durch Weiterentwicklungen im Bereich des hochauflösenden Fernsehens und großer Bildschirme sowie im Bereich der Computeranimation und dreidimensionaler Darstellungen im Sinne des Cyberspace.
Die Perfektionierung der Präsentationstechniken wird zum Teil vorangetrieben durch die *Integration von Radio-, Fernseh- und Computertechnologie*. Beispielsweise hat die Digitalisierung im Bereich der Hörmedien neue Klangqualitäten zur Folge. Durch die Integration verschiedener Technologien wird es möglich, unterschiedliche Zeichensysteme, z.B. Sprache und Abbildungen, sowie verschiedene Modalitäten, z.B. optische und akustische Darbietungen, von einer Plattform aus als multimediale Präsentation anzubieten, zu steuern und die entsprechenden Computersysteme im Sinne der Telekommunikation zu vernetzen.
Gleichzeitig ist zu vermuten, daß sich eine *Schwerpunktverlagerung zugunsten fiktionaler Angebote* im Vergleich zu dokumentarischen oder informativen Angeboten - wie sie sich z.B. beim Fernsehangebot schon ergeben hat - auch in anderen Medienbereichen einstellt oder verstärkt (vgl. *Postman* 1985).
Diese Entwicklung wird durch die Tendenz überlagert, Realität und Fiktion, Wirklichkeit und Inszenierung, Information und Werbung zu vermischen.
Insbesondere die *Vermischung von Wirklichkeit und Inszenierung* verweist mit aller Deutlichkeit darauf, daß Ereignisse häufig nicht als Ereignisse an sich stattfinden und dokumentiert werden, sondern von vornherein als Medienereig-

nisse inszeniert werden. Dies reicht von der relativ harmlosen Inszenierung von Politikerauftritten durch PR-Agenturen bis zur Inszenierung von Tötungen vor der Kamera, um Macht oder Grausamkeit zu demonstrieren und damit Angst oder Haß für politische Zwecke zu erzeugen (vgl. z.B. *Buchwald* 1994). Darüber hinaus sind Bilder schon heute zum Teil nicht mehr fotografische Abbildungen von realen oder inszenierten Situationen, sondern nur noch künstliche bzw. computererzeugte Erscheinungen. Man könnte hier geradezu von einer Tendenz zur doppelten Fiktion medialer Präsentationen sprechen.

Die Medienlandschaft verändert sich allerdings nicht nur im Bereich ihrer technischen Voraussetzungen und inhaltlichen Angebote, sondern auch im Bereich ihrer *institutionellen Gegebenheiten*. *Konzentrationsbewegungen* werden bei Presse und Rundfunk schon seit langer Zeit thematisiert und auch im Computerbereich wirksam. Beispielsweise haben die acht größten Verlagsgruppen bei der Tagespresse einen Marktanteil von über 50% (vgl. *Media Perspektiven* 1996, S. 54).

Über die Konzentration hinaus wachsen mit der Entwicklung der Medienlandschaft auch die *ökonomischen Verflechtungen* und die Abhängigkeiten zwischen den verschiedenen Medienbereichen aufgrund der Beteiligung einzelner großer Konzerne sowohl bei der Presse als auch bei Rundfunk, Film oder Multimedia. Solche Konzentrations- und Verflechtungstendenzen gehen weit über den nationalen Raum hinaus und sind auch vor dem Hintergrund des internationalen Wettbewerbs in Europa und auf dem Weltmarkt zu sehen (vgl. *Media Perspektiven* 1996, S. 30 ff.; *Röper* 1997).

1.3 Zur Bedeutung der Medienlandschaft für Erziehung und Bildung

Die Entwicklung der Medienlandschaft bedeutet, daß sich die Erfahrungsgrundlagen der Menschen generell und die *Erfahrungsmöglichkeiten* für Kinder und Jugendliche speziell in vielfältiger Weise verändert haben und weiterhin verändern (vgl. z.B. *Schnoor* 1992, S. 42 ff.). Die Veränderungen lassen sich - bezogen auf die Erfahrungsmöglichkeiten für Kinder und Jugendliche - u.a. auf der Ebene der Vermittlungsformen, auf der Ebene der Gestaltungsformen und auf der Ebene der Nutzungsarten beschreiben.

Im Hinblick auf die *Vermittlungsformen* für Inhalte zeigt sich die Veränderung vor allem an einer Zunahme des Anteils medialer Erfahrungen und einer Abnahme des Anteils unmittelbarer Erfahrungen an den Gesamterfahrungen:

Viele Inhalte, die unser Fühlen, unsere Vorstellungen, unser Denken und Handeln beeinflussen, sind nicht aus der direkten Erfahrung mit Personen, Tieren, Pflanzen, Gegenständen oder Ereignissen erwachsen, sondern durch Medien vermittelt. In diesem Sinne kann man von einer *Mediatisierung des Alltags* sprechen: Die alltägliche Erfahrung wird - im Zusammenhang mit der weiteren Verbreitung neuer Technologien - immer mehr von Medien mitgeprägt.

Mit der Tendenz der Mediatisierung geht ein relativer Bedeutungsgewinn medialer Erfahrungen gegenüber direkten Erfahrungen einher. Dieser zeigt sich u.a. in der Tatsache, daß Medien sehr häufig die Gesprächsthemen im sozialen Raum bestimmen.

Dies ist nicht zuletzt auch durch die zum Teil gegebene Erlebnisintensität bei der Mediennutzung bedingt, z.B. beim Anschauen eines spannenden Actionfilmes mit schnell wechselnden visuellen und akustischen Reizen und dramaturgischen Effekten. Dabei wird der Zuschauer unter Provozierung von Emotionen in das Geschehen einbezogen und empfindet unter Umständen einen deutlichen Kontrast zu der sonst vielleicht als langweilig empfundenen Lebenswelt. Man kann davon ausgehen, daß sich die Erlebnisintensität der Mediennutzung bei interaktiven Angeboten sowie durch Cyberspace noch steigern läßt.

Auf der Ebene der *medialen Gestaltungsformen* wird es aufgrund der oben angesprochenen Zunahme fiktionaler Elemente und Bestandteile im Medienangebot sowie aufgrund der zunehmenden Vermischung unterschiedlicher Gestaltungskategorien immer schwieriger zu unterscheiden zwischen Bereichen, in denen man den eigenen Sinnen trauen kann und in denen man ihnen mißtrauen muß, zwischen Informationen und Unterhaltung, zwischen Ereignis und Inszenierung, zwischen Aufklärung und Manipulation, zwischen gut recherchierten Informationen und nachlässiger Berichterstattung, zwischen Verlautbarung und von Journalisten selbst ermittelten Informationen, zwischen normgebundenen sozialen Handlungsfeldern und norm- sowie sanktionsfreien virtuellen Räumen.

Im Hinblick auf die *Nutzungsarten* haben neben der rezeptiven Nutzung von Medien, z.B. beim klassischen Fernsehen, die eigengesteuerte Nutzung, z.B. beim Computerspiel, und die produktive Nutzung, z.B. bei der Erstellung eines eigenen Videofilms, sowie die kommunikative Nutzung, z.B. E-Mail und Diskussionsform im Netz, an Bedeutung gewonnen. Nach wie vor dominiert jedoch die rezeptive Nutzung. Allerdings werden *eigengesteuerte und kommunikative Nutzungsformen* voraussichtlich zunehmen.

In diesem Zusammenhang zeichnet sich ab, daß die Massenkommunikation im klassischen Sinne durch die *Individualkommunikation* im Sinne einer individuellen Zusammenstellung und Nutzung medialer Angebote abgelöst wird. Die individuelle Nutzung ist auch mit der Möglichkeit verbunden, Kontakte über weite Entfernungen - bis in den internationalen Raum - aufzubauen und für den Gedanken- und Erfahrungsaustausch zu nutzen. Die Individualisierung bedeutet zugleich, daß der Bezug auf gemeinsame Medienthemen im sozialen Nahraum und in der jeweiligen Gesellschaft abnehmen dürfte. Dies kann unter Umständen auf Dauer weitgehende Konsequenzen für die politische Willensbildung und für das Gemeinwesen insgesamt haben, weil jeweils weniger Menschen in einem bestimmten sozialen System durch gleiche Themen verbunden sind. Die gemeinsame Auseinandersetzung mit zentralen Themen - als eine Voraussetzung von öffentlicher bzw. demokratischer Meinungsbildung in den zur Zeit bestehenden sozialen Systemen - dürfte damit schwieriger werden.

Die Veränderungen in den Erfahrungsgrundlagen stellen eine wichtige Bedingung für die Erziehung und Bildung von Kindern und Jugendlichen dar. Kinder und Jugendliche begegnen ihrer Umwelt bzw. den damit gegebenen Erfahrungsmöglichkeiten und -grenzen mit ihren Bedürfnissen nach Sinneserregung und Erkundung, nach Sicherheit und Orientierung, nach Zugehörigkeit und Liebe, nach Achtung und Geltung, nach Verstehen und Selbstverwirklichung (vgl. auch Abschnitt 5.2.2). Aus der Wechselbeziehung von Erfahrungsmöglichkeiten einerseits und kindlichen bzw. jugendlichen Bedürfnissen andererseits ergeben sich Chancen, aber auch bestimmte Problemlagen.

Chancen liegen u.a. in folgenden Punkten:

a) Das Medienangebot bietet vielfältige Möglichkeiten für Information und Lernen, für Spiel und Unterhaltung, für Problemlösung und Entscheidungsfindung, für Bildungszwecke und Kommunikation sowie für einen erweiterten Zugang zur Literatur und Kunst. Dabei entnehmen Kinder und Jugendliche den Medienangeboten unter Umständen wichtige Anregungen für entwicklungsbedeutsame Themen (vgl. z.B. *Bachmair* 1984, 1992; *Charlton/ Neumann* 1986).

b) Die Internationalisierung erlaubt das Kennenlernen unterschiedlicher Perspektiven und kann aus dem begrenzten Blickwinkel des sozialen Nahraums hinausführen. Beispielsweise lassen sich ökologische Fragen unter globaler Sichtweise bearbeiten.

c) Medien können zur selbständigen Dokumentation interessanter Ereignisse, zur kreativen Gestaltung eigener Aussagen und zur Herstellung von Öffentlichkeit für individuelle und gesellschaftlich wichtige Themen verwendet werden.

Dabei lassen sich die Möglichkeiten globaler Kommunikation für gegenwarts- und zukunftsbedeutsame Themen nutzen.

Probleme können sich u.a. durch folgende Aspekte ergeben (vgl. auch *Baacke* 1992, S. 52 ff.):

a) Die eingangs beschriebene Verstärkung der Sinnesreizung im optischen und akustischen Bereich kann zu einer Überreizung des Seh- und Hörsinns führen. Dies hat unter Umständen zur Folge, daß die Aufmerksamkeitslenkung von Kindern und Jugendlichen zunehmend durch Sinneserregung und weniger durch inhaltliche Orientierungen bestimmt wird. Zusammen mit der "Höhepunkt-Dramaturgie" bei der Inszenierung von Medienangeboten und einer Höhepunkt-Orientierung bei der Mediennutzung, z.B. beim sogenannten "Channel-hopping", besteht die Gefahr, daß es zu einem "Verschwinden der Inhalte" kommt bzw. die Form gegenüber den Inhalten immer wichtiger wird (vgl. auch *von Hentig* 1989; *Postman* 1983).

b) Das Medienangebot - mit seinen schnell wechselnden Reizen, mit seiner Vermischung von verschiedenen fiktionalen und dokumentarischen Ebenen sowie mit seiner Fülle an Detailinformationen - kann zu Überforderungen führen. Die Überforderungen ergeben sich unter Umständen durch die Anregung kurzzeitig unterschiedlicher Emotionen, z.B. Staunen, Entsetzen, Trauer, Freude, Mitleid, Wut und Schrecken, durch die Konfrontation mit komplexen Problemlagen und mit vielfältigen Perspektiven sowie mit widersprüchlichen Wert- und Handlungsorientierungen. Dabei entsteht die Gefahr, in resignative Verdrossenheit oder egozentrische Handlungsweisen zu verfallen.

c) Die technischen Entwicklungen führen zu der Möglichkeit, sich sozialrelevanten Entscheidungen zu entziehen. Beispielsweise erübrigt sich bei der Anschaffung eines zweiten Fernsehgerätes für das Kinderzimmer die Notwendigkeit, sich mit der Fernsehnutzung auseinanderzusetzen. Das Beispiel wirkt auf den ersten Blick harmlos, verweist auf den zweiten Blick allerdings auf das ernste Problem, daß technische Entwicklung und Wohlstand es ermöglichen, soziale Konflikte, die als Voraussetzung für die soziale Weiterentwicklung gelten müssen, auf "technische Art" zu lösen. Damit werden durch den technischen Fortschritt unter Umständen Voraussetzungen für die soziale Entwicklung infrage gestellt. Die soziale Entwicklung ist jedoch dringend erforderlich, wenn Medien und Technik in humaner Weise gestaltet und beherrscht werden sollen (vgl. auch Abschnitt 5.2.5).

Chancen und Probleme der Mediennutzung stellen eine Herausforderung an Erziehung und Bildung dar (vgl. auch *Haefner* 1982; *Issing* 1987 b; *Reckmann/*

Schulte/ Tulodziecki 1988; *Scarbath* 1988; *Dichanz* 1992; *Six* 1992). Insbesondere ergibt sich ein persönlichkeits- und gesellschaftsförderlicher Umgang mit Medien nicht von selbst, sondern bedarf der Unterstützung durch Erziehung und Bildung.

Vor diesem Hintergrund stellt sich die Frage, wie sich die Medienpädagogik als eine Antwort auf die medialen Entwicklungen darstellt. Um diese Frage angemessen bearbeiten zu können, bedarf es im folgenden Kapitel zunächst einiger begrifflicher Vorklärungen.

2 Grundbegriffe und Teilgebiete der Medienpädagogik

In der Umgangssprache sowie in der pädagogischen Diskussion und Literatur taucht der Medienbegriff in verschiedenen Zusammenhängen auf. Da ist z.B. die Rede davon, daß Medien das Lernen unterstützen sollen, daß die Medien zu heimlichen Erziehern geworden seien, daß das Medium "Werbung" dazu führe, daß sich bei Kindern und Jugendlichen eine Konsumorientierung ausgebreitet habe, daß das Fernsehen ein gesellschaftlich bedeutsames Medium sei, daß die Lehrperson das wichtigste Medium für die Kinder bleibe, daß es an geeigneten mediendidaktischen Kriterien für die Gestaltung und Verwendung von Medien fehle, daß Medienkunde als unterrichtliches Fach eingeführt werden sollte, daß Lehrpersonen eine medienerzieherische Ausbildung benötigten, daß "Multimedia" zu schulischen Innovationen beitragen können usw.

In solchen und ähnlichen Formulierungen wird zum Teil ein unklarer Medienbegriff verwendet, der unter Umständen zu widersprüchlichen Aussagen führt. Außerdem ist die Verwendung von Begriffen für unterschiedliche Teilaufgaben der Medienpädagogik nicht einheitlich. Bei dieser Problemlage stellen sich folgende Fragen

(1) Welches Begriffverständnis von Medien ist für die Medienpädagogik sinnvoll und zweckmäßig?
(2) Durch welche Merkmale lassen sich Medien kennzeichnen?
(3) Welche Teilgebiete kann man im Rahmen der Medienpädagogik unterscheiden?

Diese Fragen werden in den nächsten Abschnitten behandelt, um wichtige Klärungen für die folgenden Kapitel herbeizuführen.

2.1 Medienbegriff

Der Begriff "Medium" meint in der Umgangssprache in der Regel ein Mittel oder einen Mittler bzw. etwas "Vermittelndes". So verwundert es nicht, wenn er für sehr unterschiedliche Sachverhalte verwendet wird, z.B. für Tafel und Kreide, für Landkarte und Atlas, für Radio und Fernsehen, für Hörspiel und Unterrichtsfilm, für Lernprogramm und Arbeitsblatt, für Gespräch und Rollenspiel, für Lehrerimpuls und Lehrervortrag, für Experimentiergerät und Modell, für Videokamera und Textverarbeitungsprogramm, für Sprache und Musik sowie für die Demonstration von realen Gegenständen oder von Bewegungsabläufen.

Es stellt sich die Frage, ob es sinnvoll ist, all diese Sachverhalte, mit denen etwas vermittelt werden kann, als Medien zu bezeichnen, oder ob es zweckmäßiger ist, den Medienbegriff als Grundlage für medienpädagogische Überlegungen enger zu fassen.
Um dieser Frage nachzugehen, liegt es nahe, sich zunächst zu vergegenwärtigen, daß jeder Mensch im Laufe seines Lebens mit einer Fülle von Sachverhalten bzw. Inhalten in unterschiedlicher Form in Berührung kommt.
Beispielsweise kann ein Kind den Sachverhalt "Schleuse" dadurch kennenlernen, daß es mit den Eltern oder mit der Schulklasse einen Ausflug zu einer Schleuse unternimmt und die Vorgänge, die für eine Schleuse von Bedeutung sind, in realer Form erlebt und beobachtet. Eine andere Möglichkeit besteht darin, daß ein Jugendlicher das Deutsche Museum in München besucht und sich dort mit dem dreidimensionalen Modell einer Schleuse vertraut macht. Eine dritte Form von Erfahrungen zum Sachverhalt "Schleuse" liegt vor, wenn eine Lehrperson im Unterricht Diapositive oder einen Dokumentarfilm mit Realaufnahmen und schematischen Darstellungen von verschiedenen Schleusen präsentiert. Schließlich ist es auch möglich, den Sachverhalt "Schleuse" aufgrund verbaler Darstellungen - ohne bildhafte Unterstützung - kennenzulernen.
In Anlehnung an dieses Beispiel lassen sich folgende Formen der Erfahrung eines bestimmten Sachverhalts bzw. Inhalts unterscheiden:
- *reale Form*, diese ist z.B. beim Handeln oder bei Beobachtungen in der Wirklichkeit, bei der personalen Begegnung mit Menschen oder beim realen Umgang mit Sachen gegeben,
- *modellhafte Form*, diese liegt z.B. beim Umgang mit Modellen oder beim simulierten Handeln im Rollenspiel und entsprechenden Beobachtungen vor,
- *abbildhafte Form*, diese ergibt sich z.B. bei der Information mit Hilfe realgetreuer oder schematischer bzw. typisierender Darstellungen,
- *symbolische Form*, diese besteht z.B. in der Aufnahme von Informationen aus verbalen Darstellungen oder nicht-verbalen Zeichen.

Die Erfahrungsformen, in denen Kindern und Jugendlichen verschiedene Inhalte bekanntwerden, sind mitentscheidend für die Vorstellungen, die sie von den jeweiligen Sachverhalten bzw. von der Wirklichkeit überhaupt entwickeln. So wird ein Kind, das bei einer Ausflugsfahrt mit seinen Eltern selbst durch eine Schleuse gefahren ist, mit dem Begriff andere Vorstellungen verbinden, als ein Kind, das den Begriff (nur) durch Erläuterungen einer Lehrperson kennengelernt hat.

Im Hinblick auf die Vorstellungsbildung ist zu bedenken, daß bereits die modellhafte Form der Präsentation eines Inhalts eine Reduktion im Vergleich zur Wirklichkeit bedeutet. Gleiches gilt für abbildhafte und erst recht für rein verbale bzw. symbolische Darstellungen.

Aus lerntheoretischer Sicht ist es in der Regel wünschenswert, daß Vorstellungen über die Wirklichkeit aus der Beobachtung oder aus dem konkreten Handeln in der Realität erwachsen. Bei nur modellhaften, abbildhaften oder symbolischen Erfahrungsformen besteht immer die Möglichkeit, daß sich unangemessene bzw. irreführende Vorstellungen über die Wirklichkeit ausbilden (vgl. *Bruner/Olson* 1975, S. 197 ff.; *Tulodziecki* 1983 a, S. 43 ff.). Beispielsweise können Kinder, die noch nie einen Elefanten in der Realität, sondern nur auf Bildern gesehen haben, kaum angemessene Vorstellungen über dessen Größe entwickeln.

Diese Überlegungen besagen allerdings nicht, daß Lernvorgänge, z.B. im Unterricht, immer mit Beobachtungen oder konkretem Handeln in der Realität beginnen müßten. Dort, wo aufgrund des bisherigen Lebens- und Bildungsweges bereits unmittelbare Erfahrungen zu einem Wirklichkeitsbereich vorliegen, kann selbstverständlich auf diese zurückgegriffen und mit modellhaften, abbildhaften oder symbolischen Darstellungen angemessen gelernt werden. Wenn eine Grundschullehrerin im Sachunterricht beispielsweise das Thema "Verhalten von Katzen" behandeln will, so kann sie davon ausgehen, daß alle Kinder bereits erste reale Erfahrungen mit Katzen haben. In diesem Falle genügt das Bild einer Katze, um entsprechende realitätsbezogene Vorstellungen zu aktivieren.

Unter Umständen bietet es sich auch an, einen Wirklichkeitsbereich bzw. einen Inhalt wegen der besseren Überschaubarkeit und der Möglichkeit der Typisierung bzw. des Sichtbarmachens von Strukturen (zunächst) über abbildhafte Darstellungen, z.B. in Form von schematischen Skizzen, zu erschließen. Beispielsweise kann es durchaus sinnvoll sein, Vorstellungen von einer Hochofenanlage in einem Stahlwerk zunächst dadurch zu vermitteln, daß der Vorgang der Roheisengewinnung schematisch dargestellt wird. In der Regel ist allerdings anzustreben, daß mit anschließenden Erkundungen der Bezug zur Realität hergestellt wird.

Darüber hinaus ist zu bedenken, daß ein großer Teil unserer Vorstellungen ohnehin auf modellhaften, abbildhaften oder symbolischen Formen der Erfahrung beruht - sei es, weil unmittelbare Erfahrungen nicht möglich oder prinzipiell zwar möglich, aber aus verschiedenen Gründen nicht realisierbar sind, sei es, weil bestimmte Begriffe kein mit den Sinnen unmittelbar erfahrbares Korrelat haben (vgl. *Boeckmann* 1987).

Dennoch gewinnt der obige lerntheoretische Hinweis - angesichts des zunehmenden Anteils mittelbarer Erfahrungen - eine besondere Bedeutung: Inhaltliche Vorstellungen sollten - wenn dies realisierbar bzw. möglich ist - auf unmittelbare Erfahrungen bezogen werden.
Zu beachten ist weiterhin, daß verschiedene Erfahrungsformen kombiniert auftreten können. So stellt z.b. eine Lehrperson, die den Begriff der Schleuse mit Hilfe einer Bildreihe einführt und die Bildreihe dabei kommentiert, für die Schülerinnen und Schüler sowohl abbildhafte als auch verbale bzw. symbolische Erfahrungsmöglichkeiten bereit.
Welche Erfahrungsform vorliegt, bestimmt sich allerdings erst durch den inhaltlichen Gegenstand, auf den sich das Interesse richtet. Wird der Sachverhalt "Schleuse" beispielsweise von einer Lehrperson verbal beschrieben, so ergibt sich in bezug auf diesen Gegenstand eine symbolische Form der Erfahrung für die Schülerinnen und Schüler. Würde eine entsprechende Unterrichtsstunde jedoch von Studierenden besucht, die Beobachtungen zur Lehrersprache durchführen wollen, so würden die verbalen Äußerungen zu einer realen Darstellung im Hinblick auf den Inhalt "Lehrersprache".
Die bisherigen Überlegungen sollten die Bedeutung der Erfahrungsformen für die Entwicklung von Vorstellungen zu den repräsentierten Inhaltsbereichen aufzeigen. Zugleich ist deutlich geworden, daß jede Interaktion des Menschen mit seiner Umwelt eine formbezogene Komponente hat. Insofern stellen die Erfahrungsformen ein konstitutives Element der Interaktion des Menschen mit seiner Umwelt dar. Da sie in gewisser Weise einen vermittelnden Charakter haben, werden sie manchmal schon selbst als Medien bezeichnet.
Aus pädagogischer Sicht ist es zunächst wichtig, bei der Betrachtung der Interaktion des Menschen mit seiner Umwelt alle Erfahrungsformen - von der realen bis zur symbolischen - im Blick zu behalten. Allerdings bedeutet dies keineswegs, daß der wissenschaftliche Medienbegriff alle Erfahrungsformen umfassen müßte. Für die Medienpädagogik erscheint es zweckmäßiger, den Medienbegriff auf technisch vermittelte Erfahrungsformen einzugrenzen. Dies eröffnet in besonderer Weise die Möglichkeit, die Merkmale technisch vermittelter Erfahrungen und Inhalte zu untersuchen und wissenschaftliche Aussagen dazu zu formulieren. Gleichzeitig können und sollen dabei andere Formen der Erfahrung - in Abgrenzung und im Vergleich zu technisch vermittelten Erfahrungen - im Blick bleiben und in die Betrachtung einbezogen werden.
Eine Eingrenzung des Medienbegriffs bietet sich auch aus historischer Perspektive an: Der Begriff Medien sowie die Begriffe Medienpädagogik, Mediendidak-

tik und Medienerziehung sind im Kontext der sich ausbreitenden technischen Vermittlungsmöglichkeiten von Inhalten durch Film, Radio und Fernsehen entstanden und bezüglich ihrer Begriffsinhalte weiterentwickelt worden. Vor dem Hintergrund dieser Überlegungen verstehe ich Medien als Mittler, durch die in kommunikativen Zusammenhängen bestimmte Zeichen mit technischer Unterstützung übertragen, gespeichert, wiedergegeben oder verarbeitet und in abbildhafter oder symbolischer Form präsentiert werden. Die Zeichen fungieren dabei als Träger von Bedeutungen für die an der Kommunikation beteiligten Personen.
Beispiele für Medien in diesem Sinne sind Buch, Zeitung und Illustrierte, Arbeits- und Diaprojektion, Film und Fernsehen, Radio und andere Tonmedien, Video und weitere Bildmedien sowie Computer (vgl. *Hagemann/ Tulodziecki* 1978, S. 18 ff.).
Ein solcher Medienbegriff umfaßt sowohl die technischen Geräte bzw. Einrichtungen zur Übertragung, Speicherung, Wiedergabe oder Verarbeitung von Zeichen als auch die dazugehörigen Materialien bzw. die Software sowie deren funktionales Zusammenwirken bei der Kommunikation (vgl. *Tulodziecki* 1979, S. 42).
Der Medienbegriff kann dabei sowohl das jeweilige "Gesamtmedium", z.B. das Fernsehen oder den Computer, meinen als auch bestimmte "Medienarten", z.B. Fernsehmagazin oder Lernsoftware, sowie auch "Einzelmedien", z.B. eine bestimmte Fernsehsendung oder eine bestimmte Computersoftware. Wenn der Blick im folgenden nicht nur auf das "Gesamtmedium" gerichtet werden soll, sondern vor allem auf "Medienarten", verwende ich diesen Begriff; soll er vor allem auf "Einzelmedien" gerichtet sein, spreche ich auch von einem "Medienangebot" oder von einem "Medienbeitrag" bzw. einem "medialen Produkt".
Eine weitere Ausdifferenzierung des Medienbegriffs soll im folgenden durch die Erarbeitung verschiedener Medienmerkmale geleistet werden.

2.2 Medienmerkmale

Die verschiedenen Medien, z.B. Radio und Film, sowie unterschiedliche Medienarten, z.B. Hörfunkreportage oder Videofilm, und unterschiedliche Medienangebote, z.B. eine bestimmte Diareihe oder eine bestimmte Unterrichtssoftware, können nach mehreren Merkmalen bzw. Eigenschaften gekennzeichnet werden (vgl. z.B. *Heidt* 1976, S. 24 ff.; *Tulodziecki* 1979, S. 41 ff.; *Boeckmann/ Heymen* 1990, S. 22 ff.; *Weidenmann* 1993, S. 17 ff.). Solche Kennzeichnungen lassen sich als eine Basis für die Analyse und Einschätzung von Medien sowie für Fragen ihrer unterrichtlichen Verwendung nutzen. Als Medienmerkmale können dabei die folgenden Gesichtspunkte bedeutsam sein: Codierungsarten, Sinnesmodalitäten, Darstellungsformen, Gestaltungstechniken, Ablaufstrukturen, Gestaltungskategorien und Gestaltungsformen sowie Produktions- und Verbreitungsbedingungen.

Gemäß den Ausführungen unter 2.1 werden in Medien gemeinte Inhalte nicht unmittelbar, sondern durch Zeichen bzw. Codes dargestellt. Deshalb spricht man auch von einer Verschlüsselung durch Zeichen oder von *Codierung*. Dabei kann man zwischen einer abbildhaften und einer symbolischen Codierung differenzieren.

Die abbildhafte Codierung läßt sich noch einmal in realgetreue und schematische bzw. typisierende Darstellungen unterscheiden. Realgetreue Darstellungen sind dadurch gekennzeichnet, daß mindestens ein Aspekt der Realität abgebildet wird, z.B. das Erscheinungsbild einer Person bei der Fotografie oder Originalgeräusche aus einer Schreinerwerkstatt bei einem Tondokument. Schematische bzw. typisierende Darstellungen abstrahieren dagegen vom realen Gegenstand oder Vorgang durch akzentuierende Darstellungen. Dies kann in Form von grafischen Präsentationen geschehen, z.B. bei der Darstellung eines technischen Vorgangs im Zeichentrick, oder durch künstlich erzeugte Geräusche, z.B. bei der Simulation von Regengeprassel im Hörspiel.

Bei den symbolischen Codierungen lassen sich verbale von nicht-verbalen Symbolen unterscheiden. Beispielsweise ist das Wort "Stein" ein verbales Symbol für den gemeinten Gegenstand, während ein Dreieck, das in einer Wanderkarte für einen Aussichtspunkt steht, ein nicht-verbales Symbol darstellt.

Codierungsarten sind bei ihrer Realisierung immer mit bestimmten *Sinnesmodalitäten* verknüpft. Dabei können der Hörsinn oder der Sehsinn oder beide angesprochen werden. Medien, die nur den Hörsinn oder nur den Sehsinn ansprechen, bezeichnet man als auditive oder als visuelle Medien. Bei den visuellen Medien kann man noch die visuell-statischen von den visuell-dynamischen Medien unterscheiden. Werden sowohl der Hör- als auch der Sehsinn angesprochen, hat man es mit audiovisuellen Medien zu tun. Beispielsweise ist der Hörfunk ein auditives, die Fotografie ein statisch-visuelles, der Stummfilm ein dynamisch-visuelles und das Fernsehen ein audiovisuelles Medium. Manchmal wird der Begriff der audio-visuellen Medien auch als Oberbegriff für alle vier Medienformen verwendet. Ergänzend ist zu erwähnen, daß bei computerbasierten Medien, z.B. bei Computerspielen, unter Umständen noch der Tastsinn angesprochen wird.

Durch die Verbindung von Codierungsarten und Sinnesmodalitäten ergeben sich bestimmte *Darstellungsformen*. Darstellung 1 zeigt eine Übersicht über Darstellungsformen bei einer Verbindung von Codierungsart und auditiver sowie visueller Sinnesmodalität (vgl. auch *Buck* 1993, S. 37 ff.; *Weidenmann* 1995, S. 67).

Darstellung 1: Übersicht über verschiedene Darstellungsformen

Sinnesmodalität / Codierungsart		auditiv	visuell statisch	visuell dynamisch
abbildhaft	realgetreu	aufgezeichnete Originaltöne	Bild	Film
	schematisch bzw. typisierend	aufgezeichnete künstliche erzeugte akustische Nachbildungen	Skizze, Grafik	Zeichentrick, Animation
symbolisch	verbal	aufgezeichneter gesprochener Text	schriftlicher Text	Laufschrift
	nichtverbal	aufgezeichnete nicht-sprachliche akustische Symbole	nicht-sprachliche optische Symbole	bewegte optische Symbole

Für die verschiedenen Darstellungsformen und ihre Kombination in den Medien gibt es unterschiedliche *Gestaltungstechniken*, beispielsweise kann man beim Film u.a. die Einstellungsgröße, die Einstellungsperspektive, die Kamerabewegung, die Montage und die Tongestaltung nennen, beim Hörfunk sind es u.a. die Regulierung der Lautstärke, Baß- und Höhenkontrolle, die Tonmischung, Multi-Play, Trickeffekte oder Blenden und Schnitt (vgl. auch Abschnitt 6.2.1).

Des weiteren lassen sich Medien, Medienarten und mediale Angebote durch die mit ihnen möglichen *Ablaufstrukturen* unterscheiden. Im einfachsten Falle hat ein Medienangebot eine vorgegebene lineare Ablaufstruktur, die der Nutzer nur durch Start und Stop, Vor- und Rücklauf steuern kann. Dies ist z.b. bei einem Hörspiel auf einer Tonkassette der Fall. Darüber hinaus lassen sich adaptive, transaktive, responsive und kommunikative Möglichkeiten unterscheiden, die z.B. mit bestimmten Anwendungen computerbasierter Medienangebote vebunden sind (vgl. *Beck* 1996, S. 25).

Adaptive Ablaufstrukturen sind dadurch gekennzeichnet, daß die Darbietung, z.B. bei einem computerpräsentierten Lernprogramm, aufgrund vorheriger Eingaben des Nutzers vom Medium gesteuert wird. Beispielsweise können bei einem entsprechenden Programm Anzahl und Art von Übungsaufgaben an den - mit einem Test ermittelten - Leistungsstand des Nutzers angepaßt werden. Eine transaktive Ablaufstruktur liegt vor, wenn Nutzer mit Hilfe der Medien vorprogrammierte Aktionen auslösen können. Ein Beispiel hierfür ist das Teleshopping. Eine responsive Ablaufstruktur ist gegeben, wenn der Nutzer über geeignete Schnittstellen bzw. Steuerungsmöglichkeiten den Ablauf des medialen Angebots bzw. des Programms durch eigene Aktionen bestimmt. Dies ist z.b. bei vielen CD-ROMs der Fall. Kommunikative Ablaufstrukturen bedeuten, daß ein Nutzer mit Hilfe eines Mediums mit einem oder mehreren weiteren Nutzern kommuniziert. Dies kann asynchron erfolgen, z.B. mit Hilfe von E-Mail, oder synchron, z.B. bei einer Videokonferenz oder beim Internet Relay Chat.

Ein weiteres Kriterium zur Unterscheidung von Medien, Medienarten und medialen Angeboten sind die *Gestaltungskategorien* und *Gestaltungsformen*. Bei den Gestaltungskategorien lassen sich z.B. informierende, kommentierende und bewertende, lehrorientierte, unterhaltende, werbende und werkzeugartige Angebote unterscheiden. Nachrichtensendungen und Dokumentarfilme sind Beispiele für informierende Angebote, Leitartikel und Magazine enthalten in der Regel kommentierende und bewertende Elemente, Schulfernsehsendungen und Unterrichtssoftware stellen lehrorientierte Angebote dar, Hörspiele und Spielfilme haben einen unterhaltenden Charakter, Anzeigen und Werbespots verfolgen Werbeabsichten und Simulationsprogramme sind Beispiele für werkzeugartige Angebote.

Mit diesen Gestaltungskategorien sind zum Teil bestimmte Gestaltungsformen verbunden. Solche Gestaltungsformen können u.a. sein: Bericht, Zeitlupenstudie, Zeitrafferstudie, Moderation, Reportage, Kommentar, Interview, Lehrtext, Aufgabenstellung, Spielszene und Videoclip, Menü für ein Computerprogramm.

Über die bisher genannten Gesichtspunkte hinaus, können sich die verschiedenen Medien, Medienarten und Medienangebote durch ihre *Produktions- und Verbreitungsbedingungen* unterscheiden. So werden Medienangebote z.b. in verschiedenen Medieninstitutionen, z.b. Verlagen und Rundfunkanstalten, unter jeweils spezifischen Bedingungen produziert (vgl. Abschnitt 1.2). Auch die Verbreitungswege, z.b. Buchhandel, Elektrohandel oder Computernetze, sowie die Rezeptionsbedingungen, z.b. Kinosaal, eigene Wohnung oder Schule, unterscheiden sich zum Teil erheblich.

Die obigen Merkmale erlauben es, Medienarten und Medien nach ihren Gestaltungsmöglichkeiten und einzelne Medienangebote nach den jeweils gewählten Möglichkeiten zu charakterisieren.

Beispielsweise gibt es eine CD-ROM mit dem Titel "Naturkatastrophen", die Informationen zu Ursachen, Verlauf und Wirkungen von Vulkanausbrüchen, Erdbeben, Unwetter, Überschwemmungen und Massenbewegungen enthält. Im Aspekt von Medienmerkmalen ist die CD-ROM dadurch gekennzeichnet, daß für ihre Gestaltung u.a. folgende Möglichkeiten genutzt wurden (vgl. *FWU 1996*):
- die realgetreue, die schematische bzw. typisierende, die verbale und die nicht-verbal-symbolische Codierungsart,
- die auditive und die visuelle sowie die audiovisuelle Sinnesmodalität,
- aufgezeichnete Originaltöne und aufgezeichnete gesprochene Texte sowie Bilder, Skizzen, Grafiken, schriftliche Texte, bewegte optische Symbole, Filmsequenzen und Zeichentrick bzw. Animationen,
- unterschiedliche Gestaltungstechniken für die einzelnen Darstellungsformen, z.B. für schriftliche Texte verschiedene Schriftgrößen sowie farbige Hervorhebungen oder für Filmsequenzen Aufnahmen in der Totale in Normalperspektive bei ruhiger Schnittfolge,
- lineare und responsive Ablaufstrukturen,
- informierende, kommentierend-bewertende und lehrorientierte Präsentationen,
- Fotos, filmische Dokumentationen, Musikeinspielungen, geografische Karten, Diagramme, Berichte, Kommentare, Simulationen, Lehrtexte, Menüs, Hilfstexte, Glossar, Steuerleisten mit verschiedenen Schaltflächen (Buttons) sowie Fenster als Gestaltungsformen.

Die CD-ROM wurde vom FWU produziert und wird von dort vertrieben. Sie kann mit einem Handbuch käuflich erworben oder bei Bildstellen ausgeliehen werden.

Eine solche Kennzeichnung vermittelt eine erste Übersicht über formale Merkmale von Medienangeboten. Sie kann - in Verbindung mit inhaltlichen

Aspekten - als Hilfe für unterrichtliche Verwendungsentscheidungen dienen. Außerdem können die Medienmerkmale genutzt werden, um Gestaltungsanforderungen für auszuwählende Medienangebote oder selbst zu erstellende Medienbeiträge zu beschreiben (vgl. dazu Abschnitt 7.3).
Insgesamt verweisen die verschiedenen Merkmale auf die vielfältigen Möglichkeiten, *mit* denen Medien kommunikative Funktionen wahrnehmen können. Damit wird noch einmal deutlich, warum den Medien als technischen Mittlern bei kommunikativen Prozessen in der pädagogischen Diskussion eine wichtige Bedeutung zukommt. Einerseits verspricht man sich von ihnen besondere unterrichtliche Möglichkeiten, andererseits haben sie im außerschulischen Leben der Kinder und Jugendlichen und in unserer Gesellschaft eine immer größere Bedeutung erlangt. Mit beiden Perspektiven setzt sich die Medienpädagogik auseinander.

2.3 Teilgebiete der Medienpädagogik

Wie eingangs angedeutet, gibt es in der medienpädagogischen Literatur eine Fülle von Aussagen bzw. Sätzen. Beispiele für solche Aussagen bzw. Sätze sind:
(1) Damit Kinder sich dem pädagogisch wünschenswerten Ziel der "Hilfsbereitschaft" nähern, sollen ihnen in verschiedenen Filmszenen Situationen vorgestellt werden, in denen Personen, mit denen sie sich identifizieren können, für hilfsbereites Verhalten belohnt werden.
(2) Damit Jugendliche kritikfähig gegenüber Medien werden, sollen sie sich sowohl mit Manipulationstechniken von Medien als auch mit ökonomischen Bedingungen ihrer Produktion auseinandersetzen.
(3) Ein Computer sollte ausgeschaltet sein, bevor ein Peripheriegerät angeschlossen wird, weil sonst schwere Defekte der Computerausrüstung auftreten können.
(4) In den medialen Angeboten gehören die Hauptakteure meistens der Mittelschicht an, verkörpern bürgerliche Werte und tragen damit zur Bildung entsprechender gesellschaftlicher Normen bei.

Es stellt sich die Frage, wie sich Sätze solcher Art charakterisieren und unterscheiden lassen. Eine entsprechende Analyse wird auf verschiedene Teilgebiete der Medienpädagogik verweisen und damit die Möglichkeit bieten, eine Übersicht über das zunehmend komplexe Gebiet der Medienpädagogik zu gewinnen. Zugleich wird die Analyse die Chance eröffnen, den Zusammenhang praktischer Fragestellungen und theoretischer Ansätze in der Medienpädagogik besser zu durchschauen.

In diesem Sinne zeigt die Analyse der obigen Sätze folgendes:
- Im Satz (1) wird eine pädagogisch relevante Zielvorstellung (Hilfsbereitschaft) angesprochen und eine Aussage darüber gemacht, wie man sich mit Hilfe eines Medienangebots diesem Ziel nähern kann. Es geht um Fragen der Gestaltung und Verwendung von Medienangeboten in pädagogisch bedeutsamen Lehr- und Lernprozessen. Dieser Satz ist typisch für ein Teilgebiet der Medienpädagogik, das üblicherweise *Mediendidaktik* genannt wird.
- Im Satz (2) wird ebenfalls eine pädagogisch relevante Zielvorstellung formuliert (Kritikfähigkeit gegenüber Medien). Der Unterschied zum Satz (1) liegt jedoch darin, daß die Zielvorstellung auf den Bereich der Medien selbst gerichtet ist. Des weiteren enthält Satz (2) - wie Satz (1) - eine Aussage dazu, wie das Ziel angestrebt werden kann. Damit geht es um Zielvorstellungen im Medienzusammenhang und um ihre Umsetzung: die Medien werden nicht schwerpunktmäßig als Mittel, sondern als Gegenstand bzw. Inhalt von Erziehung und Bildung betrachtet. Ein Satz dieser Art ist typisch für ein medienpädagogisches Teilgebiet, das man - in Unterscheidung zur Mediendidaktik - als "Wissenschaft und Lehre von den Erziehungs- und Bildungsaufgaben im Medienzusammenhang und ihrer Umsetzung" oder kürzer als *Medienerziehungstheorie* bezeichnen kann. Dabei werden Erziehungs- und Bildungsaufgaben zu Medienfragen und ihre Umsetzung unter dem Begriff der Medienerziehung zusammengefaßt.
- Im Satz (3) geht es um eine technische Information. Eine Beachtung solcher Informationen ist eine wichtige Voraussetzung für medienpädagogisches Handeln in der Praxis. Sätze dieser Art sind typisch für *medientechniches Wissen*.
- Im Satz (4) geht es um eine Aussage über Medieninhalte und ihre gesellschaftliche Bedeutung. Werden solche Aussagen in systematische Zusammenhänge eingeordnet, so spricht man von *Medientheorie*. Die medientheoretischen Annahmen können u.a. soziologischer, psychologischer, rechtlicher oder politischer Art sein.

Verallgemeinert man die Beispiele, so kann man zunächst sagen:
- Mediendidaktische Sätze zeichnen sich dadurch aus, daß in ihnen eine Aussage enthalten ist, wie pädagogisch wünschenswerte Zielvorstellungen mit Hilfe von Medien erreicht werden können.

- Medienerziehungstheoretische Sätze sind dadurch gekennzeichnet, daß sie erziehungs- und bildungsrelevante Zielvorstellungen mit Medienbezug enthalten sowie Aussagen, wie die Ziele angestrebt werden können.
- Medientechnische Sätze beschreiben technische Voraussetzungen für medienpädagogisches Handeln.
- Medientheoretische Sätze liefern u.a. Deutungszusammenhänge soziologischer, psychologischer, rechtlicher oder politischer Art im Medienbereich.

Damit sind vorläufig vier Bereiche, die für die Medienpädagogik wichtig sind, angesprochen: die Mediendidaktik, die Medienerziehungstheorie, die Medientechnik und die Medientheorie. Um weitere Bereiche in den Blick zu bekommen, sollen die obigen Sätze (1) und (2) weiter analysiert werden.

Beide Sätze enthalten zunächst eine Zielvorstellung, d.h. eine normative Komponente: Kinder bzw. Jugendliche sollen hilfsbereit sein bzw. kritikfähig gegenüber Medien. Von solchen Zielvorstellungen ist - wie für unterrichtliche und erzieherische Ziele überhaupt - zu fordern, daß sie in angemessener Weise reflektiert werden und sich aus pädagogischer Sicht - d.h.: auch im Interesse der Betroffenen - rechtfertigen lassen.

Neben einer Zielvorstellung enthalten die obigen Sätze eine Aussage über mögliche "Mittel", um dieses Ziel zu erreichen. Man kann sie deshalb auch als Ziel-Mittel-Sätze bezeichnen (vgl. *König* 1975, S. 73 ff.).

Die Ziel-Mittel-Relationen basieren jeweils auf empirischen Annahmen. Die empirischen Annahmen lauten im obigen Fall:

(1) Wenn Kinder im Film beobachten, wie Modellpersonen für hilfsbereites Verhalten belohnt werden, dann verstärkt sich ihre Neigung zu eigenem hilfsbereiten Verhalten.

(2) Wenn Jugendliche sich mit Manipulationstechniken von Medien und ökonomischen Bedingungen ihrer Produktion auseinandersetzen, dann werden sie kritikfähig gegenüber Medien.

Diese beiden Sätze stellen Beispiele für Hypothesen dar. Hypothesen sind dadurch gekennzeichnet, daß sie einen Zusammenhang zwischen mindestens zwei Phänomenen herstellen, z.B. zwischen der Beobachtung von belohntem hilfsbereiten Verhalten und eigener Hilfsbereitschaft oder zwischen der Auseinandersetzung mit Manipulationstechniken und eigener Kritikfähigkeit. Die Phänomene selbst können zunächst in Form deskriptiver Aussagen beschrieben werden. In unserem Beispiel würden solche deskriptiven Aussagen lauten:

(1) Einige Kinder zeigen ein hilfsbereites Verhalten. Sie haben im Film beobachtet, wie Modellpersonen für hilfsbereites Verhalten belohnt wurden.

(2) Einige Jugendliche zeigen Kritikfähigkeit gegenüber Medien. Sie haben sich mit Manipulationstechniken und ökonomischen Bedingungen von Medien auseinandergesetzt.

Die Aufgabe, solche deskriptiven Aussagen und Hypothesen im Bereich der Medien zu finden und/oder zu prüfen, kommt der *Medienforschung* zu. Medienforschung soll sowohl der Medientheorie als auch der Medienpraxis dienen. Für die Medienpraxis soll sie angemessenes Handeln in einer von Medien mitgeprägten Welt unterstützen. Medienpraxis umfaßt dabei sowohl die Mediengestaltung und die Medienverwendung als auch die Medienerziehung.

Die obigen Überlegungen lassen sich zu folgenden Begriffsbeschreibungen zusammenfassen:

(1) Medienpädagogik meint die Gesamtheit aller pädagogisch relevanten handlungsanleitenden Überlegungen mit Medienbezug einschließlich ihrer medientechnischen und medientheoretischen bzw. empirischen und normativen Grundlagen.

(2) Der Begriff der Mediendidaktik beschreibt den Bereich der Didaktik, in dem alle Überlegungen zusammengefaßt sind, bei denen es im wesentlichen um die Frage geht, wie Medien bzw. Medienangebote oder Medienbeiträge zur Erreichung pädagogisch gerechtfertigter Ziele gestaltet und verwendet werden können bzw. sollen.

(3) Als Medienerziehungstheorie kann man das Feld aller Überlegungen zu dem Problemkreis bezeichnen, welche erziehungs- und bildungsrelevanten Ziele im Zusammenhang mit Medienfragen angestrebt werden sollen und wie diese in pädagogisch angemessener Form erreicht werden können.

(4) In der Medientechnik werden technische Bedingungen und Voraussetzungen für medienpädagogisches Handeln dargestellt.

(5) Die Medientheorie stellt ein System von Aussagen zu soziologischen, psychologischen, rechtlichen, politischen o.ä. Zusammenhängen im Medienbereich dar.

(6) Medienforschung umfaßt alle wissenschaftlichen Aktivitäten mit dem Ziel, deskriptive Aussagen, Hypothesen und/oder Ziel-Mittel-Aussagen mit Medienbezug zu finden und/oder zu überprüfen sowie die Aussagen in einen systematischen Zusammenhang zu bringen.

(7) Medienpraxis ist das Feld, in dem sich Handeln mit Medienbezug - als Mediengestaltung, als Medienverwendung oder als Medienerziehung - vollzieht.

In der Darstellung 2 wird der Zusammenhang der verschiedenen Teilgebiete bzw. Bereiche, die für die Medienpädagogik wichtig sind, in grafischer Form aufgezeigt (vgl. *Tulodziecki* 1982 b, S. 4; *Issing* 1987 a, S. 24). Auf die beiden Hauptbereiche der Medienpädagogik, die Mediendidaktik und die Medienerziehungstheorie, soll zunächst in den Kapiteln 3 und 4 näher eingegangen werden.

Darstellung 2: Teilgebiete und Bereiche der Medienpädagogik

```
                        ┌──────────────────┐
                        │  Medienpädagogik │
                        └──────────────────┘
                           ↗            ↖
              ┌──────────────────┐   ┌──────────────────────────┐
         ┌──→ │  Mediendidaktik  │   │ Medienerziehungstheorie  │ ←──┐
         │    └──────────────────┘   └──────────────────────────┘    │
         │          ↑     ↑              ↑      ↑                    │
         │                ┌──────────────────┐                       │
         │                │   Medientechnik  │                       │
         │                └──────────────────┘                       │
         │                                                           │
         │   pädagogisch zu                      pädagogisch zu      │
         │   rechtfertigende                     rechtfertigende     │
         │   Zielvorstellungen  ┌──────────────┐ Zielvorstellungen   │
         │                      │ Medientheorie│ mit Medienbezug     │
         │                      └──────────────┘                    │
         │                                                           │
         │              deskriptive und empirisch-                   │
         │              hypothetische Aussagen                       │
         │                                                           │
         │                  ┌──────────────────┐                     │
         ├─────────────────→│  Medienforschung │←────────────────────┤
         │                  └──────────────────┘                     │
         │                          ↑                                │
         │                  ┌──────────────────┐                     │
         └──────────────────│    Medienpraxis  │←────────────────────┘
                            └──────────────────┘
```

3 Ansätze zur Mediendidaktik

Zur Frage der Mediengestaltung und Medienverwendung für Lehr- und Lernprozesse gibt es unterschiedliche Annahmen und Vorstellungen. Solche Annahmen und Vorstellungen spielen auch in der praxisorientierten Diskussion um Mediengestaltung und Medienverwendung eine bedeutende Rolle. Die Annahmen können dabei eher zutreffend oder eher irreführend sein. Beispiele für solche - zum Teil widersprüchlichen - Annahmen und Vorstellungen sind (vgl. auch *Weidenmann* 1995, *Kozma* 1991):

- Lernen mit Medien ist auf jeden Fall wirkungsvoller als Lernen ohne Medien.
- Medien eignen sich nur für die Motivation und Information, für die Übertragung des Gelernten sind sie nicht geeignet.
- Beim Zuhören behält man 20%, beim Sehen 30% und beim Hören und Sehen 50%.
- Die Behaltensleistung hat mehr mit dem eigenen Interesse als mit den Sinnen zu tun, mit denen man sie aufnimmt.
- Von Spezialisten erstellte Medien sollten den Unterricht weitgehend steuern, der Lehrer sollte vor allem Organisations-, Beratungs- und Erziehungsfunktionen übernehmen.
- Medien haben nur eine Transportfunktion für Inhalte. Für das, was gelernt wird, sind sie genauso unwichtig wie das Transportmittel von Lebensmitteln für den Nährwert der Nahrung.
- Medien ermöglichen individuelles und selbstgesteuertes Lernen und sind deshalb geeignet, um auf die Informationsgesellschaft mit ihren vielfältigen Informationsangeboten vorzubereiten.
- Für das selbstgesteuerte Lernen sind die vorhandenen Fähigkeiten zur Informationsstrukturierung wichtiger als die Frage, welche Steuerungsmöglichkeiten ein Medienangebot zuläßt.

Um solche Annahmen und Vorstellungen hinsichtlich ihrer Grundlagen einordnen und hinsichtlich ihrer Richtigkeit oder ihrer Angemessenheit einschätzen zu können, ist es sinnvoll, drei Fragen nachzugehen:

(1) Welche empirischen Forschungsansätze und -ergebnisse gibt es, um die Bedeutung von Medien für Lehr- und Lernprozesse zu klären?

(2) Welche theoretischen Ansätze sind entwickelt worden, um Medienentscheidungen für das Lehren und Lernen zu unterstützen?

(3) Welche Konzepte zur Verwendung von Medien in Lehr- und Lernprozessen lassen sich unterscheiden und welche Überlegungen sind damit verbunden?

Diese Fragen sollen in den folgenden Abschnitten behandelt werden. Im Rahmen dieses Kapitels ist es allerdings nicht möglich, alle Facetten der entsprechenden Diskussion nachzuzeichnen. Es kann nur darum gehen, wichtige Entwicklungslinien und Grundgedanken bei den Forschungs- und Theorieansätzen sowie exemplarische Ergebnisse vorzustellen.

3.1 Empirische Forschungsansätze

Bei den empirischen Forschungsansätzen kann man Untersuchungen zu allgemeinen Medienwirkungen und zu speziellen Medienmerkmalen von interaktionsorientierten Studien und Evaluationen unterscheiden.

3.1.1 Untersuchungen zu allgemeinen Medieneffekten

Die frühe mediendidaktische Forschung ist durch den Versuch gekennzeichnet, Medienunterricht mit konventionellem Lehrerunterricht zu vergleichen. So sind z.B. mit dem Aufkommen des Schulfernsehens zahlreiche *Vergleichsuntersuchungen* durchgeführt worden. Diese gestalten sich in der Regel nach folgendem Muster: In zwei parallelen Lerngruppen wird zunächst ein Vortest zu dem zu vermittelnden Inhalt durchgeführt. Danach bekommt eine Lerngruppe den Lerninhalt über das Fernsehen dargeboten, die andere wird auf herkömmliche Art von einer Lehrperson unterrichtet. Am Ende wird ein Nachtest durchgeführt, so daß der Lehreffekt als Verbesserung der Lernergebnisse vom Vortest zum Nachtest ermittelt werden kann. Ein statistischer Vergleich der Lehreffekte ermöglicht eine Einschätzung, ob zwischen der Fernsehgruppe und der herkömmlich unterrichteten Gruppe signifikante Unterschiede im Lernergebnis bestehen oder nicht. Beispielsweise zeigt eine frühe zusammenfassende Auswertung von 421 Vergleichsuntersuchungen dieser Art durch *Chu/ Schramm* (1968), daß in 15% der Fälle signifikante Unterschiede zugunsten der Fernsehgruppe, in 12% der Fälle signifikante Unterschiede zugunsten der herkömmlich unterrichteten Gruppe und in 73% der Fälle keine signifikanten Unterschiede auftraten. Auch andere zusammenfassende Studien zu Medienvergleichsuntersuchungen kommen zu dem Schluß, daß man keinen generellen Vorteil von Medienunterricht gegenüber dem Lehrerunterricht annehmen kann (vgl. z.B. *Jamison/ Suppes/ Wells* 1974). Allerdings zeigen neuere Meta-Analysen zu Vergleichsuntersuchungen zwischen computerbasiertem Lernen und herkömmlichem Unterricht einen höheren Anteil an Studien, in denen Vorteile für das computerbasierte Lernen nachgewiesen wurden. So werteten *Kulik/ Kulik* (1991) insgesamt 248 Vergleichsstudien zwischen verschiedenen Formen computergestützten Lernens und konventionellem Unterricht aus. Von diesen zeigten 94 (= 38%) einen statistisch signifikant höheren Lernerfolg für das computergestützte Lernen und 6 (= 2%) ein signifikant höheres Lernergebnis für den konventionellen Unterricht. In 60% der Fälle gab es keine statistisch signifikanten Unterschiede. Allerdings zeigten insgesamt 202 der Studien (= 81%) eine positive Differenz der Lernergebnisse zugunsten des computergestützten Lernens (einschließlich der 94 Studien mit signifikanten Unterschieden). Die durchschnittliche Effektstärke betrug 0.30 bei einer Spannbreite von - 1.20 bis 2.17. (Die durchschnittliche Effektstärke wurde dabei berechnet als Differenz der Mittelwerte von Versuchs- und Kontrollgruppe geteilt durch die Standardabweichung der Kontrollgruppe.)

In 22 der Vergleichsstudien wurde außerdem die Einschätzung der Lernenden zur Qualität des Lehrens erfaßt. In 16 Studien wurde das computergestützte Lernen und in 4 Studien das konventionelle Lehren positiver beurteilt, während in 2 Studien keine Unterschiede gegeben waren. Die Effektstärke betrug 0.28. In 32 Vergleichsstudien, die allerdings alle in Colleges oder in der Weiterbildung durchgeführt wurden, lag der Quotient aus der aufgewendeten Zeit für das computergestützte Lernen und der Zeit für das konventionelle Lernen im Durchschnitt bei 0.70 mit Schwankungen zwischen 0.16 bis 1.15.

Wenn die Ergebnisse aus Vergleichsuntersuchungen zum Teil auch enttäuschend für die Verfechter eines stärkeren Medienunterrichts sind, so haben sie doch gezeigt, daß Lernen nicht nur durch personale Vermittlung angeregt und unterstützt werden kann, sondern auch durch Medien. Für die Forschung brachten die Vergleichsuntersuchungen darüber hinaus den Impuls, eine Differenzierung herkömmlicher Aussagen zum Lehren und Lernen mit Medien zu versuchen.

3.1.2 Untersuchungen zu speziellen Medienmerkmalen

Eine Differenzierung von Aussagen zum Lehren und Lernen mit Medien wurde vor allem durch empirische Untersuchungen angestrebt, in denen *einzelne Medienmerkmale im Hinblick auf ihre Lerneffekte* geprüft wurden (vgl. *Issing* 1977). Beispielsweise führten *Overing/ Travers* (1973) eine experimentelle Studie zum Einfluß verschiedener Codierungsarten bzw. Erfahrungsformen auf die Befähigung von Lernenden zum Transfer des Gelernten durch. Für eine transferwirksame Vermittlung des physikalischen Prinzips der Brechung von Lichtstrahlen im Wasser wurden folgende vier Formen miteinander verglichen: bloß verbale Darstellung des Prinzips, schematische bildhafte Darstellung mit verbaler Information, realistische Demonstration mit verbaler Information, schematische Darstellung mit verbaler Information und vorhergehender praktischer Problemstellung. In der Untersuchung zeigte sich, daß die realistische Demonstration mit verbaler Information sowie die schematische Darstellung mit verbaler Information und vorhergehender Problemstellung den anderen beiden Darstellungen überlegen war.

Ein weiteres Beispiel stellt die Untersuchung von *Issing/ Schellenberg* (1973) dar, in welcher der Einfluß verschiedener medialer Ablaufstrukturen und Gestaltungsformen auf Wissen und Behalten geprüft wurde. Das Thema "Magnetismus" wurde drei Lerngruppen in einer jeweils anderen Form vermittelt: als herkömmliche Fernsehsendung ohne Aufgaben; als eine Fernsehsendung, bei der der Lerninhalt in kleine Informationseinheiten und Aufgaben, welche in einem gemeinsamen Tempo zu bearbeiten waren, aufgeteilt war ("programmierte Fernsehsendung") sowie als Buchprogramm in dem die Informationseinheiten und Aufgaben in gedruckter Form vorlagen und in eigenem Tempo bearbeitet werden konnten. Im Ergebnis waren die "programmierte Fernsehsendung" und das Buchprogramm der konventionellen Fernsehsendung hinsichtlich Wissen und Behalten überlegen. Im Vergleich zwischen dem Buchprogramm und der "programmierten Fernsehsendung" zeigten sich beim Buchprogramm zwar leicht bessere Erfolge, jedoch keine signifikanten Unterschiede. Dies bedeutet u.a., daß sich Aktivierungen durch Aufgabenstellungen und Rückmeldungen günstig auf das Lernergebnis auswirken und daß diese - in gewissen Grenzen - wirksamer sind als ein individuelles Lerntempo.

Besonders viele der Untersuchungen zu speziellen Medienmerkmalen bezogen sich auf die Frage, ob eine Kombination aus Text und Bild zu besseren Lernerfolgen führt als die bloße Präsentation von Texten. Dazu haben *Levin/ Anglin/ Carney* (1987) 155 Untersuchungen ausgewertet. Sie wählten allerdings nur Studien von Text-Bild-Kombinationen aus, bei denen die Bilder vorher als potentiell lernfördernd eingeschätzt wurden, wobei die Bilder der Abbildung, der Organisation, der Interpretation oder der Transformation von Textaussagen dienten. Ausgeschlossen waren Studien mit textirrelevanten Bildern. Für die Verwendung von abbildenden, organisierenden, interpretierenden und transformierenden Illustrationen ergab sich eine durchschnittliche Effektstärke von 0.75. Allerdings weist *Weidenmann* (1988) unter Relativierung dieser und anderer

Ergebnisse darauf hin, daß man davon ausgehen muß, daß vorwiegend Studien mit positiven Ergebnissen publiziert werden und andere Studien unter Umständen unveröffentlicht bleiben (vgl. S. 129).

Untersuchungsergebnisse der obigen Art legen generell die Annahme nahe, daß für das Erreichen bestimmter Lehrziele die Wahl der Erfahrungsformen bzw. Codierungsarten, z.B. die reale oder abbildhafte Form, und die Wahl bestimmter Gestaltungsformen, z.B. Aktivierung durch Aufgaben, wichtiger sind als das Medium, durch das sie präsentiert und realisiert werden (vgl. auch *Weidenmann* 1986, S. 500 ff.). Des weiteren verweisen solche Ergebnisse darauf, daß Annahmen, die einen generellen Einfluß der Sinnesmodalitäten auf die Lernergebnisse unterstellen, irreführend sind. Beispielsweise gibt es keinen wissenschaftlich akzeptablen Beleg für die eingangs erwähnte Annahme, daß beim Zuhören 20%, beim Sehen 30% und bei Hören plus Sehen 50% behalten werden. (Vgl. auch *Weidenmann* 1995, S. 4 ff.). Darüber hinaus machen die Untersuchungsergebnisse darauf aufmerksam, daß neben bestimmten Medienmerkmalen die Wahl des Lehrkonzepts besonders wichtig ist. So wurden beispielsweise die medialen Effekte - bezogen auf Codierungs- und Gestaltungsformen - in den Untersuchungen von *Overing/ Travers* sowie *Issing/ Schellenberg* durch die zugrundeliegenden Lehrkonzepte (problemorientiertes Vorgehen und programmierte Unterweisung) überlagert. Für die Bedeutung der Lehrkonzepte spricht schon eine frühere zusammenfassende Studie von *Kulik/ Kulik/ Cohen* (1980), in der empirische Vergleiche zwischen gedruckten Lernprogrammen und computergestützten Lernprogrammen in der Regel keinen Unterschied im Lernerfolg zeigten, während beide gegenüber dem konventionellen Unterricht häufig wirkungsvoller waren.

Trotz vieler interessanter Ergebnisse der bisher angesprochenen Forschungsansätze greifen diese an einem entscheidenden Punkt zu kurz. Die Voraussetzungen und Prozesse, die bei der Mediennutzung auf Seiten der Lernenden bedeutsam sind, werden nicht angemessen berücksichtigt. Dies hängt zum Teil mit der behavioristischen Grundorientierung vieler wirkungsbezogener Ansätze zusammen, die durch den Gedanken bestimmt ist, daß sich das Verhalten eines Individuums durch äußere Hinweisreize und Verstärkungen steuern läßt (vgl. auch Abschnitt 3.2.2). Bei dieser Grundposition würde es ausreichen, die medialen Gestaltungsmöglichkeiten im Sinne von Hinweisreizen und Verstärkungen zu nutzen, um ein gewünschtes Lehrziel zu erreichen. Allerdings machen die zum Teil widersprüchlichen Ergebnisse entsprechender Forschung darauf aufmerksam, daß eine solche Grundposition unzureichend ist. Diese Einsicht führte zu einem Ansatz mediendidaktischer Forschung, bei dem Lerneffekte nicht als Medieneffekte, sondern als Wechselwirkung von Medienmerkmalen und Merkmalen der Lernenden begriffen werden.

3.1.3 Interaktionsorientierte Studien

Bei der Entwicklung eines Forschungskonzepts, bei dem Wechselwirkungen von Medienmerkmalen und Merkmalen der Lernenden in den Mittelpunkt rücken, wurde die mediendidaktische Forschung durch den sogenannten "Aptitude-Treatment-Interaction"-Ansatz angeregt, der sich in der allgemeinen Lehr-Lernforschung entwickelt hatte. Dieser Ansatz versteht Lernen als Interaktion von Persönlichkeitsmerkmalen (Aptitudes) und unterrichtlichen Maßnahmen (Treatments). Beispielsweise hat *Salomon* (1976, S. 56 ff.) im Medienbereich ein Experiment durchgeführt, bei dem es darum ging, die Bildwahrnehmung als Wechselwirkung zwischen der Fähigkeit, wesentliche Details aus einem Gesamtzusammenhang herauszulösen, und verschiedenen medialen Präsentationen zu untersuchen. Dazu wurde bei den Lernenden zunächst die betreffende Fähigkeit mit einem Test erfaßt. Danach konfrontierte der Versuchsleiter die Lernenden mit je einer von drei medialen Versionen. Die erste Version bestand aus einem Film, in dem drei Gesamtgemälde gezeigt wurden, aus denen dann mit Hilfe der Zoomtechnik verschiedene Details herausgelöst wurden. Bei der zweiten Version handelte es sich um eine Folge von Diapositiven mit den Gesamtgemälden am Beginn und anschließenden Detailaufnahmen. Die dritte Version beschränkte sich auf die Projektion der Gesamtgemälde. Als Ergebnis zeigte sich, daß die Lernenden, die bereits die Fähigkeit zum Herauslösen von Details aus einem Zusammenhang besaßen, die besten Ergebnisse bei der dritten Version erzielten, während Lernende ohne diese Fähigkeit am meisten von der ersten Version profitierten.

Durch diese Untersuchung wird zum einen die Angemessenheit von solchen Interaktionsannahmen belegt, zum anderen zeigt sich, daß es möglich ist, bestimmte interne Prozesse - z.B. das Herauslösen von Details aus einem Gesamtzusammenhang - durch ein Medium extern zu simulieren, hier mit Hilfe der Zoomtechnik. Die mediale Simulation interner Prozesse bezeichnet *Salomon* (1976, S. 54) als Supplantation. Mit dem *Supplantationskonzept* verbindet sich die Annahme, daß Lernen umso wirkungsvoller verläuft, je besser die mediale Präsentation den - vom Lernenden zu vollziehenden - internen Prozessen angepaßt ist. Allerdings wird Lernen dabei im wesentlichen als Imitation externer Präsentationen begriffen. In diesem Punkt liegt eine bedeutende Schwäche des

Supplantationskonzepts. Zur angemessenen Erfassung von Wechselwirkungen müßte es um differenzierte Analysen kognitiver Prozesse erweitert werden (vgl. auch *Strittmatter/ Seel* 1984, S. 4).

Trotz dieser Einschränkung verdeutlicht das Beispiel, daß der ATI-Ansatz und das Supplantationskonzept eine entscheidende Blickerweiterung bezüglich der lerntheoretischen Grundlagen der mediendidaktischen Forschung mit sich brachten: die Blickerweiterung auf die internen Prozesse beim Lernenden. Diese Blickerweiterung ist typisch für die kognitionstheoretisch orientierte Forschung, die insbesondere nach Wechselwirkungen zwischen medialen Merkmalen und kognitiven Prozessen beim Lernen fragt. So zeigen z.B. Untersuchungen zum Bücherlesen, daß die stabile Verfügbarkeit des Textes (als Medienmerkmal) in Wechselwirkung mit unterschiedlichen Interessen, Kenntnissen, Lesefertigkeiten und Verarbeitungsstrategien (als Merkmalen von Lernenden) zu unterschiedlichen kognitiven Prozessen führt. Während beispielsweise Lernende mit geringen Vorkenntnissen ihre kognitiven Anstrengungen vorwiegend darauf verwenden, Texte in ihrer linearen Abfolge zu verstehen, neigen Experten mit großen Vorkenntnissen dazu, Texte sehr selektiv zu lesen, gedankliche Ergänzungen vorzunehmen sowie eigene Beurteilungen und Schlußfolgerungen zu entwickeln (vgl. die zusammenfassende Darstellung bei *Kozma* 1991, S. 182 ff.). Bezieht man diese Ergebnisse auf das Lernen mit computerbasierten vernetzten Texten (Hypertexten), so ist zu vermuten, daß diese vor allem von Lernenden mit einem hohen kognitiven Niveau angemessen verarbeitet werden können, während für Lernende mit geringem kognitivem Niveau die Gefahr besteht, sich im Hypertext zu verlieren (vgl. ebd., S. 203).

Mit der kognitionstheoretischen Wende in den lerntheoretischen Grundlagen der mediendidaktischen Forschung war zugleich eine Hinwendung zum Lernenden und seinen Voraussetzungen bei der Mediennutzung verbunden. Beispielsweise beschreibt *Weidenmann* unter Rückgriff auf Untersuchungen verschiedener Autoren vier allgemeine Variablen, die für die Mediennutzung und den Lernerfolg bedeutsam sind (1993, S. 29 ff.). Als erstes nennt er die *medienspezifische Einstellung und die mentale Anstrengung*. So wird bei einem Medium, das vom Lernenden als schwierig eingeschätzt wird, z.B. ein schriftlicher Text, in der Regel von vornherein eine größere mentale Anstrengung investiert und damit ein größerer Lernerfolg grundgelegt als bei einem Medium, das als "leichtes Medium" gilt, z.B. das Fernsehen. Eine zweite wichtige Variable stellen die *intrinsische Motivation und das Interesse* dar: Je stärker diese ausgeprägt sind, umso wahrscheinlicher sind gute Lernerfolge. Als dritte Variable wird die

Fähigkeit zum Umgang mit *Überlastung* beschrieben: Je besser es dem Individuum bei der Mediennutzung gelingt, Belastungen durch wechselnde Codierungsarten, Sinnesmodalitäten, Gestaltungstechniken und inhaltliche Unklarheiten zu bewältigen, umso größer sind die Chancen auf gute Lernergebnisse. Schließlich wird als viertes die Variable *"Media-Literacy"* aufgeführt: Je kompetenter ein Individuum die Gestaltungsmöglichkeiten und Ausdrucksformen der Medien bzw. die "Mediensprache" interpretieren und einordnen kann, umso eher ist ein angemessenes Verstehen und Verarbeiten der medialen Präsentationen zu erwarten.

3.1.4 Evaluationen zu Kursen mit Medienverwendung

Parallel zu den experimentell oder quasi-experimentell angelegten Untersuchungen hat es in der Medienforschung immer auch Evaluationsstudien gegeben. Während man das Experiment als eher erkenntnisorientiertes Verfahren zur Präzisierung oder Überprüfung von (allgemeinen) Hypothesen kennzeichnen kann, läßt sich die Evaluation als eher entscheidungsorientiertes Verfahren zur Verbesserung und Überprüfung der Wirksamkeit von Maßnahmen charakterisieren (vgl. *Tulodziecki* 1982 a).

Für die Medienforschung bieten Evaluationen die Chance, sowohl einzelne Kurse mit Medienverwendung, z.B. einen Sprachlernkurs mit Tonkassetten und Programmbüchern, als auch umfassende Bildungsmaßnahmen, z.B. die Einführung computergestützer Lehrformen, hinsichtlich ihrer Zielerreichung und Nebenwirkungen nach verschiedenen Kriterien zu bewerten. Beispielsweise gab es bei der Einführung des Schulfernsehens in der Bundesrepublik Deutschland ca. 50 Evaluationsstudien, die einen Einblick in Vorzüge und Probleme der Schulfernsehverwendung erlaubten und zu einer Verbesserung der Programmangebote und der schulischen Bedingungen ihrer Nutzung führten (vgl. *Tulodziecki* 1977). Wenn der Gegenstand solcher Evaluationen auch der einzelne Kurs oder die einzelne Bildungsmaßnahme ist, so lassen die Ergebnisse in der Regel jedoch auch allgemeinere Aussagen zur Mediengestaltung oder Medienverwendung zu.

Beispielsweise hat *Salziger* (1977) vorhandene Evaluationen zur Schulfernsehverwendung im Hinblick auf die Einschätzung verschiedener Gestaltungsformen durch Lehrpersonen und Lernende zusammengefaßt. Dabei zeigte sich, daß Trickfilme, Filmberichte, Filmreportagen und Stehbilder relativ günstig beurteilt wurden. Dem folgten mit nur leicht positiver Einschätzung Gespräche, Diskussionen und Interviews, während Moderatorbeiträge sehr häufig Gegenstand der

Kritik waren. Sehr unterschiedlich - von Sendereihe zu Sendereihe und zwischen Lehrpersonen und Lernenden - wurden Spielszenen und Spielhandlungen eingeschätzt (vgl. S. 91 ff.).

Andere Evaluationsstudien wurden unter der Frage ausgewertet, welche Gestaltungstechniken von Fernsehsendungen geeignet sind, die Aufmerksamkeit zu erhalten, und welche dazu führen, daß die Aufmerksamkeit vermindert oder beendet wird. Aufmerksamkeitserregend sind danach Kinder- und Frauenstimmen, Gelächter, ungewöhnliche Geräusche, Toneffekte, akustische Wechsel und filmische Bewegungen; aufmerksamkeitserhaltend sind spezielle filmische Effekte, Schwenks und starke körperliche Bewegungen; aufmerksamkeitsvermindernd wirken männliche Stimmen, lange Zooms und Inaktivität auf dem Bildschirm (vgl. *Kozma* 1991, S. 189).

Ein weiteres Beispiel zur Ermittlung allgemeiner Aussagen zum Schulfernsehen auf der Basis verschiedener Evaluationen ist der Versuch, Lehrervariablen zu bestimmen, die mit positiven Einschätzungen des Lernerfolgs durch die Lehrperson verbunden sind. So kann man auf der Basis einer Analyse verschiedener Evaluationen hypothetisch die folgenden Bedingungen als förderlich bezeichnen: Solide Vorkenntnisse sowie eigene Vermittlungserfahrungen mit dem Inhalt, vorheriges Anschauen der Fernsehsendungen, geringe Belastungseinschätzung beim Unterricht mit Fernsehen, Nutzung des Schulfernsehens aufgrund eigener Initiative, positive Einschätzung der ausgewählten Sendung sowie der Möglichkeiten des Schulfernsehens generell (vgl. *Tulodziecki* 1977, S. 165).

Auch im Bereich des computergestützten Lernens gibt es Ansätze, aus verschiedenen Evaluationen allgemeine Einsichten zu gewinnen. So stellt beispielsweise *Weidenmann* (1993) aufgrund mehrerer Studien folgende Design-Prinzipien für die Software-Entwicklung als wichtig heraus: Transparenz der Software im Sinne von Einfachheit und Verständlichkeit, Konsistenz als gleichbleibendes Aussehen und gleichbleibende räumliche Anordnung wiederkehrender Elemente, direkte Manipulationsmöglichkeiten auf dem Bildschirm, Fehlerfreundlichkeit durch einfache Fehlermeldungen und Hilfen, Reversibilität als Möglichkeit, einzelne Schritte rückgängig zu machen, sowie Orientierungshilfen (vgl. *Weidenmann* 1993, S. 28).

Wenn Auswertungen der obigen Art auch wichtig für die Mediengestaltung und Medienverwendung sind, haben die bisherigen Evaluationsstudien doch häufig die Schwäche, daß sie sich auf mediale Angebote beziehen, die ohne explizite theoretische Grundlagen entwickelt wurden. Die Bedeutung von Evaluationsstudien könnte in Zukunft dadurch gesteigert werden, daß schon bei der Entwicklung von medialen Angeboten lerntheoretische bzw. didaktische Ansätze zugrunde gelegt und damit bessere Bedingungen für die Qualitätsverbesserung und Übertragung hergestellt würden. So ließe sich die theoriegeleitete Entwicklung und Evaluation von Unterrichtskonzepten mit Medienverwendung zu einem bedeutsamen Verfahren der Medienforschung entwickeln (vgl. *Tulodziecki* 1983 b).

3.2 Theoretische Ansätze zur Unterstützung von Medienentscheidungen

Die empirischen Forschungsansätze zur Mediendidaktik sind zum Teil mit unterschiedlichen theoretischen Annahmen und Ansätzen zur Mediengestaltung verknüpft. Dabei kann man medientaxonomische und lerntheoretische Ansätze unterscheiden.

3.2.1 Medientaxonomische Ansätze

Die frühen Untersuchungen zum Vergleich von mediengestütztem und konventionellem Lernen haben nicht nur dazu geführt, daß sich der Blick auf die empirische Untersuchung spezieller Medienmerkmale richtete, sondern auch dazu, daß die Medien hinsichtlich ihrer Eigenschaften und ihrer Eignung für unterschiedliche Lehraufgaben differenzierter betrachtet wurden. Dies geschah vor allem im Zusammenhang mit der Entwicklung von sogenannten Medientaxonomien.

Medientaxonomien stellen Ordnungsschemata dar, durch die Medien nach bestimmten Kriterien klassifiziert und in eine Reihung oder Rangordnung gebracht werden, um Medienentscheidungen für Lehr- und Lernprozesse zu erleichtern. Dabei kann man zwei Gruppen von Medientaxonomien unterscheiden. Bei der ersten Gruppe werden lernrelevante Medieneigenschaften als Ordnungskriterien eingeführt, z.B. Darstellungsformen oder Sinnesmodalitäten, bei der zweiten Grupe gelten unterrichtliche Kategorien als Ordnungskriterien, z.B. unterrichtliche Funktionen oder Ziele.

Ein frühes Beispiel für die erste Gruppe ist der "Erfahrungskegel" von *Dale* (1954), bei dem die Medien nach der Art der Sinneserfahrung geordnet werden, und zwar nach direkten Erfahrungen, ikonischen (bildhaften) Erfahrungen und symbolischen Erfahrungen. Insgesamt und innerhalb dieser drei Gruppen werden die Erfahrungsmöglichkeiten bzw. Medien nach dem Grad der Sinnesbeteiligung klassifiziert. So ist beispielsweise - bezogen auf ikonische Erfahrungen - das

Unterrichtsfernsehen vor dem Radio eingeordnet. Diese Klassifikation wird mit verschiedenen Lernformen in Verbindung gebracht: die direkte Erfahrung mit "learning by doing", die ikonische Erfahrung mit "Beobachtungslernen" und die symbolische Erfahrung mit "imaginativem Lernen" (siehe Darstellung 3).

Darstellung 3: "Erfahrungskegel" nach *Dale* (1954, zitiert nach *Schwittmann* 1973)

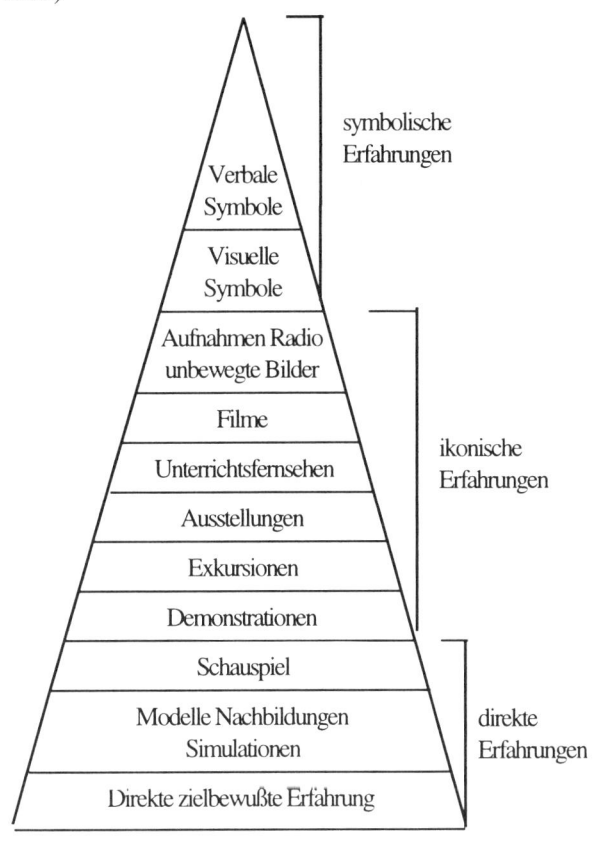

```
                    /\
                   /  \
                  /    \
                 /Verbale\      symbolische
                /Symbole  \     Erfahrungen
               /_____\
              /  Visuelle   \
             /   Symbole     \
            /_____\
           / Aufnahmen Radio   \
          /  unbewegte Bilder   \
         /_____\
        /        Filme            \
       /_____\
      /    Unterrichtsfernsehen     \    ikonische
     /_____\   Erfahrungen
    /         Ausstellungen            \
   /_____\
  /            Exkursionen                \
 /_____\
/           Demonstrationen                 \
/_____\
/              Schauspiel                     \
/_____\
/       Modelle Nachbildungen                   \    direkte
/           Simulationen                         \   Erfahrungen
/_____\
/       Direkte zielbewußte Erfahrung              \
```

Ein Beispiel für die zweite Gruppe von Medientaxonomien ist der Ansatz von *Gagné* (1969). *Gagné* versucht die Eignung unterschiedlicher Darstellungsformen bzw. Medienarten auf verschiedene unterrichtliche Funktionen zu beziehen. Ausgehend von seinen - begrifflich allerdings unscharfen - Medienüberlegungen und seinem spezifischen lehr-lerntheoretischen Ansatz sowie den daraus erwachsenden unterrichtlichen Funktionen kommt er zu den in der Darstellung 4 aufgezeigten Einschätzungen.

Darstellung 4: Unterrichtliche Funktion verschiedener Medien (nach *Gagné* 1969)

Funktion \ Medien	Objekte Demonstration	Mündl. Kommunikation	Gedruckte Medien	Ruhende Bilder	Bewegte Bilder	Tonfilm	Lehrmaschinen
Reiz-Darbietung	ja	begrenzt	begrenzt	ja	ja	ja	ja
Lenkung der Aufmerksamkeit und anderer Tätigkeiten	nein	ja	ja	nein	nein	ja	ja
Modell der erwarteten Leitung bereitstellen	begrenzt	ja	ja	begrenzt	begrenzt	ja	ja
Äußere Hilfen geben	begrenzt	ja	ja	nein	nein	ja	ja
Denken steuern	nein	ja	ja	nein	nein	ja	ja
Transfer veranlassen	begrenzt	ja	begrenzt	begrenzt	begrenzt	begrenzt	begrenzt
Ergebnisse überprüfen	nein	ja	ja	nein	nein	ja	ja
Rückmeldung vermitteln	begrenzt	ja	ja	nein	begrenzt	ja	ja

Medientaxonomien haben im Hinblick auf den - mit ihnen verknüpften - Anspruch, Entscheidungen zur Mediengestaltung und Medienverwendung zu unterstützen, mehrere Schwächen. Sie abstrahieren - mindestens zum Teil - von den Lehrzielen und -inhalten, von den Lernvoraussetzungen, von der methodischen Einbettung sowie von der jeweils unterschiedlichen medialen Ausprägung eines konkreten Medienangebots. Zudem fehlt ihnen in der Regel eine weitergehende empirische Absicherung (vgl. zur Kritik u.a. *Heidt* 1976, S. 35 ff.; *Hagemann/Tulodziecki* 1978, S. 47 f.).
Trotz dieser Schwächen bleibt es ein Verdienst der medientaxonomischen Ansätze, daß sie auf unterschiedliche Medienmerkmale sowie auf die Notwendigkeit aufmerksam gemacht haben, Medienmerkmale auf lernbezogene bzw. unterrichtliche Überlegungen zu beziehen.

3.2.2 Lerntheoretische Ansätze

Lerntheoretische Überlegungen zur Mediengestaltung und Medienverwendung können Bezüge zu unterschiedlichen Grundorientierungen aufweisen. Im Zusammenhang mit den - im Abschnitt 3.1 dargestellten - Forschungsansätzen sind bereits die behavioristische und die kognitionstheoretische Grundorientierung genannt worden. Außerdem läßt sich in der Mediendiskussion zum Teil eine konstruktivistische Grundorientierung ausmachen.
Die *behavioristische Grundposition* ist von dem Gedanken bestimmt, daß sich das Verhalten eines Individuums durch äußere Hinweisreize und Verstärkungen steuern läßt. Demgemäß sollen vorgegebene Lehrziele dadurch erreicht werden, daß dem Lernenden bestimmte Informationen und Aufgaben in medialer Form als Hinweisreize präsentiert werden, die ein gewünschtes Lernverhalten nahelegen, welches dann - wenn es vom Lerner gezeigt wird - zu bekräftigen ist. Beispielsweise kann das gewünschte Verhalten beim Lernen mit einem computerbasierten Programm darin bestehen, daß bei Rechtschreibübungen richtige Buchstaben eingesetzt, bei Rechenaufgaben die geforderten Operationen korrekt angewendet oder bei der Schulung von Fertigkeiten eine vorgeführte Tätigkeit angemessen ausgeführt wird. Die Bekräftigung kann - bei sachgemäßer Ausführung - z.B. in der einfachen Rückmeldung durch "richtig" oder einen lobenden Kommentar, in der Vergabe von Punkten oder in der Präsentation eines Spiels bestehen. Dieses Prinzip wird sowohl bei einfachen als auch bei komplexen Lehrzielen angewendet. Bei komplexen Lehrzielen wird der Lernweg allerdings im Sinne der Verhaltensformung in viele kleine - in der Regel linear aufeinander folgende - Lernschritte zerlegt.

Die behavioristische Lerntheorie wird vor allem bei der Programmierten Unterweisung - ob in Buchform oder computerbasiert - in eine entsprechende Lehrstrategie umgesetzt, zum Teil spielt sie auch für Unterrichtssoftware eine Rolle, bei der es um die Vermittlung neuer Lerninhalte geht (vgl. z.B. *Mandl/ Hron* 1989, S. 660 ff.; *Weidenmann* 1993, S. 4 ff.; *Baumgartner/ Payr* 1994, S. 154 ff.).

Die *kognitionstheoretische Grundposition* unterscheidet sich von der behavioristischen Grundposition zunächst dadurch, daß der Lernende als ein Individuum begriffen wird, das äußere Reize aktiv und selbständig verarbeitet und nicht einfach durch äußere Reize steuerbar ist. In diesem Sinne wird der Lernende bei der kognitionstheoretischen Grundposition als interaktiv agierender Empfänger von medialen Botschaften betrachtet, z.B. von Texten, Tonsequenzen oder Filmpassagen. Es wird angenommen, daß er diese auf der Basis seines Erfahrungs- und Entwicklungsstandes in selektiver Weise wahrnimmt, interpretiert und verarbeitet. Der jeweilige Entwicklungs- und Erfahrungsstand des Individuums drückt sich in der Gesamtheit der dem Individuum zur Verfügung stehenden Wahrnehmungs-, Verstehens- und Verarbeitungsmuster oder -schemata aus, die seine kognitive Struktur ausmachen (vgl. z.B. *Euler* 1994, S. 296). Damit rücken bei einer kognitionstheoretisch orientierten Grundlegung der Medienentwicklung Überlegungen in den Mittelpunkt, die beim behavioristischen Ansatz keine Beachtung fanden: Überlegungen zu der Frage, welche intern ablaufenden Prozesse in der Interaktion von Lernmaterial (als externer Bedingung des Lernens) und kognitiver Struktur (als interner Bedingung des Lernens) entstehen können bzw. entstehen sollen. Im Rahmen dieser Grundposition gibt es verschiedene Varianten mit unterschiedlichen Akzentsetzungen.

Eine *erste Unterscheidung* läßt sich danach treffen, ob interne Prozesse vor allem unter der Zielperspektive betrachtet werden, eine bestimmte Wissensstruktur aufzubauen, oder schwerpunktmäßig unter der Perspektive, eine generelle Problemlösefähigkeit zu entwickeln (vgl.*Straka/ Macke* 1979, S. 112 ff.). Für die Medienentwicklung geht es im ersten Falle mehr um die Frage, wie interne Prozesse zum Aufbau geordneten Wissens unterstützt werden können, beispielsweise durch eine geeignete Strukturierung und Sequenzierung der Lerninhalte. Diese Frage ist z.B. bei der Entwicklung von Medienangeboten wichtig, die bei den Lernenden zu einem strukturellen Wissen in einem bestimmten Inhaltsbereich führen soll. Im zweiten Falle steht für die Medienentwicklung die Frage im Mittelpunkt, welche Problemstellungen und welche prozeßbezogenen Lernhilfen sowie welche Rückmeldungen die Entwicklung von Problemlösefähigkeiten fördern können. Diese Frage ist z.b. bei der Entwicklung von Simulationsprogrammen von besonderer Wichtigkeit.

Eine *zweite Unterscheidung* kognitionstheoretischer Ansätze ergibt sich hinsichtlich der Annahmen, wie das zu Lernende im Zentralnervensystem gespeichert bzw. repräsentiert wird.

Zur Frage der Informationsspeicherung bzw. -repräsentation sind u.a. folgende Theorieansätze zu nennen (vgl. auch *Strittmatter/ Seel* 1984):

a) die Theorie der Bedeutungsstrukturen: Hierbei wird angenommen, daß die subjektiv erlebte Umwelt in Form von semantischen Netzwerken mental im Gedächtnis repräsentiert wird. Semantische Netzwerke werden dabei als begriffliche Strukturen verstanden, die aus begrifflichen Elementen und ihren Relationen bestehen;

b) die Theorie der Doppelcodierung: Danach werden Informationen - in Abhängigkeit vom vorliegenden Lernmaterial - nicht nur in Form begrifflicher Strukturen, sondern auch in analoger Form, z.B. in Bildern, gespeichert. So kann die Umwelt sowohl in Vorstellungsbildern als auch in semantischen Netzwerken im Gedächtnis repräsentiert sein, wobei Verbindungen zwischen beiden Repräsentationssystemen angenommen werden. Die Doppelcodierungstheorie wird zum Teil auch mit der Hemisphären-Theorie in Verbindung gebracht, wonach die Verarbeitung von Sprache und die begriffliche Speicherung in der linken Gehirnhälfte und die Verarbeitung und Speicherung von Bildern in der rechten Gehirnhälfte geschieht;

c) die Theorie mentaler Modelle: Bei dieser erfolgt keine Beschränkung der Betrachtung auf einzelne Zeichensysteme, etwa auf begriffliche oder bildhafte Darstellungen. Es wird vielmehr eine zusammenhängende mentale Repräsentation bestimmter Wirklichkeitsbereiche bzw. Problemfelder hinsichtlich ihrer strukturellen und funktionalen Aspekte im Gehirn angenommen. Diese Repräsentation kann auf der Verarbeitung unterschiedlicher Zeichensysteme bzw. medialer Darstellungsformen beruhen.

Die unterschiedlichen Ansätze sind u.a. bedeutsam für die Darstellung inhaltlicher Komponenten der medialen Angebote. Beispielsweise legt die Theorie der Bedeutungsstrukturen nahe, begriffliche Elemente nicht isoliert, sondern in ihrer Beziehung zu anderen begrifflichen Elementen bzw. zu ihrem begrifflichen Umfeld zu präsentieren und entsprechende Beziehungen bewußtzumachen; auf der Basis der Doppelcodierungstheorie ist zu empfehlen, Inhalte sowohl bildhaft als auch begrifflich in abgestimmter Form zu präsentieren; die Theorie mentaler Modelle beinhaltet die Forderung, den zu erlernenden Inhalt, z.B. die Regeln beim Volleyballspiel und ihre Umsetzung, hinsichtlich aller relevanten strukturellen und funktionalen Komponenten zu analysieren und diese Komponenten in den entsprechenden medialen Präsentationen zu berücksichtigen (vgl. *Schnotz* 1995, S. 90 f.).

Eine *dritte Unterscheidung* bei den kognitionstheoretischen Ansätzen kann sich darauf beziehen, ob der Akzent mehr auf einer themenspezifischen Ausprägung kognitiver Strukturen liegt oder auf generellen Entwicklungsaspekten. Bei den Entwicklungsaspekten lassen sich theoretische Konzepte, die vor allem auf die intellektuelle Entwicklung zielen, von solchen unterscheiden, die die sozialmoralische Entwicklung betonen. Bei beiden Entwicklungsperspektiven geht es darum, die medialen Angebote in einer Weise zu gestalten, daß sie Anreize zur Auseinandersetzung mit einer bedeutsamen Aufgabe bieten und die Anforderungen durch die Lernenden so erfahren werden, daß sie etwas oberhalb des jeweils erreichten Entwicklungsstandes liegen (vgl. *Tulodziecki* 1994). Interessante Anwendungen liegen dabei u.a. in der Gestaltung und Verwendung von Medienangeboten gemäß dem Konzept der intellektuellen Entwicklung nach *Piaget* und dem darauf basierenden Ansatz der kognitiven Komplexität oder gemäß dem Konzept der sozial-moralischen Entwicklung nach Kohlberg (vgl. *Tulodziecki* 1994, *Breuer/ Tennyson* 1995). Mediale Angebote, welche die intellektuelle Entwicklung fördern sollen, können beispielsweise als Simulationsprogramme gestaltet werden (vgl. z.B. *Breuer/ Kummer* 1990). Zur Förderung der sozialmoralischen Entwicklung bieten sich unter Umständen filmisch oder hörspielartig präsentierte Entscheidungsfälle oder computerbasierte Fallstudien an (vgl. z.B. *Kozma* 1991, S. 201; *Herzig/ Mütze/ Greiff* 1995). Allerdings gibt es für die Förderung der sozial-moralischen Entwicklung bisher nur sehr wenige Beispiele.

Bei aller Bedeutung, die von kognitionstheoretischen Ansätzen der individuellen Verarbeitung beim Lernen mit Medien zugemessen wird, halten sie doch konsequent an der Wechselwirkungsannahme zwischen externen medialen Präsentationen und internen Verarbeitungsprozessen fest. Damit ist die Position verbunden, daß das Lernen durch Instruktion und Lernhilfen angeregt, unterstützt und in gewissem Umfang gesteuert werden kann. Die Möglichkeit der Anregung, Unterstützung und Steuerung von Lernprozessen durch Medien wird allerdings aus einer anderen Perspektive, die als Konstruktivismus zu bezeichnen ist, wesentlich skeptischer eingeschätzt. *Konstruktivistische Lerntheorien* betonen noch stärker als kognitionstheoretische die Bedeutung, die der individuellen Wahrnehmung und Verarbeitung von Erlebnissen in der Umwelt zukommt. Im konstruktivistischen Verständnis strukturiert das Individuum Situationen, in denen es sich befindet, im Sinne einer "bedeutungstragenden Gestalt" und gestaltet zugleich die Situation in Wahrnehmung und Handeln mit. Erkenntnisse sind danach individuelle Konstruktionen von Wirklichkeit auf der Basis subjektiver Erfahrungsstrukturen. Auch empirisches Wissen gilt zunächst nur als eine subjektive Konstruktion von Wirklichkeit, die allerdings über sprachliche Verständigungsprozesse zu sozialer Wirklichkeitskonstruktion führen kann (vgl. *Maturana/ Varela* 1987).

Für das Lernen mit Medien bedeutet dies, daß mediale Angebote im wesentlichen als Informations- und Werkzeugangebote für selbstgestaltete Lernprozesse zu betrachten und zu konzipieren sind und keineswegs als Mittel der Steuerung von Lernprozessen (vgl. *Euler* 1994, S. 298). Der Selbstorganisation des Lernprozesses – im Sinne eines selbstbestimmten reflexiven Handelns – wird dabei eine besondere Bedeutung zugemessen. Eine solche Position wird zum Teil bei der Entwicklung von Hypermedia-Arbeitsumgebungen zugrundegelegt (vgl. z.B. *LSW* 1994, S. 16 f.). Sie kann sich auch bei der Bereitstellung von themenbezogenen Medienzusammenstellungen oder von Datenbeständen und Datenbanken oder von Programmiersystemen für den Unterricht widerspiegeln.

Allerdings ist die konstruktivistische Auffassung – insbesondere in ihren radikalen Ausprägungen mit der Ablehnung instruktionaler Komponenten im Lernprozeß – umstritten. Mittlerweile zeichnet sich auch eine "pragmatische Zwischenposition" ab, die von *Merrill* (1991) als Instruktionales Design der zweiten Generation bezeichnet wird. Diese Position ist dadurch gekennzeichnet, daß einerseits die Bedeutung von Lernen in Problem- bzw. Handlungszusammenhängen - im Sinne der konstruktivistischen Auffassung - betont wird, daß andererseits allerdings von der Sinnhaftigkeit eines Aufbaus kognitiver Strukturen bzw. mentaler Modelle durch geeignete Instruktionen - im Sinne kognitionstheoretischer Ansätze - ausgegangen wird (vgl. *Merrill* 1991, S. 51 f.; *Weidenmann* 1993, S. 12).

Auch die von *Mandl/ Gruber/ Renkl* (1995) favorisierten *Ansätze situierten Lernens* lassen sich als eine Verbindung kognitionstheoretischer und konstruktivistischer Ansätze auffassen (vgl. S. 167 ff.). Bei den Ansätzen situierten Lernens wird im Zusammenhang konstruktivistischer und kognitionstheoretischer Annahmen der Lebens- und Lernsituation eine besondere Bedeutung beigemessen. Für die Gestaltung von Lernumgebungen fassen *Mandl/ Gruber/ Renkl* die Gemeinsamkeiten entsprechender Ansätze in den folgenden grundlegenden Forderungen zusammen (ebd., S. 171):

- komplexes Ausgangsproblem: ein für die Lernenden interessantes und intrinsisch motivierendes Problem soll den Ausgangspunkt für das Lernen bilden,
- Authentizität und Situiertheit: Durch authentische und realistische Probleme soll ein Rahmen und Anwendungskontext für das zu erwerbende Wissen bereitgestellt werden,
- multiple Perspektiven: das zu Lernende soll in mehrere Kontexte eingebettet werden, so daß es später flexibel auf neue Situationen übertragen werden kann,
- Artikulation und Reflexion: Problemlöseprozesse sollen verbal beschrieben und hinsichtlich ihrer Bedeutung für unterschiedliche Zusammenhänge reflektiert werden,
- Lernen im sozialen Austausch: dem sozialen Kontext soll im Sinne kooperativen Lernens ein besonderer Stellenwert zugemessen werden.

Diese Forderungen sind insbesondere für die Gestaltung von Lernsoftware im Kontext lernpsychologisch orientierter Überlegungen entwickelt worden. Sie nähern sich nunmehr allgemeinen Forderungen an, wie sie in der Didaktik vertreten werden. Schon in der Auseinandersetzung mit der herkömmlichen Unterrichtstechnologie sind Empfehlungen für die Gestaltung und Verwendung von Medien entwickelt worden, die in Richtung der jetzigen Forderungen situierten Lernens weisen (vgl. *Tulodziecki* 1974, S. 668 f.; *Hagemann/ Tulodziecki* 1979, S. 38 f.). Des weiteren ergeben sich bei neueren Versuchen, allgemeindidaktische Einsichten auf die Gestaltung und Verwendung multimedialer Lernsoftware zu übertragen, ähnliche Forderungen, wie sie in den Ansätzen zum situierten Lernen zu finden sind. Solche didaktischen Überlegungen sollen im Kapitel 7 dargestellt werden.

3.3 Konzepte zur Verwendung von Medien in Lehr- und Lernprozessen

Die bisherigen Ausführungen waren - trotz einzelner Hinweise auf den unterrichtlichen Kontext der Medienverwendung - im wesentlichen auf das Verhältnis von Medium und Lernen konzentriert. Insbesondere im schulischen Rahmen stehen Medienverwendung und Lernen jedoch im Zusammenhang vielfältiger Einflüsse, auf die mit den folgenden Ausführungen zu Konzepten der Verwendung von Medien in Lehr- und Lernprozessen aufmerksam gemacht werden soll.

Ein früher Ausdruck der Überlegung, in welcher Form die zu lernenden Inhalte an Kinder und Jugendliche herangetragen werden sollen und welche Hilfsmittel für das Lernen geeignet erscheinen, ist das von *Comenius* (1658) herausgegebene bebilderte Lehrbuch "Orbis sensualium pictus" ("Die sichtbare Welt"). Auch in der Folgezeit haben Pädagoginnen und Pädagogen immer wieder über geeignete Anschauungsmittel für das Lehren und Arbeitsmittel für das Lernen nachgedacht (vgl. *Döring* 1969). Allerdings blieben die Überlegungen zunächst der Methodik des Lehrens zugeordnet. Erst als *Heimann* (1962) unter dem Eindruck der zunehmenden Bedeutung elektronischer Massenmedien die Medienwahl - neben den Intentionen, der Thematik und der Methodik sowie den anthropogenen und sozial-kulturellen Voraussetzungen - als eigenes Strukturmoment des Unterrichts auswies, entwickelte sich in der Bundesrepublik Deutschland eine eigenständige Mediendidaktik (vgl. *Dohmen* 1973). Im Rahmen einer solchen Mediendidaktik lassen sich vor allem fünf Konzepte der Medienverwendung ausmachen: das Lehrmittelkonzept, das Arbeitsmittelkonzept, das Bausteinkonzept, das System-konzept und das Lernumgebungskonzept (vgl. zu frühen Systematisierungsversuchen *Flechsig* 1976; *Hagemann/ Tulodziecki* 1978).

Das *Lehrmittelkonzept* umfaßt vor allem die Verwendung einzelner visueller Medien, z.B. von Landkarten, Bildtafeln, Fotografien, Diapositiven und Arbeitstransparenten. Die Verwendung dieser Medienangebote ist dadurch charakterisiert, daß die Lehrperson sie - je nach den Erfordernissen - flexibel einsetzen kann. Die Flexibilität bezieht sich sowohl auf die Funktion im Lehrprozeß als auch auf die Aufgabenstellungen und Kommentierungen, die sich damit verknüpfen lassen. Man kann solche Medienangebote mit "Werkzeugen" vergleichen, die der Lehrperson für das Lehren zur Verfügung stehen.

Dieses Konzept der Medienverwendung beruht auf der Annahme, daß es die Aufgabe der Lehrperson ist, den Unterricht zu planen, geeignete Medienangebote auszuwählen sowie den dann folgenden Lernprozeß zu steuern. Lernen soll sich vor allem so vollziehen, daß die Lernenden Dargebotenes aufnehmen und auf Fragen der Lehrperson reagieren. Insofern kommt den Schülerinnen und Schülern vorwiegend die Rolle von rezeptiv und reaktiv Lernenden zu.

Schon *Comenius* (1657) und später auch *Pestalozzi* (1820) haben darauf aufmerksam gemacht, daß Materialien, die das Lernen unterstützen können, nicht nur als Lehrmittel in der Hand des Lehrers, sondern auch als Lernmittel für die Hand des Schülers entwickelt werden können. Dieser Gedanke wurde vor allem zum Beginn des 20. Jahrhunderts in der Reformpädagogik aufgenommen. Unter der allgemeinen reformpädagogischen Intention, vom Kinde auszugehen und seine Spontaneität und Aktivität zu entfalten, wurden Materialien für das Lernen als Arbeitsmittel verstanden. Solche Arbeitsmittel können z.b. Lernmaterialien sein, wie sie in der Montessori-Pädagogik Verwendung finden - etwa Karten, auf die Buchstaben aus Sandpapier aufgeklebt sind, wobei das Kind zur Vorbereitung von Schreiben und Lesen mit Zeige- und Mittelfinger fühlend über die Buchstaben fährt und dabei die entsprechenden Buchstaben ausspricht (vgl. *Montessori* 1922). Arbeitsmittel können jedoch auch als komplexere schriftliche Aufgabenstellungen oder Anweisungen gestaltet sein, die von Kindern oder Jugendlichen unter Rückgriff auf unterschiedliche Quellen, z.b. geografische Karten, historische Quellenbücher oder wirtschaftliche Statistiken, selbsttätig zu bearbeiten sind (vgl. *Parkhurst* 1927). Darüber hinaus können Materialien auch als Werkmaterialien bereitgestellt werden, z.B. ein Setzkasten mit Buchstaben, mit denen ein Text gestaltet und gedruckt werden kann (vgl. *Freinet* 1946).

Beim *Arbeitsmittelkonzept* erfolgt in der Regel eine Bindung der Lernenden durch ausdrückliche oder materialimmanente Aufgaben. Die Lehrperson strukturiert über Materialien und Aufgaben das Lernumfeld, während die Kinder und Jugendlichen im Rahmen der Vorgaben aktiv werden sollen. Die Lehrperson hat die Aufgabe, Materialien zu gestalten und bereitzustellen, zur aufgabenbezogenen Auseinandersetzung mit dem Material anzuregen sowie die Lernenden zu beobachten und ihnen - wenn nötig - zu helfen. Den Lernenden obliegt es, im Rahmen der Aufgabenstellung selbsttätig zu agieren, wobei ihnen - je nach konzeptioneller Umsetzung - bis zu einem gewissen Grad auch die Auswahl der Aufgaben überlassen bleibt. Darüber hinaus stellen sie unter Umständen eigene Materialien, z.B. einen Text, selbst in produktiver Weise her.

Mit der Entwicklung der komplexeren Medien Film, Hörfunk, Tonbildreihe und Fernsehen sowie dem Versuch, diese für Lehr-Lernzwecke zu verwenden, veränderte sich der Stellenwert von Medien in Lehr- und Lernprozessen. Lehrfilme, Tonbildreihen, Schulfunk- und Schulfernsehsendungen weisen neben inhaltlichen Aussagen eine zeitliche und didaktische Struktur auf, die dem Lehr-Lernablauf nicht ohne weiteres angepaßt werden kann. Insofern haben Medienangebote dieser Art weniger den Charakter von "Werkzeugen" in der Hand der Lehrperson oder von Arbeitsmitteln in der Hand von Lernenden, sondern eher den von "Bausteinen" für den Unterricht. Dieser Sachverhalt führte in der mediendidaktischen Diskussion dazu, eine entsprechende Medienverwendung unter dem Begriff des *Bausteinkonzepts* zusammenzufassen. Das Bausteinkonzept ist mit dem Anspruch verknüpft, bestimmte Lehrfunktionen auf mediale

Angebote zu übertragen und die Lehrpersonen dadurch für einzelne Phasen des Unterrichts zu entlasten.

In der Bundesrepublik Deutschland hatte das Bausteinkonzept vor allem in den sechziger und siebziger Jahren große Bedeutung. Diese Zeit war u.a. durch eine zunehmende Produktion von Unterrichtsfilmen, Diareihen und Tonmedien durch das Institut für Film und Bild in Wissenschaft und Unterricht (FWU) gekennzeichnet sowie durch die Weiterentwicklung des Schulfunkangebots und die Neuentwicklung eines Schulfernsehangebots durch mehrere Rundfunkanstalten der Arbeitsgemeinschaft der öffentlich-rechtlichen Rundfunkanstalten der Bundesrepublik Deutschland (ARD). Darüber hinaus wurden Kindersendungen für den außerschulischen Bereich mit dem Ziel der Lern- und Entwicklungsförderung ausgestrahlt, z.B. "Sesamstraße". Beim Bausteinkonzept liegt die Unterrichtsplanung (bezogen auf die zu produzierenden Bausteine) bei zentralen Entwicklungsteams in der jeweiligen Produktionseinrichtung und (bezogen auf die unterrichtliche Durchführung) bei der Lehrperson "vor Ort". Die unterrichtliche Durchführung erfordert von der Lehrperson eine sorgfältige Analyse und Kritik der angebotenen Bausteine sowie ihre Einordnung in das Unterrichtsgeschehen im Hinblick auf Lernvoraussetzungen, Unterrichtsziele, Unterrichtsinhalte sowie Unterrichtsmethoden (vgl. z.B. *Hagemann/ Tulodziecki* 1978). Von den Lernenden wird zunächst ein rezeptives oder reaktives Lernen erwartet. Bei vorbereitenden/nachbereitenden oder weiterführenden Phasen zum Medieneinsatz sind auch dialogisches und selbsttätiges Lernen denkbar.

Die Orientierung am Bausteinkonzept wurde im Laufe der sechziger Jahre überlagert durch die Rezeption angloamerikanischer Ansätze zur Programmierten Unterweisung sowie zur Entwicklung von Lehrmaschinen und Medienverbundsystemen (vgl. auch 3.1). Diese Ansätze wurden zum Teil übertragen, zum Teil kritisiert und weiterentwickelt, und zwar im Rahmen eines Konzepts, das man als *Systemkonzept* bezeichnen kann. Kennzeichen dieses Konzepts ist der Versuch, möglichst sämtliche Komponenten zu erfassen, die für Lehr-Lernprozesse wichtig sind, um auf dieser Basis Lehrsysteme bereitzustellen, die das Lehren mehr oder weniger vollständig übernehmen sollen. Die entsprechenden Überlegungen trafen u.a. aufgrund des Lehrermangels sowie einiger als notwendig erachteter curricularer Innovationen zum Ende der sechziger und zum Beginn der siebziger Jahre in der Bundesrepublik Deutschland auf fruchtbaren Boden.

Bei diesem Konzept wird die Unterrichtsplanung vorab von zentralen Entwicklungsteams in kultusministeriellen Einrichtungen, in Rundfunkanstalten oder in Verlagen geleistet. Der Lehrperson bleibt die Auswahl der Lehrsysteme bzw. die

Entscheidung über ihren Einsatz, die Organisation sowie die Beratung der Lernenden überlassen. Von den Lernenden wird im wesentlichen ein rezeptives und reaktives Lernen erwartet, wobei selbsttätiges Lernen möglich ist. Allerdings konnten sich im schulischen Alltag weder Lehrmaschinen durchsetzen noch umfangreiche Medienverbundsysteme mit aufeinander abgestimmten Schulfernsehsendungen, Lehrprogrammbüchern und Arbeitsblättern, wie sie z.b. für die Einführung der "Mengenlehre" sowie für das Sprachenlernen entwickelt worden waren. Bei ihrer Anwendung zeigten sich zahlreiche Probleme, z.B. die externe Bestimmung des Unterrichts, die Schwierigkeit, für heterogene Zielgruppen ein gemeinsames Programm zu planen, die Vernachlässigung sozialer Bedürfnisse, der mangelnde Einbezug der letztlich für den Unterricht verantwortlich bleibenden Lehrpersonen sowie ein eingeschränktes Zweck-Mittel-Denken (vgl. *Tulodziecki* 1974).

Heute sind Medienverbundsysteme nur noch im außerschulischen Bereich bzw. im Bereich der Erwachsenenbildung anzutreffen, etwa beim Funkkolleg oder Telekolleg. Beispielsweise ist das Telekolleg eine "Fernsehschule", durch die Erwachsene die Fachhochschulreife erwerben können. Dabei wird das Lernen mit Fernsehen und Arbeitsbüchern sowie mit anderen Arbeitsmaterialien durch Kollegtage im Sinne sozialer Lernphasen ergänzt.

Für die praktische Schularbeit sind besonders das Lehrmittelkonzept, das Arbeitsmittelkonzept und das Bausteinkonzept relevant geblieben.

Neben den genannten Konzepten hat sich ein weiteres Konzept entwickelt, das man in Abhebung von den bisherigen Konzepten als *Lernumgebungskonzept* bezeichnen kann. Grundlegend für dieses Konzept ist die Forderung, daß Lernen nicht als Prozeß der Vermittlung von Kenntnissen, Fähigkeiten und Fertigkeiten von einer Lehrperson oder einem Lehrsystem an Lernende zu betrachten ist. Lernen soll vielmehr als aktive Auseinandersetzung von Lernenden mit ihrer Lernumgebung gestaltet werden (vgl. Abschnitt 3.2.2). Elemente einer solchen Lernumgebung können u.a. verschiedene mediale Angebote sein. Eine Variante des Lernumgebungskonzepts stellt z.B. die Bereitstellung von hypermedialen Arbeitsumgebungen dar. Dabei werden die Schülerinnen und Schüler mit komplexen Aufgaben konfrontiert, z.B. Anlage eines Schulteiches, erarbeiten selbständig Informationen, fällen bestimmte Entscheidungen und erhalten u.U. zu wichtigen Fragen durch Simulationsprogramme Rückmeldungen, die helfen können, die Entscheidungen zu optimieren (vgl. *LSW* 1994). Insgesamt geht es beim Lernumgebungskonzept darum, daß Lernende in der Auseinandersetzung mit komplexen Aufgaben Problemanalysen durchführen und eigenständige

Problemlösungen erarbeiten, wobei sie die Informationen, die sie zur Bearbeitung der Aufgabenstellung benötigen, selbständig in Interaktion mit ihrer Lernumgebung erarbeiten, z.b. durch Zugriff auf Bücher, auf Ton- und Bildträger verschiedener Art oder durch die Nutzung computerbasierter Systeme. Im Rahmen des Lernumgebungskonzepts können Schülerinnen und Schüler auch eigene mediale Produkte herstellen, z.b. eine Broschüre, einen Satz von Arbeitstransparenten oder ein Videoband, um eigene Arbeitsergebnisse zu dokumentieren.

An der Planung von Lehr- und Lernprozessen sind beim Lernumgebungskonzept sowohl die Lehrperson als auch die Schülerinnen und Schüler beteiligt. Die Lehrperson ist für die Anregung zur Auseinandersetzung mit komplexen Aufgabenstellungen, für eine Vorauswahl von geeigneten Medienangeboten und ihre Bereitstellung sowie für die Lernberatung und -unterstützung zuständig. Von den Lernenden wird ein selbständiges Vorgehen erwartet, das - gegebenenfalls - auch eine sinnvolle Erweiterung der Lernmaterialien sowie eine eigene Erstellung medialer Beiträge umfassen kann.

Im Kapitel 7 werden die Überlegungen zur Mediendidaktik noch einmal aufgenommen und in einen erweiterten unterrichtlichen und medienpädagogischen Rahmen gestellt.

4 Ansätze zur Medienerziehungstheorie

Zu der Frage, in welcher Weise das Verhältnis von Medien und ihren Nutzern zu deuten ist und welche Konsequenzen sich daraus für Erziehungs- und Bildungsaufgaben im Medienzusammenhang ergeben, gibt es verschiedene Auffassungen. Solche Auffassungen werden nicht zuletzt erkennbar, wenn man Diskussionen über Medienfragen verfolgt. Beispielsweise mag ein Pausengespräch an einem Montagmorgen in einem Lehrerzimmer folgendermaßen ablaufen:

L 1: Die erste Stunde war heute wieder schlimm. Kein Kind konnte sich konzentrieren. Wahrscheinlich haben die Kinder am Wochenende zuviel ferngesehen.

L 2: Die Eltern sollten dafür sorgen, daß die Kinder nicht so lange vor dem Bildschirm sitzen. Die Kinder können die vielen Eindrücke doch gar nicht verarbeiten. Außerdem besteht die Gefahr, daß sie ein völlig falsches Bild von der Wirklichkeit erhalten, zu Konsumdenken verführt werden und aggressives Verhalten nachahmen.

L 3: Vielleicht brauchen die Kinder ja Fernsehgeschichten, wie sie früher Märchen brauchten. Dennoch: Die Rundfunkanstalten müßten mehr Verantwortung zeigen. Aber da das Fernsehen mit Krimis und Actionfilmen hohe Einschaltquoten erzielt, wird es sie - schon wegen der Werbeeinnahmen - auch bringen.

L 4: Offenbar haben auch die Politiker kein Interesse an besseren Programmen. Solange sich die Leute mit Unterhaltung berieseln lassen oder mit ihren Computerspielen beschäftigt sind, gehen sie wenigstens nicht auf die Straße.

L 5: Wir sollten aber nicht vergessen, daß es auch kritische Sendungen und gute Computerspiele gibt. Ohne eine kritische Berichterstattung gäbe es vielleicht die Friedens- und die Umweltbewegung gar nicht und bei geeigneten Computerspielen können die Kinder strategisches Denken lernen.

L 6: Aber wer schaut sich die guten Sendungen schon an und wer wählt seine Computerspiele kritisch aus? Ich meine, daß es eine wichtige Aufgabe für die Schule wäre, die Kinder an wertvolle Sendungen und Filme und geeignete Computerspiele heranzuführen.

L 7: Nach meiner Meinung müßten wir Ihnen die Fähigkeit vermitteln, selbständig und kritisch aus dem verführerischen Angebot auszuwählen. Ich finde es aber noch wichtiger, daß es Kinder und Jugendliche lernen, selbst Medien, z.B. einen Vidoclip, herzustellen. Dabei lernen sie zugleich die Manipulationstechniken, z.b. auch der Werbung, zu durchschauen.

L 8: Eigentlich geht es heute noch mehr darum, den Umgang mit Computern und Internet grundzulegen. Fast alle Bereiche unserer Gesellschaft sind von Informations- und Kommunikationstechnologien durchdrungen. Für die Wirtschaft ist ein kompetenter Umgang mit neuen Medien wichtig. In der Schule sollten wir besonders auf einen verantwortungsbewußten Umgang achten.

Mit solchen oder ähnlichen Äußerungen sind zum Teil weitreichende Annahmen über Medieneinflüsse und Forderungen zu Erziehungs- und Bildungsaufgaben verbunden. Es erscheint deshalb sinnvoll, folgenden Fragen nachzugehen:

(1) Wie wird das Verhältnis von Medium und Publikum in Medienforschung und Medientheorie gesehen? Welche Positionen können als überholt, welche als tragfähig gelten?

(2) Welche konzeptionellen Vorstellungen zu Erziehungs- und Bildungsaufgaben gibt es in der Medienerziehung? Wie sind sie zu beurteilen?

(3) Welche Bedeutung spielt die Auseinandersetzung mit der Computertechnologie als einer Schlüsseltechnologie in der Bildungsdiskussion?

Die Bearbeitung dieser Fragen wird es ermöglichen, Annahmen und Forderungen obiger Art angemessen einordnen und beurteilen zu können.

4.1 Medienerzieherisch relevante Forschung

Medienforschung hat unter zwei Gesichtspunkten besondere Bedeutung für Erziehungs- und Bildungsaufgaben im Medienzusammenhang. Zum einen können prinzipiell alle Ergebnisse der Medienforschung und der damit zusammenhängenden theoretischen Ansätze zum Gegenstand medienerzieherischer Überlegungen bzw. zum Unterrichtsthema werden. Zum anderen lassen sich medientheoretische Ansätze und Ergebnisse der Medienforschung unter der Frage auswerten, von welchen Voraussetzungen Medienerziehung bei Kindern und Jugendlichen auszugehen hat, wie sie gestaltet werden könnte und welche Erfolge von ihr zu erwarten sind.

Im Rahmen dieses Bandes ist es allerdings nicht möglich und notwendig, die Ergebnisse der Medienforschung insgesamt und im Detail darzustellen. Dazu sei auf verschiedene Übersichtsbände verwiesen (vgl. z.B. *Maletzke* 1963; *Baacke* 1973; *Silbermann/ Krüger* 1973; *Renckstorf* 1977; *Winterhoff-Spurk* 1986).

Hier kann es nur darum gehen, eine kurze Übersicht über wichtige Entwicklungen im Bereich von Medienforschung und Medientheorie zu gewinnen. Ich hebe dabei besonders die Entwicklungen hervor, die für die Medienerziehung relevant sind. In diesem Sinne skizziere ich im folgenden die Entwicklung von der Wirkungsforschung zum Systemdenken, vom Systemdenken zur Gesellschaftskritik und von der Medienorientierung zur Rezeptionsforschung. Einzelne Ergebnisse der Medienforschung, die für die Aufgabenbereiche der Medienpädagogik von besonderer Wichtigkeit sind, werden im Kapitel 6 angesprochen.

4.1.1 Von der Wirkungsforschung zum Systemdenken

Die empirische Wirkungsforschung zur Massenkommunikation hat ihre Grundlage in dem Bestreben von staatlichen Instanzen, Parteien und Wirtschaftsunternehmen, den Erfolg politischer Propagandakampagnen oder ökonomischer Werbefeldzüge zu kontrollieren. Da in den USA von den zwanziger Jahren an zunehmend finanzielle Mittel in die politische Propaganda, in Wahlkämpfe und Werbung investiert wurden, kam es den Geldgebern darauf an zu erfahren, welchen Erfolg diese Bemühungen hatten.

Die damaligen Wirkungsstudien waren vor allem durch zwei Grundannahmen geprägt (vgl. *Renckstorf* 1977, S. 121):

a) Moderne Gesellschaften sind Massengesellschaften. Die Masse besteht letztlich aus vereinzelten und relativ haltlosen bzw. leicht manipulierbaren Individuen. Den Individuen tritt mit der Massenkommunikation ein übermächtiges Instrument entgegen. Mit diesem Instrument kann der Einzelne bzw. die Masse mehr oder weniger beliebig beeinflußt werden.

b) In gewisser Übereinstimmung mit dieser eher soziologischen Betrachtungsweise waren in der Psychologie Denkmodelle dominant, die davon ausgingen, daß das Verhalten des Menschen durch die Umwelt, d.h. durch äußere Reize gesteuert werden kann (vgl. auch Abschnitt 3.2.2). Das Verhalten eines Menschen wird dabei als Reaktion auf äußere Reize verstanden. Man spricht in diesem Zusammenhang auch vom Reiz-Reaktions-Modell menschlichen Verhaltens (Stimulus-Response-Modell). Bei dieser Betrachtungsweise kommt es darauf an, durch die Massenmedien eine Reizkonstellation zu bieten, die das gewünschte Verhalten des Individuums, z.B. ein bestimmtes Wahl- oder Kaufverhalten, zur Folge hat.

Diese beiden Annahmen wurden durch die Ergebnisse einer Studie von *Lazarsfeld/ Berelson/ Gaudet* (1944) erschüttert. Die Forschergruppe war im Zusammenhang mit dem Wahlkampf zur Präsidentschaftswahl 1940 der Frage nachgegangen, welchen Einfluß die Massenmedien, und zwar Flugblätter, Presse und Radio, auf das Wahlverhalten hatten. Bei der Untersuchung zeigte sich, daß das

Publikum keineswegs beliebig manipulierbar bzw. durch äußere massenmediale Reize zu einem bestimmten Wahlverhalten zu bewegen war: Nur 5% der untersuchten Personen hatten im Laufe des Wahlkampfes ihre Wahlabsicht revidiert. Der Widerstand der Wähler gegenüber massenmedialer Beeinflussung erwies sich als unerwartet hoch.

Mit dieser Einsicht markierte die Untersuchung von *Lazarsfeld/ Berelson/ Gaudet* (1944) einen Wendepunkt in der Wirkungsforschung und führte dazu, daß die Bedeutung direkter bzw. personaler Kommunikation stärker ins Blickfeld der Medienforscher geriet. Man nahm nun an, daß sich zwischen Massenmedien und Empfängern personale Kommunikationsnetze ausbilden, die als Filter für die ursprünglich durch Massenmedien verbreiteten Informationen wirken. Insbesondere ging man davon aus, daß die weitere Verbreitung von Informationen über "opinion leader" (Meinungsführer) verläuft. Diese Überlegung führte zur sogenannten "two-step-flow"-Hypothese, die besagt, daß der Kommunikationsfluß in zwei Stufen vor sich geht: Zunächst bildet sich ein sogenannter "opinion leader" - häufig mit Rückgriff auf neue Informationen aus den Medien - eine Meinung. Er verbreitet sie dann auf dem Wege personaler Kommunikation weiter. Auch diese Hypothese wurde in der Folgezeit durch verschiedene Untersuchungen in Frage gestellt. Um den Diffusionsprozeß von Kommunikationsinhalten zu erklären, reicht die "two-step-flow"-Hypothese keineswegs aus. Personale Kommunikation verläuft nicht nur über eine abgrenzbare Gruppe von Meinungsführern. Auch andere Personen sind am Kommunikationsprozeß und an der Verbreitung von Meinungen beteiligt. Insofern wurde die "two-step-flow"-Hypothese zur "multi-step-flow"-Hypothese erweitert. Bei aller Modifizierung und Erweiterung der "two-step-flow"-Hypothese bleibt die Bedeutung von Meinungsführern im Kommunikationsprozeß jedoch eine wichtige Erkenntnis (vgl. zu dieser Entwicklung *Katz* 1964; *Silbermann/ Krüger* 1973, S. 65 f.).

Das Scheitern des bloßen Reiz-Reaktions-Modells der Massenkommunikation hat außerdem schon früh dazu geführt, den Erfolg oder Mißerfolg von Beeinflussungsversuchen im Rahmen eines komplexeren Kommunikationsmodells zu analysieren. Für die Entwicklung eines solchen Kommunikationsmodells hat die Arbeit von *Lasswell* (1948) mit dem Titel "The Structure and Function of Communication in Society" eine besondere Bedeutung. In ihr formulierte *Lasswell* die - aus seiner Sicht - für die Wirkungsforschung grundlegende Frage: "Who says what in which channel, to whom, with what effect?". Damit kommen verschiedene "Elemente" von Kommunikation in den Blick:
- der Sender bzw. Kommunikator (who),

- der Inhalt der Kommunikation (what),
- der Übertragungskanal bzw. das Verbreitungsmittel (in which channel) und
- der Rezipient (to whom).

Durch eine solche systembezogene Betrachtungsweise wurde die ursprüngliche Frage, wie die Masse am besten beeinflußt werden kann, zum Teil ausdifferenziert, zum Teil erweitert. Im Hinblick auf die Wirkung von Massenkommunikation lag es jetzt nahe zu fragen:
- Welche Eigenschaften muß der Kommunikator haben, um überzeugend zu wirken?
- Wie muß der Inhalt ausgewählt und gestaltet werden, wenn die gewünschten Wirkungen erzielt werden sollen?
- Welcher Übertragungskanal bzw. welche Art der Verbreitung garantiert am ehesten die gewünschten Wirkungen?
- Welche Eigenschaften des Rezipienten beeinflussen den Effekt der jeweiligen Medienbotschaft bzw. wie müssen Kommunikator, Inhalt und Kanal bei welchen Rezipienten beschaffen sein, um die gewünschten Wirkungen zu erzielen?

Durch diese Fragestellungen wurden zahlreiche Untersuchungen im Bereich der Medienforschung angeregt. Bereits in den sechziger Jahren lag eine Fülle entsprechender Untersuchungsergebnisse vor (vgl. z.B. den Übersichtsband von *Schramm* 1964).

Die *Lasswellsche* Formel "Who says what in which channel, to whom, with what effect?" ist allerdings nicht nur im Sinne eines funktionalen Zusammenhangs - bezogen auf die Wirkung von Massenkommunikation - gedeutet worden. Sie wurde auch herangezogen, um die vielfältigen Ergebnisse der Medienforschung systematisch zu gliedern. Beispielsweise geht *Maletzke* (1963) von der *Lasswellschen* Formel aus und bestimmt die "Grundstruktur des Feldes der Massenkommunikation" durch vier Faktoren (vgl. S. 34 f.):
- Aussagender bzw. Kommunikator,
- Ausgesagtes bzw. Aussage,
- Verbreitungsmittel bzw. Medium und
- Aufnehmender bzw. Rezipient.

Wirkungen nennt er - in Modifizierung der *Lasswellschen* Auffassung - nicht als eigenständigen Faktor, sondern subsumiert sie unter dem Faktor "Rezipient".

Diese Gliederung verschafft *Maletzke* die Möglichkeit, verschiedene Ergebnisse der Massenkommunikationsforschung nach den Faktoren Kommunikator, Aussage, Medium und Rezipient und nach deren Zusammenhängen zu gliedern.

Später strukturieren *Silbermann/ Krüger* (1973) die Ergebnisse in ihrer kurzen Übersicht nur noch nach drei Formen der Forschung: Kommunikatorforschung, Inhaltsforschung und Rezipientenforschung (wobei die Medien- bzw. Massenkommunikationsforschung den Oberbegriff bildet).
Im Rahmen der Kommunikatorforschung wird beispielsweise gefragt, wie es in den Medieninstitutionen zur Auswahl bestimmter Nachrichten kommt. Wer entscheidet z.B. bei Zeitungen, was gedruckt wird? Wer bestimmt bei Rundfunkanstalten, was gesendet wird? Durch welche institutionellen Bedingungen werden solche Entscheidungen beeinflußt?
Bei der Aussagen- bzw. Inhaltsanalyse geht es beispielsweise um die Frage, welches Bild der Frau, des Mannes, des Kindes, des Unternehmers, des Arbeiters, des Afrikaners, des Asiaten u.a. durch die Medien gezeichnet wird.
Im Bereich der Rezipientenforschung liegt z.B. die Frage nahe, in welchem Umfang und zu welchen Zeiten bestimmte Medien genutzt werden, wie die Nutzung geschieht, welche Merkmale die Rezipienten haben und welche Unterschiede in der Nutzung bei verschiedenen Bevölkerungsgruppen festzustellen sind. Eine besonders problemorientierte Darstellung zur Rezeption von Medienangeboten bietet *Winterhoff-Spurk* (1986). Er geht u.a. folgenden zentralen Fragen der Medienforschung nach (vgl. S. 51 ff.): "Kinder, Kinder - Fernsehen als elektronischer Erzieher?"/ "Das Medium ist die Botschaft - Verändert Fernsehen das Denken?"/ "Der Bundeskanzler aus der Froschperspektive - Entscheidet Fernsehen die Wahlen?"/ "Worüber wir sprechen - Bestimmt Fernsehen die Themen?"/ "Die Wissenskluft - Macht Fernsehen dumm?"
Die Darstellung verschiedener Forschungsergebnisse nach den Bereichen Kommunikator, Inhalt und Rezipient macht deutlich, daß in der Medienforschung nicht nur nach der Bedeutung dieser "Elemente" im Aspekt der Wirkung gefragt wurde, sondern daß der Kommunikator, die Medieninhalte und der Rezipient auch unabhängig von der unmittelbaren Frage nach der Wirkung interessante "Forschungsobjekte" waren und bis heute sind (vgl. auch Abschnitte 1.1 und 1.2).
Diese Hinweise mögen genügen, um anzudeuten, daß die Medienforschung durch das von *Lasswell* initiierte Systemdenken eine erhebliche Erweiterung gegenüber der ursprünglichen Wirkungsforschung erfahren hat.

4.1.2 Vom Systemdenken zur Gesellschaftskritik

Dem Systemdenken der Medienforschung lag zunächst - wie im vorherigen Abschnitt dargestellt - das Kommunikationsmodell zugrunde, das *Lasswell* mit seiner Formel geprägt hatte. Dieses Modell wurde von verschiedenen Autoren ausdifferenziert und erweitert (vgl. z.B. *Maletzke* 1963, S. 41; *De Fleur* 1966, S. 152; *Baacke* 1973, S. 191).

Eine wichtige Erweiterung des Modells von *Lasswell* liegt vor allem in der stärkeren Betonung des sozialen und gesellschaftlichen bzw. politischen Zusammenhangs, in dem Massenkommunikation steht. Die Blickrichtung auf die Gesellschaft kann dabei eher funktionalistisch sein (vgl. z.B. *De Fleur* 1966) oder eher kritisch (vgl. z.B. *Adorno* 1963; *Enzensberger* 1970; *Dröge* 1974).

Adorno (1963) hat schon früh die traditionelle empirisch orientierte Medien- und Kommunikationsforschung kritisiert und behauptet, die Aussagen und die Bedeutung des (amerikanischen) Fernsehens würden durch empirische Untersuchungen nur unzureichend erfaßt, man müsse sie vielmehr mit psychoanalytischen Kriterien analysieren, weil sie vor allem in ihrer Zielrichtung auf das Unbewußte relevant seien. So versucht er, die Medien und ihre Wirkungen vor dem Hintergrund gesellschaftlicher Zusammenhänge in ihrer ideologievermittelnden und bewußtseinskontrollierenden Funktion zu deuten:

"Erst das Zusammenspiel all der aufeinander abgestimmten und dennoch nach Technik und Effekt voneinander abweichenden Verfahren macht das Klima der Kulturindustrie aus. Daher fällt es den Soziologen so schwer zu sagen, what television does to people. Denn mögen immer die fortgeschrittenen Techniken der empirischen Sozialforschung die 'Faktoren' isolieren, welche dem Fernsehen eigentümlich sind, so empfangen doch diese Faktoren selber ihre Kraft einzig im Ganzen des Systems. Eher werden die Menschen ans Unvermeidliche fixiert als verändert. Vermutlich macht das Fernsehen sie nochmals zu dem, was sie ohnehin sind, nur noch mehr so, als sie es ohnehin sind. Das entspräche der wirtschaftlich begründeten Gesamttendenz der gegenwärtigen Gesellschaft, in ihren Bewußtseinsformen nicht länger über sich selber, den Status quo hinauszugehen, sondern diesen unablässig zu bekräftigen und, wo er etwa bedroht dünkt, wiederherzustellen. ... Freud hat gelehrt, daß die Verdrängung der Triebregung nie ganz und nie für die Dauer gelingt und daß daher die unbewußte psychische Energie des Individuums unermüdlich dafür vergeudet wird, das, was nicht ins Bewußtsein gelangen darf, weiter im Unbewußten zu halten. Diese Sisyphusarbeit der individuellen Triebökonomie scheint heute 'sozialisiert', von den Institutionen der Kulturindustrie in eigene Regie genommen, zum Vorteil der Institutionen und der mächtigen Interessen, die hinter ihr stehen." (*Adorno* 1963, S. 9 f.)

Auf der Basis einer neomarxistischen bzw. kritisch-materialistischen Gesellschaftstheorie erscheinen Medieninstitutionen hier als Produktionsstätten der Kulturindustrie, deren Medienangebote bzw. Produkte als Ware begriffen werden. Diejenigen, die über die Produktionsmittel verfügen, setzen diese letztlich - gegen die Interessen der Betroffenen - zur Profitmaximierung und Herrschaftssicherung ein (vgl. *Dröge* 1974).

Im Sinne dieser theoretischen Position kommt es bei einer kritisch-materialistischen Medienforschung zunächst darauf an, den ideologischen Gehalt in Produkten der "Kulturindustrie", z.B. in Presseerzeugnissen oder Rundfunksendungen, offenzulegen. Mit einer solchen Zielsetzung sind dann auch verschiedene ideologiekritische Studien in Form von Inhaltsanalysen durchgeführt worden (vgl. z.B. *Holzer* 1974, S. 91 ff). Darüber hinaus geht es um ideologiekritische Untersuchungen zur Situation der Rezipienten, der Kommunikatoren und des gesamten "massenkulturellen Systems" (vgl. z.B. *Prokop* 1979, S. 9 ff.). In solchen Studien wurden in besonderer Weise Konzentrations- und Monopolisierungstendenzen im Bereich der Massenmedien aufgedeckt und kritisiert (vgl. ebd., S. 34 ff.). Untersuchungen dieser Art kann man in Abgrenzung zu Studien der medien- oder systembezogenen Wirkungsforschung als gesellschaftskritisch - wenngleich in spezifisch neomarxistischer Ausprägung - bezeichnen. Allerdings bleiben auch ideologiekritische Studien - trotz gesellschaftstheoretischer Einbettung - mindestens partiell einer Sichtweise verbunden, die man als medienorientiert bezeichnen kann: Auch in ideologiekritischen Untersuchungen geht es um die Frage, was Medien bewirken bzw. was man mit Medien bewirken kann.

4.1.3 Von der Medienorientierung zur Rezeptionsforschung

Die Grundfrage der Wirkungsforschung "Was machen die Medien mit den Menschen?" wurde vor allem in den siebziger Jahren kritisiert, weil in ihr das Publikum letztlich als passives angesehen wird. Trotz verschiedener Studien, deren Ergebnisse anzeigten, daß das Publikum als aktives verstanden werden muß, wurde die grundsätzliche Fragerichtung vom Medium zum Rezipienten bzw. nach der Wirkung der Massenmedien auf Individuum und Gesellschaft lange Zeit nicht aufgegeben. Erst im Rahmen des sogenannten "Uses and Gratifications Approach" kam es zu einer Umkehrung der Fragerichtung. Jetzt lautete

die zentrale Frage: Was machen die Menschen mit den Medien? Aufgrund welcher Interessen und Bedürfnisse nutzen die Menschen die Medien? (Vgl. *Chaney* 1972; *Blumler/ Katz* 1974.)
In Erweiterung des "Uses and Gratifications Approach" versuchte *Renckstorf* (1977) neue Perspektiven für die Massenkommunikationsforschung aufzuzeigen. Für die neue Blickrichtung verwendete er zusammenfassend den Begriff "Nutzenansatz" (vgl. auch *Teichert* 1975). Beim Nutzenansatz lassen sich nach *Renckstorf* (1977) drei zentrale Konzepte unterscheiden:
- Publikumsaktivität,
- soziales Handeln,
- Interpretation.

Die Grundannahmen zur Publikumsaktivität lauten (vgl. 1977, S. 15):
- Das Zuschauer-Handeln ist ein aktiver Vorgang, bei dem der Zuschauer zielgerichtet Medienangebote auswählt und im Sinne seiner Interessen nutzt.
- Die Zielorientierung bei der Mediennutzung ist nicht einfach aus vorgegebenen Einstellungen oder an das Individuum gerichteten normativen Erwartungen zu klären, sondern aus Bedürfnissen und Problemlagen, die im gegebenen sozialen Kontext wahrgenommen werden.
- Die Mediennutzung stellt nur eine von mehreren Handlungsmöglichkeiten dar. Sie muß deshalb immer auch im Spektrum von Handlungsalternativen gedeutet werden.

Zur Erläuterung des Konzepts "soziales Handeln" unterscheidet *Renckstorf* (1977, S. 21) zunächst drei basale Denkmodelle:
- das "normative Paradigma", bei dem angenommen wird, daß sich der Mensch gemäß den an ihn herangetragenen Rollenerwartungen verhält, die im jeweiligen sozialen System festgelegt sind,
- das "dispositionale Paradigma", bei dem unterstellt wird, daß das Handeln eines Individuums durch seine psychologischen Dispositionen bzw. Persönlichkeitsmerkmale festgelegt ist,
- das "interpretative Paradigma", bei dem soziales Handeln als zwischenmenschliche Interaktion gedeutet wird, wobei jeder Interaktionspartner die in der Regel symbolischen (z.B. sprachlichen) Äußerungen seines Gegenübers im Hinblick auf ihre Bedeutung interpretiert und vor dem Hintergrund solcher Bedeutungszuweisungen handelt.

Im Nutzenansatz wird soziales Handeln im Sinne des "interpretativen Paradigmas" gesehen: Mediennutzung ist beim aktiven Zuschauer als "para-soziale Interaktion" zu deuten (vgl. *Horton/ Wohl* 1956, S. 218). In der "Interaktion" mit einem Medium weist der Zuschauer den Medienaussagen bestimmte Bedeutungen zu.

Mit diesen Hinweisen ist bereits das dritte grundlegende Konzept des Nutzenansatzes angesprochen: das Konzept der Interpretation. Dies heißt für die Medienrezeption, daß die Medienaussagen ihre Bedeutung erst durch die Interpretationen des Zuschauers gewinnen und daß diese im Rahmen des gegebenen sozialen Kontextes sehr unterschiedlich ausfallen können.

Renckstorf zieht verschiedene Untersuchungsergebnisse heran, um die drei genannten Konzepte zu verdeutlichen.

- Im Hinblick auf die Publikumsaktivität und deren Bedürfnisorientierung verweist er z.B. auf eine Studie von *Riley/ Riley* (1951), in der die Zuwendung von Kindern zu "Action and Violence"-Programmen untersucht wurde. Dabei zeigte sich, daß Kinder, die keine befriedigenden Sozialkontakte mit Gleichaltrigen hatten, wesentlich häufiger dazu neigten, "Action and Violence"-Programme anzuschauen als ihre Altersgenossen mit befriedigenden Sozialkontakten.
- Die Konzepte des sozialen Handelns und der Interpretation versucht *Renckstorf* (1977) u.a. am Beispiel der Bedeutungszuweisung bei verschiedenen Nachrichten zu illustrieren (vgl. S. 31 ff.). In einer seiner Studien wurde die Erinnerung an verschiedene Nachrichten in Abhängigkeit vom Thema und von der Schulbildung (als Indikator für sozialen Kontext) gemessen. Dabei zeigte sich, daß die Nachrichten, denen im jeweiligen Lebenskontext vermutlich eine größere Bedeutung zukam, besser behalten wurden, als Nachrichten, bei denen dies nicht der Fall war (1976).

Die Konzepte der Publikumsaktivität, des sozialen Handelns und der Interpretation haben insbesondere auch die Medienforschung im deutschsprachigen Raum beeinflußt. In verschiedenen Studien wurden vor allem die Bedeutung und Funktion verschiedener Medien im Tagesablauf, im Alltag von Kindern, Jugendlichen oder Erwachsenen erfaßt (vgl. u.a. *Renckstorf* 1977; *Saxer/ Bonfadelli/ Hättenschwiler* 1980; *Bonfadelli* u.a. 1986).

Obwohl der Nutzenansatz wichtige neue Akzente für die Medienforschung gesetzt hat, haften ihm in seiner Konzentration auf den Rezipienten und seine Bedürfnisse gewisse Einseitigkeiten an (vgl. *Sander/ Vollbrecht* 1987). Zum einen werden weitere wichtige Faktoren auf Seiten des Rezipienten zu wenig berücksichtigt, z.B. entwicklungs- und wahrnehmungsbezogene soziale und intellektuelle Fähigkeiten, zum anderen erfahren Wechselwirkungen zwischen

Kommunikator und Rezipient sowie alltags- und lebensweltliche Aspekte eine nur begrenzte Beachtung.

Weitere Ansätze versuchen, einzelne Begrenzungen - wie sie im Nutzenansatz erkennbar sind - zu vermeiden. Beispielsweise intendiert *Sturm* (1982) mit ihrem rezipienten-orientierten Ansatz eine breitere Erfassung der Bedingungen von Medienrezeption. Es geht ihr darum, "Medienwirkungen als Veränderung von personalen Merkmalen zu verstehen (wozu auch soziale und situative Befindlichkeiten gehören mit ihren vorgeschalteten kognitiven und emotionalen Komponenten), wie umgekehrt personale und soziale Merkmale als Steuerungsgrößen zu begreifen sind im Hinblick auf den Umgang des Rezipienten mit Medienangeboten. ... Damit schließt der rezipienten-orientierte Ansatz personale und gruppenspezifische Verhaltensmuster ebenso ein wie medienabhängige Reaktionen. Insofern kommt ihm eher eine Vermittlerstellung zu zwischen dem sogenannten Wirkungsansatz und dem Ansatz vom aktiven Publikum" (S. 90).

Ein anderer Ansatz, der in einzelnen Punkten über den Nutzenansatz hinausgeht und insbesondere die Wechselwirkungen zwischen Rezipient und Kommunikator in den Blick nimmt, ist der dynamisch-transaktionale Ansatz von *Früh/ Schönbach* (1982), *Schönbach/ Früh* (1984). Das Wechselwirkungsverhältnis von Rezipient und Kommunikator wird dabei als eine mittelbare Interaktion aufgefaßt: mittelbar, weil sich Rezipient und Kommunikator im Prozeß der Massenkommunikation in der Regel nicht als direkte Partner begegnen, sondern nur als vorgestellte. So haben Kommunikatoren und Rezipienten über den jeweils anderen bestimmte Annahmen, z.B. zu Kenntnissen, Fähigkeiten und Urteilsvermögen, die für die Gestaltung von Medienbotschaften auf Seiten des Kommunikators und für die Rezeption auf Seiten des Empfängers bedeutsam sind. Die so gegebene mittelbare Interaktion wird als Transaktion bezeichnet. Dynamisch heißt der Ansatz deshalb, weil mögliche Wirkungen der Massenkommunikation nicht in statischer Bindung an eine bestimmte Rezeptionssituation betrachtet werden, sondern als dynamisch in dem Sinne, daß auf eine aktuelle Medienrezeption frühere Rezeptionserfahrungen einwirken und frühere Einschätzungen durch die aktuelle Situation verändert werden können. Beispielsweise mag ein Zuschauer, dem die bisherige Berichterstattung eines Journalisten besonders glaubwürdig erschien, besonders vertrauensvoll einen aktuellen Beitrag aufnehmen; denkbar ist jedoch auch, daß durch Bekanntwerten einer falschen Berichterstattung Informationen, die vorher als verläßlich angesehen wurden, in Zweifel gezogen werden. Insgesamt werden Kommunikator und Rezipient im dynamisch-transaktionalen Ansatz sowohl als aktiv als auch als bedingungsgebunden angesehen: Der Kommunikator ist aktiv in der Gestaltung einer medialen Botschaft, zugleich binden ihn technische und institutionale Bedingungen seines Mediums sowie bestimmte Vorstellungen über das Publikum. Der Rezipient ist aktiv in der Auswahl und gedanklichen Verarbeitung eines Medienangebots, gleichzeitig schränken ihn das vorhandene Angebot sowie bestimmte Nutzungsgewohnheiten ein.

Wichtige Erweiterungen des Nutzenansatzes werden auch in lebensweltlichen Ansätzen der Medienforschung vorgenommen. Hier sind vor allem medienbiographische und medienökologische Ansätze zu nennen. In medienbiographischen Ansätzen wird untersucht, welche Bedeutung Medien im Lebenslauf und Alltag der jeweiligen Menschen haben (vgl. *Rogge* 1981; *Kübler* 1982). Bei medienökologischen Ansätzen steht die Mediennutzung im Sinne alltäglichen Handelns in sozialen und räumlichen Zusammenhängen im Mittelpunkt der Betrachtung (vgl. *Baacke/ Kübler* 1989). Medien werden dabei als integrale Bestandteile der Lebenswelt angesehen, als Elemente von Umgebungen, z.B. von Diskotheken, Warenhäusern, privaten Räumen, Straßen oder Büros, in denen kommuniziert, konsumiert, gelernt, Freizeit gestaltet oder gearbeitet wird. Solche Umgebungen sind ihrerseits eingebettet in übergreifende Sozialräume, z.B. Stadtteile und soziale Milieus. Vor dem Hintergrund dieser Position gilt Mediennutzung immer als "situativ, kulturell und emotional gesteuert, und diese Kontexte müssen als Objektbereiche miterhoben werden, will man z.B. Aussagen über die Mediatisierung von Kindheit und Jugend machen" (*Sander/ Vollbrecht* 1987, S. 34 f.).

Als eine Studie, in der verschiedene der oben genannten Aspekte der Mediennutzung bedacht und in die Forschungsarbeit einbezogen werden, kann die Untersuchung zu "Medienkonsum und Lebensbewältigung in der Familie" von *Charlton/ Neumann* (1986) gelten. Mit ihr wird durch einzelne Falldarstellungen demonstriert, daß Kinder Medien nutzen, um Probleme, die sich im Rahmen ihrer jeweiligen sozialen Situation stellen, zu bewältigen: Eine der Fallstudien bezieht sich z.B. auf ein fünfjähriges Mädchen namens Carmen, das in ihrer Familie um Autonomie ringt und sich gleichzeitig intensiv mit ihrer Geschlechterrolle auseinandersetzt. Carmen nimmt Medienangebote in thematisch voreingenommener Weise war, interpretiert sie vor dem Hintergrund ihres Strebens nach Autonomie sowie ihrer Deutungen der Geschlechterrolle. Sie nutzt Medien als Möglichkeit zur psychischen Bearbeitung von Problemen, die sich in ihrer Lebenssituation ergeben (vgl. S. 123 ff.).

Charlton/ Neumann (1986) bezeichnen ihren Ansatz als "strukturanalytische Rezeptionsforschung". Der Strukturbegriff soll dabei deutlich machen, daß menschliche Handlungen - zu denen auch die Medienrezeption gehört - nicht als beliebig und zufällig angesehen werden, sondern in einem Spannungsverhältnis von Autonomie und konventionellen Regeln bzw. strukturellen Implikationen und Bedingungen zu deuten sind. Der Rezeptionsbegriff verweist darauf, daß im Mittelpunkt der Forschung der Rezipient mit seinen Bedürfnissen, Wahrnehmungen und Interpretationen stehen soll: "Die strukturanalytische Rezeptionsforschung versucht, den Rezeptionsprozeß aus den strukturellen Bedingungen der Situation heraus, in der sich der Rezipient befindet, rational zu erklären" (S. 12).

Die obigen Hinweise deuten - ohne jeden Anspruch auf Vollständigkeit - auf die Fülle von unterschiedlichen Ansätzen hin, die sich in Medientheorie und Medienforschung entwickelt haben. Vor diesem Hintergrund steht im folgenden die Frage im Mittelpunkt, welche Konzepte zur Medienerziehung im Laufe der Zeit entstanden sind.

4.2 Konzepte der Medienerziehung in systematischer und historischer Sicht

Medienerzieherische Konzepte enthalten in der Regel Bezüge zu *medientheoretischen* Annahmen. Darauf hat schon früh *Baacke* (1979) aufmerksam gemacht. Er entwickelt medienpädagogische Überlegungen auf der Basis einer Unterscheidung von vier medientheoretischen Ansätzen. Als solche führt er an (vgl. S. 56 ff.):
- das Stimulus-Response-Konzept, das durch die Sichtweise geprägt ist, daß die Massenmedien verschiedene Reize bzw. Stimuli aussenden, die zu bestimmten Reaktionen bzw. Responses auf Seiten des Empfängers bzw. Rezipienten führen,
- das systemtheoretisch-funktionalistische Konzept, das auf dem Gedanken basiert, daß die Massenmedien und die Rezipienten sich nicht einfach in isolierter Weise gegenüberstehen, sondern als funktionale "Elemente" in einem Systemzusammenhang wirken, der durch gesamtgesellschaftliche Bezüge beeinflußt wird,
- das kritisch-materialistische Konzept, in dem Massenkommunikation als Mittel der Bewußtseinskontrolle und Herrschaftssicherung im kapitalistischen Gesellschaftssystem verstanden wird,
- das interaktionistisch-handlungstheoretische Konzept, in dem die Nutzung von Medien als absichts- und sinnvolles Handeln interagierender Subjekte in einem sozialen Kontext gedeutet wird.

In Anlehnung an *Baacke* arbeitet *Fröhlich* (1982) nach einer kurzen Charakteristik verschiedener medientheoretischer Ansätze Entwicklungslinien *medienerzieherischer* Konzepte heraus. Dabei nennt er (vgl. S. 62 ff.):
- den präventiv-pädagogischen Ansatz, der dadurch gekennzeichnet ist, daß die Kinder und Jugendlichen vor schädigenden Medieneinflüssen bewahrt und zur Nutzung wertvoller Medien geführt werden sollen,
- den traditionell-kulturkritischen Ansatz, bei dem es darum geht, die Kinder und Jugendlichen zu befähigen, das Medienangebot zu verstehen, zu beurteilen und kulturkritisch einzuordnen,
- den integrativen und ästhetischen Ansatz, der auf der Zielvorstellung basiert, die Filmerziehung in die Gesamterziehung zu integrieren, wobei die Kinder und Jugendlichen die Fähigkeit erlangen sollen, Filme - vor allem unter ästhetischen Gesichtspunkten - zu analysieren und zu beurteilen und (unter Nutzung der filmsprachlichen Möglichkeiten) selbst zu produzieren,
- den ideologiekritischen Ansatz, dessen Hauptanliegen darin besteht, die herrschaftsstabilisierende Funktion der Massenmedien und ihren Warencharakter durchschaubar zu machen und zur Eigenproduktion im Sinne von Gegenöffentlichkeit anzuregen.

Im Anschluß an die Darstellung dieser Konzepte stellt *Fröhlich* seinen - wieder in Anlehnung an *Baacke* entwickelten - handlungsorientierten Ansatz vor (vgl. 1982, S. 99 ff.).

Beide Versuche, konzeptionelle Entwicklungen im Bereich von Medientheorie und Medienerziehung zu strukturieren, verbinden die historische mit einer systematischen Perspektive: systematisch bedeutsame Konzepte werden in ihrer historischen Entwicklung dargestellt.

Angeregt durch diese Arbeiten werde ich im folgenden eine zusammenfassende Strukturierung vornehmen. Dabei sollen verschiedene Akzentsetzungen deutlich werden, die - bei allen Kritikpunkten zu einzelnen Positionen - wichtige Beiträge für heutige medienerzieherische Überlegungen liefern (vgl. auch Kapitel 6).

Bei der zusammenfassenden Strukturierung gehe ich vor allem systematisch vor, berücksichtige bei der Darstellung jedoch auch historische Aspekte, insbesondere mit Rückgriff auf die Arbeiten von *Hickethier* (1974) und *Meyer* (1978). Im Hinblick auf die historische Entwicklung der Medienerziehung werde ich vielfältige Entwicklungslinien zusammenfassen und damit auch vereinfachen müssen.

In diesem Sinne unterscheide ich im folgenden fünf Konzepte der Medienerziehung:

- die behütend-pflegende Medienerziehung,
- die ästhetisch-kulturorientierte Medienerziehung,
- die funktional-systemorientierte Medienerziehung,
- die kritisch-materialistische Medienerziehung und
- die handlungs- und interaktionsorientierte Medienerziehung.

Ich werde jeweils kurz auf bestimmte Rahmenbedingungen für die Entwicklung der einzelnen Ansätze eingehen, dann ihre Prinzipien sowie die mit den Ansätzen verbundenen Ziele, Inhalte und Methoden medienerzieherischen Handelns ansprechen.

4.2.1 Behütend-pflegende Medienerziehung

Mit dem Aufkommen der Presse bzw. der massenhaften Verbreitung von Druckerzeugnissen entstand in der Pädagogik die Sorge, daß auch wenig geeignete Schriften in die Hände von Kindern und Jugendlichen gelangen könnten. So gab es beispielsweise zum Ende des 19. und zum Beginn des 20. Jahrhunderts - im Rahmen der Kunsterziehungsbewegung - verschiedene pädagogische Stimmen, die vor "Schmutz und Schund" in den "Groschenheften" warnten, weil sie darin eine Gefährdung der Kinder und Jugendlichen sahen. Darüber hinaus wurde befürchtet, daß die auf den "Publikumsgeschmack" ausgerichteten Druckerzeugnisse insgesamt zu einer kulturellen Verarmung führen könnten (vgl. *Hickethier* 1974, S. 23).

Eine besonders kritische Entwicklung begann nach Meinung einer Reihe von Pädagogen durch die Entwicklung des Kinofilms. Diese Entwicklung wurde 1895 in Berlin durch *Max Skladanowski* eingeleitet, der Filmstreifen wie "Das boxende Känguruh" und "Komisches Reckturnen" im Berliner Wintergarten öffentlich vorführte. In der Folgezeit wurden Filme vor allem auf Jahrmärkten gezeigt. Sie galten bei Pädagogen als äußerst zweifelhaftes Vergnügen. Nach und nach entstanden auch ortsfeste Kinos, von denen es in Deutschland 1900 zunächst zwei, zehn Jahre später aber schon 500 gab. 1926 schätzte *Moreck* die Zahl der Kinobesucher in Deutschland auf etwa dreieinhalb Millionen täglich (nach *Winterhoff-Spurk* 1986, S. 11 f.).

Als Reaktion auf die Entwicklung des Films ging bereits 1907 eine Kommission, die vom Hamburger Lehrerverein eingesetzt worden war, der Frage nach: "Wie schützen wir die Kinder vor den schädlichen Einflüssen der Theater lebender Photographien?" Aufgrund eines von der Kommission vorgelegten Berichts faßte der Lehrerverein folgende Entschließung:

"Da zur Zeit viele kinematographische Bilder (lebende Photographien) in ihrer Ausführung mangelhaft sind, das Häßliche, Verbildende und sittlich Gefährdende in ihnen überwiegt und viele Theaterräume billigen Anforderungen der Hygiene nicht genügen, halten wir den Besuch der Theater lebender Photographien für Kinder für gefährlich. Dem Besuch von Vorführungen dieser Art hat die Schule erziehlich entgegenzuwirken." (*Dannmeyer* 1907, S. 38, zitiert nach *Meyer* 1978, S. 23).

Einige Jahre später sichtete in Köln eine "Volksgemeinschaft zur Wahrung von Anstand und Sitte" ca. 200 Filme in 36 Kölner Kinos und stellte einen Bericht zusammen, der 1920 vom Reichsminister des Innern auch der Nationalversammlung vorgelegt wurde. In dem Bericht heißt es u.a.:

"1. Die größte Zahl der Filme dient nur der Schaulust, der Befriedigung der Neugierde: besser noch: dem Totschlagen der kostbaren Zeit. Die dargestellten Vorgänge sind oft ein Hohn auf jeden Wirklichkeitssinn: verlangen geradezu das Ausschalten jeder Denkkraft: töten das Wahrheitsgefühl, so daß sie, öfter genossen, geradezu verdummend und das Weltbild fälschend auf den Geist wirken müssen.
2. Schlimmer schon sind die Stücke, die sich mit aufregenden und aufreizenden Darstellungen vorwiegend an die Phantasie der Zuschauer wenden, sie mit grausigen und schrecklichen Eindrücken erfüllen und krankhaft überspannen. Besonders die Jugendlichen müssen hierdurch schwer geschädigt werden, da ihre Phantasie durch diese ganz ungeeigneten Stoffe vor der Zeit überreizt und verdorben wird und so für reine Bilder kaum mehr zugänglich ist.
3. Noch verderblicher wirkt die Darstellung der Verbrecher- und Detektivfilme. Sie stellen in manchen Kinos den größten Teil aller Stücke dar. Sie verheeren mit ihren Schrecknissen, die geradezu gehäuft werden, nicht nur die reine Phantasie, sie müssen auch in ihrer Fernwirkung unweigerlich zur Schule des Verbrechertums werden. ...
4. Äußerst bedenklich sind ferner die unzähligen öden Liebesgeschichten, die vielfach auf unmöglichen Voraussetzungen beruhen. Dem Kino fehlt die Möglichkeit, das unsichere und zaghafte Aufkeimen der jungen Liebe, das verschämte und doch so heilige Eingeständnis derselben, die Beteuerung der Treue auf immer und schließlich den unzerbrechlichen Eidschwur heiliger Treue zur Darstellung zu bringen. An ihre Stelle tritt eine Häufung von leidenschaftlichen Liebkosungen und Küssen, ein leeres Getändel und Gespiel, das auf ernstere Naturen nur abstoßend wirken kann. Dem jungen Menschen wird so die Anschauung eingeimpft, als wenn das Wesen der Liebe in der

ungebändigten Leidenschaft liege. Das Erwachen der ungehemmten Sinnlichkeit wird bei den Jugendlichen mächtig gefördert." (Zitiert nach *Winterhoff-Spurk* 1986, S. 16 f.).

Die Diskussion um "Schund und Schmutz" im Film führte 1920 zur Verabschiedung eines Reichslichtspielgesetzes. Danach mußten sämtliche Filme einer Prüfstelle vorgelegt werden. Diese entschied über die Zulassung nach Kriterien, die man als eine Mischung von moralischen Wertvorstellungen und polizeirechtlichen Ordnungsbegriffen bezeichnen könnte: Gefährdung der sittlichen, geistigen und gesundheitlichen Entwicklung, Verrohung und Phantasieüberreizung sowie Gefährdung der öffentlichen Sicherheit (vgl. *Hickethier* 1974, S. 30).

Mit diesen Hinweisen ist eine Denkrichtung der Medienerziehung angesprochen, die man als bewahrpädagogische bezeichnen kann: Es kommt darauf an, Kinder und Jugendliche vor vermuteten Gefährdungen durch die Medien mit Hilfe gesetzlicher Bestimmungen zu bewahren. Diese Denkrichtung ist auch nach dem Zweiten Weltkrieg wieder aufgenommen worden und hat u.a. zur Einrichtung der "Freiwilligen Selbstkontrolle" der Filmwirtschaft (1949), zu einem "Gesetz zum Filmjugendschutz" (1951) sowie zum "Gesetz über die Verbreitung jugendgefährdender Schriften" (1953) geführt. Insbesondere im Zusammenhang mit der Entwicklung und Verbreitung von Videofilmen sind entsprechende Diskussionen Anfang der achtziger Jahre erneut aufgelebt. Sie mündeten 1985 in das "Gesetz zur Neuregelung des Jugendschutzes in der Öffentlichkeit" ein (vgl. auch Abschnitt 1.2.1). Neue Fragen ergeben sich seit einiger Zeit mit der Verbreitung von Computerspielen und der zunehmenden Nutzung von Computernetzen.

Mit den bewahrpädagogischen Überlegungen war schon relativ früh der Gedanke verbunden, daß es nicht nur darauf ankommt, Kinder und Jugendliche vor Gefährdungen durch Schriften und Filme zu schützen, sondern auch darauf, sie mit wertvollen Schriften und Filmen bekanntzumachen. Damit sollten die positiven Möglichkeiten, die Buch und Film bieten, für die Erziehung genutzt werden. So wurde schon 1907 von dem bereits erwähnten Hamburger Lehrerverein außer der oben zitierten Entschließung folgende Empfehlung ausgesprochen:

"Technisch und inhaltlich einwandfreie kinematographische Darstellungen können ... ein ausgezeichnetes Mittel der Belehrung und Unterhaltung sein. Eine Wendung zur besseren und edleren Ausnutzung des Kinematographen ist namentlich dadurch anzustreben, daß pädagogisch und künstlerisch interessierte Kreise sich mit Großunternehmen dieser Industrie ins Einvernehmen setzen, um sie zu guten, speziell für Kinder geeigneten Vorführungen in gesonderten Kindervorstellungen zu ermuntern." (*Dannmeyer* 1907, S. 38 f., zitiert nach *Meyer* 1978, S. 23).

Dieser Beschluß kann zum einen als Ausgangspunkt der Kinoreformbewegung gelten und zum anderen als Grundlage für Entwicklungen im Bereich des Unterrichtsfilms angesehen werden.

Der Kinoreformbewegung ging es in der Folgezeit um die Bereitstellung und Vorführung wertvoller Kinder- und Jugendfilme. Verschiedene kommunale und kirchliche Organisationen schlossen sich der Kinoreformbewegung an (vgl. *Meyer* 1978, S. 24 ff.). Die damit gestiftete Tradition ist bis in die heutige Zeit wirksam. In besonderer Weise wird sie - neben anderen Institutionen - durch das Kinder- und Jugendfilmzentrum in der Bundesrepublik Deutschland in Remscheid weitergeführt.

Die mit dem Beschluß des Hamburger Lehrervereins angeregten Bemühungen um geeignete Unterrichtsfilme führten des weiteren zu einer Schulfilmbewegung. Diese bewirkte, daß 1919 eine Bildstelle als Beratungs- und Prüfstelle für Lehrfilme am "Zentralinstitut für Erziehung und Bildung" in Berlin eingerichtet wurde. Die Bestrebungen um die Zentralisierung in Fragen des Schulfilms führten in der Zeit des Nationalsozialismus von 1934 an zum Aufbau der "Reichsanstalt für Film und Bild in Wissenschaft und Unterricht" (RWU) und zum Ausbau des Bildstellenwesens (vgl. *Ruprecht* 1970, S. 13 ff.). Die staatliche Medienarbeit wurde 1933 bis 1945 vor allem in den Dienst der nationalsozialistischen Ziele bzw. Herrschaft gestellt.

Nach dem Zusammenbruch 1945 kam es zunächst zur Gründung zonaler Institute für Film und Bild. Diese wurden 1950 zum "Institut für Film und Bild in Wissenschaft und Unterricht (FWU)" in München zusammengeführt. Zu den Aufgaben des Instituts gehört auch heute die Produktion von geeigneten Unterrichtsfilmen sowie weiterer Bildungsmedien, die Pflege des guten Films und die Bereitstellung von Materialien für eine - gegenüber früher allerdings konzeptionell erweiterte - Medienerziehung (vgl. auch Abschnitt 1.2.2).

Dieser kurze historische Abriß zeigt, daß die medienerzieherischen Bemühungen - wenn auch unterbrochen durch die Zeit des Nationalsozialismus - zunächst durch zwei Prinzipien bestimmt waren:
- Behütung der Kinder und Jugendlichen vor realen oder vermeintlichen Gefährdungen durch die Massenmedien,
- Vertrautmachen mit wertvollen medialen Produkten.

Diese Prinzipien schienen beim damaligen Stand von Medientheorie und Medienforschung durchaus angemessen. Man nahm - wie im Abschnitt 4.1.1 dargestellt - an, daß Massenmedien erhebliche Möglichkeiten zur direkten Beeinflussung der Rezipienten besäßen. Der einzelne Rezipient wurde als jemand betrachtet, der den Massenmedien mehr oder weniger hilflos ausgeliefert ist. Aus pädagogischer Sicht mußte es bei solchen Annahmen darum gehen, insbesondere Kinder und Jugendliche vor Verführungen durch die Medien zu schützen.

Dem Filmerleben von Kindern und Jugendlichen haben sich in der Zeit nach 1945 vor allem *Keilhacker/ Keilhacker* gewidmet (vgl. dazu die Veröffentlichungen von 1953 und 1955). Aufgrund ihrer filmpsychologischen Untersuchungen sehen sie im zu frühen Kinobesuch, im Reizübermaß und in den präsentierten negativen Vorbildern erhebliche Gefährdungen für die Entwicklung der Kinder und Jugendlichen (vgl. 1955, S. 11 ff.). Verfrühung, Reizübermaß und negative Vorbilder können - so vermuten *Keilhacker/ Keilhacker* - zu Angst und Schrecken, zu Fehldeutungen und Verwirrungen, zur Abstumpfung sowie bei ungünstigen häuslichen Verhältnissen zu problematischem Verhalten, z.B. Schulschwänzen und Diebstahl, führen (vgl. 1955, S. 13 ff.).

Daneben betonen sie allerdings auch, daß es mit Hilfe erzieherisch wertvoller Filme möglich sei, die Entwicklung der Jugendlichen zu pflegen und zu fördern (vgl. 1953, S. 85). Insofern spiegeln sich auch in ihrem Denken traditionelle medienerzieherische Prinzipien wider: Behütung und Pflege.

Auf der Basis dieser Prinzipien ist es aus seiner Sicht wichtig, die "breiten Massen der jugendlichen Filmbesucher zum wertvollen und vor allem im Sinne des erzieherischen Vorbildes einwandfreien Spielfilm" zu führen (1953, S. 104). Dies soll durch geeignete Filmvorführungen und anschließende Filmgespräche erreicht werden. Mit dem Filmgespräch verbinden sich für *Keilhacker/ Keilhakker* vor allem drei Ziele (vgl. 1955, S. 35 ff.):

- Der jeweilige Filminhalt soll unter der Frage geprüft werden, ob die gezeigten Handlungsweisen, insbesondere die Handlungsweisen des Helden, in moralischer Hinsicht akzeptabel sind.
- Es soll nach der Form des Films bzw. nach seiner ästhetischen Gestaltung gefragt werden.
- Außerdem soll "über die Kulissen" gesprochen werden. Dieser Teil des Filmgesprächs zielt darauf, Kinder und Jugendliche dem "unerwünschten Zauber des Films" zu entreißen. Informationen und Anregungen zum Nachdenken über die Herstellung des Films und seine Inszenierung lassen sich dabei in medienkundlichem Sinne einführen (vgl. auch *Meyer* 1981, S. 27).

Diese Ziele verweisen zugleich auf die Inhalte, die für *Keilhacker/ Keilhacker* im Rahmen der Medienerziehung wichtig sind: Im Zusammenhang mit den jeweils präsentierten Filmen und ihrer Gestaltung sollen moralische, ästhetische und medienkundliche Gesichtspunkte besprochen und vermittelt werden.

Als geeignete Methode, um die angestrebten Ziele zu erreichen und medienerzieherische Inhalte zu vermitteln, wird von ihnen - wie oben angesprochen - das Filmgespräch genannt. Nachbereitende Filmgespräche sollen einer angemessenen Verarbeitung vorgeführter bzw. gesehener Filme dienen.

Der medienerzieherische Ansatz von *Keilhacker/ Keilhacker* kann insgesamt als typisch für eine behütend-pflegende Medienerziehung gelten. Das damit verbundene bewahrpädagogische Denken hat allerdings einige Schwächen:

(1) Die erste Schwäche bzw. Beschränkung ergibt sich m.E. daraus, daß Behütung und Pflege zunächst nur an Schriften, später an Filmen orientiert waren. Zwar haben *Keilhacker* (1979) und seine Schüler ihre Überlegungen in der Folgezeit auch auf andere Medien - vor allem auf das Fernsehen - übertragen (vgl. z.B. *Wasem* 1969). Aber gerade dabei erweist sich die behütend-pflegende Position als zu eng. Bei zunehmendem Medienangebot und erleichtertem Zugang für alle ist eine ständige Kontrolle im Sinne der Behütung nicht realisierbar und insofern schon aus praktischen Gründen nicht durchzuhalten.

(2) Die zweite Schwäche der behütend-pflegenden Position liegt darin, daß die medienerzieherischen Überlegungen auf das unmittelbare Verhältnis von Medium und Rezipient beschränkt bleiben. Die vielfältigen Einflüsse, denen Rezipient und Medium im Zusammenhang der Massenkommunikation im jeweiligen historischen und gesellschaftlichen Kontext ausgesetzt sind, kommen so nicht hinreichend in den Blick.

(3) Neben diesen - zum Teil durch den frühen Stand der Medientechnik und Medienforschung bedingten - Schwächen ist ein konzeptionelles Grundproblem behütend-pflegender Medienerziehung zu nennen: Kinder und Jugendliche werden letztlich als unmündige Rezipienten verstanden. Vermeintlich Gefährdendes wird ihnen - ohne Chance zur Auseinandersetzung damit - vorenthalten; nur vermeintlich Wertvolles soll ihnen zugänglich gemacht werden. Nun besteht aus meiner Sicht zwar kein Zweifel daran, daß Kinder und Jugendliche bis zu einem gewissen Grade schutzbedürftig sind, dennoch muß es das Ziel der Erziehung bleiben, Eigenverantwortlichkeit und Selbstbestimmung bzw. Mündigkeit zu erreichen. Dieses Ziel läßt sich jedoch

kaum realisieren, wenn Kinder und Jugendliche immer nur als Unmündige behandelt werden.
Trotz dieser Kritik hat die behütend-pflegende Medienerziehung mit ihrer Betonung möglicher Gefährdungen durch Medien und ihrem Bestreben, für moralisch und ästhetisch anspruchsvolle Filme zu sorgen, auf wichtige Aufgaben der Medienerziehung aufmerksam gemacht. Allerdings müssen diese Aufgaben aus heutiger Sicht in einen anderen Rahmen und in eine andere Perspektive gestellt werden. Darauf wird vor allem im Kapitel 6 eingegangen.

4.2.2 Ästhetisch-kulturorientierte Medienerziehung

Das Unbehagen an der bewahrpädagogischen Grundposition, die Entwicklung des Films als Kunstwerk und die Bedeutung, die das Kino zum Ende der 50er Jahre erlangt hatte, können als wichtige Rahmenbedingungen für die Weiterentwicklung medienerzieherischen Denkens gelten.

Das Unbehagen an der bewahrpädagogischen Grundposition richtet sich vor allem dagegen, die Notwendigkeit einer Filmerziehung im wesentlichen mit der Annahme zu begründen, man könne junge Menschen vor den sittlichen Gefahren am besten dadurch schützen, "daß man ihren filmästhetischen Geschmack kultiviert" (*Peters* 1963, S. 16). Damit wäre die Filmerziehung vorwiegend negativ - als Schutz vor Gefährdungen - fundiert. Demgegenüber geht es beim ästhetisch-kulturorientierten Konzept um die positive Forderung, in der Filmerziehung sowohl kritisches Urteilsvermögen als auch eine Wertschätzung des Films als Kunstform anzustreben (vgl. ebd., S. 15 ff.). Zugleich wird angenommen, daß Kinder und Jugendliche in der Auseinandersetzung mit dem Film zu einer eigenständigen Urteilsbildung kommen und dabei auch die Fähigkeit entwickeln, sich einerseits der Suggestivkraft unangemessener Darstellungen zu entziehen und andererseits den künstlerisch gestalteten Film tiefgreifend zu erleben (vgl. ebd., S. 15).

Die Wertschätzung des Films ist als Grundposition des ästhetisch-kulturorientierten Ansatzes auch damit verbunden, daß sich der Film von seinen Anfängen als Jahrmarktvergnügen zu einer bedeutenden Kunstform entwickelt hatte. Dazu trugen schon vor dem Beginn des zweiten Weltkriegs u.a. sowjetische Revolutionsfilmer, Impressionisten und Avantgardisten in Frankreich sowie Expressionisten und Regisseure der "Neuen Sachlichkeit" in Deutschland bei (vgl. *Gregor/ Patalas* 1989 a). Auch in den 40er und 50er Jahren gab es viele Entwicklungen im Bereich des Films, die ihn immer stärker als Kunstform ins Bewußtsein brachten. Diese Entwicklungen sind u.a. mit den Namen *Roberto Rosselini, Vittorio de Sica, Frederico Fellini, Orson Welles, Alfred Hitchcock* und *Ingmar Bergmann* verbunden (vgl. *Gregor/ Patalas* 1989 b).

Hinzu kam, daß das Kino vor dem Aufkommen des Fernsehens eine Blütezeit als Massenmedium erlebte. So wurden allein in der Bundesrepublik Deutschland im Jahr 1956 ca. 800 Millionen Kinobesucher gezählt (vgl. auch Abschnitt 1.2.2).

Vor dem Hintergrund solcher Rahmenbedingungen entwickelte sich das ästhetisch-kulturorientierte Konzept der Filmerziehung mit seinen beiden *Prinzipien* der Kultivierung einer kritischen Einstellung zum Film und der Wertschätzung des Films als Kunstform. Zugleich wird die Fähigkeit, die "Sprache" von Bild und Film angemessen zu verstehen, als kulturelle und gesellschaftliche Notwendigkeit und als wichtiger Bestandteil einer "visuellen Bildung" verstanden (vgl. *Nowak* 1967).

Prinzipien dieser Art sind u.a. für die Arbeiten von *Peters* (1963) und *Chresta* (1963) leitend. Im folgenden soll der Ansatz von *Peters* (1963) kurz dargestellt werden, um wichtige Ziele, Inhalte und Methoden der ästhetisch-kulturorientierten Medienerziehung aufzuzeigen.

Peters (1963) sieht folgende Ziele und Aufgaben als wichtig für die Filmerziehung an (vgl. S. 24 f.):

(1) Entwickeln eines kritischen Urteilsvermögens gegenüber Filmen, "die ihre Attraktionen in erster Linie aus technischen Neuerungen, aus teuer-aussehenden Stars und anderen künstlichen Faktoren beziehen und die wirklich mehr in die Sphäre der Werbung als zu den wahrhaftigen und eigentlichen Qualitäten des Films gehören" (S. 24).

(2) Erziehung zum Film als einer eigenständigen Kunstform, so daß die Filmerziehung zu einem Teil der allgemeinen Kunsterziehung wird, wobei ästhetische Erfahrungen als eine Bereicherung des menschlichen Lebens aufgefaßt werden, ohne die eine harmonische Entwicklung der Persönlichkeit kaum denkbar erscheint.

(3) Einbezug der nicht-ästhetischen Werte eines Films, d.h. seiner gesellschaftlichen, ethischen und geistigen Qualitäten, so daß das "Leben in einer zweiten Welt" zu einer Erweiterung des wirklichen Lebens werden kann.

(4) Kultivierung des Verständnisses für die "neue Sprache" des Mediums Film, wobei angenommen wird, daß die "neue Sprache" die Möglichkeit bietet, die Welt um uns herum mit einer neuen Dimension unseres Geistes - im Sinne "visuellen Denkens" - zu verstehen.

(5) Suche nach dem "rechten Platz" für die Massenmedien im Rahmen aller Aktivitäten des jungen Menschen, die Einfluß auf seine Persönlichkeitsentwicklung nehmen.

Diese Zielvorstellungen sollen nach Auffassung von *Peters* durch die Behandlung von drei inhaltlichen Bereichen erreicht werden:
- einer "Lehre von der Sprache des Films",
- einer "Lehre von der Wertschätzung des Films als Kunstwerk",
- einer "Lehre von der kritischen Aufnahme von Filminhalten" (vgl. S. 26).

Die "Lehre von der Sprache des Films" bezieht sich vor allem auf die obige Zielvorstellung (4) und umfaßt u.a. folgende Teilthemen: Drehbuch, Kameraaufnahme und Filmschnitt sowie Komposition von Bild und Ton bzw. visuelle Syntax. In diesem Zusammenhang verdeutlicht *Peters* (1963), daß es beim Sehen eines Films darauf ankommt, den Bildern Bedeutungen zuzuordnen - ähnlich wie beim Lesen dem geschriebenen Wort eine Bedeutung beigemessen wird. Dabei geht er davon aus, daß das Anschauen eines Films sogar eine noch "größere originale Aktivität erfordert als das Lesen eines Buches, weil die Filmbilder einmalig sind" (S. 44). Allerdings weist *Peters* darauf hin, daß viele Zuschauer nur auf die Objekte in einem Filmbild achten und damit den Film nur oberflächlich wahrnehmen. Erst die Beherrschung der Filmsprache ermöglicht es aus seiner Sicht, einen Film wirklich zu verstehen (vgl. S. 45).

Die "Lehre von der Wertschätzung des Films als Kunstwerk" umfaßt - mit Bezug auf die Zielvorstellung (2) - Überlegungen zu Grundlagen der Filmkunst sowie zur Bedeutung der Filmästhetik. Bei den Grundlagen der Filmkunst geht es um das Auslösen von Spannungen, um die Gestaltung von Situationen, um die Darstellung der Charaktere, um die Bedeutung von Form und Inhalt sowie um den Filmrhythmus. Bei der Filmästhetik kommt es nach *Peters* vor allem "auf das an, was der Künstler 'zu sagen' hat (also auf die symbolische Bedeutung des Kunstwerks) und 'wie er es sagt' (also auf die Mittel, die er dafür benutzt)." (S. 68).

Die "Lehre von der kritischen Aufnahme von Filminhalten" soll den Zielen (1), (3) und (5) dienen. Thematisch geht es um ein reflektiertes Erfassen und Einschätzen von dargestellten Milieus, Situationen und Handlungsabläufen, von Erscheinung, gesellschaftlichem Stand, Verhalten und Motiven der präsentierten Charaktere sowie von tendenziellen Botschaften und den damit verbundenen Ideen. Diskussion und Reflexion der Filminhalte sollen zu einem "kritischen Sehen" führen.

Hinsichtlich der methodischen Umsetzung der Filmerziehung nennt *Peters* folgende Varianten (vgl. S. 81 ff.):
- *Unterrichtung und Demonstration* sollen der Erläuterung, z.B. von Elementen der Filmsprache, oder der Anleitung, z.B. für das Schreiben eines Drehbuches, dienen und können durch Kurzfilme, Filmstrips und Bildreihen unterstützt werden.
- *Filmgespräche* sollen die gedankliche Rekonstruktion von Filmen, das Herausfinden wesentlicher ästhetischer, psychologischer, sittlicher, philosophischer, technischer oder sozialer Aspekte, das vertiefte Verstehen der Bedeutung des Films sowie die Einschätzung seines Wertes anregen und unterstützen.
- Das *Herstellen eigener Filme* soll - falls von den Bedingungen her überhaupt möglich - helfen, das Verständnis der Filmsprache zu sichern und den Film als Kunstwerk schätzen zu lernen, wobei die eigene Umsetzung bestimmter Gedanken und Ereignisse in visuelle Darstellungen als der beste Weg hierzu gilt. Wenn die eigene Herstellung von Filmen nicht realisiert werden kann, sind das Schreiben eines Drehbuchs und die Herstellung einer Folge von Standfotos (eines Filmstrips) sinnvolle Alternativen.
- *Filmanalysen* können an Filmsequenzen, an Fotofolgen oder auch an einzelnen Bildern oder an Drehbüchern durchgeführt werden und sollen Kenntnisse und Verstehen von Filmsprache und Filmästhetik ermöglichen.

Darüber hinaus nennt *Peters* verschiedene Tätigkeiten als ergänzende methodische Varianten, z.B. die Einrichtung einer "Film-Ecke" mit Zeitungs- und Magazin-Ausschnitten und persönlichen Beiträgen der Schüler, das Führen von Filmtagebüchern, das Nachspielen und das Malen von Filmszenen. Des weiteren enthält seine Arbeit wichtige Überlegungen zu einer altersgerechten Umsetzung der Filmerziehung, zur Verankerung der Filmerziehung in der Schule sowie zur Ausbildung von Filmlehrern (vgl. S. 103 ff.).

Durch das ästhetisch-kulturorientierte Konzept werden die vorhergehenden filmerzieherischen Überlegungen aus ihrer moralischen Enge und ihrer "negativen Begründung" durch die Gefahren des Films befreit. Dennoch haften dem Konzept einzelne Schwächen an:
(1) Das Konzept ist - wie der Ansatz von *Keilhacker/ Keilhacker* - im wesentlichen auf Filme konzentriert. Das Fernsehen kommt im Grunde nur als neue Verbreitungs- oder Präsentationstechnik in den Blick, ohne daß seine Besonderheiten und möglichen Rückwirkungen auf die Filmgestaltung weitergehend thematisiert werden.

(2) Es erfolgt eine deutliche Akzentsetzung beim Produkt und dabei insbesondere beim professionell hergestellten künstlerischen Film. Diese Akzentsetzung führt dazu, daß die Wechselwirkungen zwischen den Bedürfnissen der Kinder und Jugendlichen und den Filminhalten bzw. der Filmgestaltung weitgehend vernachlässigt werden. Kinder und Jugendliche kommen weniger mit ihren Bedürfnissen und Wünschen, sondern vor allem als Publikum in den Blick, das es lernen muß, die Filmsprache zu verstehen und den Film als Kunstwerk zu schätzen.

(3) Die eigene Herstellung von Filmen wird zwar empfohlen, dabei jedoch vor allem als Methode betrachtet, um zu einem angemessen Verständnis der Filmsprache und zur Wertschätzung des künstlerischen Films zu führen. Der Wert der Filmherstellung als Ausdrucksmittel für eigene Bedürfnisse und Themen tritt demgegenüber deutlich in den Hintergrund.

Trotz dieser Schwächen bleibt es das Verdienst des ästhetisch-kulturorientierten Ansatzes, daß er eine "visuelle Bildung" fordert und damit das Verstehen von Bildern und Filmen als eine kulturelle Notwendigkeit ins Bewußtsein gehoben hat, zugleich den Film als eigenständige Kunstform in den Kontext der Kunsterziehung stellt und die "aktive Filmarbeit" als wichtige Methode der Medienerziehung begründet. So sind die Einflüsse des ästhetisch-kulturorientierten Konzepts bis heute in wichtigen medienerzieherischen Entwürfen wirksam, z.B. in der Arbeit von *Doelker* (1989), in der Fernsehen auf der Basis eines erweiterten Textbegriffes als Kulturtechnik entfaltet wird.

4.2.3 Funktional-systemorientierte Medienerziehung

Von der Mitte der fünfziger Jahre an wandelte sich die Medienlandschaft in der Bundesrepublik Deutschland erheblich. Besondere Bedeutung kam dabei der Ausbreitung des Fernsehens zu. Bereits 1970 waren ca. 70% der Haushalte in der Bundesrepublik mit einem Fernsehgerät ausgestattet (vgl. *Media Perspektiven* 1987, S. 57).

Medienforschung und Medientheorie orientierten sich mit der stärkeren Verbreitung des Fernsehens zunehmend an systembezogenen Überlegungen, die durch die *Lasswell*-Formel grundgelegt worden waren (vgl. Abschnitt 4.1.1). Bei Überlegungen solcher Art wurde die Medienforschung im übrigen von dem Systemdenken in verschiedenen anderen Wissenschaftsbereichen beeinflußt. In diesem Zusammenhang sei vor allem die Kybernetik erwähnt, die ein Denken in

Regelsystemen für viele Bereiche nahelegte. Sie gewann gerade in den fünfziger und sechziger Jahren an Bedeutung.
All diese Entwicklungen mußten auch Einflüsse auf medienerzieherische Überlegungen haben. Zunächst führten sie dazu, daß einzelne der Beschränkungen der behütend-pflegenden und der ästhetisch-kulturorientierten Medienerziehung aufgegeben wurden:
- Medienerziehung war nicht mehr auf Schriften und Filme fixiert, die ganze Palette der Massenmedien wurde in die medienerzieherischen Überlegungen einbezogen.
- Die Konzentration auf das Verhältnis "Medium - Rezipient" wurde zugunsten einer Orientierung an Kommunikationsmodellen und ihren Elementen aufgegeben.

Zusammen mit dem Systemdenken machte sich ein gewisser Optimismus im Hinblick auf das Erreichen wünschenswerter Zustände nicht nur im technischen, sondern auch im sozialen Bereich breit. Dieser Optimismus führte in den fünfziger und sechziger Jahren zu einer neuen Fortschrittsgläubigkeit.

Für medienerzieherische Überlegungen bedeutete dies, daß es vor allem darauf ankam, die Medien für Information und Bildung im Sinne des demokratischen Systems zu nutzen und den Rezipienten gleichzeitig auf einen optimalen Umgang mit den Medien vorzubereiten. Im demokratischen System muß der Rezipient dabei als mündiger bzw. kritikfähiger Bürger gedacht werden. Der mündige Rezipient wird dann - so die Hoffnung - mindestens langfristig dafür sorgen, daß durch entsprechende Rückkopplungen im System ein für die Demokratie funktionales und für die Kultur hochwertiges Medienangebot entsteht.

Die Nutzung der Medien für Information und Bildung und der mündige Umgang mit ihnen zur Förderung von Demokratie und Kultur können somit als wichtige Prinzipien einer funktional-systemorientierten Medienerziehung gelten.

Ein Denken, in dem sich die Prinzipien einer funktional-systemorientierten Medienerziehung widerspiegeln, drückt sich z.B. bei *Kerstiens* (1971) in seiner Arbeit "Medienkunde in der Schule" aus. In dieser Publikation greift *Kerstiens* auf mehrere vorangegangene Arbeiten zur Medienerziehung, zur Mediendidaktik und zur Massenkommunikationsforschung zurück und faßt damit verschiedene Entwicklungen im medienerzieherischen Denken der fünfziger und sechziger Jahre zusammen.

Kerstiens (1971) geht bei seinen Überlegungen von dem allgemeinen Ziel aus, daß der Mensch zum "mündigen Individuum und Mitmenschen" erzogen werden soll. Bezogen auf die Medien- bzw. Kommunikationserziehung bedeutet dies,

daß "der Mensch sich angesichts des Medienangebots in der vermittelten Welt bewährt. Wir wollen den mündigen Rezipienten erziehen" (S. 30). Auf dieser Basis nennt er drei "Grobziele für den medienkundlichen Unterricht" (S. 36 ff.):
- Verstehen der Medienangebote und der Zusammenhänge im Bereich der Massenkommunikation,
- Beurteilen der Medienangebote im Kontext der Massenkommunikation und ihrer gesellschaftlichen Funktion,
- Einordnen der eigenen Teilhabe am Massenkommunikationsprozeß in den individuellen Lebenszusammenhang.

Allgemeine Inhalte einer schulischen Medienkunde sollen sein: der Kommunikator, die Struktur des Mediums, der Rezipient, die gesellschaftliche Relevanz der öffentlichen Kommunikation (vgl. S. 40 ff.). Als konkrete Unterrichtsgegenstände werden genannt: die Nachricht, das Bild, Fiktion und Realität, die Struktur medialer Aussagen, Stilformen medialer Aussagen, die Funktion der Überschrift, der Werbeaspekt, die Rollen des Menschen, Medien als Wirtschaftsfaktoren.

Schließlich werden einzelne Unterrichtsreihen zu übergreifenden Medienthemen (Nachricht, Bild, Star, Überschrift und Titel) und zu bestimmten Medien (Zeitung, Illustrierte und Comics, Hörfunk und Fernsehen, Film und Werbung) vorgeschlagen.

Bezüglich der Methoden der Medienerziehung verweist *Kerstiens* auf die Möglichkeiten des Gesprächs zur Aufarbeitung außerschulischer Medienerfahrungen, auf das Filmgespräch, wie es vor allem von *Keilhacker/ Keilhacker* und ihren Schülern entwickelt wurde, auf die Verwendung didaktisch aufbereiteter Materialien sowie die Erstellung eigener Plakate (vgl. *Kerstiens* 1971, S. 69 ff.). Im übrigen können nach seiner Auffassung für die Medienkunde alle unterrichtlichen Vorgehensweisen nutzbar gemacht werden (vgl. 1971, S. 79 ff.).

Kerstiens hat sein medienerzieherisches Konzept selbst erweitert und 1976 neu dargestellt. Dennoch habe ich im Vorangehenden vorwiegend auf die Arbeit von 1971 bezug genommen, da sie - historisch bzw. systematisch betrachtet - als besonders charakteristisch für einen funktional-systemorientierten Ansatz gelten kann.

Auch die funktional-systemorientierte Medienerziehung hat - trotz einzelner Erweiterungen gegenüber der behütend-pflegenden und ästhetisch-kulturorientierten Position - einige Schwächen:
(1) Das System- und Optimierungsdenken ist letztlich an einem harmonistischen Demokratieverständnis orientiert: Jedes Mitglied der Gesellschaft wird - so

die Grundannahme - danach streben, seine Funktion im System optimal wahrzunehmen und damit sich selbst und allen anderen in optimaler Weise dienen. Diese Hoffnung erweist sich bei näherem Hinsehen als trügerisch. Eigene Einflußmöglichkeiten werden häufig nicht zum Wohle aller, sondern eher zum eigenen Vorteil genutzt. Dies gilt auch für die Verfügung über Medien.

(2) Dem Zuschauer wird letztlich die Verantwortung für das Medienangebot übertragen. Als mündiger Rezipient hat er durch seine Auswahl für ein politisch und kulturell anspruchsvolles Programm zu sorgen. Einerseits wird durch eine solche Position die Einflußmöglichkeit des Zuschauers auf das Angebot überschätzt, andererseits erweist sich die Annahme eines mündigen Rezipienten häufig als Illusion, die nicht selten zur Rechtfertigung eigener Interessen suggeriert wird.

(3) Schließlich bleiben Kinder, Jugendliche und Erwachsene bei einem system- und kulturorientierten Ansatz letztlich in der Rolle des Rezipienten. Die Rolle des Produzenten kommt nur einer kleinen Gruppe von Medienmachern zu.

Trotz dieser Probleme hat auch der funktional-systemorientierte Ansatz wichtige Akzentsetzungen gebracht, hinter die heutige Medienerziehung nicht zurückfallen darf. Sie liegen m.E. besonders in der Betonung, daß die Ziele der Medienerziehung im Kontext allgemeiner Erziehungsziele stehen, insbesondere der Leitidee der Mündigkeit verpflichtet sind, und daß Medien und Medienerziehung wichtige Funktionen im Hinblick auf Demokratie und Kultur haben und dabei stets in einem komplexen Feld von Einflußfaktoren zu sehen sind.

4.2.4 Kritisch-materialistische Medienerziehung

Die Zeit des Nationalsozialismus war ein offensichtliches Beispiel dafür, wie Medien zur Verbreitung einer politischen Ideologie benutzt werden können. Daß die Gefahr einer Inanspruchnahme der Medien für Ideologien in westlichen Demokratien keineswegs beseitigt ist, sondern als strukturelles Problem weiterbesteht, haben vor allem die Autoren der Frankfurter Schule mit ihrer Kritik an der Kulturindustrie auf der Basis einer neomarxistischen Gesellschaftstheorie dargelegt (vgl. dazu Abschnitt 4.1.2).

Medientheorie hat nach dieser Vorstellung vor allem ideologiekritisch vorzugehen. Daneben setzte sich bei kritisch-materialistischen Medientheoretikern die Auffassung durch, daß es neben der ideologiekritischen Untersuchung der

Massenmedien darauf ankomme, die Medien als Möglichkeit zu nutzen, um eine "Proletarische Öffentlichkeit als Widerstandsform gegen die reelle Subsumtion unter das Kapital" herzustellen (*Negt/ Kluge* 1974, S. 70). Medien sollen zur Artikulation eigener Bedürfnisse und Interessen selbst produziert werden (vgl. auch *Prokop* 1974, S. 126 ff.). Als wichtiger Anstoß für diesen Gedanken wird in der Regel die "Radiotheorie" von *Brecht* (1932) zitiert, in der er im Rundfunk u.a. eine Möglichkeit sah, jedem die Chance der Veröffentlichung seiner Meinung zu geben.

Die kritisch-materialistische Medientheorie entwickelte sich vor allem in den sechziger Jahren. In ihr manifestiert sich nicht zuletzt ein Unbehagen an dem damals vorherrschenden systemfunktionalistischen Denken sowie an der zunehmenden Fremdbestimmung des Alltags - auch durch die Medien und ihre Monopolisierung in verschiedenen Bereichen. Seinen politischen Ausdruck fand dieses Unbehagen in der außerparlamentarischen Opposition bzw. in der Studentenbewegung Ende der sechziger, Anfang der siebziger Jahre.

Medienkritik als Gesellschaftskritik und Herstellen von Gegenöffentlichkeit sind die Prinzipien eines entsprechenden medienerzieherischen Denkens.

Auf dieser Basis nennt *Holzer* (1974) folgende Problemkomplexe für die Medienerziehung:

"Stellenwert der Fernsehkommunikation als Institution und Organisation im Rahmen des westdeutschen Gesellschaftssystems, insbesondere im (system-)-notwendigen Zusammenhang von Ökonomie, Staat und Sozialisation;

Form und Inhalt der Fernsehkommunikation in Relation zu den gesellschaftsspezifischen Voraussetzungen und Folgen des kindlichen Entwicklungsprozesses, insbesondere in Relation zu Klassenlage, Bewußtsein, Erfahrungen und Bedürfnissen der Kinder;

Konsequenzen der Fernsehkommunikation für die Entfaltung von Ansprüchen und Fähigkeiten der Kinder und Alternativen zum bestehenden System der Befriedigung kommunikativer Bedürfnisse." (S. 13)

In bezug auf Kinder und Jugendliche lassen sich die Zielvorstellungen einer kritisch-materialistischen Medienerziehung wie folgt zusammenfassen:
- Befähigung zur Ideologiekritik, d.h. zur materialistischen Analyse und Kritik von Medienprodukten, von Medieninstitutionen und der eigenen Rezeptionssituation im gesellschaftlichen Ganzen,
- Befähigung zur kritischen Einflußnahme auf bestehende Medieninstitutionen mit dem Ziel einer Veränderung im Sinne der Interessen der Arbeiterklasse,

- Befähigung zur Nutzung von Medien als Mittel der Herstellung von spontaner bzw. proletarischer Gegenöffentlichkeit.

Inhaltlich geht es vor allem darum,
- herrschaftsstabilisierende Elemente und Normen in den Produkten der Kulturindustrie zu erkennen, um den Warencharakter von Medien und ihre ökonomische Bedeutung bzw. die damit verbundenen ökonomischen und politischen Interessen zu durchschauen,
- Monopolisierungstendenzen in der Medienlandschaft und ihre Konsequenzen für das Herstellen von Öffentlichkeit aufzudecken,
- der herrschaftsdienlichen Kanalisierung der eigenen Bedürfnisse und Kommunikationsansprüche durch die Massenmedien entgegenzuwirken und
- die eigene Phantasie unter Kenntnis medialer Ausdrucks- und Stilformen zur Artikulation eigener Interessen und Bedürfnisse im Sinne der Herstellung von Gegenöffentlichkeit einzusetzen.

Dieser Hinweis zeigt, daß es bei der kritisch-materialistischen Medienerziehung schwieriger ist, einen festgefügten Kanon von medienerzieherischen Inhalten auszumachen, als dies bei der funktional-systemorientierten Medienerziehung der Fall war. Kritisch-materialistische Medienerziehung ist letztlich auf eine ideologiekritische Auseinandersetzung mit allen Erscheinungsformen von ungerechtfertigter Herrschaft in den Medien angewiesen - und dies auf allen Ebenen: vom Produkt über den Kommunikator und den Rezipienten bis zur Gesellschaft - sowie auf spontane oder gezielte Aktionen zur Herstellung von Gegenöffentlichkeit.

Bezogen auf die praktische Durchführung, läßt sich kein spezifisches unterrichtsmethodisches Vorgehen bei der kritisch-materialistischen Medienerziehung erkennen (vgl. z.B. den Sammelband von *Schwarz* 1974). Das praktische Spektrum scheint von der bloßen Belehrung im Frontalunterricht bis zur Projektarbeit zu reichen. Konzeptionell entspricht der kritisch-materialistischen Medienerziehung am ehesten die Projektarbeit.

Trotz mancher erweiternder Aspekte gegenüber dem funktional-systemorientierten Ansatz enthält das Konzept der kritisch-materialistischen Medienerziehung m.E. verschiedene Probleme:

(1) Zwischen den Zielvorstellungen einer kritisch-emanzipatorischen Medienanalyse und der neomarxistischen Ideologiekritik als einem bestimmenden Prinzip materialistischer Medienerziehung scheint eine gewisse gegenläufige Tendenz zu bestehen: Einerseits sollen sich Kinder und Jugendliche selbständig und kritisch mit den Medien auseinandersetzen, andererseits steht

das Ergebnis der Auseinandersetzung bereits fest: Medien können immer nur als Vehikel der Herrschaftssicherung und Profitmaximierung gesehen werden. Das gilt gleichermaßen für die Produkte als auch für die Medieninstitutionen. Letztlich kann auch die Wirkung auf die Zuschauer nur im Sinne der Anpassung an die bestehenden Herrschaftsstrukturen gedeutet werden. Dieses vorab gegebene Interpretationsmuster verleiht entsprechenden ideologiekritischen Studien so auch eine ambivalente Struktur und rückt sie nicht selten - trotz emanzipatorischer Zielvorstellung - in die Nähe von Indoktrination.

(2) Ein eigentümlicher Widerspruch liegt auch in der Sprache kritisch-materialistischer Medientheoretiker und Medienerzieher und ihrer eigentlichen Zielgruppe: der von ungerechtfertigter Herrschaft zu befreienden Arbeiterklasse. Die neomarxistische Sprache ist nicht selten elitär und keineswegs dem Verständnisniveau von Arbeitern angemessen.

(3) Auch die in der Ideologiekritik verfolgten Ziele überschreiten häufig den Verständnishorizont der Betroffenen, insbesondere von Kindern und Jugendlichen. Gefordert wird mindestens eine gesellschaftliche, letztlich jedoch eine über die gegebene gesellschaftliche Situation hinausreichende Perspektive. Abgesehen davon, daß eine solche soziale Perspektive nur bei einem kleinen Teil der Erwachsenen vorhanden sein dürfte, ist sie bei Jugendlichen höchstens nach relativ langer Entwicklung im späten Jugendalter zu erwarten (vgl. dazu Abschnitt 5.4). Dieser Punkt scheint mir deshalb nicht zufällig zu sein, weil bei kritisch-materialistischen Ansätzen insgesamt ein Mißverhältnis zwischen medientheoretischen und medienerzieherischen Arbeiten gegeben ist: Die medientheoretischen Überlegungen stehen weitgehend im Vordergrund, Fragen der Umsetzung werden häufig nur global und ohne Rücksicht auf die entwicklungsmäßigen Voraussetzungen der Kinder und Jugendlichen behandelt.

Trotz dieser Kritikpunkte hat auch die kritisch-materialistische Medienerziehung wichtige Anregungen gegeben, die - wenn auch in einem anderen theoretischen Rahmen - für die Medienerziehung generell von Bedeutung sind. Für mich konzentrieren sich diese Anregungen vor allem auf zwei Punkte: Erstens wird die gesellschaftliche Dimension von Massenkommunikation einer kritischen Analyse zugänglich gemacht. Zwar hat auch die funktional-systemorientierte Medienerziehung schon den gesellschaftlichen Zusammenhang von Massenkommunikation betont, in der Praxis der Umsetzung wurde der Zusammenhang jedoch dort nicht selten zugunsten einer Detailanalyse von Produkt, Kommu-

nikator und Rezipient vernachlässigt. Außerdem war der funktional-systemorientierte Ansatz eher mit einer unkritischen Sicht der Gesellschaft verbunden. Diese läßt sich nach nunmehr vorliegenden ideologiekritischen Studien nicht mehr aufrechterhalten. Insgesamt wird dadurch, daß Medientheorie ohne Gesellschaftstheorie für eine kritisch-materialistische Position undenkbar ist, der gesellschaftliche Zusammenhang von Medienproduktion, Medienverbreitung und Medienrezeption in besonderer Weise hervorgehoben. Gleichzeitig haben die Vertreter dieses Ansatzes deutlich gemacht, daß von Medien nicht nur Gefahren für das Individuum ausgehen können (wie es schon die behütend-pflegende Medienerziehung herausgestellt hat), sondern auch für die demokratische Gesellschaft insgesamt. Eine solche Gefährdung ist besonders dann gegeben, wenn die Möglichkeit, Öffentlichkeit herzustellen, zunehmend monopolisiert wird.
Eine zweite wichtige Anregung kritisch-materialistischer Medienerziehung liegt in der Aufforderung zum aktiven Gebrauch der Medien zur Artikulation eigener Interessen. Zwar gab es auch schon früher - vor allem in der Filmerziehung - Ansätze, nicht nur Filme zu rezipieren, sondern solche auch selbst herzustellen (vgl. Abschnitt 4.2.2). Damit waren in der Regel jedoch nur ästhetische bzw. medienkundliche Intentionen verbunden. Das Verdienst kritisch-materialistischer Medienerziehung bleibt, mit besonderem Nachdruck auf die selbständige Medienarbeit hingewiesen zu haben, um eigene Aussagen kreativ zu gestalten und Öffentlichkeit für eigene Interessen herzustellen.

4.2.5 Handlungs- und interaktionsorientierte Medienerziehung

Die oben genannten Probleme einzelner medienerzieherischer Konzepte führten dazu, über ein weiterführendes Konzept der Medienerziehung nachzudenken. Gestützt wurde dieser Versuch durch die Entwicklung von medientheoretischen Ansätzen, die den Rezipienten mit seinen Bedürfnissen, Kenntnissen, Fähigkeiten und Lebensbedingungen sowie die Mediennutzung als interaktiven Prozeß in sozialen Kontexten in den Blick rückten (vgl. Abschnitt 4.1.3).
Danach ist Mediennutzung als soziales Handeln zu begreifen. Mediale Angebote werden von den Menschen zur Befriedigung bestimmter Bedürfnisse bzw. zur Erlangung bestimmter Gratifikationen genutzt. Allerdings wäre es eine Illusion zu glauben, das Individuum könne in jedem Falle beliebig und souverän - nur gemäß den eigenen Interessen - Medien nutzen. Vielmehr besteht zwischen Medien und Rezipienten ein Wechselverhältnis: Das Individuum wendet sich mit bestimmten Bedürfnissen, Erwartungen und Vorstellungen den Medien zu, die

Medien bieten jedoch nur bestimmte vorgeformte Möglichkeiten und wirken in ihrer Gesamtheit auf die Bedürfnisse, Vorstellungen und Erwartungen ihrer Nutzer zurück. Das Medienhandeln eines Individuums ist somit kein unidirektionales, sondern ein interaktives. Dabei ist es in den jeweiligen Lebenskontext von Individuen und sozialen Gruppen eingebettet.
Menschliche Handlungen sind in diesem Sinne weder beliebig noch zufällig noch determiniert. Der Mensch hat zum einen Entscheidungsfreiheit, folgt zum anderen aber auch konventionellen Regeln und strukturellen Bedingungen. In der damit angesprochenen Beziehung zwischen Mediennutzung als Handeln und Lebenskontext erschließt sich auch die Bedeutung der Medien für den einzelnen und die Gruppe, in der er lebt (vgl. *Bachmair* 1984; *Charlton/ Neumann* 1986).
Auf Medientheorie und Medienpädagogik bezogen charakterisiert *Baacke* (1979) das von ihm so genannte interaktionistisch-handlungstheoretische Medienkonzept folgendermaßen:

"Gefragt wird hier nach der Entstehung und der Absicht von Handlungen, deren Sinn mit den Handelnden zu rekonstruieren wäre. Auch 'Rezeption von Medienaussagen' ist eine soziale Handlung, deren subjektiver Sinngehalt zu explizieren wäre - mit dem Ziel, die aus einzelnen subjektiven Handlungselementen konstituierten objektivierten Zusammenhänge regelgeleiteten institutionalisierten Handelns zu verstehen. Interaktionistische Theorie ist insofern radikal, als sie ihre Inhalte und Ziele nicht vorgibt, sondern selbst erst in der kommunikativen Interaktion aufweist." (S. 62)

Dabei wird der Begriff der Interaktion nicht nur für die Wechselbeziehung von Medium und Rezipient verwendet, sondern auch für die Wechselbeziehung zwischen den jeweils handelnden Personen, so daß medienpädagogische Aktivitäten auch selbst als soziales Handeln zu deuten und zu gestalten sind.
Fröhlich (1982) nimmt diesen Ansatz auf und charakterisiert ihn mit Hilfe der folgenden Merkmale bzw. Leitkategorien (vgl. S. 99 ff.):
- Handlungsorientierung: Diese bedeutet, daß selbstbestimmtes Handeln im Medienbereich angestrebt, Schülerselbsttätigkeit mit handhabbaren Medien initiiert und eine Erweiterung der Erfahrungen durch aktives Lernen gefördert werden sollen (S. 99 ff.).
- Kommunikationsorientierung: Diese besagt, daß die Auseinandersetzung mit zwischenmenschlicher Kommunikation in die medienerzieherischen Überlegungen einbezogen, eine Verständigung zwischen Lehrenden und Lernenden erreicht und angestrebt werden soll, um die Ausdrucksmöglichkeiten und die

Kommunikationsfähigkeit sowohl im zwischenmenschlichen Dialog als auch bei der Gestaltung eigener medialer Aussagen zu verbessern (S. 124 ff.).
- Projektorientierung: Diese ist dadurch gekennzeichnet, daß Lernen prozeßhaft und in Formen kooperativen Arbeitens geschieht, fächerübergreifend organisiert wird, zu einer handelnden Auseinandersetzung mit dem jeweiligen Thema führt, von Problemen der Lernenden ausgeht, tiefere Einsichten in Zusammenhänge thematischer und sozialer Natur vermittelt und daß dabei die Trennung von Lehrenden und Lernenden, von Freizeit und Arbeit, von Schule und Elternhaus, von Bildung und Ausbildung, von Individuum und Gesellschaft, von Denken und Handeln aufgehoben werden soll (S. 141 ff.).
- Situationsorientierung: Diese besteht darin, daß die Lebensverhältnisse der Lernenden und ihre Erfahrungen mit den Massenmedien bei den didaktischen Überlegungen reflektiert und einbezogen werden, daß Kinder und Jugendliche die Befähigung erlangen sollen, Ereignisse, Erlebnisse und Erscheinungsformen ihrer Umwelt zu erklären, in einen Begründungszusammenhang zu stellen und die Möglichkeiten situationsangemessenen Handelns wahrzunehmen (S. 156 ff.).

Vor dem Hintergrund dieser Merkmale und Leitkategorien kann man die selbstbestimmte Rezeption und Produktion von Medien im Sinne sozialen Handelns und kommunikativer Kompetenz als Prinzipien einer handlungs- und interaktionsorientierten Medienerziehung bezeichnen.

Mit der Erläuterung der obigen Merkmale bzw. Leitkategorien sind gleichzeitig allgemeine Ziele einer entsprechenden Medienerziehung sichtbar geworden, insbesondere:
- Erwerb von Einsichten in Prozesse medialer Kommunikation,
- Entwicklung von Rezeptions- und Produktionskompetenz,
- Befähigung zu selbstbestimmtem und situationsangemessenem Handeln im Medienbereich unter Beachtung sozialer und gesellschaftlicher Zusammenhänge.

Neben den - mit den Prinzipien und ihrer Auslegung - gegebenen Zielen führt *Fröhlich* einen "Stoffkatalog" für die Medienerziehung an (vgl. 1982, S. 195 ff.). Dieser wird in Form von Situationen dargestellt, innerhalb derer Kinder und Jugendliche mit verschiedenen Medien in Berührung kommen, z.B.:
"- Kinder haben Zugang zu Kassetten, Schallplatten und Radio" (S. 196).
"- Kinder sehen z.T. häufig, lange, spät, unbeaufsichtigt und unkontrolliert fern" (S. 196).

"- Schüler diskutieren <u>aktuelle</u> (vorhersehbare/unvorhersehbare) <u>Ereignisse</u> (Sportanlässe, Wahlen, Abstimmungen, Veranstaltungen, Konferenzen, Demonstrationen, Konflikte, Katastrophen, Unglücksfälle, Verbrechen etc.), über die in der <u>Zeitung</u> berichtet wurde." (S. 201)

Solchen Situationen ordnet *Fröhlich* (1982) für den Kindergarten, die Primar- und die Sekundarstufe I bestimmte Perspektiven bzw. mögliche unterrichtliche Aktivitäten zu, z.B.:

"- Wahrnehmungs- und Konzentrationsübungen im auditiven Bereich (bei geschlossenen Augen) durchführen
- Kind zu differenziertem Hören anleiten
- Platten/Kassetten abspielen: unterbrechen, weiterführen, ergänzen, diskutieren, umsetzen (z.B. Mimik, Gestik, Bewegung, Tanz); nach einem anderen Verlauf und Ende suchen; singen und musizieren
- Eine Kassette bespielen: z.B. Geräusche für die Geisterbahn herstellen; Kindergartenlieder und -verse, Geschichten, Kindernachrichten aufnehmen, abspielen, verbessern, am Elternabend vorführen" (S. 196)

An diesen Beispielen wird deutlich, daß der "Stoffkatalog" nicht als fester inhaltlicher Kanon mißverstanden werden darf - ein solcher würde ja auch dem Ansatz einer handlungs- und interaktionsorientierten Medienerziehung widersprechen. Vielmehr geht es bei dem "Stoffkatalog" um situationsbezogene Hinweise, aufgrund derer sich in der Interaktion zwischen Lehrenden und Lernenden Perspektiven für die medienerzieherische Arbeit entwickeln können. Das heißt zugleich, daß einzelne Themen, z.B. Schallplatten und Kassetten, nicht allein von sich aus medienerzieherische Bedeutung haben, sondern diese erst durch die aktive Auseinandersetzung der Kinder mit ihnen bzw. mit den Situationen gewinnen. Wie bei den Zielen soll auch über die Inhalte in der Interaktion zwischen Lehrenden und Lernenden eine Verständigung herbeigeführt werden.

Gleiches gilt für das methodische Vorgehen. Insofern sind auch die - bei der Erläuterung der obigen Prinzipien erkennbaren - methodischen Vorstellungen, insbesondere die Orientierung an projektartigen Vorgehensweisen, vor allem als Anregung, nicht jedoch als Festlegung zu verstehen.

Neben vielen Vorzügen, die das Konzept einer handlungs- und interaktionsorientierten Medienerziehung aufweist, sind jedoch auch einzelne Schwächen erkennbar:

(1) Der für das Konzept zentrale Begriff der Handlung wird zwar vor dem Hintergrund interaktionistischer Theorien als soziale Interaktion thematisiert

und gedeutet (vgl. *Fröhlich* 1982, S. 103 ff.), allerdings werden dabei nach meiner Einschätzung bedürfnis-, lern- und entwicklungsbezogene Aspekte des Handelns nicht hinreichend geklärt (vgl. dazu auch Kapitel 5).
(2) Es ist zwar wichtig, medienerzieherische Konzepte hinsichtlich ihrer Leitideen zu charakterisieren. Allerdings bringt die hauptsächliche Strukturierung nach den Leitideen Handlungsorientierung, Kommunikationsorientierung, Projektorientierung und Situationsorientierung die Gefahr mit sich, daß inhaltliche und methodische Überlegungen keine hinreichenden Berücksichtigung erfahren, was eine Umsetzung des Konzepts erschwert. Hier wäre zu überlegen, ob es nicht günstiger ist, neben den Prinzipien Aufgabenbereiche zu beschreiben, die einen inhaltlichen Rahmen definieren und dabei genügend Offenheit für die Beteiligung von Kindern und Jugendlichen bei weiteren Konkretisierungen bieten (vgl. dazu Kapitel 6).
(3) Die weitgehend offene Formulierung von Stoffkatalogen im Sinne der Situationsorientierung (vgl. *Fröhlich* 1982, S. 193 ff.) bietet zwar viele Anregungen für medienerzieherische Aktivitäten, gleichwohl besteht die Gefahr, daß die - auch notwendige - Systematisierung zu kurz kommt und damit kein hinreichender Rahmen für den notwendigen Kompetenzerwerb entwickelt wird.

Trotz dieser eingrenzenden Hinweise markiert das Konzept von *Fröhlich* einen entscheidenden Schritt zu einem zeitgemäßen Konzept der Medienerziehung. Dabei halte ich folgende Akzentsetzungen für besonders wichtig: Medienerziehung soll möglichst handelnd erfolgen und für Handeln bedeutsam werden; die Lebenssituation der Kinder und Jugendlichen soll als Voraussetzung für medienerzieherisches Handeln in den Blick genommen und konstruktiv einbezogen werden; mediale Kommunikation ist im Kontext von personaler Kommunikation zu sehen und Medienkompetenz ist als Bestandteil kommunikativer Kompetenz zu betrachten; Medienerziehung soll im Rahmen projektartiger Verfahren zur Öffnung von Schule und zur Verbindung von Schule und Lebenswelt beitragen. Diese Postulate werden auch in die weiteren Überlegungen zur Medienerziehung vor allem in die Konzeption von Aufgabenbereichen der Medienpädagogik (Kapitel 6) einfließen.

4.3 Informationstechnische Grundbildung und Medienerziehung

Konzepte zu einer informationstechnischen Grundbildung wurden seit Ende der 70er Jahre parallel und zunächst weitgehend unabhängig von medienerzieherischen Überlegungen entwickelt. Ausgangspunkt waren die Entwicklungen im Bereich der Mikroelektronik, die zunehmend als entscheidende Schlüsseltechnologie für die Zukunft betrachtet wurde. Die Mikroprozessor-Technologie ließ sich zum einen nutzen, um autonome informationstechnische Systeme preiswert zu realisieren, z.B. Taschenrechner und Personalcomputer, zum anderen führte sie dazu, daß informationstechnische Bauteile verstärkt in technische Systeme integriert wurden, z.B. für die Prozeßsteuerung von chemischen Anlagen oder von Produktionseinrichtungen in der Automobilindustrie. Als bedeutsame technische Möglichkeiten bzw. Eigenschaften der neuen Technologie galten die Durchführung schematisierender "geistiger Arbeit", die Steuerung und Regelung technischer Prozesse bzw. Systeme sowie die hohe Adaptivität und Flexibilität (vgl. *Hauf/ Tulodziecki* 1983, S. 107 ff.). Weitreichende Konsequenzen für Wirtschaft und Gesellschaft, für Beruf und Freizeit zeichneten sich ab.

Vor diesem Hintergrund stellte sich die Frage, wie das Bildungssystem auf die technologische Entwicklung und auf den mit ihr verbundenen arbeitsbezogenen, ökonomischen und gesellschaftlichen Wandel reagieren sollte. Bei einer Untersuchung, die zu dieser Frage vom Bundesministerium für Bildung und Wissenschaft in Auftrag gegeben worden war und in der mehr als 300 Betriebe zu den geänderten und neuen Anforderungen befragt wurden, kamen die Autoren zu der Empfehlung, den Computer als Mittel und Gegenstand in Lehr- und Lernprozesse einzubeziehen - nur so könne die bundesdeutsche Wirtschaft gegenüber Japan und den USA konkurrenzfähig bleiben (vgl. *von Gizycki/ Weiler* 1980).

Diese Empfehlung wurde sowohl von Vertretern der Wirtschaft und Industrie als auch von Bildungspolitikern aufgenommen, die u.a. eine informationstechnische Grundbildung für alle Kinder und Jugendlichen forderten. Im internationalen Raum gab es mittlerweile Empfehlungen, für die "Computer-literacy" aller Bürger Sorge zu tragen, um einem drohenden "Computeranalphabetismus" entgegenzuwirken: Der gebildete Mensch der Zukunft müsse zwar kein Informatiker sein, er solle jedoch über einige unverzichtbare Grundkenntnisse und -fertigkeiten im Bereich der Datenverarbeitung verfügen, z.B. Beherrschung von Grundbegriffen, Analyse und Interpretation sowie Nutzung von Computerprogrammen, Schreiben einfacher Programme (vgl. *Lewis/ Tagg* 1981). In diesem Zusammenhang wurde im deutschsprachigen Raum u.a. ein Informationstechnik-Führerschein gefordert. Allerdings griffen solche Forderungen - mit ihrer Konzentration auf Bedienung und Nutzung - nach Meinung verschiedener Kritiker zu kurz. Die Überlegungen zu "Computer-literacy" und "Informationstechnik-Führerschein" müßten um soziale bzw. gesellschaftliche Erwägungen erweitert werden (vgl. *Bosler/ Hansen* 1991). Insgesamt sollten entsprechende Bemühungen unter dem Gesichtspunkt ihres möglichen Beitrags zu einer zeitgemäßen Allgemeinbildung diskutiert werden (vgl. *Haas/ Hauf/ Sturm* 1982).

Die Diskussion mündete schließlich in zwei Empfehlungen der Bund-Länder-Kommission für Bildungsplanung und Forschungsförderung (*BLK*) ein: das Rahmenkonzept von 1984 und das Gesamtkonzept für die informationstechnische Bildung von 1987.

Die Ausgangslage wird im Gesamtkonzept von 1987 u.a. folgendermaßen beschrieben:

"Neue Informations- und Kommunikationstechniken haben sich in den letzten Jahren zu Schlüsseltechniken entwickelt, die in fast alle Bereiche der Wirtschaft Einzug gehalten haben; sie haben auch im Bildungswesen und in unserer täglichen Umwelt Fuß gefaßt. Besonders auffällig vollzieht sich diese Entwicklung im Bereich der elektronischen Datenverarbeitung mit ihren vielfältigen Kombinations- und Anwendungsmöglichkeiten ... Besonders sichtbar sind die Veränderungen in den Bereichen der Nachrichtentechnik, der Produktionstechnik, der Bearbeitungs- und Verfahrenstechnik, der Automatisierungstechnik sowie der Büro- und Organisationstechnik" (S. 7).

Und etwas später heißt es:

"Der Umgang mit den neuen Techniken greift tief in bisherige Arbeits- und Denkweisen ein, er verlangt Eigenverantwortung und Initiative, setzt Kommunikations- und Kooperationsfähigkeit voraus, fordert neue allgemeine und berufliche Qualifikationen und bedarf insbesondere verstärkt der Fähigkeit zum Denken in logisch-abstrakten Zusammenhängen. Die Folgen der neuen Techniken für das menschliche Kommunikations- und Lernverhalten sind ebenso zu bedenken wie die Auswirkungen auf das kulturelle Leben" (S. 7 f.).

Für Schule und Ausbildung wird daraus folgender Auftrag abgeleitet:

"Ziel aller Bemühungen muß es sein, durch die Vermittlung einer informationstechnischen Bildung allen Jugendlichen - Mädchen und Jungen gleichermaßen - die Chancen der neuen Techniken zu eröffnen und sie zugleich vor den Risiken zu bewahren, die durch unangemessenen Gebrauch entstehen können" (S. 8).

Insgesamt spiegeln sich im *BLK*-Gesamtkonzept zwei leitende Prinzipien für die informationstechnische Grundbildung wider: Durchschauen der Computertech-

nologie und ihrer Anwendungen sowie verantwortungsbewußte Nutzung zur Förderung von Wirtschaft und Gesellschaft.
Auf dieser Basis werden folgende Aufgaben bzw. Teilziele benannt:
"- Aufarbeitung und Einordnung von individuellen Erfahrungen mit Informationstechniken
- Vermittlung von Grundstrukturen und Grundbegriffen, die für die Informationstechniken von Bedeutung sind
- Einführung in die Handhabung eines Computers und dessen Peripherie
- Vermittlung von Kenntnissen über Einsatzmöglichkeiten und die Kontrolle der Informationstechniken
- Einführung in die Darstellung von Problemlösungen in algorithmischer Form
- Gewinnung eines Einblicks in die Entwicklung der elektronischen Datenverarbeitung
- Schaffung eines Bewußtseins für die sozialen und wirtschaftlichen Auswirkungen, die mit der Verbreitung der Mikroelektronik verbunden sind
- Darstellung der Chancen und Risiken der Informationstechniken sowie Aufbau eines rationalen Verhältnisses zu diesen
- Einführung in Probleme des Persönlichkeits- und Datenschutzes" (S. 11 f.).

Vor dem Hintergrund dieser Rahmenempfehlungen der BLK haben die Bundesländer ihre Konzepte für die informationstechnische Grundbildung entwickelt. Die Konzepte unterscheiden sich zum Teil hinsichtlich der inhaltlichen Schwerpunkte und der methodischen Empfehlungen sowie hinsichtlich des vorgesehenen Zeitrahmens und der organisatorischen und curricularen Einbindung (vgl. *Hauf-Tulodziecki* 1992; *Lang/ Schulz-Zander* 1994).

Bei allen Unterschieden kann man jedoch feststellen, daß inhaltlich in allen Konzepten anwendungsbezogene, algorithmische, technische und gesellschaftliche Themen Berücksichtigung finden. Beispielsweise sehen die "Vorläufigen Richtlinien zur informations- und kommunikationstechnologischen Grundbildung in der Sekundarstufe I" von Nordrhein-Westfalen die folgenden drei Aufgaben und Ziele vor (vgl. *Kultusminister des Landes Nordrhein-Westfalen* 1990, S. 8 ff.):
- Anwendungen kennenlernen, z.B. Speicherung und Verarbeitung großer Datenmengen in Wirtschaft und Verwaltung, Steuerung von Abläufen in Produktion und Fertigung, Transport von Daten und Rechnerleistungen durch Kommunikationsnetze, Erkenntnissuche und Entscheidungsvorbereitung durch Modellbildung und Simulation in Wissenschaft und Wirtschaft,

- Grundstrukturen und Funktionen untersuchen, z.B. bei der Erfassung, Speicherung, Verarbeitung, Wiedergewinnung und Übertragung von Daten bzw. beim algorithmischen Problemlösen,
- Auswirkungen reflektieren und beurteilen, z.B. Auswirkungen in beruflicher, qualifikatorischer, sozialer, ökonomischer, ökologischer, rechtlicher und politischer Hinsicht.

Diese Aufgaben sollen im Kontext von drei verschiedenen Inhaltsbereichen wahrgenommen werden (vgl. ebd., S. 11 ff.):
- Prozeßdatenverarbeitung: Hiermit sind Anwendungen angesprochen, bei denen computerunterstützte Messungen durchgeführt und auf dieser Basis technische Abläufe gesteuert oder geregelt werden.
- Textverarbeitung, Dateiverwaltung, Kalkulation: In diesem Inhaltsbereich sind Anwendungen zusammengefaßt, bei denen es um die Bearbeitung von Texten, Dokumenten und Grafiken oder um die Verwaltung und Auswertung großer Datenmengen sowie um umfangreiche Berechnungen geht.
- Modellbildung und Simulation: Dieser Bereich bezieht sich auf Anwendungen, bei denen die Informations- und Kommunikationstechnologien als Werkzeuge zur Gewinnung und Erweiterung von Erkenntnissen und Erkenntnismöglichkeiten dienen.

Im Detail ergeben sich viele Überschneidungen einer solchen Beschreibung von Aufgaben und Zielen sowie Inhaltsbereichen mit den Beschreibungen in anderen Bundesländern, wenn die Akzentsetzungen sich auch unterscheiden. Beispielsweise werden im bayerischen "Gesamtkonzept für die informationstechnische Bildung in der Schule" die Ziele und Inhalte nach den folgenden Gesichtspunkten gegliedert (vgl. *Bayerisches Staatsministerium für Unterricht, Kultus, Wissenschaft und Kunst* 1995, S. 9 f.):
- Bedeutung und Auswirkungen des Computers,
- Nutzung des Computers,
- Algorithmik,
- Datenverarbeitung als Lerngegenstand,
- Computer als Medium.

Auch hinsichtlich der methodischen Vorstellungen gibt es neben unterschiedlichen Akzentsetzungen viele Überschneidungen. Häufig wird die Durchführung von projektorientierten Arbeitsformen als angemessen für die informationstechnische Grundbildung angesehen (vgl. z.B. *Kultusminister des Landes Nordrhein-Westfalen* 1990, S. 16). Andere Arbeits- und Lernformen sollen allerdings nicht ausgeschlossen werden.

Für das Verhältnis von Medienerziehung und informationstechnischer Grundbildung ist zunächst wichtig, daß die Medienerziehung aus der Auseinandersetzung mit medialen Produkten und ihrer Bedeutung für die kindliche und jugendliche Entwicklung entstand, während die informationstechnische Grundbildung ihre Wurzeln in der Auseinandersetzung mit einer Schlüsseltechnologie hat, die als besonders bedeutsam für die wirtschaftliche Entwicklung und den gesellschaftlichen Wandel angesehen wurde. Allerdings führten - zunächst - zwei Entwicklungen zu Berührungspunkten zwischen Medienerziehung und informationstechnischer Grundbildung: erstens die Tatsache, daß die Computertechnologie auch für die herkömmlichen Medien zunehmend wichtiger wurde, z.B. für Zeitung und Fernsehen, und zweitens die Forderung, die Auseinandersetzung mit der Computertechnologie im Rahmen von Erziehungs- und Bildungsaufgaben zu diskutieren. So ist es nicht verwunderlich, daß sowohl im *BLK*-Rahmenkonzept als auch im *BLK*-Gesamtkonzept für die informationstechnische Bildung (1984/1987) auf die Medienerziehung Bezug genommen wird, wobei diese Bezüge allerdings eher additiv als integriert wirken. Spätestens mit der zunehmenden Übernahme medialer Funktionen durch den Computer, insbesondere mit der Diskussion um Computerspiele, Multimedia und Internet, ist jedoch die Medienerziehung gehalten, den Computer in ihre Betrachtungen einzubeziehen, und die informationstechnische Grundbildung gezwungen, diesen Anwendungs- und Funktionsbereich mitzubearbeiten. Dies geschieht mittlerweile in verschiedenen konzeptionellen Überlegungen (vgl. z.B. *Bertelsmann Foundation* 1995; *Schorb* 1995; *Wagner* 1996; *Hauf-Tulodziecki/ Tulodziecki* 1996). Ebenso unterstellt der *BLK*-Orientierungsrahmen zur "Medienerziehung in der Schule" von 1995, daß die informationstechnische Grundbildung einen Zugang zur Medienerziehung darstellen und im schulischen Kontext in ein medienpädagogisches Gesamtkonzept der Schule eingebettet werden kann. So formuliert auch die Kultusministerkonferenz in ihrem Beschluß vom 28.07.97: "Durch die Erprobung, Erforschung und Implementierung von Neuen Medien, Multimedia und Telekommunikation im Bildungswesen werden Fragestellungen vertieft und erweitert, die bisher im Zusammenhang mit der Medienpädagogik einerseits und der Informationstechnischen Bildung andererseits behandelt wurden. Die Verbindung von Aspekten beider Bereiche ist ein entscheidender Beitrag zu umfassender Medienkompetenz, d.h. zur Befähigung für einen verantwortlichen und kreativen Umgang mit den Neuen Medien." (*KMK* 1997, S. 5). Allerdings bleiben noch einige Fragen offen, z.B. nach dem Stellenwert der herkömmlichen und der computerbasierten Medien in einem schulischen Gesamtkonzept, nach der Bedeutung der zunehmenden Verwendung neuer Medien für Lehr- und Lernzwecke, nach der curricularen Verankerung, nach der personalen und organisatorischen Absicherung sowie nach der Gewichtung verschiedener Arbeits-, Lern- und Kommunikationsformen. Insofern ist die weitere Entwicklung auch mit Fragen der Schulentwicklung insgesamt verknüpft (vgl. dazu auch Kapitel 8).

5 Ziele und Bedingungen medienpädagogischen Handelns in der Schule

In der öffentlichen Diskussion um "Multimedia" und Computernetze wird von verschiedener Seite die Auffassung vertreten, daß sich die Schule unter dem Einfluß der Informations- und Kommunikationstechnologien erheblich wandeln muß (vgl. z.B. *Revolution des Lernens*, 1994). Die Wandlungsnotwendigkeiten werden zum Teil mit dem Hinweis begründet, daß die Schule nicht mehr über ihr traditionelles Informations- und Lernmonopol verfüge (vgl. u.a. *Brockmeyer* 1993, S. 195 f.). Einzelne Autoren gehen sogar davon aus, daß die Schule in ihrer jetzigen Form durch die Medienentwicklung mit der Zeit überflüssig werden könnte (vgl. z.B. *Perelman* 1992).

Auf der anderen Seite werden an die Schule immer neue Aufgaben herangetragen, gerade auch im Bereich der Medien. Schule soll u.a. erzieherisch im Hinblick auf einen disziplinierten und reflektierten Mediengebrauch wirken, mögliche negative Einflüsse des Medienkonsums auffangen und auf ein verantwortungsbewußtes Leben in der Informationsgesellschaft vorbereiten.

Vor dem Hintergrund solcher Diskussionen stellen sich u.a. folgende Fragen:

(1) Wie ist das Verhältnis von Schule und Medien generell zu sehen? Unter welchen Leitideen sollten die Erziehungs- und Bildungsaufgaben im Medienbereich in der gegenwärtigen und zukünftigen Schule stehen?

(2) Welche Bedingungen sind zu beachten, wenn Schule ihren Erziehungs- und Bildungsaufgaben im Medienbereich gerecht werden will?

(3) Welche Grundorientierungen sind für die schulische Medienpädagogik unter Beachtung von Leitideen und Bedingungen wichtig?

Diese Fragen werden in den folgenden Abschnitten aufgenommen und bearbeitet, um Zielvorstellungen und Rahmenbedingungen für ein weiterführendes Konzept der Medienverwendung und Medienerziehung aufzuzeigen.

5.1 Zur Diskussion um Schule und Medien

In diesem Abschnitt geht es zum einen um das Verhältnis von Medien und Schule und zum anderen um die Frage der Leitideen für Erziehungs- und Bildungsaufgaben in der Schule.

5.1.1 Funktionen von Schule und Stellenwert von Medien

Die Diskussion um Schule und Medien wird unterschiedlich geführt, je nachdem welche *Grundvorstellungen zur Schule* vorherrschen. Mit verschiedenen Grundvorstellungen zur Schule sind in der Regel auch unterschiedliche Auffassungen zur Bedeutung von Medienverwendung und Medienerziehung verbunden. Dabei lassen sich folgende Grundpositionen unterscheiden (vgl. z.B. *Fend* 1981; *von Hentig* 1993):

(1) Schule kann schwerpunktmäßig als Einrichtung zur *Vermittlung nützlicher Kenntnisse und Fertigkeiten* betrachtet werden. In diesem Falle liegt es nahe, Medien einerseits als Mittel anzusehen, die den Erwerb von Kenntnissen und Fertigkeiten optimieren können, und andererseits als beruflich und gesellschaftlich relevante Systeme, zu deren Nutzung bestimmte Kenntnisse und Fertigkeiten benötigt werden. Diese Funktionsbestimmung von Schule kann im Extremfall zu der Auffassung führen, daß Schule bei der Weiterentwicklung der Medien überflüssig werde, weil die Kenntnis- und Fertigkeitsvermittlung u.U. besser durch Medien als durch die Schule geleistet werden könne.

(2) Schule kann überwiegend als *Schon- und Schutzraum* für Kinder begriffen werden. Aus dieser Perspektive soll Schule den Kindern die Chance eröffnen, unmittelbare Erfahrungen frei von gesellschaftlichen Zwängen zu machen und sich in natürlicher Weise zu entwickeln. Dabei wird erwartet, daß Kinder soviel Ich-Stärke aufbauen, daß sie später unbeschadet in Zivilisation und Gesellschaft bestehen können. In diesem Falle werden Medien als zivilisatorische und gesellschaftliche Erscheinungen eher als hinderlich für die kindliche Entwicklung betrachtet. Im Extremfall werden sie sowohl als Mittel als auch als Gegenstand schulischen Lernens abgelehnt.

(3) Schule kann als Institution zur Durchsetzung und Legitimation eines politisch oder weltanschaulich fundierten *Programms* verstanden werden. Die Bedeutung der Medien wird dann danach bemessen, inwieweit sie für Durchsetzungs- und Legitimationsversuche förderlich oder hinderlich erscheinen.

(4) Schule kann als Ort der *Persönlichkeitserziehung und -bildung* und als Hilfe zur Vorbereitung auf das Leben in der Gesellschaft angesehen werden. Als Voraussetzungen für die Persönlichkeitsbildung werden in der Regel der Dialog und die personale Begegnung angenommen. Insofern wird bei dieser Position gegenüber den Medien als Mittel von Lehr- und Lernprozessen eher Zurückhaltung geübt, während der Auseinandersetzung mit Medien als Inhalt

des Lernens eine wichtige Funktion im Sinne der Vorbereitung auf die Gesellschaft zugestanden wird.
(5) Schule kann als System betrachtet werden, das allen Kindern und Jugendlichen gleiche Chancen auf den Erwerb von *Qualifikationen* bieten soll. Je nach erworbenen Qualifikationen vergibt die Schule Berechtigungen im Hinblick auf weitere Bildungswege und berufliche Laufbahnen. Medien können dabei als Hilfe für eine angemessene Qualifikationsvermittlung, als eigener Qualifikationsbereich und als Mittel der Prüfungsobjektivierung zur Absicherung von Berechtigungen angesehen werden.

Jede dieser Positionen ist unter bestimmten historischen Bedingungen entstanden und hat bis heute einen gewissen Stellenwert. Jede Position ist für sich genommen jedoch einseitig und bedarf der Ergänzung durch andere Sichtweisen. Allerdings wäre eine einfache Addition der mit den verschiedenen Positionen verbunden Funktionsbestimmungen von Schule und Medien unangemessen. Vielmehr sollte versucht werden, verschiedene wichtige Funktionen von Schule unter einer generelleren Perspektive zu interpretieren. Beispielsweise sprechen *Lichtenstein-Rother/Röbe* von der Grundschule als einem kindorientierten Lern-, Lebens- und Handlungsraum (vgl. 1987). *Von Hentig* möchte die Schule vor allem als Lebens- und Erfahrungsraum gestalten (vgl. 1993).

Vor dem Hintergrund solcher und ähnlicher Überlegungen gehe ich davon aus, daß Schule in der gegenwärtigen und zukünftigen Gesellschaft im Zusammenhang mit ihrer Bedeutung als Lernort zugleich als Erfahrungs-, Entwicklungs- und Lebensraum zu gestalten ist: Kinder und Jugendliche sollen in der Schule Erfahrungen machen und verarbeiten, ihr Zusammenleben untereinander und mit Lehrpersonen gestalten sowie in ihrem Lernen und in ihrer Entwicklung gefördert werden.

In einer solchen Schule kommen Medien sowohl als Hilfsmittel des Lernens und der Entwicklungsförderung in den Blick als auch als wichtige Elemente der Erfahrung und der Lebenssituation.

Dabei sind die Medien als Hilfsmittel des Lernens und der Entwicklungsförderung vor allem ein Gegenstand der Mediendidaktik. Als Elemente der Lebenssituation und der Erfahrung sind sie vor allem für die Medienerziehungstheorie bedeutsam (vgl. Kapitel 3 und 4 sowie 6 und 7).

5.1.2 Schulische Leitideen unter dem Einfluß der Mediensituation

Das *Grundgesetz der Bundesrepublik Deutschland* (GG) bestimmt im Art. 1: "Die Würde des Menschen ist unantastbar. Sie zu achten und zu schützen ist

Verpflichtung aller staatlichen Gewalt." Im Art. 2 wird festgelegt: "Jeder hat das Recht auf die freie Entfaltung seiner Persönlichkeit, soweit er nicht die Rechte anderer verletzt und nicht gegen die verfassungsmäßige Ordnung oder das Sittengesetz verstößt."
Auf der Basis des Grundgesetzes haben die einzelnen Bundesländer Leitlinien für ihr jeweiliges Schulwesen erlassen. Diese bilden die Grundlage für Richtlinien, die für die verschiedenen Schulstufen und Schulformen vorgegeben werden. So heißt es z.B. in den Richtlinien des *Kultusministers des Landes Nordrhein-Westfalen* für die *Hauptschule* als Schulform der Sekundarstufe I: "Sie vermittelt ihren Schülerinnen und Schülern grundlegende Befähigungen, die zu einer selbstbestimmten und verantwortungsbewußten Gestaltung des Lebens in einer demokratisch verfaßten Gesellschaft notwendig sind" (1989, S. 11). Dabei geht es im einzelnen um die Gestaltung des persönlichen Lebens und die Mitgestaltung sozialer Beziehungen, um eine verantwortliche Tätigkeit in der Berufs- und Arbeitswelt, um Mitbestimmung und Mitverantwortung in Gesellschaft und Politik, um die Teilhabe an der kulturellen Welt und um die Auseinandersetzung mit grundlegenden Sinnfragen menschlicher Existenz.
Für die gymnasiale Oberstufe haben die Kultusminister der Länder die "Selbstverwirklichung in sozialer Verantwortung" als ein wesentliches Ziel der Erziehung benannt. Dieses Ziel ist mit den drei "Lernzielschwerpunkten" des selbständigen Lernens, des wissenschaftspropädeutischen Arbeitens und der Persönlichkeitsbildung verbunden. (Vgl. *KMK* 1977.)
Solche Zielbestimmungen sind nicht nur durch verfassungsbezogene Auslegungen, sondern auch durch die Bildungsdiskussion beeinflußt. In dieser Diskussion werden z.B. von *Klafki* (1985) Selbstbestimmungs-, Mitbestimmungs- und Solidaritätsfähigkeit, von *Schulz* (1981) Kompetenz, Autonomie und Solidarität und von *Winkel* (1983) Demokratisierung und Humanisierung als Ziele gefordert. Darüber hinaus wird in didaktischen Konzepten die Handlungsorientierung als wichtiges Prinzip hervorgehoben (vgl. z.B. *Gudjons* 1986; *Tulodziecki* 1996). Mit solchen Überlegungen ist u.a. auch die Tendenz verbunden, allgemeine Ziele nicht so sehr inhaltlich festzulegen, sondern eher als allgemeine Fähigkeiten und Persönlichkeitseigenschaften im Sinne von Schlüsselkompetenzen zu formulieren.
Faßt man die verschiedenen Zielüberlegungen zusammen, so läßt sich zunächst *ein sachgerechtes und selbstbestimmtes Handeln in sozialer Verantwortung* als allgemeine Zielvorstellung für die gegenwärtige Schule formulieren (vgl. *Tulodziecki* 1987).

Diese drei Zieldimensionen werden auch durch die Mediendiskussion in ihrer Bedeutung unterstrichen: Die Befähigung zu sachgerechtem Handeln erweist sich u.a. aufgrund des Problems, daß durch mediale Angebote unter Umständen verzerrte Wirklichkeitsvorstellungen aufgebaut werden, als besonders wichtig. Die Befähigung zu selbstbestimmtem Handeln ist als erzieherisches Ziel angesichts möglicher Fremdbestimmung durch Medieneinflüsse ebenfalls von großer Bedeutung. Die Bereitschaft zu sozialverantwortlichem Handeln ist u.a. mit Blick auf potentielle Verhaltensbeeinflussungen, z.B. durch die häufige Präsentation von ich-orientierten hedonistischen Verhaltensmustern, von besonderer Wichtigkeit.

Aber nicht nur um möglichen Problemen zu begegnen, sondern auch um die positiven Möglichkeiten der Medien zur Geltung bringen zu können, sind die drei Zieldimensionen bedeutsam: Medien können umso angemessener für Information und Lernen, für Spiel und Unterhaltung, für Problemlösung und Entscheidungsfindung, für Bildungszwecke und Kommunikation genutzt werden, je stärker die genannten Zieldimensionen ausgeprägt sind.

Über die in der Schuldiskussion betonten Zieldimensionen hinaus hat in der Medienerziehung der Gedanke der *kreativen Gestaltung eigener medialer Produkte* besondere Bedeutung erlangt.

Beispielsweise wird im bayerischen "Gesamtkonzept der Medienerziehung in der Schule" formuliert: "Die Erziehung zum bewertenden, auswählenden, verantwortungsbewußten und auch kreativen Umgang mit Medien muß Bestandteil der Erziehung schlechthin sein." (*Bayerisches Staatsministerium für Unterricht und Kultus* 1988, S. 6). Und der Orientierungsrahmen der *Bund-Länder-Kommission für Bildungsplanung und Forschungsförderung* (*BLK*) zur "Medienerziehung in der Schule" fordert auf der Basis allgemeiner Leitvorstellungen für Erziehung und Bildung "ein sachgerechtes, selbstbestimmtes und kreatives Handeln in sozialer Verantwortung" als Leitidee für die Medienerziehung (*BLK* 1995, S. 15). Diese Zielformulierung steht in Übereinstimmung mit der medienerzieherischen Diskussion und soll auch den folgenden Überlegungen zur Medienpädagogik zugrundegelegt werden (vgl. z.B. *Tulodziecki* 1993, S. 63).

5.2 Bedingungen des Handelns im Medienbereich

Ausgehend von der Leitvorstellung eines sachgerechten, selbstbestimmten, kreativen und sozialverantwortlichen *Handelns* in einer von Medien mitgeprägten Welt, frage ich im folgenden nach Bedingungen, die für menschliches

Handeln generell und für den Umgang mit Medien im besonderen wichtig sind. Dazu entwickle ich eine Modellvorstellung, bei der Mediennutzung als bedürfnis-, situations-, erfahrungs- und entwicklungsbezogene Handlung gedeutet wird.

5.2.1 Modellvorstellung zum Handeln

Die Modellvorstellung vom Handeln, die für die weiteren Überlegungen leitend sein soll, möchte ich am Beispiel folgender Situationsschilderung einführen:
Ein Jugendlicher - ich nenne ihn einmal Rolf - möchte gerne einen neuen multimediafähigen Personal Computer (PC) von seinen Eltern bekommen. Den Eltern ist bekannt, daß einige Freunde von Rolf ihren PC u.a. für Spiele benutzen, die von der Bundesprüfstelle für jugendgefährdende Schriften als menschenverachtend bzw. jugendgefährdend eingestuft wurden und demgemäß indiziert sind. Rolf verspricht seinen Eltern, daß er solche Spiele auf seinem PC nicht spielen wird und erhält den gewünschten PC.
Kurze Zeit später bringen Freunde, die Rolf hin und wieder besuchen und schon häufiger Computerspiele mit ihm gespielt haben, ein neues indiziertes Spiel mit. Die Eltern von Rolf sind beide für längere Zeit fort. Die Freunde sind überrascht, als Rolf erklärt, seine Eltern hätten den neuen PC nur unter der Bedingung gekauft, daß er ihn nicht für jugendgefährdende Spiele benutze. Die Freunde bedrängen ihn, er solle sich nicht so anstellen, außerdem erführen die Eltern nichts davon, im übrigen würden sie sonst zu anderen Bekannten gehen, um das Spiel auszuprobieren und mit der Freundschaft sei es dann wohl auch nicht weit her.
Rolf zögert. Was soll er in dieser Situation tun?
Am Beispiel dieser Situationsschilderung erläutere ich im folgenden wichtige Aspekte menschlichen Handelns.
Nehmen wir für unseren Fall zunächst an, daß Rolf dem Drängen seiner Freunde schließlich nachgibt und mit ihnen das Spiel ausprobiert. Ein solches Handeln läßt sich zum einen als bedürfnisbedingt deuten: Man kann annehmen, daß das Drängen der Freunde Rolf in eine Situation gebracht hat, in der sein Bedürfnis nach Zugehörigkeit bzw. nach dem Erhalt der Freundschaft angesprochen wird. Durch seine Einwilligung mag Rolf glauben, dieses Bedürfnis befriedigen zu können.
Zum anderen erweist sich das Handeln von Rolf als situationsbedingt: Ohne das Drängen und die Forderung der Freunde hätte er die Freundschaft nicht als

gefährdet empfunden, das Bedürfnis nach Zugehörigkeit hätte sich nicht in dieser Weise gezeigt.

Zunächst kann man festhalten: Menschliches Handeln läßt sich als bedürfnis- und situationsbedingt ansehen. In der Wechselbeziehung von Bedürfnis und Situation entsteht ein Spannungszustand - auch Motivation genannt -, der eine Entscheidung für eine bestimmte Handlungsmöglichkeit erforderlich macht (vgl. dazu auch *Heckhausen* 1974, S. 151 ff.).

Rolf entscheidet sich jedoch nicht sofort. Er zögert zunächst. Das Zögern von Rolf läßt sich so deuten, daß er vor der Entscheidung die Handlungsmöglichkeiten "Zustimmung oder Ablehnung" erwägt.

Für die Erwägung ist zunächst bedeutsam, welche Kenntnisse und Erfahrungen Rolf in die Situation einbringt. Wenn er beispielsweise schon einmal ein indiziertes Spiel als sehr anregend und spannend erlebt hat und am Sinn von Indizierungen zweifelt, wird er sich möglicherweise anders verhalten als wenn beides nicht der Fall ist.

Darüber hinaus ist für die Erwägung der Stand der sozial-kognitiven Entwicklung wichtig. Dieser kann sowohl aus intellektueller als auch aus sozial-moralischer Perspektive betrachtet werden. Intellektuell gesehen wird Rolf durch die Situation vor die Handlungsalternative "Zustimmung oder Ablehnung" gestellt. Er könnte allerdings auch noch andere Möglichkeiten bedenken, z.B. den Vorschlag machen, ein anderes spannendes Spiel auszuprobieren.

Sozial bzw. moralisch gesehen muß Rolf sich - je nach seiner Orientierung - z.B. für oder gegen das Ausprobieren des menschenverachtenden Spiels, für die Erwartung der Freunde oder das Risiko eines Vertrauensbruchs mit seinen Eltern, für oder gegen den gesellschaftlich geforderten Jugendschutz entscheiden. Folgt man dieser Deutung, so läßt sich menschliches Handeln nunmehr folgendermaßen beschreiben: Aufgrund eines Spannungszustandes werden verschiedene Handlungsmöglichkeiten erwogen, von denen schließlich eine ausgewählt und realisiert wird. Für die Erwägung ist zum einen der Stand der Kenntnisse bzw. Erfahrungen zu der jeweiligen Situation bedeutsam. Zum anderen ist das sozialkognitive Niveau wichtig. Die Zahl der in den Blick genommenen Handlungsmöglichkeiten ist vom intellektuellen Entwicklungsstand und die Bewertung vom sozial-moralischen Niveau abhängig.

Geht man des weiteren für den Fall, daß Rolf das indizierte Spiel mit seinen Freunden ausprobiert, davon aus, daß die Einwilligung ihm die Anerkennung seiner Freunde bringt und die Eltern davon nichts erfahren oder - bei Kenntnis - gar nicht reagieren, so wäre - falls Rolf nicht von sich aus ein "schlechtes

Gewissen" verspürt - ein Nachgeben in ähnlichen Fällen wahrscheinlicher. Käme es aufgrund der Einwilligung dagegen zu einem schweren Konflikt mit den Eltern, so wäre ein Nachgeben in späteren ähnlichen Situationen unwahrscheinlicher.

Allgemein gilt: Die gewählte Handlung kann zur Befriedigung des ursprünglich angeregten sowie anderer Bedürfnisse oder zur Enttäuschung sowie zu Konflikten mit anderen oder mit eigenen sozialen-moralischen Orientierungen führen. Die jeweiligen Konsequenzen und ihre gedankliche Verarbeitung sind entscheidend für die Wahrscheinlichkeit, mit der eine bestimmte Handlungsmöglichkeit in Zukunft in vergleichbaren Situationen wieder gewählt wird.

Den obigen Überlegungen liegt eine Modellvorstellung vom menschlichen Handeln zugrunde, die graphisch in der Darstellung 5 zusammengefaßt ist (vgl. *Tulodziecki* 1987, S. 20).

Darstellung 5: Handlungsmodell

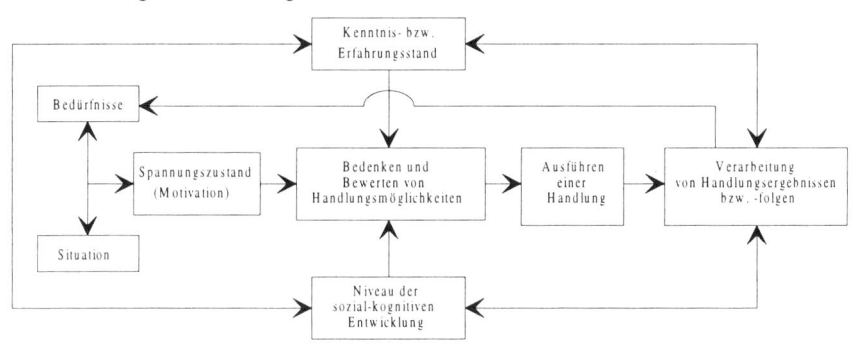

In der graphischen Darstellung sind neben den oben bereits beschriebenen Zusammenhängen weitere Wechselbeziehungen durch entsprechende Pfeile gekennzeichnet, und zwar
- zwischen dem Kenntnis- bzw. Erfahrungsstand und dem Niveau der sozial-kognitiven Entwicklung,
- zwischen den Bedürfnissen und dem sozial-kognitiven Niveau sowie dem Kenntnis- bzw. Erfahrungsstand,
- zwischen der Verarbeitung von Ergebnissen bzw. Folgen einer Handlung und dem sozial-kognitiven Niveau sowie dem Kenntnis- bzw. Erfahrungsstand.

Damit soll der wechselseitige Zusammenhang der Faktoren in dem dargestellten Handlungsmodell verdeutlicht werden.

Mit dem Handlungsmodell wird zugleich der Handlungsbegriff erläutert, der den folgenden Ausführungen zugrundeliegt: Unter Handeln verstehe ich eine bedürfnis- und situationsbedingte psychische oder physische Aktivität eines Individuums, die bewußt durchgeführt wird, um einen befriedigenden bzw. bedeutsamen Zustand zu erreichen. Bei dieser Begriffsbestimmung verweist das Merkmal "situationsbedingt" auf soziale Komponenten des Handelns. Das Merkmal, daß es darum geht, "einen befriedigenden bzw. bedeutsamen Zustand zu erreichen", zeigt ergebnis- bzw. zielbezogene Komponenten des Handelns an (vgl. zum Handlungsbegriff u.a. *Aebli* 1983, S. 179 ff.; *Söltenfuß* 1983, S. 47 ff.; *Dietrich* 1984, S. 58 f.; *Gudjons* 1986, S. 40 ff.).
Sieht man das Ziel der Medienpädagogik in einem sachgerechten, selbstbestimmten, kreativen und sozialverantwortlichen Handeln im Zusammenhang mit Medien, so stellt sich die Frage, wie die Entwicklung eines solchen Handelns gefördert werden kann. Nach dem dargestellten Handlungsmodell sind hierfür besonders wichtig:
- die Bedürfnisse der Kinder und Jugendlichen,
- die Situationen, mit denen sie in ihrer Lebenswelt konfrontiert werden,
- der Kenntnis- bzw. Erfahrungsstand,
- das kognitive Niveau in intellektueller und sozial-moralischer Hinsicht,
- die Folgen dessen, was sie tun, sowie deren gedankliche Verarbeitung.

Im folgenden werde ich auf diese Punkte in der notwendigen Kürze eingehen.

5.2.2 Bedürfnisse, situative Bedingungen und Mediennutzung

In dem Computerspiel-Fall bin ich zunächst davon ausgegangen, daß Rolf eingewilligt hat, das indizierte Spiel auszuprobieren, um seine Zugehörigkeit zur Gruppe der Freunde zu sichern und damit sein Zugehörigkeitsgefühl zu befriedigen.
Allgemein gesehen stellt sich die Frage, welche Bedürfnisse bzw. Motive dem menschlichen Handeln zugrundeliegen. Zu dieser Frage sind in der Psychologie verschiedene Theorien entwickelt worden. Sie reichen von dem Versuch, menschliches Handeln im wesentlichen auf ein Grundmotiv zurückzuführen, z.B. auf den Sexualtrieb oder das Geltungsstreben, bis zu weit ausdifferenzierten Motiv- oder Bedürfniskatalogen (vgl. zur Übersicht z.B. *Seiffge-Krenke/ Todt* 1977).
In der Medienerziehung sind besonders die bedürfnisorientierten Ansätze von *Holzer* (1974) und *Hengst* (1981) bekanntgeworden. *Holzer* nimmt an, daß Kinder ihre Bedürfnisse nach Realitätserklärung, Dissonanzreduktion, Identitäts-

findung und Spieltätigkeit an die Medien herantragen. Er versucht nachzuweisen, daß die Medien diese Bedürfnisse in herrschaftsdienlicher Weise kanalisieren (vgl. 1974, S. 46 ff.). *Hengst* dagegen sieht die Medien in eher positiver Weise als Möglichkeit für die Kinder, ihre Bedürfnisse nach Sinneserregung und Action, nach Orientierung und nach Vermeidung von Isolation und Langeweile zu befriedigen (vgl. 1981, S. 20 ff.).
Es führte im Rahmen dieses Bandes zu weit, die verschiedenen Trieb-, Motiv- und Bedürfnistheorien im Detail zu diskutieren. Für unseren Zusammenhang scheint es angemessen, einen integrativ angelegten bedürfnisorientierten Ansatz als Bezugspunkt auszuwählen: den Ansatz des amerikanischen Psychologen *Maslow*. Sein allgemeiner - aus der humanistischen Psychologie stammender - Ansatz eröffnet meines Erachtens eine umfassendere Perspektive als die - vorwiegend auf Medien bezogenen - Ansätze von *Holzer* und *Hengst*. Allerdings werde ich den Ansatz von *Maslow* an einzelnen Stellen - unter Berücksichtigung von Überlegungen zur Mediennutzung - modifizieren.

Maslow (1981) geht davon aus, daß die bewußt wahrgenommenen Bedürfnisse des täglichen Lebens nicht selbst schon die eigentlichen Motive des Handelns sind, sondern Mittel zum Zweck der Befriedigung tieferliegender Bedürfnisse, der sogenannten Grundbedürfnisse: "Wir wollen Geld, um ein Auto zu besitzen. Wir wünschen uns ein Auto, weil die Nachbarn eines haben und wir ihnen nicht unterlegen sein wollen, damit wir die Selbstachtung behalten und von anderen geliebt und geachtet werden können." (S. 48)

Auf der Basis einer solchen Unterscheidung von Mittel und Zweck gehe ich im folgenden in enger Anlehnung an *Maslow* von folgenden Bedürfnisgruppen aus (vgl. 1981, S. 62 ff.):

(1) Grundlegende physische und psychische Bedürfnisse:
Maslow spricht auf dieser Ebene von physiologischen Bedürfnissen, z.B. Hunger, Durst, Sexualität, Bedürfnis nach Ruhe und Schlaf. Theoretisch und empirisch schwierig ist die Frage, ob bestimmte psychische bzw. kognitive Potentiale des Menschen, z.B. Wahrnehmung und Verarbeitung von Sinnesreizen, Suche nach Sinneserregung und Neugier, nur als Eigenschaften zu verstehen sind, die ursprünglich zur Befriedigung von unmittelbaren Überlebensbedürfnissen funktional notwendig waren, oder ob sie - auch unabhängig von ihrem instrumentellen Wert für das Überleben - auf Triebkräften beruhen. In letzterem Falle hätten sie ebenfalls den Status von eigenständigen Bedürfnissen. Vieles scheint für diese Deutung zu sprechen, z.B. die Tatsache, daß die Bedürfnisse nach Sinneserregung und nach Erkundung der Umwelt auch ohne Bindung an

physiologisch nachweisbare Überlebensbedürfnisse auftauchen und daß Kinder, denen Sinnesreize und Erkundungsmöglichkeiten vorenthalten werden, verkümmern.
Aus diesem Grunde nimmt auch *Maslow* eigenständige kognitive Antriebe beim Menschen an (vgl. 1981, S. 76). Er ordnet sie allerdings nicht unmittelbar in seine Bedürfnishierarchie ein, sondern sieht sie eher "parallel" zu den anderen Bedürfnissen (vgl. S. 75 ff.).
Interessant ist in diesem Zusammenhang auch, daß psychische Antriebe in der verhaltensbiologischen Triebtheorie unterschiedlich gedeutet werden. Teils werden sie als instrumentell notwendige "Werkzeuginstinkte", teils als eigenständiger Neugiertrieb aufgefaßt (vgl. *von Cube/ Alshuth* 1986, S. 64). Ich werde im folgenden grundlegende psychische bzw. kognitive Antriebe, z.B. das Bedürfnis nach Sinneserregung sowie das Bedürfnis nach Erkundung der Umwelt, mit den grundlegenden physischen Bedürfnissen zur ersten Bedürfnisgruppe zusammenfassen. Daß grundlegende psychische Bedürfnisse auch für die Medienrezeption bedeutsam sind, hat bereits der obige Hinweis auf den Ansatz von *Hengst* gezeigt: Er sieht in den Medien ein Mittel, um das kindliche Bedürfnis nach Sinneserregung und Spannung zu befriedigen (vgl. 1981, S. 20).

(2) Orientierungs- und Sicherheitsbedürfnisse:
Maslow spricht hier nur von Sicherheitsbedürfnissen (vgl. 1981, S. 66). Ich möchte die Bezeichnung für diese Bedürfnisgruppe um den Begriff der Orientierung erweitern, um deutlich zu machen, daß es dabei nicht nur um physische Sicherheit, sondern auch um ein psychisch bzw. kognitiv motiviertes Bedürfnis nach gedanklicher Orientierung geht. Im übrigen erwähnt auch *Maslow* das Streben nach solchen Orientierungen als Beispiel für Sicherheitsbedürfnisse. Im einzelnen geht es um die Bedürfnisse nach Stabilität, Geborgenheit, Schutz, Angstfreiheit sowie um die Bedürfnisse nach Struktur, Ordnung, Gesetz, Grenzen u.a.
Auch diese Bedürfnisgruppe kann für die Medienrezeption bedeutsam werden, z.B. wenn Kinder oder Jugendliche nach Orientierungen für ihr Verhalten in den Medien suchen oder wenn ein Jugendlicher sich u.a. deshalb intensiv mit Computern beschäftigt, weil ihn Berechenbarkeit und klare Strukturen faszinieren. Sicherheitsbedürfnisse sind außerdem im Spiel, wenn Kinder sich bei gruseligen Szenen während der Medienrezeption an Erwachsene "kuscheln".

(3) Zugehörigkeits- und Liebesbedürfnisse:
Hierunter sind die Bedürfnisse nach Zugehörigkeit zu einer Gruppe, nach Kontakt, nach persönlichen Beziehungen, nach Zuneigung, Freundschaft und Liebe zu verstehen.
Medienrelevant werden solche Bedürfnisse beispielsweise, wenn die Zugehörigkeit zu einer Gruppe unter anderem dadurch gekennzeichnet ist, daß man bestimmte Ton- oder Videocassetten kennt oder sich mit bestimmten Medien beschäftigt: im Computer-Club z.B. mit Computern. Ein weiteres Beispiel für die Bedeutung dieser Bedürfnisse für die Mediennutzung liegt vor, wenn sich Jugendliche mit beliebten Helden einer Fernsehserie identifizieren und sich damit Anteil an der Liebe "verschaffen", die diese erfahren.

(4) Achtungs- und Geltungsbedürfnisse:
Hierzu gehören die Bedürfnisse nach Stärke, Leistung, Kompetenz und Bewältigung von Anforderungen sowie die Bedürfnisse nach Status, Anerkennung, Ruhm, Dominanz und Wertschätzung.
Auch diese Bedürfnisgruppe kann im Zusammenhang mit Medienfragen bedeutsam werden. Das ist zum einen der Fall, wenn Jugendliche sich durch besondere Kenntnisse zu den neuesten Hits oder den neuesten Computerspielen in der Gruppe der Gleichaltrigen Achtung verschaffen, oder wenn ein Jugendlicher besondere Computerkenntnisse erwirbt, um den Erwachsenen zu imponieren. Zum anderen werden diese Bedürfnisse für die Medienerziehung wichtig, wenn man sich mit Filmhelden identifiziert und dabei die ihnen zuteil werdende Achtung und Hochschätzung "erfährt".

(5) Selbstverwirklichungsbedürfnisse:
Darunter versteht *Maslow* das Verlangen, die Talente, Interessen und Möglichkeiten, die der einzelne besitzt, zu aktualisieren und zur Geltung zu bringen - z.B. im sozialen, im künstlerischen oder im wissenschaftlichen Bereich.
Solche Bedürfnisse haben im Hinblick auf Medien z.B. dann Bedeutung, wenn Medien als Träger von Kultur gestaltet und verwendet werden.

Mit dieser Strukturierung der Bedürfnisse sind bei *Maslow* verschiedene theoretische Annahmen verbunden (vgl. 1981, S. 46 ff.). Einige von ihnen, die auch für den Medienzusammenhang bedeutsam sind, greife ich im folgenden auf:
a) Die Grundbedürfnisse sind hierarchisch organisiert. Das Auftauchen höherer Bedürfnisse setzt im allgemeinen die Befriedigung der darunter liegenden Bedürfnisse voraus: "Wir hätten nie das Verlangen, Musik zu komponieren oder mathematische Systeme aufzustellen oder unser Heim zu dekorieren oder

gut angezogen zu sein, wenn unsere Mägen die meiste Zeit leer wären oder wenn wir ständig vor Durst fast sterben oder wenn wir ständig von einer nahen Katastrophe bedroht wären oder wenn uns alle haßten" (S. 52).
b) Im Zusammenhang mit der hierarchischen Organisation der Bedürfnisse nimmt *Maslow* weiterhin an, daß sich in der Regel ein neues Bedürfnis zeigt, sobald ein zunächst vorrangiges Bedürfnis befriedigt ist. Diese Annahme muß aus meiner Sicht allerdings problematisiert werden. Es scheint keineswegs sicher, daß sich das menschliche Streben im Anschluß an die Befriedigung der - in der Hierarchie - niedrigeren Bedürfnisse auf die Befriedigung höherliegender Bedürfnisse richtet, insbesondere auf Selbstverwirklichung in sozialer, wissenschaftlicher oder künstlerischer Hinsicht. Der Mensch kann durchaus den niedriger eingestuften Bedürfnissen verhaftet bleiben.

Diese Gefahr ist aus verhaltensbiologischer Sicht vor allem bei anstrengungsloser Triebbefriedigung bzw. bei Verwöhnung gegeben, die auch durch Medien bewirkt werden kann. Verwöhnung führt unter Umständen dazu, daß das Anspruchsniveau - bezogen auf einen bestimmten Trieb - immer mehr steigt, weil die Reizstärke bei zunehmender Triebbefriedigung vergrößert werden muß, wenn es noch zur Triebhandlung kommen soll (vgl. *von Cube/Alshuth* 1986, S. 33 ff.). Beispielsweise wird jemand, der sein Bedürfnis nach Sinneserregung durch Videokonsum in gewisser Weise befriedigt hat, nur dann noch einen Videofilm anschauen, wenn er sich davon einen besonderen "Nervenkitzel" verspricht. Aufgrund dieser Überlegungen sollte die obige *Maslow*sche Annahme folgendermaßen ergänzt werden: Bedürfnisbefriedigung muß nicht unbedingt dazu führen, daß höherliegende Bedürfnisse in den Mittelpunkt treten, sie kann auch ein bloß gesteigertes Anspruchsniveau im Rahmen des bereits befriedigten Bedürfnisses bewirken.
c) Die Fähigkeit, die Nicht-Befriedigung eines Bedürfnisses zu tolerieren, ist von der bisherigen Bedürfnisbefriedigung abhängig. Menschen, bei denen ein bestimmtes Bedürfnis in der Vergangenheit ständig befriedigt wurde, können eine aktuelle Frustration dieses Bedürfnisses leichter ertragen als Menschen, die mit einer dauernden Nicht-Befriedigung dieses Bedürfnisses leben mußten. Um es an einem Beispiel zu sagen: Wer immer Zuneigung und Liebe erfahren hat, ist eher in der Lage, auf diese zeitweilig zu verzichten, als jemand, der sich häufig vergeblich um Zuneigung und Liebe bemüht hat (vgl. S. 85).

Gemäß dieser Annahme werden sich vor allem Menschen mit einer anderweitig nicht hinreichenden Bedürfnisbefriedigung den Medien zuwenden.

d) Eine bestimmte Handlung bzw. ein bestimmtes Verhalten kann durch mehrere Grundbedürfnisse bedingt sein. So kann sich ein Jugendlicher z.b. dem Computer zuwenden, um sein Bedürfnis nach Sicherheit zu befriedigen und gleichzeitig die Zustimmung der Eltern sowie die Wertschätzung der Gleichaltrigen zu erhalten.

e) Die in der Bedürfnishierarchie jeweils höheren Bedürfnisse haben sich stammesgeschichtlich später entwickelt als die grundlegenderen. Gleiches gilt für die Individualentwicklung. Beim Säugling dominieren zunächst die physiologischen Bedürfnisse. Danach werden die Sicherheitsbedürfnisse wichtig. Im weiteren Verlauf kommen die Zugehörigkeits- und die Achtungsbedürfnisse hinzu. Erst später entwickeln sich die Selbstverwirklichungsbedürfnisse.

Die oben dargestellte Einteilung der Grundbedürfnisse und die damit verbundenen theoretischen Annahmen können zweifellos in einzelnen Punkten kritisiert werden (vgl. z.B *Seiffge-Krenke/ Todt* 1977, S. 197 f.). Aus empirischer Sicht wirft besonders die *Maslow*sche Annahme, daß die Grundbedürfnisse weitgehend unbewußt das konkrete Handeln steuern, Probleme auf. Die vorgenommene Einteilung und Hierarchisierung der Grundbedürfnisse ist auf dieser Basis nicht direkt empirisch zu belegen. Die Rechtfertigung für die gewählte Einteilung und Hierarchisierung kann nur aus dem Anspruch abgeleitet werden, menschliches Handeln angemessen zu verstehen und zu deuten.

Trotz einzelner Kritikpunkte scheint mir der Ansatz von *Maslow* mit den oben angeführten Ergänzungen geeignet, um Antworten auf bestimmte Fragen zu finden, die mit der Mediennutzung zusammenhängen.

Zunächst ist die Frage interessant, ob die Lebenswelt der Kinder und Jugendlichen vermuten läßt, daß in ihr bestimmte Bedürfnisse unbefriedigt bleiben, so daß damit zu rechnen ist, daß sie diese Bedürfnisse an die Medien herantragen. Insbesondere für Jugendliche, aber auch schon für Kinder ist die Lebenswelt - bei relativem Wohlstand im Hinblick auf die Befriedigung grundlegender physischer Bedürfnisse - durch folgende Gesichtspunkte geprägt (vgl. dazu *Pardon* 1983, S. 97 ff.; *Baacke/ Heitmeyer* 1985, S. 14 ff.; *Beck* 1986, S. 12 ff.; *Brenner* 1990, S. 439 ff.):

a) Statusunsicherheit:
Die Kindheit und vor allem die Jugendzeit sind in unserer Gesellschaft strukturell durch Ablösungsprozesse von dem engeren familiären Rahmen gekennzeichnet. Kinder und Jugendliche treten in neue Sozialisationsumgebungen ein: Kindergarten, Schule, Kinder- und Jugendgruppen, gegebenenfalls Betrieb. Damit ist

jeweils die Notwendigkeit einer Neuorientierung verbunden. Insofern sind Kindheit und Jugend im Ansatz durch Unsicherheit gekennzeichnet. Im positiven Falle führen die damit verbundenen Schwierigkeiten zur Identitätssuche und zum Aufbau von Ich-Identität. Im negativen Falle resultieren sie in Identitätsdiffusion (vgl. *Erikson* 1970; *Wagner-Winterhager* 1990).

b) Pluralismus der Werte als Orientierungsproblem:
Neben die tradierten Werte sind in unserer Gesellschaft zum Teil alternative Grundhaltungen getreten. Die Verschiedenheit der Wertvorstellungen wird besonders spürbar, wenn man Grundhaltungen, die in Schule, Ausbildung und Arbeitswelt gefordert werden, mit den Grundhaltungen vergleicht, die u.a. Werbung und Massenmedien für die Freizeit suggerieren. Geht es zum einen um Selbstdisziplin, Leistungsbereitschaft, Rationalität und soziale Verantwortung, werden zum anderen Konsum, Genuß, Emotionalität und narzißstische Selbstdarstellung nahegelegt. Für Kinder und Jugendliche bedeutet dieser Widerspruch, daß sie bei ihrer Suche nach Orientierung und Identität mit einer Vielzahl von unterschiedlichen Wertvorstellungen konfrontiert werden, die ihre eigene Orientierung und die Entwicklung ihrer Identität erschweren, wenn nicht sogar gefährden können (vgl. *Baacke/Heitmeyer* 1985, S. 16 ff.).

c) Unsicherheit im Hinblick auf die familiale Situation und die soziale Lebensperspektive:
Das Infragestellen tradierter Werte und die Entwicklung neuer Wertorientierungen zeigen sich auch in einer Pluralisierung der Lebensformen. Neben der Weiterexistenz ehelicher Lebensformen haben sich z.B. das nicht-eheliche Zusammenleben, das Single-Dasein und die Alleinerziehenden-Situation verstärkt. Solche Tendenzen werden überlagert durch den Wechsel von Partnern und Lebensformen mit den damit verbundenen Entwicklungsproblemen und -chancen für Kinder und Jugendliche.

d) Multikulturelle Sichtweisen als Herausforderung:
Kinder und Jugendliche kommen heute in Nachbarschaft, Schule, Betrieb oder Vereinen sowie auf Reisen mit ausländischen Menschen unterschiedlicher Nationalität in Kontakt und werden dadurch sowie durch Medien und Computernetze mit Sicht- und Verhaltensweisen anderer europäischer und außereuropäischer Kulturen konfrontiert. Die damit verbundenen Erfahrungen können bei einem Teil der Kinder und Jugendlichen zu einer positiven Entwicklungsanregung führen, für einen anderen Teil jedoch auch zu Verunsicherung oder

Überforderung - mit der Gefahr eines Rückzugs auf einfache Freund-Feind-Schemata.

e) Unsicherheit im Hinblick auf die bildungsbezogene und berufliche Lebensperspektive:
Die Entwicklung der Technik sowie der Weltmärkte und ihre Einwirkungen auf Beruf und Gesellschaft führen u.a. dazu, daß viele Entscheidungen und die mit ihnen verbundenen beruflichen Perspektiven mit Unsicherheiten behaftet sind. Diese Unsicherheiten sind umso größer, je weniger eine langfristige politische Lösung für die Verteilung von Bildung, Arbeit und Einkommen in unserer Gesellschaft erkennbar wird. Dieses Problem wird zudem überlagert durch die schwindende Bedeutung der beruflichen Tätigkeit im Vergleich zu Freizeitaktivitäten, wobei Bildung und Beruf jedoch für den sozialen Status und die ökonomische Absicherung bedeutsam bleiben.

f) Bedrohung der natürlichen Lebensgrundlagen:
Bevölkerungswachstum, Rohstoffmangel, Umwelt- und Energieprobleme sowie militärische Vernichtungspotentiale sind in der öffentlichen Diskussion zentrale Themen geworden, die auf Überlebensfragen für die gegenwärtige Generation und für zukünftige Generationen verweisen (vgl. z.B. *King/ Schneider* 1991).

Zu diesen Merkmalen kommt *eine relative Abnahme unmittelbarer und eine relative Zunahme mittelbarer Erfahrungen an den Gesamterfahrungen* hinzu (vgl. Abschnitt 1.3).

Die obigen Charakterisierungen verweisen darauf, daß die Lebenssituation für Jugendliche ein bedeutsames Unsicherheitspotential enthält.

Bezieht man die obigen Überlegungen noch einmal auf die Bedürfnisstruktur, so muß man insgesamt davon ausgehen, daß für Kinder und Jugendliche eine Befriedigung der Bedürfnisse nach Sinneserregung und Spannung, nach Orientierung und Sicherheit sowie der darüber liegenden Bedürfnisse nach Zugehörigkeit und Liebe sowie nach Achtung und Wertschätzung in "außermedialen" Lebenssituationen zum Teil gefährdet und nicht als gesichert erscheint.

Daß die Annahme entsprechender Bedürfnislagen bei Jugendlichen nicht nur eine Vermutung darstellt, zeigt die Studie "Jugend und Medien" von *Bonfadelli* u.a. (1986).

In der Studie wurden bei einer Stichprobe mit 4011 Personen im Alter von 12 bis 29 Jahren die folgenden sechs Wertmuster mit Hilfe einer Faktorenanalyse ausgegrenzt (vgl. S. 49, die Prozentangaben beziehen sich auf den durchschnittli-

chen Anteil der Sehr-wichtig-Urteile, die erläuternden Aspekte sind nach der Wichtigkeit geordnet):
- Sicherheitsorientierung (68%): gesicherter Arbeitsplatz, finanzielle Absicherung, Absicherung im Alter,
- privates Glück (62%): gute Freunde, lieben - geliebt werden, Familie, Kinder,
- Berufszufriedenheit, Geld, Genuß, Beruf (51%): gute Ausbildung, Erfolg im Beruf, Erfüllung in der Arbeit, persönliche Leistung, Anerkennung bei Freunden,
- Hedonismus (37%): Freunde und Bekannte, viel Freizeit, tun und lassen können, was man will, Urlaub, Reisen, viel genießen, kein Streß, Sex, viel Abwechslung,
- Idealismus, Postmaterialismus (21%): Selbstverwirklichung, Gefühle offen zeigen, naturnahes Leben, Verantwortung, Phantasievolles tun, Weltanschauung etc.,
- Materialismus (19%): Auto, Mofa, Motorrad, Wohneigentum, attraktives Aussehen, hohes Einkommen, Ansehen in der Gesellschaft, Macht und Einfluß, Reichtum und Luxus.

Solche Wertmuster bzw. Bedürfnislagen haben auch Auswirkungen auf die Medienverwendung.

Insgesamt kann man im Zusammenhang mit den *Maslow*schen Bedürfnisüberlegungen vermuten: Je mehr Kindern und Jugendlichen eine Befriedigung ihrer Bedürfnisse nach Sinneserregung und Spannung, nach Orientierung und Sicherheit, nach Zugehörigkeit und Achtung in ihrer "außermedialen Lebenswelt" versagt bleibt, umso stärker werden sie diese Bedürfnisse u.a. an die Medien herantragen.

In diesem Zusammenhang ist auch der oben - bei der Frage der "Verwöhnung" durch Medien - geäußerte Gedanke bedeutsam, daß Medien zum Teil eine anstrengungslose und sanktionslose "Bedürfnisbefriedigung" gestatten. Beispielsweise braucht man für das "Miterleben" der Abenteuer eines Serienhelden nur den Fernsehknopf zu betätigen und muß dabei keine Angst vor den Risiken haben, die entsprechende Abenteuer in der Realität hätten. Dieser Gedanke bleibt auch dann wichtig, wenn man die "Bedürfnisbefriedigung" durch Identifikation nicht einfach mit einer Bedürfnisbefriedigung in der Realität gleichsetzen kann.

Über diesen Gedanken hinaus müssen Medien als situative Faktoren betrachtet werden, die selbst bestimmte Bedürfnisse stimulieren. So kann eine Vorabendserie beispielsweise nicht nur das Bedürfnis nach Zugehörigkeit, Liebe und Geltung aufnehmen, sondern auch entsprechende Bedürfnisse anregen. Dies

macht sich zum Beispiel die Werbung zunutze, die dann suggeriert, durch den Kauf bestimmter Waren ließen sich die so angeregten Bedürfnisse befriedigen.
Welche Konsequenzen sich aus diesen Überlegungen für die Medienpädagogik ergeben, wird vor allem im Kapitel 6 behandelt. Im folgenden soll zunächst der Frage nachgegangen werden, welche Bedeutung weitere Bedingungen menschlichen Handelns für die Mediennutzung haben.

5.2.3 Kenntnis- bzw. Erfahrungsstand und Mediennutzung

Neben bedürfnis- und situationsbezogenen Bedingungen ist für menschliches Handeln der Stand der Kenntnisse bzw. Erfahrungen in dem jeweiligen Handlungsfeld wichtig. In dem obigen Computerspiel-Fall wird die Entscheidung von Rolf beispielsweise dadurch beeinflußt, ob er ähnliche Konfliktsituationen schon einmal erlebt und welche Erfahrungen er damit gemacht hat, sich dem Druck von Gleichaltrigen zu fügen oder zu widersetzen sowie ein Versprechen zu halten oder zu brechen. Darüber hinaus ist bedeutsam, welche Kenntnisse und Erfahrungen Rolf zu Computerspielen hat, was er über Indizierung und Jugendschutz sowie über Interessen von Computerspielherstellern weiß und welche anderen Spielmöglichkeiten oder Alternativen er kennt. Mit entsprechenden Kenntnissen und Erfahrungen könnte Rolf in dem gegebenen Entscheidungsfall besser argumentieren und sachgerechter entscheiden, als wenn er nicht über sie verfügen würde.

Generell drückt sich der Erfahrungsstand im Hinblick auf Entscheidungsfälle in der Kenntnis von Handlungsmöglichkeiten, von etwaigen Folgen einer Handlung und von Beurteilungsgesichtspunkten für Handlungen und mögliche Folgen aus. Allgemein lassen sich Kenntnisse als die gedankliche Verfügung über Ereignisse, Namen, Bewertungsmöglichkeiten, Fakten, Begriffe, Vorgehensweisen, Gesetzesaussagen, Regeln, Normen, Verfahren, Systeme, Theorien o.ä. beschreiben (vgl. *Tulodziecki/ Breuer* 1992, S. 21). Es stellt eine wichtige Aufgabe der Medienpädagogik dar, Lernsituationen zu schaffen, in denen Kinder und Jugendliche entsprechende Kenntnisse zum Medienbereich erwerben können. Darauf wird im Kapitel 6 weitergehend eingegangen.

Der Einfluß, den Kenntnisse bzw. Erfahrungen auf das Handeln im Medienbereich haben, hängt allerdings nicht nur von ihrer gedanklichen Verfügung ab, sondern auch von dem Niveau der sozial-kognitiven Entwicklung des jeweiligen Individuums. Dies wird im folgenden verdeutlicht. Dabei unterscheide ich in Anlehnung an verschiedene entwicklungstheoretische Ansätze eine Perspektive, die vor allem auf die intellektuelle Entwicklung zielt, von einer Sichtweise, die besonders auf die sozial-moralische Orientierung gerichtet ist.

5.2.4 Intellektuelle Entwicklung und Mediennutzung

Die Bedeutung des intellektuellen Niveaus für die Mediennutzung wird offensichtlich, wenn man sich für das oben dargestellte Computerspiel-Beispiel einmal vorstellt, welche gedanklichen Prozesse bei Rolf ablaufen mögen, ehe er eine Entscheidung trifft. Er könnte - je nach intellektuellem Niveau und Erfahrungen - beispielsweise Überlegungen folgender Art anstellen:

(1) Da meine Freunde das neue Spiel kennenlernen wollen und ich auch neugierig darauf bin, gibt es nicht viel nachzudenken: Wir probieren es aus.

(2) Wenn ich einwillige, sind meine Freunde zufrieden. Wenn ich mich sträube, werden meine Freunde "sauer" sein. Vielleicht könnten wir gemeinsam ein anderes Spiel aussuchen. Aber damit sind meine Freunde bestimmt nicht einverstanden. Ich bin zwar etwas verunsichert, aber ich willige dennoch ein.

(3) Wenn ich mit den Freunden das spannende Spiel ausprobiere, habe ich folgende Vorteile: Ich kann meine eigene Neugier befriedigen; meine Freunde werden nicht enttäuscht sein und mir bei einer anderen Gelegenheit auch einen Gefallen tun; ich werde zukünftig eine bessere Position in unserer Gruppe haben. Allerdings hat die Sache folgende Nachteile: Ich würde die Abmachung mit meinen Eltern nicht einhalten; sie könnten sehr enttäuscht sein; ich hätte ein schlechtes Gewissen, den Jugendschutz hätten wir auch nicht beachtet. Eigentlich müßten meine Freunde Verständnis für die Situation haben. Wir sollten gemeinsam eine andere Lösung suchen.

(4) Unter dem Gesichtspunkt, meine Neugier zu befriedigen, wäre die Einwilligung vorteilhaft. Im Hinblick auf die Beziehung zu meinen Eltern wäre das Ausprobieren des indizierten Spiels nachteilig. Bezüglich der Beziehung zu meinen Freunden liegt eine Einwilligung in deren Wünsche nahe. Bei Berücksichtigung des Jugendschutzes wäre das Anschauen eines indizierten Spiels nicht akzeptabel. Also, ich willige nicht ein.

(5) Es ist wichtig zu überlegen, ob meine Neugier und mein Wunsch, die Beziehung zu meinen Freunden weiterhin positiv zu gestalten, es rechtfertigen, das Vertrauen meiner Eltern zu mißbrauchen und das Prinzip des Jugendschutzes zu verletzen. Vertrauen ist für das Zusammenleben von Menschen generell wichtig, und der Jugendschutz ist ein wichtiges allgemeines Prinzip im Umgang mit Medien. Beide Gesichtspunkte haben eine größere Bedeutung, als dem aktuellen Wunsch meiner Freunde nachzukommen. Ich

werde deshalb das menschenverachtende Spiel nicht mit den Freunden ausprobieren.

Diese Überlegungen lassen sich in Anlehnung an einzelne Ansätze, die sich mit der Frage der kognitiven Komplexität von Individuen befassen, nach folgenden Aspekten unterscheiden (vgl. die zusammenfassende Darstellung zur kognitiven Komplexität bei *Streufert/ Streufert* 1978, S. 17 ff.):

a) Man kann zunächst danach fragen, wieviele Handlungsmöglichkeiten von einem Individuum überhaupt in den Blick genommen werden. So kommt im Beispiel (1) praktisch nur die Möglichkeit "Einwilligung" in Betracht. Im Beispiel (2) klingen darüber hinaus die Handlungsmöglichkeiten "Sträuben" und "anderes Spiel" an.

b) Weiterhin ist wichtig, wieviele Kriterien bzw. Gesichtspunkte zur Beurteilung der Handlungsmöglichkeiten herangezogen werden. So erfolgt die Beurteilung der Handlungsmöglichkeiten im Beispiel (2) praktisch nur unter dem Gesichtspunkt, welche Reaktionen von den Freunden zu erwarten sind. Bei der Abwägung im Beispiel (4) werden demgegenüber mehrere Kriterien systematisch bedacht: eigene Bedürfnisse, Beziehung zu den Eltern, Beziehung zu den Freunden, Jugendschutz.

c) Ein weiteres Kennzeichen für das intellektuelle Niveau ist der Grad der Unterscheidung bzw. der Differenzierung innerhalb der Kriterien bzw. Gesichtspunkte. Im Beispiel (3) werden die Kriterien "Erwartung der Freunde" und "Erwartung der Eltern" nach "enttäuscht", "nicht enttäuscht" und "Verständnis haben" differenziert.

d) Darüber hinaus ist der Abstraktionsgrad der Kriterien bzw. Gesichtspunkte bedeutsam. So hat das im Beispiel (4) eingeführte Kriterium "Jugendschutz" einen höheren Abstraktionsgrad als das im Beispiel (2) dominierende Kriterium "Reaktion der Freunde".

e) Schließlich ist der Grad der Verknüpfung kennzeichnend für das intellektuelle Niveau. Die Verknüpfung kann sich z.B. in folgendem zeigen:
   - Die Handlungsmöglichkeiten werden nicht isoliert nach Vor- und Nachteilen gesehen, sondern - wie im Beispiel (4) - mit Kriterien in Verbindung gebracht.
   - Die Kriterien werden untereinander gewichtet. So erscheint im Beispiel (4) der Jugendschutz als ein besonders wichtiges Kriterium.
   - Die Kriterien werden - wie im Beispiel (5) - hinsichtlich ihrer Bedeutung für den konkreten Fall sowie im Aspekt allgemeiner Prinzipien reflektiert.

Auf dieser Basis unterscheide ich in Anlehnung an *Harvey/ Hunt/ Schroder* (1961) - wenn auch mit anderer Akzentuierung und einer Strukturierung nach fünf Stufen - folgende intellektuelle Niveaus:

(1) Das Denken ist im wesentlichen darauf fixiert, daß es für jede Situation nur eine angemessene Handlungsweise gibt.
Handlungsalternativen werden erst gar nicht in Betracht gezogen. Man kann hier von "*fixiertem Denken*" sprechen.
Bezogen auf die Mediennutzung bedeutet dies, daß in bestimmten Situationen, z.B. Langeweile, nur eine Verhaltensmöglichkeit bleibt, z.B. Fernsehen anschalten.

(2) Alternativen zu der - zunächst als richtig angesehenen - Problemlösung bzw. Beurteilung oder Handlungsweise kommen zwar in den Blick, werden in der Regel jedoch relativ pauschal oder nur mit Blick auf Einzelheiten und isoliert bewertet. Aufgrund der Kenntnis von Alternativen ist das Individuum unter Umständen auch so verunsichert, daß es nicht mehr so recht weiß, wie es sich verhalten soll.
Dieses Niveau kann man als "*isolierendes Denken*" charakterisieren.
Im Hinblick auf die Mediennutzung heißt dies, daß man zwar in der Lage ist, Alternativen zum Medienkonsum zu bedenken, diese jedoch mehr oder weniger pauschal oder nur mit Bezug auf Einzelheiten im Aspekt der unmittelbaren Bedürfnisbefriedigung beurteilt.

(3) Auf der dritten Stufe ist das Individuum in der Lage, unterschiedliche Problemlösungen bzw. Handlungsmöglichkeiten hinsichtlich verschiedener Vorteile und Nachteile zu bedenken. Vor- und Nachteile bleiben unter Umständen jedoch noch relativ unverbunden nebeneinander stehen. Entscheidungen werden häufig unter dem Gesichtspunkt gefällt, welche Lösung oder Handlung die meisten Vorteile hat.
Diese Denkweise läßt sich als "*konkret-differenzierendes Denken*" bezeichnen.
Auf dieser Stufe ist ein differenziertes Abwägen der Vorteile und Nachteile verschiedener Medien bzw. ihrer Nutzung - auch im Vergleich zu Handlungsalternativen - möglich.

(4) Auf der nächsten Stufe können verschiedene Problemlösungen und Handlungsmöglichkeiten unter mehreren Kriterien bzw. Gesichtspunkten systematisch beurteilt werden. Die Entscheidung erfolgt in der Regel so, daß eines der Kriterien als vorrangig erklärt wird.

Hier kann man von "*systematisch-kriterienbezogenem Denken*" sprechen. Im Hinblick auf die Mediennutzung ist der Einzelne in der Lage, Kriterien für seine Medienentscheidungen zu benennen und eine systematische Beurteilung der Mediennutzung vorzunehmen.

(5) Eine weitere Stufe des Denkens läßt sich dadurch charakterisieren, daß der Prozeß der Prioritätensetzung zwischen verschiedenen Kriterien immer mehr thematisiert und reflektiert wird. Dabei wird sowohl der individuelle Fall berücksichtigt als auch Bezug auf übergreifende Prinzipien genommen.

Ein Denken dieser Art läßt sich als "*kritisch-reflektierendes Denken*" charakterisieren.

Mediennutzung bzw. Medienentscheidungen können jetzt vor dem Hintergrund übergreifender Prinzipien kritisch reflektiert werden.

Wenn eine solche Stufung der intellektuellen Entwicklung auch kritisierbar ist und weiter geprüft werden muß, scheint es doch vertretbar, mögliche Konsequenzen für die Medienerziehung zu bedenken.

Zunächst einmal läßt sich feststellen, daß Jugendliche sich dem Ziel eines sachgerechten, selbstbestimmten, kreativen und sozialverantwortlichen Handelns im Zusammenhang mit Medien umso mehr nähern, je stärker sie zu einem "kritisch-reflektierenden Denken" fähig werden. Dieses Denken ist ja gerade dadurch gekennzeichnet, daß die Fähigkeit entwickelt wird, individuelle Aspekte der Mediennutzung vor dem Hintergrund eigener Rechte, sozialer Ansprüche und übergreifender Prinzipien zu reflektieren. Bezogen auf die empirische Frage, welches intellektuelle Niveau bei Kindern und Jugendlichen vorwiegend anzutreffen ist, können wegen der obigen spezifischen Akzentuierung nicht einfach die Ergebnisse aus den Untersuchungen zur kognitiven Komplexität herangezogen werden (vgl. dazu z.B. *Miller* 1981). Insgesamt liegt jedoch die Vermutung nahe, daß die Denkstruktur von Kindern in vielen Fällen eher der Stufe 2 und von Jugendlichen eher der Stufe 3 als den Stufen 4 und 5 entspricht. Insofern muß die Förderung des intellektuellen Niveaus als eine wichtige Aufgabe der Erziehung insgesamt und der Medienpädagogik im besonderen angesehen werden. Dazu ist die Annahme wichtig, daß Individuen Denkweisen, die etwas oberhalb ihres jeweiligen Niveaus liegen, durchaus noch verstehen können. Zugleich kann man annehmen, daß mit der Auseinandersetzung mit solchen Denkweisen Entwicklungsanregungen ausgehen, die langfristig zum Erreichen der nächsthöheren Stufe führen. Wie diese Annahmen in unterrichtliche Entwürfe umgesetzt werden können, wird vor allem im Kapitel 8 dargestellt.

5.2.5 Sozial-moralische Orientierung und Mediennutzung

Für das Handeln in Medienzusammenhängen sowie generell ist u.a. die sozial-moralische Orientierung wichtig (vgl. Abschnitt 5.2.1). Um unterschiedliche sozial-moralische Orientierungen zu verdeutlichen, führe ich im folgenden einige Argumente an, die beim Computerspiel-Fall für und gegen das Ausprobieren des indizierten Spiels genannt werden könnten.

Als Pro-Argumente sind denkbar:
(1) Rolf hat nichts zu befürchten. Die Eltern brauchen ja nichts davon zu erfahren, daß er mit seinen Freunden das spannende Computerspiel ausprobiert hat.
(2) Wenn Rolf jetzt mit seinen Freunden das spannende Spiel ausprobiert, werden sie ihm bei der nächsten Gelegenheit - falls er einen Wunsch hat - auch einen Gefallen tun.
(3) Die Freunde wären sehr enttäuscht, wenn Rolf es verweigerte, mit ihnen das gewünschte Spiel auszuprobieren. Er sollte seine Freunde nicht enttäuschen.
(4) Jugendliche sollten selbstverständlich entscheiden können, welche Spiele sie spielen. Dieses Recht sollte ihnen die Gesellschaft zugestehen.

Als Kontra-Argumente lassen sich nennen:
(1) Rolf sollte seinen Eltern gehorchen. Wenn die Eltern erfahren, daß er ein verbotenes Spiel ausprobiert hat, nehmen sie ihm den Computer weg.
(2) Da die Eltern den PC auf Wunsch von Rolf gekauft haben, sollte Rolf sich jetzt auch nach den Wünschen der Eltern richten und keine verbotenen Spiele ausprobieren.
(3) Die Eltern erwarten, daß Rolf sich an sein Versprechen hält und keine jugendgefährdenden Spiele ausprobiert. Rolf sollte seine Eltern nicht enttäuschen.
(4) Für die Gesellschaft ist Jugendschutz als staatliche Regelung wichtig. Jugendliche sind mitverantwortlich für die Einhaltung gesellschaftlicher Regelungen.
(5) Grundsätzlich sollte zwar jeder selbst entscheiden können, welche Spiele er spielt. Dennoch rechtfertigt es die Situation nicht, das Vertrauen der Eltern zu mißbrauchen und den Jugendschutz zu umgehen. Vertrauen und Jugendschutz sind für das Zusammenleben der Menschen generell wichtig und unverzichtbar.

Die obigen Argumente kann man nach folgenden sozial-moralisch wichtigen Gesichtspunkten charakterisieren:

a) Man kann fragen, inwieweit über die eigene Sichtweise hinaus die Perspekive anderer berücksichtigt bzw. eingenommen wird, z.b. die Perspektive unmittelbarer Bezugspersonen oder der Gesellschaft (vgl. z.B. *Mead* 1968).
b) Man kann prüfen, inwieweit Verantwortung für das Zusammenleben mit anderen übernommen wird, z.B. ob man sich nur für das eigene Wohl oder letztlich für das Wohl aller verantwortlich fühlt (vgl. z.b. *Gilligan* 1983; *Jonas* 1984).
c) Man kann überlegen, welcher Begriff von richtigem bzw. gerechtem Handeln den Argumenten zugrundeliegt, z.B. ob nur das für richtig gehalten wird, was einem selbst nützt, oder ob gerechtes Handeln durch Übereinstimmung mit bestimmten Regeln des Zusammenlebens, vielleicht sogar durch Übereinstimmung mit universalen ethischen Prinzipien gekennzeichnet ist (vgl. dazu *Kohlberg* 1974).

Im folgenden verwende ich diese Gesichtspunkte für eine kurze Kennzeichnung der obigen Argumente. Dabei werde ich die Argumente als Beispiele für verschiedene Stufen der sozial-moralischen Urteilsentwicklung deuten. Die Stufenzuordnung nehme ich auf der Basis des Ansatzes von *Kohlberg* (1974) vor, obwohl bei ihm nicht alle drei der oben genannten Gesichtspunkte in gleicher Weise berücksichtigt werden. Vielmehr dominieren bei *Kohlberg* Aspekte des gerechten Handelns bzw. die Prinzipien der Fairneß und Gerechtigkeit (vgl. *Gilligan* 1983, S. 30). Ich gehe jedoch davon aus, daß die Gesichtspunkte der sozialen Perspektive und der sozialen Verantwortung mit dem *Kohlberg*schen Ansatz verbunden werden können (vgl. dazu auch *Colby/ Kohlberg* 1978; *Edelstein* 1986; *Herzig* 1997).

Vor dem Hintergrund dieser Hinweise lassen sich die obigen Argumente zum Videorecorder-Beispiel in Anlehnung an *Aufenanger/ Garz/ Zutavern* (1981, S. 41 ff.) und *Kohlberg* (1977, S. 6 ff.) wie folgt charakterisieren:

(1) Die Beispielargumente zu (1) zeigen eine Orientierung, bei der egozentrisch nur die eigenen Bedürfnisse gesehen werden. Andere Menschen, in unserem Beispiel die Eltern, treten nur als Autoritätspersonen in Erscheinung, die unter Umständen strafen können bzw. Gehorsam verlangen. Es wird zwar erkannt, daß Bezugspersonen auf das Individuum einwirken, es fehlt jedoch (noch) das Verständnis für die Wechselseitigkeit von Beziehungen. Verantwortlich ist man nur für das eigene Wohlbefinden. Eine Handlung, die für einen selbst positive Folgen hat, ist gut; eine Handlung mit negativen Folgen ist schlecht.

Kohlberg charakterisiert diese Stufe als "Orientierung an Strafe und Gehorsam". Man könnte auch von einer "egozentrischen Fixierung auf die eigenen Bedürfnisse unter Vermeidung von Strafe" sprechen. Das Medienverhalten eines Kindes auf dieser Stufe läßt sich folgendermaßen kennzeichnen: Was Spaß macht, wird angeschaut oder angehört, Unangenehmes wird vermieden. Begrenzungen ergeben sich gegebenenfalls durch Verbote der Eltern (vgl. zu der Übertragung der *Kohlberg*schen Stufen auf das Medienverhalten: *Tulodziecki* 1983 a, S. 48 ff.).

(2) In den Beispielargumenten zu (2) kommt eine Orientierung zum Ausdruck, bei der die Wechselseitigkeit von Beziehungen zwar gesehen wird, jedoch nur auf sehr konkrete und pragmatische Weise. Wenn man seine eigenen Bedürfnisse befriedigen will, ist es zweckmäßig, die Bedürfnisse der anderen zu berücksichtigen und gegebenenfalls mit den anderen zu verhandeln. Die Reaktionen anderer auf eigene Handlungen sollten demgemäß bedacht werden, wenn auch die eigenen Interessen im Vordergrund bleiben. Immerhin rücken die Interessen der anderen in den Blick. Richtig ist eine Handlung, wenn man die eigenen Bedürfnisse unter Beachtung der Bedürfnisse anderer befriedigt. Dieses kann nach dem Motto geschehen "Eine Hand wäscht die andere". Falsch ist eine Handlung, die Nachteile bringt, weil man die Interessen anderer nicht berücksichtigt hat.

Kohlberg spricht bei dieser Stufe von einer "Instrumentell-relativistischen Orientierung". Man könnte die Stufe auch mit "Orientierung an den eigenen Bedürfnissen unter Beachtung der Interessen anderer" beschreiben. Diese und die erste Stufe faßt *Kohlberg* unter dem Begriff der "vorkonventionellen Ebene" zusammen.

Hinsichtlich der Medien ist die zweite Stufe nicht zuletzt dadurch gekennzeichnet, daß das Kind unter Umständen versucht, die Mediennutzung auszuhandeln: den Eltern z.B. anbietet, rechtzeitig die Hausaufgaben zu machen, wenn es abends fernsehen darf.

(3) In den Beispielargumenten zu (3) werden die Handlungen aus der Perspektive von Bezugspersonen gesehen, hier z.B. der Freunde und der Eltern. Man versteht sich selbst als Teil einer sozialen Beziehung bzw. als Mitglied einer Gruppe, deren Erwartungen möglichst erfüllt werden sollten. Eigene Wünsche werden unter Umständen unterdrückt, um den Normen und Erwartungen der Gruppe gerecht zu werden. Man fühlt sich für das Wohl des anderen bzw. der Gruppe mitverantwortlich. Richtig ist ein Verhalten, das anderen

gefällt und deren Zustimmung findet; falsch ist es, andere zu enttäuschen bzw. etwas zu tun, das auf Ablehnung bei den Bezugspersonen stößt. *Kohlberg* charakterisiert diese Stufe als "Orientierung an zwischenmenschlicher Übereinstimmung". Man könnte auch von einer "Orientierung an der Erwartung von Bezugspersonen und Bezugsgruppen" sprechen.
Auf dieser Stufe wird das Medienverhalten u.a. dadurch geprägt, was die anderen, insbesondere die Gleichaltrigen, von dem Kind oder Jugendlichen erwarten. So kann es für das Kind oder den Jugendlichen z.B. wichtig sein, bestimmte Computerspiele zu kennen, um mitreden zu können und den Erwartungen der Gruppe zu entsprechen.

(4) In den Beispielargumenten zu (4) wird Rolf als Mitglied der Gesellschaft gesehen. Die Gesellschaft ist mit ihren Regelungen und Normen dem Individuum übergeordnet. Das Individuum ist mitverantwortlich, daß die gesellschaftlichen Regelungen und Normen, z.B. der Jugendschutz, eingehalten werden. Richtiges Verhalten ist in der Regel dadurch gekennzeichnet, daß man die Gesetze achtet, seine Pflicht tut und sich für die soziale Ordnung um ihrer selbst willen einsetzt. Falsch ist ein Verhalten, bei dem gesamtgesellschaftliche Regelungen und Normen mißachtet werden. Unter Umständen sind allerdings begründete Ausnahmen möglich. *Kohlberg* kennzeichnet diese Stufe als "Orientierung an Gesetz und Ordnung". Sie ließe sich auch durch die "Orientierung am sozialen System mit einer bewußten Übernahme gerechtfertigter Verpflichtungen" beschreiben. Die dritte und die vierte Stufe bilden nach *Kohlberg* zusammen die "konventionelle Ebene" der moralischen Entwicklung.
Auf der vierten Stufe fühlt sich ein Individuum z.B. verpflichtet, gesellschaftliche Normen zur Medienverwendung einzuhalten. Darüber hinaus werden Medien auch als Quelle für gesellschaftlich wichtige Informationen gesehen. So wird unter Umständen das Anschauen eines politischen Magazins dem Anschauen eines Spielfilms vorgezogen, obwohl man im Augenblick eher das Bedürfnis nach Unterhaltung und Entspannung hat.

(5) Die Perspektive als Mitglied der Gesellschaft wird in dem Beispielargument zu (5) noch einmal umstrukturiert. Ausgangspunkt der Überlegungen ist jetzt das Individuum. Seine Handlungen müssen allerdings kritisch unter der Frage betrachtet werden, inwieweit sie für allgemeines gesellschaftliches Handeln tragbar bzw. verantwortbar sind. Dabei muß die Gesellschaft einerseits die Rechte jedes Einzelnen sichern, andererseits ist jeder Einzelne mit seinem Handeln für das Wohl aller verantwortlich. Demgemäß ist eine

Handlung dann gerechtfertigt, wenn sie mit den allgemeinen Rechten des Individuums übereinstimmt und gleichzeitig einer kritischen Prüfung unter der Frage standhält, ob diese Rechte von der gesamten menschlichen Gemeinschaft getragen werden könnten. Muß dieses verneint werden, ist die Handlung nicht gerechtfertigt. Nach *Kohlberg* handelt es sich hier um eine "legalistische Orientierung am Gesellschaftsvertrag". Man könnte diese Stufe auch als "Orientierung an individuellen Rechten und ihrer kritischen Prüfung unter dem Anspruch der menschlichen Gemeinschaft" charakterisieren.

Auf dieser Stufe des Medienverhaltens kann ein Individuum z.B. aus prinzipiellen Gründen auf das Ausprobieren eines indizierten Spiels verzichten, weil darin unter Umständen menschenverachtende Szenen vorkommen, die Menschenwürde verletzt wird oder weil das Spielen eines solchen Spiels prinzipiell diejenigen unterstützt, die solche Filme herstellen.

Außer diesen fünf Stufen nennt *Kohlberg* eine sechste Stufe: die "Orientierung an universalen ethischen Prinzipien". Die fünfte und die sechste Stufe der moralischen Entwicklung werden von *Kohlberg* als "postkonventionelle, autonome oder auch prinzipielle Ebene" zusammengefaßt.

An dem *Kohlberg*schen Ansatz ist verschiedene Kritik geübt worden. Diese bezieht sich z.B. auf die Fragen nach dem Verhältnis von Struktur und Inhalt bei moralischen Urteilen, nach der Beziehung von Kognition und Emotion bei moralischem Handeln, nach dem Verhältnis von Urteilen und Handeln überhaupt, nach der Angemessenheit der Stufeneinteilung, nach der Zweckmäßigkeit und Höherwertigkeit bestimmter Moralstufen, nach der Art des mit dem Ansatz verbundenen Denkens (vgl. z.B. *Eckensberger/ Reinshagen* 1980, S. 65 ff.; *Gergen/Gergen* 1981, S. 226 ff.; *Aufenanger/ Garz/ Zutavern* 1981, S. 69 ff.). Es ist hier nicht der Ort, die kritischen Einwände im einzelnen darzustellen und zu diskutieren. Es sei allerdings daran erinnert, daß ich im Abschnitt 5.2.1 die sozial-moralische Orientierung von vornherein nur als einen Faktor in einem komplexen Handlungszusammenhang aufgefaßt habe, so daß ich meine, dadurch bereits einige Kritikpunkte am Ansatz von *Kohlberg* berücksichtigt zu haben.

Insgesamt scheint mir der Ansatz von *Kohlberg* - trotz einzelner Schwachstellen - sowohl theoretisch als auch empirisch hinreichend begründet, um daraus einige Überlegungen für die Medienpädagogik abzuleiten.

Betrachtet man das *Kohlberg*sche Entwicklungsmodell unter der Zielvorstellung eines sozialverantwortlichen Handelns im Zusammenhang mit Medienfragen und versteht man "soziale Verantwortung" nicht im Hinblick auf Bezugspersonen, sondern im Hinblick auf die gesamte Gesellschaft, so zeigt sich folgendes:

Soziale Verantwortung unter Beachtung gesamtgesellschaftlicher Bezüge ist frühestens von der Stufe 4 an gegeben. Erst die Stufe 5 eröffnet allerdings die Möglichkeit zur konsequenten kritischen Prüfung von Verhaltensregeln und gesellschaftliche Regelungen im Medienbereich mit Blick auf die Rechte des einzelnen unter Bezug auf eine allgemeine menschheitsbezogene Perspektive.
Untersuchungen zum moralischen Urteilsniveau von Jugendlichen legen die Vermutung nahe, daß Kinder eher auf der Stufe 2 und Jugendliche eher auf der Stufe 3 argumentieren als auf den Stufen 4 und 5 (vgl. z.B. *Kohlberg* 1974, S. 75; *Oser* u.a. 1984, S. 12; *Tulodziecki/ Aufenanger* 1989, S. 37 ff.; *Herzig* 1997, S. 266 ff.). Pädagogisch gesehen ergibt sich daraus die Forderung, die Kinder und Jugendlichen auch im Medienbereich derart zu fördern, daß sie mindestens die Stufe 4, möglichst jedoch die Stufe 5 sozial-moralischer Orientierung erreichen. Allerdings ist - bezogen auf einen gegebenen Entwicklungsstand - zunächst immer nur das Erreichen der jeweils nächsthöheren Stufe möglich. Dies kann im Rahmen von Konflikten durch die Auseinandersetzung mit Argumenten der für ein Kind oder einen Jugendlichen jeweils nächsthöheren Stufe geschehen (vgl. *Turiel* 1966). Unterrichtliche Umsetzungen hierzu werden im Kapitel 8 aufgezeigt.

5.2.6 Zur gedanklichen Verarbeitung der Folgen von Handlungen

Im Abschnitt 5.2.1 wurde die gedankliche Verarbeitung von Folgen einer Handlung als bedeutsam für das zukünftige Handeln des Individuums herausgestellt. In diesem Sinne ist es eine wichtige Aufgabe der Medienpädagogik, die Folgen eigener Handlungen sowie die Folgen von Handlungen anderer zu thematisieren. Nach dem bisher Gesagten liegt auf der Hand, daß die Folgen von Handlungen zum einen auf intellektueller Ebene einsichtig gemacht werden sollten. Zum anderen kommt es darauf an, Konsequenzen von Handlungen in ihrer Bedeutung für das handelnde Individuum, für Bezugspersonen bzw. Bezugsgruppen und - sofern sinnvoll - für die gegenwärtige Gesellschaft und gegebenenfalls für zukünftige Generationen zu diskutieren und zu bewerten. Dabei ist es wichtig, unter Beachtung der Bedürfnislage sowie bisheriger Erfahrungen und in Abhängigkeit vom jeweiligen intellektuellen und sozial-moralischen Entwicklungsstand Denkweisen und Argumente der jeweils nächsten Entwicklungsstufe einzubeziehen.
Um es abschließend noch einmal auf den Computerspiel-Fall zu beziehen: Wenn die Eltern erfahren, daß Rolf das jugendgefährdende Computerspiel mit seinen

Freunden ausprobiert hat, dann ist es in jedem Falle wichtig, mit ihm darüber zu sprechen.
Falls sich in dem Gespräch der Eindruck ergibt, daß Rolf dies getan hat, um die Zugehörigkeit zur Gruppe seiner Freunde zu sichern bzw. die Freunde nicht zu enttäuschen, sollten die Eltern zunächst die damit gegebene Bedürfnislage von Rolf akzeptieren und ihn zu der Überlegung anregen, welche anderen Möglichkeiten es gegeben hätte, Zugehörigkeit und Freundschaft zu sichern. Dabei könnte Rolf auch bedenken, nach welchen Gesichtspunkten er seine Entscheidung gefällt hat. In diesem Zusammenhang ließen sich mögliche Erwartungen der Eltern ins Spiel bringen. Auf dieser Basis könnte dann auch das Kriterium des Jugendschutzes und seiner gesellschaftlichen Bedeutung im Sinne entwicklungsstimulierender Argumentation ins Gespräch eingebracht werden.

5.3 Leitkategorien für medienpädagogisches Handelns

Die im vorherigen Abschnitt dargestellten Bedingungen für das Handeln generell und für das Handeln im Medienbereich speziell bedeuten, daß Medienpädagogik von der Lebenssituation, dem kommunikativen Umfeld und der Bedürfnislage der Kinder und Jugendlichen sowie vom jeweils gegebenen Kenntnis-, Erfahrungs- und Entwicklungsstand ausgehen und in handelnder Weise eine Weiterentwicklung anstreben sollte. Anders ausgedrückt: Medienpädagogisches Handeln sollte im Zusammenhang von Medienrezeption und eigener Mediengestaltung Erlebnis- und Handlungsmöglichkeiten schaffen, die zum einen der Lebenssituation und der Bedürfnis- bzw. Gefühlslage gerechtwerden und zum anderen zu einer Erweiterung des Kenntnisstandes und zu einer Förderung der sozial-kognitiven Entwicklung führen. Diese Gedanken legen es nahe, die *Handlungsorientierung* zur übergreifenden Leitkategorie für medienpädagogisches Vorgehen zu erklären: Medienverwendung und Medienerziehung sollen für gegenwärtiges und zukünftiges Handeln bedeutsam sein, d.h. zu aktiven Problemlöse-, Entscheidungs-, Beurteilungs- und Gestaltungsprozessen im Medienbereich führen. Handlungsorientierung ist dabei mit folgenden weiteren Leitkategorien verknüpft (vgl. auch *Fröhlich* 1982, S. 99 ff.; *Tulodziecki* 1996, S. 23):

Situationsorientierung: Ausgangspunkt für medienpädagogisches Handeln sollen Situationen aus der Lebenswelt von Kindern und Jugendlichen sein, und das zu Lernende soll auf jetzige und zu erwartende Lebenssituationen bezogen werden.

Kommunikationsorientierung: Lernen und Erziehung sollen in Kommunikation und für Kommunikation mit anderen erfolgen, z.B. indem eigene Medienerfahrungen, Interessen und Bedürfnisse personal oder mit Hilfe von Medien mitgeteilt und personale oder technisch übertragene Mitteilungen anderer angemessen aufgenommen bzw. interpretiert werden.

Bedürfnisorientierung: Diese Orientierung meint zunächst, daß die Bedürfnisse von Kindern und Jugendlichen bei ihren Handlungen und der Mediennutzung ernstgenommen und akzeptiert werden sollten. Bedürfnisorientierung meint darüber hinaus, daß die erzieherischen Prozesse so gestaltet werden, daß in ihnen Bedürfnisse der Kinder und Jugendlichen zum Tragen kommen.

Erfahrungsorientierung: Ausgangspunkt für Lernen und erzieherische Aktivitäten sollen eigene inhaltliche und mediale Erfahrungen der Kinder und Jugendlichen sein, im Laufe erzieherischer Prozesse sollen neue inhaltliche und mediale Erfahrungen ermöglicht werden.

Entwicklungsorientierung: Unter dem Aspekt der Entwicklungsorientierung ist es wichtig, daß Lernen und die erzieherische Anregung sowie die Unterstützung von Kindern und Jugendlichen einerseits entwicklungsgemäß erfolgen und andererseits entwicklungsfördernd wirken.

Wie diese Leitkategorien im Rahmen der Wahrnehmung von Erziehungs- und Bildungsaufgaben im Medienbereich umgesetzt werden können, sollen die Überlegungen im Kapitel 6 zeigen.

6 Aufgabenbereiche der Medienpädagogik

Die Auseinandersetzung mit medienerzieherischen Konzepten im Kapitel 4 hat gezeigt, daß - historisch betrachtet - für die Medienpädagogik folgende Prinzipien relevant geworden sind:
- Bewahrung vor Schädlichem und Pflege des Wertvollen,
- Entwicklung eines kritischen Urteilsvermögens und Wertschätzung künstlerischer Medienangebote,
- Nutzung von Medien für Information und Bildung und mündiger Umgang mit ihnen zur Förderung von Demokratie und Kultur,
- Ideologiekritik und eigene Produktion von medialen Angeboten zur Herstellung von Öffentlichkeit für wichtige Themen,
- selbstbestimmte Rezeption und eigene Gestaltung medialer Produkte im Sinne sozialen Handelns und kommunikativer Kompetenz.

Gleichzeitig ist bei der Charakterisierung medienerzieherischer Konzepte deutlich geworden, daß für die Medienpädagogik vor allem zwei Handlungszusammenhänge bedeutsam sind:
- die Nutzung vorhandener Medienangebote sowie
- die eigene Gestaltung von medialen Produkten.

Sollen diese Handlungszusammenhänge sachgerecht und verantwortungsbewußt gestaltet werden, geht es um mindestens drei Bereiche, in denen Kenntnis und Verstehen, Analysefähigkeit und Urteilsvermögen wichtig sind:
- Gestaltungsmöglichkeiten bzw. die "Sprache" der Medien
- Nutzungsvoraussetzungen und Medieneinflüsse
- Bedingungen der Medienproduktion und Medienverbreitung.

Die Überlegungen im vorherigen Kapitel begründen darüber hinaus die Annahme, daß Medienpädagogik langfristig gesehen vor allem dann wirksam wird, wenn mit der Ermöglichung medienrelevanter Erfahrungen bzw. mit der Vermittlung medienbezogener Kenntnisse, Fähigkeiten und Fertigkeiten immer auch eine Förderung der intellektuellen und sozial-moralischen Entwicklung angestrebt wird.

Vor diesem Hintergrund stellt sich die Frage, welche Aufgabenbereiche für die Medienpädagogik konstitutiv sind.

Im folgenden gehe ich davon aus, daß sich wichtige medienpädagogische Prinzipien und Inhalte sowie die Förderung der sozial-kognitiven Entwicklung im Rahmen der nachstehenden Aufgabenbereiche umsetzen lassen:

- Auswählen und Nutzen von Medienangeboten,
- Eigenes Gestalten und Verbreiten von Medienbeiträgen,
- Verstehen und Bewerten von Mediengestaltungen,
- Erkennen und Aufarbeiten von Medieneinflüssen,
- Durchschauen und Beurteilen von Bedingungen der Medienproduktion und Medienverbreitung.

Diese fünf Aufgabenbereiche sind nicht als getrennte, sondern als aufeinander bezogene Felder der Medienpädagogik zu betrachten. Sie können anhand verschiedener Inhalte exemplarisch bearbeitet werden. Im folgenden werden die Aufgabenbereiche dargestellt und weiter ausdifferenziert. Zu jedem Aufgabenbereich zeige ich Beispiele für die Realisierung in der Schule auf.

6.1 Auswählen und Nutzen von Medienangeboten

Die Mediennutzung von Kindern und Jugendlichen macht einen erheblichen Teil ihrer Freizeit aus. Im Abschnitt 1.1 habe ich darauf hingewiesen, daß die tägliche Durchschnittsfernsehzeit der 3 - 13jährigen bei 101 Minuten und der Jugendlichen und Erwachsenen ab 14 Jahren bei 195 Minuten liegt. Das gesamte tägliche Zeitbudget für die Nutzung audiovisueller Medien (Radio, Fernsehen, Video und Tonträger) betrug 1996 für die 14 - 19jährigen mehr als fünf Stunden und für die Gesamtbevölkerung mehr als 6 Stunden.

Bei all diesen Zeitangaben ist zu bedenken, daß es sich um Durchschnittswerte handelt. Hinter ihnen verbergen sich zum Teil erhebliche Streuungen. Diese Streuungen wurden schon früh in einer Untersuchung von *Buss* (1985) deutlich. Er untersuchte in den Jahren 1979 bis 1980 eine Stichprobe von 1250 Haushalten mit 3000 Erwachsenen (hier ab 14 Jahren) und 550 Kindern (von 3 bis 13 Jahren). In der Untersuchung differenzierte er zwischen Wenigsehern und Vielsehern (drei Stunden und mehr täglich). Als Ergebnis zeigte sich, daß die Vielseher etwa 30% (der Erwachsenen, Kinder, Haushalte) ausmachten (vgl. *Buss* 1985, S. 226 f.).

Diese Zahlen legen es nahe, die Befähigung zu einer sinnvollen Nutzung der Medien als wichtige medienerzieherische Aufgabe anzusehen. Dafür sprechen nicht zuletzt auch einige Äußerungen von Schülerinnen und Schülern in einer von uns durchgeführten Untersuchung zur Fernseh- und Videonutzung (vgl. *Tulodziecki* 1985, S. 13 ff.):

- Das Fernsehen zeigt den Leuten alles aus aller Welt, gibt Unterhaltung und was zum Lachen. (5. Klasse)

- Das Fernsehen bringt fast alle Leute dazu, daß man nur noch vor der Kiste im Hause sitzt und nicht mehr 'rausgeht. Das Fernsehen bringt die Leute nicht zusammen, sondern auseinander. (5. Klasse)
- Ich will nicht Fernsehen gucken, aber ich kann mich nicht halten. Ich finde, daß Fernsehen ein Zeitvertreib ist, und den Augen wird dadurch geschadet. Aber trotzdem finde ich Fernsehen gut. (6. Klasse)
- Am Fernsehen gefallen mir die verschiedenartigen Filme, die manchmal abenteuerlich, spannend, lustig und traurig sind. ... Gruselfilme finde ich nicht so gut, weil ich bei diesen Sendungen, die ich selten sehe, Angst bekomme. (7. Klasse)
- Aus Tierfilmen kann man etwas lernen, z.B. wie die Tiere leben und welche Eigenschaften sie haben, oder bei Nachrichten sieht man, was in der Welt passiert und wie die Menschen in den anderen Ländern leben. (7. Klasse)
- Durch die Nachrichtensendungen wird man über das Geschehen in der Welt informiert. Manche Sendungen, z.B. "Freizeit", geben Tips zur Freizeitgestaltung. ... Viele Jugendliche werden durchs Fernsehen zu Gewalttaten angestiftet. (8. Klasse)
- Ich finde einige Sendungen total blöde, z.B. 'Das Traumschiff'. Da schaut man sich das nur an, weil man nicht weiß, was man machen soll. (7. Klasse)
- Man braucht nicht selber zu denken. Man weiß vorher, was in der Sendung vorkommt. Die Menschen unterhalten sich nicht mehr so oft. (10. Klasse)

Äußerungen solcher Art zeigen, daß bei Kindern und Jugendlichen einerseits ein gewisses Verständnis für sinnvolle Nutzungsmöglichkeiten des Fernsehens vorhanden ist, andererseits aber auch eine gewisse Hilflosigkeit im Hinblick auf eine angemessene Nutzung.

Vor diesem Hintergrund ist es geraten, im Rahmen des Aufgabenbereichs "Auswählen und Nutzen von Medienangeboten" folgende Ziele anzustreben:

a) Die Kinder und Jugendlichen sollen die Fähigkeit erwerben, eine sinnvolle Auswahl aus dem Programmangebot für unterschiedliche Funktionen vorzunehmen, z.B. für Unterhaltung und Information, für Lernen und Spiel, für Problemlösung und Entscheidungsfindung, für Kunstrezeption und Kommunikation.

b) Sie sollen Alternativen zum Medienkonsum erfahren und nutzen.

c) Sie sollen in die Lage versetzt werden, in konflikthaften Situationen begründete Entscheidungen zum Medienverhalten zu treffen.

d) Sie sollen die Fähigkeit und Bereitschaft erwerben, verschiedene Medienangebote sowie medienbezogene und alternative Aktivitäten nach verschiedenen Kriterien vergleichend zu bewerten.

Diese Ziele können im Rahmen der folgenden Teilaufgaben angestrebt werden:
- überlegte Auswahl von Medienangeboten,
- Erfahren von Handlungsalternativen zum Medienkonsum,
- Entscheiden in Konfliktfällen.

Diese Teilaufgaben werden in den folgenden Abschnitten behandelt.

6.1.1 Überlegte Auswahl von Medienangeboten

Für die Mediennutzung von Kindern und Jugendlichen ist - mindestens bis zu einem gewissen Alter - das Medienverhalten der Eltern von großer Bedeutung. Ihnen kommt - solange sich Kinder und Jugendliche an Bezugspersonen orientieren - eine wichtige Vorbildfunktion zu. Eltern, die wahllos und ständig Medien "konsumieren", können nicht damit rechnen, daß sich ihre Kinder anders verhalten. Dieser Gedanke verweist darauf, daß die Eltern - bei allen Schwierigkeiten, die damit verbunden sein können - in schulische Überlegungen zur Medienpädagogik einbezogen werden sollten (vgl. dazu u.a. *Holtmann* 1986, S. 96 ff.; *Rogge* 1987).

Überhaupt hat die familiale Medienerziehung eine große Bedeutung (vgl. auch *Spanhel* 1993). Gerade in der Familie gibt es zahlreiche Anlässe, die Mediennutzung zu thematisieren. Im folgenden sind einige Beispiele angeführt:
- Kinder schildern Eindrücke von Filmen, die sie gesehen haben.
- Die Eltern oder ältere Kinder möchten gern eine Sendung anschauen. Jüngere Kinder setzen sich hinzu, obwohl die Sendung nicht für sie geeignet ist.
- Mehrere Familienmitglieder wollen zur gleichen Zeit unterschiedliche Programme sehen.
- Die Eltern erfahren, daß ihre Kinder zusammen mit Freundinnen oder Freunden Computerspiele genutzt haben, die sie für jugendgefährdend halten.
- Kinder möchten eine Jugendzeitschrift bestellen oder bitten die Eltern, eine Stereoanlage, einen "Walkman", ein zweites Fernsehgerät für ihr Zimmer, einen Videorecorder oder einen Mikrocomputer anzuschaffen.

All diese Situationen können für die Eltern Anlaß sein, Fragen einer sinnvollen Mediennutzung mit den Kindern zu besprechen, gemeinsam geeignete Medienangebote auszusuchen, Regeln für eine sinnvolle Nutzung der Medienangebote auszuhandeln und angemessene Vereinbarungen zu treffen (vgl. auch *Bundeszentrale* o.J., S. 17 ff.).

Die Einwirkungsmöglichkeiten der Schule auf die häusliche Mediennutzung sind zweifellos geringer als die der Eltern. Dennoch spricht nichts dagegen, bestimmte Fragen der außerschulischen Mediennutzung auch in der Schule zu behandeln. Dazu ist es in der Regel günstig, wenn sich die Lehrperson zunächst eine Übersicht über das Medienverhalten ihrer Schülerinnen und Schüler verschafft. Dies kann durch Gespräche über Tages- oder Wochenendabläufe sowie durch unterrichtsvorbereitende Befragungen geschehen. Bei Befragungen ist es unter Umständen angebracht, sich zunächst auf ein Medium zu konzentrieren. So könnte eine Lehrperson beispielsweise eine Aufstellung zum Fernsehangebot eines Tages, eines Wochenendes oder einer Woche vorgeben und die Schülerinnen und Schüler bitten anzukreuzen, welche Sendungen sie gesehen haben. Denkbar sind auch offene Befragungen (vgl. *Tulodziecki* 1985, S. 36 ff.).
Allerdings setzen Verfahren dieser Art - seien es Gespräche, seien es Befragungen - ein Vertrauensverhältnis in den jeweiligen Klassen voraus. In der Regel ist auch eine Verständigung mit den Eltern sinnvoll. Schülerinnen, Schüler und Eltern sollten wissen, daß es nicht darum geht, ihr Medienverhalten "auszuspionieren" und dann "anzuprangern". Vielmehr soll das Medienverhalten einer eigenständigen Reflexion zugänglich gemacht werden. Dies setzt auf Seiten der Lehrperson zunächst voraus, daß sie die Bedürfnisse, die mit der Mediennutzung in der Familie verbunden sind, verstehend akzeptiert und nicht aufgrund eigener Normvorstellungen vorschnell bewertet.
Die obigen Überlegungen sollen allerdings nicht suggerieren, daß es für medienerzieherische Reflexionen zur Mediennutzung unbedingt notwendig sei, sich vorher eine detaillierte Übersicht über das Nutzungsverhalten der Schülerinnen und Schüler zu verschaffen - wiewohl es eine gute Hilfe für die Lehrperson sein kann. Es ist auch möglich, Reflexionen zum Medienverhalten ohne einen vorherigen detaillierten Überblick anzustreben, insbesondere, wenn der Unterricht prozeßorientiert angelegt ist und die Schülerinnen und Schüler während des Unterrichts die Chance erhalten, ihre Mediennutzungsmuster einzubringen bzw. zu thematisieren. Wie solche Reflexionen angestoßen werden können, soll das folgende Beispiel zum Thema Fernsehen zeigen, das unter Umständen schon in der Grundschule durchgeführt werden kann.

Eine Lehrperson kann eine Unterrichtseinheit zunächst mit einem offenen Gespräch über das, was den Kindern am Fernsehen gefällt und nicht gefällt, beginnen. Im Anschluß daran kann sie den (fiktiven) Tagesablauf zweier Kinder mit unterschiedlicher Fernsehnutzung auf einem Arbeitsblatt einbringen, bei denen unterschiedliche Nutzungsmuster gegeben sind - wobei die Unterschiede

sich nur durch eine gründlichere Analyse und nicht "auf den ersten Blick" erschließen sollten. Nachdem die Kinder zu der Fernsehnutzung spontan Stellung genommen haben, kann die Lehrperson die Frage aufwerfen, nach welchen Gesichtspunkten man entsprechende Nutzungspläne vergleichen kann. Solche Gesichtspunkte können u.a. sein:
- zeitlicher Umfang der Nutzung,
- Zeitpunkt und Dauer der einzelnen Nutzung,
- gewählte Sendungsarten,
- Zweck/Grund für die Nutzung.

Wenn entsprechende Gesichtspunkte erarbeitet sind, können die Kinder in Kleingruppen einen differenzierten Vergleich durchführen und eine Bewertung aus ihrer Sicht erarbeiten. Vergleichsergebnisse und Bewertung sollten dann von den Kindern vorgestellt und in der Klasse diskutiert werden. Eine Zusammenfassung hinsichtlich der Vorzüge und Probleme des Fernsehens könnte z.B. folgendermaßen aussehen (vgl. auch die eingangs zitierten Schüleräußerungen):

a) Fernsehen kann man benutzen,
- um sich zu unterhalten,
- um sich zu informieren,
- um sich für eigenes Tun anregen zu lassen,
- um etwas zu lernen bzw. sich zu bilden.

b) Wenn man zuviel fernsieht, oder bestimmte Filme anschaut, besteht die Gefahr,
- daß andere sinnvolle Tätigkeiten verdrängt werden,
- daß man Angst bekommt,
- daß man Film und Wirklichkeit vermischt,
- daß man nicht mehr selbst zum Nachdenken kommt,
- daß man zu aggressivem Verhalten angeregt wird.

Auf der Basis einer solchen Zusammenfassung sollte die Lehrperson anregen, für einen Nachmittag oder ein Wochenende einen Fernsehnutzungsplan aufzustellen, in dem die Vorzüge des Fernsehens zur Geltung kommen und mögliche Nachteile vermieden werden. Solche Pläne könnten dann diskutiert, gegebenenfalls in Abstimmung mit Eltern umgesetzt und aufgrund gemachter Erfahrungen noch einmal reflektiert werden.

Vergleichbare Unterrichtseinheiten ließen sich auch für andere Medien planen und durchführen, z.B. für Bücher und Zeitschriften, für Radio und Tonträger sowie für Computer. Bei einem entsprechenden Entwicklungsstand der Schülerinnen und Schüler können auch mehrere Medien in eine Unterrichtseinheit einbezogen werden.

Wünschenswert sind darüber hinaus Unterrichtseinheiten oder Projekte, bei denen einzelne Nutzungsfunktionen im Mittelpunkt stehen, wobei in der Regel mehrere Medien genutzt und verglichen werden. Solche Nutzungsfunktionen und -beispiele können sein (vgl. auch *Tulodziecki u.a.* 1995):
- Information und Lernen: Zu einem Thema, das die Kinder oder Jugendlichen interessiert, werden Informationen aus verschiedenen medialen Angeboten erarbeitet. Abschließend werden Wert und Bedeutung verschiedener Medien für Information und Lernen diskutiert.
- Spielen: Unterschiedliche Spiele - vom Gesellschafts- bis zum Computerspiel - werden erprobt und hinsichtlich ihrer Vorzüge und Nachteile unter verschiedenen Gesichtspunkten reflektiert.
- Informations- und Erfahrungsaustausch: Schülerinnen und Schüler nutzen das Internet, um Beobachtungen über das Auftauchen verschiedener Frühlingsboten, z.B. einzelner Singvögel oder Blumen, Schulklassen anderer geografischer Regionen mitzuteilen. Sie werten die Beobachtungen aus mehreren Regionen unter der Frage aus, wie sich der Frühling unter verschiedenen klimatischen Verhältnissen ausbreitet. Abschließend bedenken sie die Möglichkeiten des Internet im Vergleich zu anderen Möglichkeiten des Informations- und Erfahrungsaustausches (vgl. *Meyer/ Muuli* 1997).
- Problemlösung und Entscheidungsfindung: Ausgangspunkt kann ein naturwissenschaftliches Problem oder ein sozialer Entscheidungsfall sein. Mit Hilfe einer Computersimulation werden verschiedene Problemlösungen oder Entscheidungen durchgespielt und bewertet. Abschließend wird das Verhältnis von Realität und Modell reflektiert (vgl. auch *Dönhoff* 1994; *Kerber* 1994).
- Kunstrezeption: Schülerinnen und Schüler nutzen eine CD-ROM für eine Erkundung in einem virtuellen Museum. Sie diskutieren ihre Einschätzungen zu einem virtuellen und einem realen Museumsbesuch.

Insgesamt sollen die Kinder und Jugendlichen durch solche Unterrichtseinheiten und Projekte ihre Vorstellungen zu den Vorzügen und Problemen verschiedener Medien ausdifferenzieren und die Kompetenz erwerben, eine überlegte Auswahl aus dem Medienangebot zu treffen.

6.1.2 Erfahren von Alternativen zum Medienkonsum

Für Überlegungen zu dieser Teilaufgabe ist zunächst der im Abschnitt 5.2.2 dargestellte Grundgedanke wichtig, daß Mediennutzung eine Handlung ist, die durch Bedürfnisse mitbedingt wird. Kommen bestimmte Grundbedürfnisse in der Lebenswelt von Kindern und Jugendlichen nicht oder nicht hinreichend zur Geltung, werden sie diese Bedürfnisse u.a. auch an die Medien herantragen. Dabei können durch die Medien vor allem die Bedürfnisse nach Sinneserregung und Spannung, nach Orientierung und Sicherheit, nach Zugehörigkeit und Achtung aufgegriffen werden. Welche Bedürfnisse beispielsweise bei der Computernutzung zum Tragen kommen können, belegt recht eindrucksvoll das folgende Zitat aus dem Buch "Die Wunschmaschine" von *Turkle* (1984). Da sagt Anthony, Student am Massachusetts Institute of Technologie (MIT):

"Es ist im wesentlichen dasselbe, was einen zum Hacken und zum Sex treibt. Beide Aktivitäten sind mit Risiken verbunden, beide geben einem das Gefühl, daß man etwas Tolles hinbekommen hat. Aber Hacken ist in dem Sinne sicher, daß man seine Computerwelt vollkommen unter Kontrolle hat, und Sex und Beziehungen sind riskant in dem Sinne, daß die Kontrolle bei den anderen liegt. Manchmal denke ich, daß ich zuviel Zeit mit Computern verbringe, weil sie vielleicht andere Sachen, zum Beispiel Beziehungen, aus meinem Leben verdrängen. Aber ich bin noch nicht ganz sicher ...

Von einer Liebesbeziehung geht ziemlich viel Kontrolle aus. Sie verdrängt das Hacken und viele andere Sachen, die ich gerne tue. Ich glaube Hacker neigen dazu, sich sehr intensiv auf Beziehungen einzulassen. Das kommt, weil sie sich an diese sehr enge, klare, intime Beziehung zum Computer gewöhnt haben, und sie erwarten, die gleiche Art von Beziehung auch mit einem Mädchen zu haben. Sie haben den Anspruch, die andere Person besser zu verstehen, als das überhaupt möglich ist. Sie wollen mehr Kontrolle über die andere Person ausüben als angemessen ist. Menschen funktionieren nun einmal nicht so wie Computer. Das Hacken verträgt sich tendenziell nicht mit Liebesbeziehungen. Das liegt auf der Hand - wenn man irgendwas intensiv betreibt, hat man nicht viel Zeit für andere Dinge, und man steckt auch in diesen Denkstrukturen des Computers drin, und es ist schwer, da wieder rauszukommen. Liebesbeziehungen sind keine sichere Angelegenheit. Hacken ist ein fast reines Vergnügen mit sehr wenig Risiko. Aber es ist nicht so befriedigend, weil man am Ende nichts weiter gemacht hat, als ein paar Lampen zum Blinken zu bringen. Man hat nur eine begrenzte Energie. Die kann man entweder in Computer oder in Menschen investieren." (S. 268 f.)

Das Zitat zeigt nicht nur, daß durch Mediennutzung - hier durch Computernutzung - bestimmte Bedürfnisse aufgenommen werden; es wird auch angesprochen, daß Bedürfnisbefriedigung durch Mediennutzung in gewisser Weise risikolos ist und keiner Anstrengung im sozialen Raum bedarf. Es deutet sich im letzten Teil des Zitats allerdings auch an, daß "Bedürfnisbefriedigung" durch Medien in mancher Hinsicht ambivalent bleibt. *Prokop* (1979) hat dieses Phänomen für die audiovisuellen Medien in einem Buchtitel mit den Begriffen "Faszination und Langeweile" ausgedrückt: Der Zuschauer ist von den Medien in gewisser Weise fasziniert, letztlich bleibt er jedoch mit seinen Bedürfnissen allein zurück.

Wie dem auch sei - in jedem Falle tragen Kinder und Jugendliche bestimmte Bedürfnisse an die Medien heran. Dabei kann die Bindung an die Medien so stark und der Medienkonsum so umfangreich werden, daß zuviel Zeit für andere, pädagogisch wünschenswertere Aktivitäten verloren geht und im Bereich der Gefühle, Vorstellungen und Verhaltensmuster problematische Folgen entstehen (vgl. Abschnitt 6.4).

Diese Gefahren dürften vor allem für die - von *Buss* (1985) in Anlehnung an amerikanische Arbeiten so bezeichneten - Vielseher bestehen. Wenn die Annahme stimmt, daß Menschen Bedürfnisse an die Medien herantragen, die im Alltag nicht befriedigt werden, dann müßten Vielseher ihre Umwelt anders einschätzen als Wenigseher. Tatsächlich zeigt eine Studie von *Kiefer* (1987), daß Vielseher ihr derzeitiges Leben seltener als sehr abwechslungsreich und häufiger als wenig abwechslungsreich bezeichnen als Wenigseher (vgl. S. 684).

Betrachtet man das Problem des Vielsehens bzw. eines zu umfangreichen Medienkonsums aus der Perspektive des im Abschnitt 5.2.1 skizzierten Handlungsmodells, gibt es prinzipiell folgende Einflußmöglichkeiten: Man könnte versuchen,
- die Situation zu verändern,
- andere Möglichkeiten der Bedürfnisbefriedigung aufzuzeigen,
- das intellektuelle und sozial-moralische Urteilsniveau im Zusammenhang mit geeigneten Erfahrungen weiterzuentwickeln,
- die Handlungsfolgen zu thematisieren.

Von diesen Einflußfaktoren sollen im folgenden vor allem die Situation und die Bedürfnisse betrachtet werden. Die anderen Einflußfaktoren werden in anderen Abschnitten thematisiert (vgl. Abschnitte 8.1 und 8.2).

Eine Wechselbeziehung aus Situation und Bedürfnis, die zum Medienkonsum führt, entfiele dann, wenn die Situation so verändert würde, daß Kinder und

Jugendliche keinen Zugang zu Medien hätten. Daß dies weder praktisch zu realisieren noch pädagogisch zu wünschen ist, liegt auf der Hand. Praktisch scheint es in unserer Lebenswelt und Gesellschaft mit den vielen medialen Angeboten und Zugriffsweisen nicht möglich, Kinder und Jugendliche auf Dauer einfach von diesen "abzuschneiden". Pädagogisch wäre es nicht sinnvoll, weil damit auch die Möglichkeit einer angemessenen Auseinandersetzung mit den Medien und einer reflektierten Nutzung vertan würde.

Dennoch verweist der Gesichtspunkt der "Situation" darauf, daß mit der Frage, wie die Zugangs- bzw. Zugriffsmöglichkeiten zu Medien in Familie und Gesellschaft geregelt werden sollen, wichtige Entscheidungen verbunden sind. Damit wird zugleich die Verantwortung der Familie und der Gesellschaft für die "mediale Umwelt" der Kinder und Jugendlichen deutlich.

Für die einzelne Familie stellt sich die Aufgabe zu entscheiden, welche Medien den Kindern und Jugendlichen in der jeweiligen familialen Umgebung zur Verfügung stehen und welche Vereinbarungen über den Zugriff getroffen werden sollen (vgl. auch Abschnitt 6.1.1). Für die Gesellschaft ergibt sich die Forderung, beim Ausbau des Mediennetzes die Situation der Kinder und Jugendlichen verantwortungsvoll im Auge zu behalten (vgl. *Kommunikationsordnung 2000*, S. 35 ff.). In diesem Zusammenhang kommt der Medienpädagogik die wichtige politische Aufgabe zu, auf entsprechende Entscheidungen einzuwirken.

Neben der "Situation" wurden oben die "Bedürfnisse" als Bestimmungsmoment für die Mediennutzung genannt. Damit ergibt sich die Frage nach Möglichkeiten der Einflußnahme auf die Bedürfnisse. Hier ist es wichtig, die Kinder und Jugendlichen mit ihren Bedürfnissen zunächst einmal anzunehmen. Jeder Versuch, Kinder und Jugendliche wegen ihrer Bedürfnisse offen oder versteckt zu tadeln, ist weder gerecht noch wird er kurz- oder langfristig zu positiven erzieherischen Folgen führen. Vielmehr erweist es sich als wichtige medienerzieherische Aufgabe - insbesondere für Vielseher, aber auch für andere Kinder und Jugendliche -, die Bedürfnisse ernstzunehmen und auf dieser Basis alternative Handlungsmöglichkeiten zum Medienkonsum erfahrbar zu machen, die letztlich eine bessere Bedürfnisbefriedigung ermöglichen als der Medienkonsum.

Das Erfahrbarmachen von Handlungsalternativen zum Medienkonsum ist zunächst eine wichtige Aufgabe des Elternhauses. Allerdings sollte auch die Schule diese Aufgabe sehen und Hilfen anbieten. Eine Hilfe sollte zunächst einmal darin liegen, Schule und Lernen so zu gestalten, daß Kinder und Jugendliche die Chance haben, sich selbst mit ihren Bedürfnissen in das schulische Leben und den Unterricht einzubringen. Dies kann z.B. durch handlungsorientiertes

Lernen, durch handwerkliche, künstlerische, wissenschaftliche und politische - auf Öffentlichkeit bezogene - Projekte, durch ein aktives Schulleben mit Sport, Spiel und Feier geleistet werden (vgl. z.B. *Keck/ Sandfuchs* 1979).
Darüber hinaus ist zu überlegen, ob nicht in einzelnen Fällen spezifische Programme notwendig sind, in deren Rahmen Handlungsalternativen zum Medienkonsum erfahrbar gemacht werden können. So schlägt beispielsweise *Wilkins* (1986) für vielsehende Familien ein Vier-Wochen-Programm vor, durch das eine Ablösung vom Fernsehen in behutsamen Schritten möglich wird - von der Bewußtmachung des Medienkonsums bis zur Eprobung und Festigung von Handlungsalternativen.

6.1.3 Entscheiden in Konfliktfällen

Im Zusammenhang mit dem Medienverhalten von Kindern und Jugendlichen kann es immer wieder zu Konfliktfällen kommen (vgl. u.a. den Computerspiel-Fall im Abschnitt 5.2.1). In solchen Konfliktfällen spielen das intellektuelle Niveau und die sozial-moralische Orientierung der Betroffenen eine wichtige Rolle. Insofern lassen sich Konfliktsituationen oder Dilemmata im Medienbereich auch zum Ausgangspunkt unterrichtlicher Diskussionen mit dem Ziel der Entwicklungsförderung nutzen.
Im folgenden stelle ich einen weiteren Konfliktfall vor und zeige daran mögliche Argumentationsmuster auf. Die Überlegungen können zugleich als Basis für unterrichtliche Diskussionen dienen. Das Beispiel ist im Rahmen unserer Studien zusammen mit *M. Saake* und *H.G. Altmiks* entwickelt worden:
Udo und Knut haben seit einiger Zeit nur noch ein Hobby im Kopf: ihre Personalcomputer. Zunächst verwenden sie ihre Anlagen vorwiegend, um Computerspiele aller Art auszuprobieren. Doch nach und nach erweitern sie ihre Kenntnisse und können bald selbst eigene Programme schreiben.
Knut entwickelt Programme für die Dateiverwaltung, katalogisiert seine Schallplattensammlung und verwendet den Rechner zum Lösen einiger Mathematikaufgaben. Udo interessieren besonders die graphischen Möglichkeiten seines Rechners. Da die Systeme der beiden Freunde vollständig kompatibel sind, können sie ihre Programme auch untereinander austauschen. Das führt zu einem Wettbewerb ganz besonderer Art: Knut schreibt für seine Programme eigene Sicherheits-Routinen, die Udo erst "knacken" muß, wenn er die Programme kopieren will. Knuts Programmsicherungen werden immer raffinierter, aber Udo löst sie alle, obwohl er oft Tage dafür braucht.

Nach den Sommerferien schwärmt Bernd, der ebenfalls einen Personalcomputer besitzt, von seinem neuen Adventure-Spiel. Es sei das raffinierteste und spannendste Spiel, das er je am Computer gespielt habe. Er bereue auch nicht, sein Sparbuch um 200,- DM erleichtert zu haben. Udo und Knut leihen sich die Diskette von Bernd. Auch sie sind von dem variantenreichen Spiel schnell begeistert und überlegen, es sich zu kaufen.

Udo reizt es jedoch - auch angesichts des relativ hohen Preises - den Kopierschutz zu brechen, durch den die Diskette vor mißbräuchlichem Kopieren geschützt ist. Nach einer Woche mühsamen Probierens hat er es endlich geschafft. Er kann die Diskette für sich und für andere Klassenkameraden kopieren.

Soll Udo dieses tun?

Im folgenden formuliere ich zu diesem Fall einige Argumente gemäß den Stufen der intellektuellen und sozial-moralischen Entwicklung, die noch einmal unterschiedliche Argumentationsmuster bei Konfliktfällen im Medienbereich demonstrieren sollen. Bezogen auf die Entwicklungsstufen fasse ich dabei intellektuelle und sozial-moralische Aspekte zusammen (vgl. Abschnitte 5.3.4 und 5.2.5):

- *Stufe 1*: In einem solchen Fall, bei dem Udo für sich und andere 200,- DM sparen kann, gibt es nicht viel zu überlegen. Er sollte die Diskette kopieren.
- *Stufe 2*: Udo hat viel Mühe aufbringen müssen, die Programmsicherung zu "knacken". Zwar haben der Autor und der Verlag ebenfalls viel Arbeit gehabt, aber die verdienen bestimmt auch so genug an dem spannenden Spiel. Also kann Udo die Diskette ruhig kopieren.
- *Stufe 3*: Wenn Udo die Diskette kopiert, hat er folgende Vorteile: Er spart für sich und seine Freunde jeweils 200,- DM, die Freunde werden ihm gewiß dankbar sein und ihm bei der nächsten Gelegenheit auch einen Gefallen tun, sie bewundern ihn wegen seiner Computerkenntnisse. Dem stehen folgende Nachteile gegenüber: Wenn es herauskommt, wird er unter Umständen mit einer Geldbuße bestraft, seine Eltern könnten das Kopieren mißbilligen, er hätte vielleicht ein schlechtes Gewissen. Er sollte doch noch einmal überlegen, ob die Sache wirklich mehr Vorteile als Nachteile für ihn hat.
- *Stufe 4*: Bezogen auf das Geld, wäre das Kopieren von Vorteil - vorausgesetzt, Udo wird nicht wegen eines Bruchs von Urheberrechten bestraft, bezogen auf die Erwartung der Freunde, hätte er ebenfalls Vorteile, im Hinblick auf die Eltern weiß man nicht so recht, was diese erwarten. Im Falle des Kopierens würde er jedoch das Recht des Autors auf sein geistiges Eigentum verletzen.

Dies ist in unserer Gesellschaft gesetzlich untersagt. Er sollte sich an das Gesetz halten und die Diskette nicht kopieren.
- *Stufe 5*: Die Tatsache, daß Udo mit dem Kopieren der Diskette für sich und für die Freunde jeweils 200,- DM sparen könnte, sowie seine eigenen Mühen und die Erwartungen der Freunde rechtfertigen es nicht, das Urheberrecht zu verletzen. Das Urheberrecht ist für das Zusammenleben in der menschlichen Gemeinschaft im Sinne des Rechts auf Eigentum wichtiger als das individuelle Bedürfnis, kostenlos an das Spiel heranzukommen.

In einer Diskussion mit Jugendlichen sind bei diesem oder ähnlichen Konfliktfällen zunächst vor allem Argumente der Stufen 2 bis 4 zu erwarten. Für eine Gestaltung der Diskussion ist wichtig, daß Jugendliche Argumente, die eine Stufe über dem von ihnen erreichten Entwicklungsniveau liegen, durchaus noch in angemessener Weise verstehen und daß die Auseinandersetzung mit solchen Argumenten besonders gute Entwicklungsanregungen bietet (vgl. Abschnitt 8.2).

Für eine entsprechende Unterrichtseinheit kann folgendes Vorgehen gewählt werden: Nach der Vorstellung des Konfliktfalles sollten die Jugendlichen zunächst Gelegenheit zu spontanen Stellungnahmen erhalten. Die Unterschiedlichkeit der zu erwartenden Argumente kann Anlaß für die Zielsetzung sein, für diesen Fall - unter Hinzuziehung von Bestimmungen des Urheberrechts - eine differenzierte Stellungnahme zu erarbeiten.

Als wichtige Bestimmungen des Urheberrechts können eingeführt werden,
- daß der Urheber eines Werkes das "ausschließliche Recht" auf Vervielfältigung seines Werkes hat (§ 15 Abs. 1 UrhG 2),
- daß die Vervielfältigung eines Programms für die Datenverarbeitung "stets nur mit Einwilligung des Berechtigten zulässig" ist (§ 53 Abs. 4 UrhG2),
- daß bei einer Verletzung des Urheberrechts Schadenersatz gefordert werden kann (§ 97 Abs. 1 UrhG2) und
- daß die unerlaubte Vervielfältigung oder Verbreitung urheberrechtlich geschützter Werke "mit Freiheitsstrafe bis zu drei Jahren oder mit Geldstrafe bestraft" wird und auch der Versuch strafbar ist (§ 106 Abs. 1 und 2 UrhG2).

Nach der Zielfestlegung und dem Hinweis auf relevante Bestimmungen des Urheberrechts sollten die Jugendlichen in Kleingruppen eine Stellungnahme unter Beachtung möglichst vieler Pro- und Kontra-Argumente zum Kopieren bzw. Nicht-Kopieren der Diskette herausarbeiten. Die Stellungnahmen können dann in der Klasse vorgetragen und vergleichend diskutiert werden. Durch das Ausarbeiten von Stellungnahmen und die weitere Diskussion werden die Jugendlichen in der Regel bereits mit einer Reihe entwicklungsstimulierender

Argumente konfrontiert. Darüber hinaus kann die Lehrperson an geeigneten Stellen weitere Argumente einbringen, so daß sich möglichst alle Jugendlichen mit Argumenten auseinandersetzen, die eine Stufe oberhalb des von ihnen erreichten Niveaus liegen.
Weitere Überlegungen zu entsprechenden Unterrichtseinheiten werden in den Abschnitten 8.1 und 8.2 dargelegt.

6.2 Eigenes Gestalten und Verbreiten von Medienbeiträgen

Im vorhergehend beschriebenen Aufgabenbereich werden die Kinder und Jugendlichen als Nutzer vorhandener Medienangebote und dabei vorwiegend als Empfänger bzw. Rezipienten medialer Botschaften gesehen. Allerdings treten sie bereits bei der Nutzung von Kommunikationsdiensten, z.B. bei der Nutzung von E-Mail, aus der bloßen Rezipientenrolle heraus und versenden eigene Botschaften. Im Aufgabenbereich des "Eigenen Gestaltens und Verbreitens von Medienbeiträgen" steht die Produzentenrolle ganz im Vordergrund. Mit Hilfe entsprechender technischer Geräte, z.B. Mikrophon und Tonkassettenrecorder, Kamera und Videorecorder, Textverarbeitungs- und anderen Computerprogrammen gestalten sie eigene mediale Produkte.

Aus medienpädagogischer Sicht sind mit der Mediengestaltung in der Regel folgende Zielvorstellungen verknüpft (vgl. auch *Schell* 1993):

a) Die Kinder und Jugendlichen sollen Medienbeiträge zur Dokumentation und Präsentation von Sachverhalten, zur Artikulation eigener Interessen und Bedürfnisse, zur künstlerischen Darstellung eigener Aussagen sowie als mediale Hilfsmittel für die Problemlösung oder Entscheidungsfindung selbst gestalten.

b) Sie sollen Verbreitungsmöglichkeiten für ihre medialen Produkte bedenken und gegebenenfalls Öffentlichkeit für Themen herstellen, die ihnen wichtig sind.

c) Die eigene Gestaltung von Medienbeiträgen soll dazu führen, daß die technischen Möglichkeiten und die Produktionsprozesse von Medien handelnd erfahren und durchschaubar werden. Damit verbindet sich die Hoffnung, daß Kinder und Jugendliche vor Manipulation geschützt werden und Medienangebote kritisch einordnen sowie bewerten können.

d) Durch die eigene Produktion von Medienbeiträgen und ihre Reflexion soll eine ästhetische Sensibilisierung der Kinder und Jugendlichen erreicht werden. Diese soll sich sowohl in einem angemessenen Anspruchsniveau gegenüber

eigenen Produkten als auch in einem erhöhten Anspruchsniveau gegenüber Fremdproduktionen äußern.
e) Mediengestaltung findet in der Regel als Teamarbeit statt. Die Schülerinnen und Schüler können und sollen dabei Gruppenprozesse erfahren und sozial erwünschte Verhaltensdispositionen, z.b. Kooperationsfähigkeit, erwerben bzw. verstärken.

Einzelne dieser Zielvorstellungen können bei konkreten Projekten zugunsten anderer zwar zeitweilig in den Hintergrund rücken, im Prinzip sollten sie jedoch alle im Blick bleiben.

Mediengestaltung läßt sich mit verschiedenen Orientierungen betreiben. Grundsätzlich kann sie dokumentarisch, fiktional, experimentell oder instrumentell orientiert sein (vgl. auch *Eickmeier* 1992):

- Dokumentarisch orientierte Mediengestaltung liegt vor, wenn der Hauptzweck darin besteht, einen bestimmten Sachverhalt oder ein bestimmtes Ereignis innerhalb oder außerhalb der Schule medial zu dokumentieren und zu präsentieren, z.B. eine Übersicht über Aktivitäten der Schule, eine bestimmte Schulfeier oder einen Festzug in der Gemeinde. Dies kann u.a. in Form einer Ton-, Foto- oder Videodokumentation geschehen. Die auditiven, visuellen oder audiovisuellen Dokumente können für die anschließende oder spätere Präsentation und Reflexion bereitgestellt bzw. verfügbar gehalten werden, z.B. als Plakat, Tonmagazin, Videoaufzeichnung oder Webseiten auf einem Rechner. Dabei ist das Bewußtsein wichtig, daß auch bei dokumentarisch orientierter Mediengestaltung nur Aussagen über die Realität gemacht werden können und keine unmittelbare Abbildung der Wirklichkeit möglich ist.
- Fiktional orientierte Mediengestaltung zielt vor allem auf eine Darstellung fiktiver Situationen. So können Schülerinnen und Schüler Videoclips oder Spielfilme produzieren, in denen sie eigene Phantasien und Träume, Wünsche und Hoffnungen, Ängste und Befürchtungen, Probleme und Sozialkritik o.ä. in kreativer Weise zum Ausdruck bringen (vgl. z.B. *Hoogland* 1987; *Boeck/ Bonnet* 1988).
- Experimentell angelegte Mediengestaltung ist darauf gerichtet, die medialen Gestaltungsmöglichkeiten spielerisch zu erproben und in kreativer Weise in audiovisuelle Produkte umzusetzen. Formen, Farben und Klänge können mit Hilfe elektronischer Möglichkeiten in experimenteller Weise verarbeitet werden (vgl. z.B. *Zeitter* 1987).
- Instrumentell orientierte Mediengestaltung ist gegeben, wenn z.B. mit einem geeigneten Computerprogramm eine eigene Simulation für eine naturwissen-

schaftliche Problemlösung oder einen sozialen Entscheidungsfall entwickelt wird.
Diese Orientierungen können in bestimmte Zusammenhänge bei der Mediengestaltung eingebunden sein. Für die Schule sind z.b. unterrichtsthematische, publizistische und medienkritische Zusammenhänge bedeutsam:
- Eine unterrichtsthematisch angelegte Mediengestaltung ist dann gegeben, wenn ohnehin zu behandelnde Unterrichtsthemen, z.b. Berufe im heimatlichen Umfeld, Stadtsanierung, Umweltschutz oder Straßenverkehr, durch die Schülerinnen und Schüler medial aufgearbeitet werden. Dies kann z.b. durch die Aufzeichnung von Interviews mit Betroffenen, durch filmische Dokumentationen und fiktive Spielszenen geschehen. Die so entstehenden Produkte lassen sich nutzen, um für ein bestimmtes Thema Öffentlichkeit herzustellen - sei es in der Schule, sei es im Stadtteil, sei es in der Gemeinde. In diesem Falle wird die Grenze zu anderen Orientierungen bei der Mediengestaltung, z.B. publizistischen oder dokumentarischen, fließend.
- Publizistisch angelegte Mediengestaltung ist von vornherein darauf angelegt, für bestimmte Sachverhalte und Probleme Öffentlichkeit herzustellen. Als Beispiel kann vor allem die Produktion von Schülerzeitungen, Hör- oder Videomagazinen gelten. Solche Produktionen richten sich an alle Schülerinnen und Schüler einer Schule, darüber hinaus an Lehrer und Eltern, unter Umständen auch an Interessenten außerhalb der Schule, z.B. an Partnerschulen oder an die Gemeinde (vgl. z.B. *Howe* 1987). Die Produkte können in herkömmlicher Form oder über ein Computernetz verbreitet werden.
- Eine medienkritisch angelegte Mediengestaltung liegt vor, wenn die medialen Möglichkeiten genutzt werden, um Manipulationsmöglichkeiten der Medien selbst durchschaubar zu machen. So könnte beispielsweise in einer Videocollage die Wohnsituation der Hauptdarsteller in einer Reihe des Vorabendprogramms mit dokumentarischen Aufnahmen zur eigenen Wohnsituation im harten Schnitt konfrontiert werden, Werbespots ließen sich mit Bildern aus realen Lebenssituationen mischen u.ä..

Im Rahmen entsprechender Unterrichtseinheiten und Projekte können mediale Produkte in verschiedenen Medienarten entstehen. Grundlegende Techniken sind dabei
- das Fotografieren,
- die Tonaufzeichnung,
- die Gestaltung schriftlicher Texte,
- die Videoaufzeichnung.

Es empfiehlt sich, diese Techniken im Rahmen unterrichtsthematisch angelegter und dokumentarisch orientierter Mediengestaltungen grundzulegen. Weitere Ausformungen können sie dann z.b. bei publizistisch angelegten oder fiktional orientierten Mediengestaltungen erfahren.
Mit diesen Hinweisen ist zugleich deutlich geworden, daß sich die verschiedenen Orientierungen und Zusammenhänge miteinander verbinden lassen und auch für sich selbst zum Teil überschneiden. Im folgenden nehme ich - im Bewußtsein möglicher Verbindungen und Überschneidungen - drei für die Schule besonders wichtige Formen der Mediengestaltung auf und erläutere sie an Beispielen:
- unterrichtsthematisch angelegte Mediengestaltung,
- publizistisch angelegte Mediengestaltung,
- fiktional orientierte Mediengestaltung.

6.2.1 Unterrichtsthematisch angelegte Mediengestaltung

Eine unterrichtsthematisch angelegte Mediengestaltung kann in der Schule schon früh beginnen. Beispielsweise können Kinder in der Grundschule angeregt werden, ihre Schule oder Besonderheiten ihres Schulwegs mit einem Fotoapparat zu erkunden. Dabei ist es zunächst sinnvoll, mit automatischen Kameras zu arbeiten, so daß sich die Kinder auf einzelne Aspekte der Bildgestaltung, z.B. Einstellungsgröße und Einstellungsperspektive, konzentrieren können.
Nach und nach lassen sich dann bei weiteren Unterrichtseinheiten und Projekten die Gestaltungstechniken einführen und anwenden, die in der Darstellung 6 zusammengefaßt sind. Dies kann die Lehrperson auch mit der Behandlung bestimmter technischer Aspekte des Fotografierens verbinden, z.B. Bedeutung von Belichtungszeit, Blenden- und Entfernungseinstellung für die Helligkeit und Schärfe des Bildes (vgl. zur Technik des Fotografierens z.B. *Meyle* 1984).
Im Laufe der Schulzeit kann das Thema "Fotografieren" dann ausführlicher behandelt werden. So lassen sich im naturwissenschaftlichen Unterricht z.B. die physikalischen und chemischen Gesetze herausarbeiten, die beim Fotografieren eine Rolle spielen; im Kunstunterricht kann die Fotografie als Kunstwerk behandelt werden; im Politik- und Geschichtsunterricht lassen sich Fotos als zeitgeschichtliche Dokumente diskutieren; in einer Fotoarbeitsgemeinschaft können Kenntnisse und Fertigkeiten zur eigenen Entwicklung der Negative bzw. Fotos vermittelt werden. Unterrichtsthematisch orientierte Mediengestaltung würde von solchen Aktivitäten jeweils profitieren können, wenn sie auch keine notwendige Bedingung für diese darstellen.

Darstellung 6: Elemente der Bildgestaltung beim Fotografieren (in Anlehnung an *Meyle* 1984)

---

(1) Format:
Es kann zunächst quer, hoch oder quadratisch sein. Durch Bearbeitung bzw. entsprechendes Zuschneiden sind auch besonders hohe oder schmale, fünf- oder mehreckige und ovale oder runde Formen möglich.
(2) Bildkomposition:
Durch sie kann zunächst der Vorder- oder der Hintergrund betont werden. Die Bildaufteilung läßt sich symmetrisch oder bewußt asymmetrisch oder nach den Regeln des goldenen Schnitts gestalten.
(3) Einstellungsgröße:
Hier kann je nach Ausschnitt unterschieden werden zwischen: Weit, Total, Halbtotal, Halbnah, Amerikanisch, Nah, Groß und Detail.
(4) Blickwinkel:
Er kann von extremer Untersicht (Froschperspektive) über Normalsicht (Augenhöhe) bis zur extremen Aufsicht (Vogelperspektive) reichen.
(5) Beleuchtung:
Hierbei ist - je nach beabsichtigter Bildaussage - auf Helligkeit oder Dunkelheit, auf Licht und Schatten zu achten.
(6) Farben:
Zunächst kann zwischen Farb- und Schwarz-Weiß-Fotos unterschieden werden. Bei den Farben lassen sich eher kalte oder eher warme Farben wählen.
(7) Bewegung:
Bewegungseindrücke können durch bewußte Unschärfen aufgrund von Bewegungen vor der Kamera oder durch bewußte Bewegungen mit der Kamera, z.B. Mitziehen, erzielt werden.
(8) Fotomontage:
Unter anderem sind Doppelbelichtungen oder das Übereinanderkleben verschiedener Bilder möglich.

Fotodokumentationen lassen sich schon früh mit schriftlichen Texten verbinden. Beispielsweise kann eine Grundschulklasse ihre fotografischen Erkundungsergebnisse zur eigenen Schule oder zum Schulweg mit kurzen Kommentaren versehen. Dabei läßt sich die Aufmerksamkeit auf Techniken der Gestaltung lenken, z.B. auf die Bedeutung von Überschriften, von Schriftgröße und Schriftstärke, von farblichen oder sonstigen Hervorhebungen sowie von Layout bzw. Schriftanordnung.

Aus medienpädagogischer Sicht ist neben einer Einführung in grundlegende Techniken des Fotografierens und der Textgestaltung auch eine Einführung in den Umgang mit Mikrophon und Kassettenrekorder in den ersten Grundschuljahren zu empfehlen. Inhaltlicher Anlaß dafür könnte z.B. die Erkundung von Berufen im Heimatraum sein. Solche Berufserkundungen ließen sich in Form von aufgezeichneten Interviews dokumentieren.

Für die Aufzeichnung von Interviews reichen ein Mikrophon und ein Tonkassettenrekorder aus (vgl. zur Technik: *Schill* 1979, S. 152 ff.; *Diel* 1980, S. 63 ff.). In jedem Falle sollten Interviews mit der Klasse vorbereitet werden. Zur Vorbereitung gehören einerseits Übungen zur technischen Handhabung von Mikrophon und Tonkassettenrekorder und andererseits inhaltliche Vorüberlegungen. Inhaltliche Vorüberlegungen können sich z.B. auf einführende Worte und die Vorstellung des Interviewpartners, auf die zu stellenden Fragen, auf das Verhalten bei stockendem Gespräch oder bei zu langatmigen Ausführungen des Gesprächspartners sowie auf die Beendigung des Interviews beziehen. Vor der Realisierung von Interviews außerhalb der Schule sollte die Lehrperson Gelegenheit geben, die Durchführung zu üben. Beispielsweise können sich die Schülerinnen und Schüler gegenseitig über ihre Hobbys interviewen und dabei technische und inhaltliche Aspekte des Interviews erproben.

Im Zusammenhang weiterer Tonarbeit bzw. weiterer Unterrichtseinheiten und Projekte können die Schülerinnen und Schüler Gelegenheit erhalten, verschiedene Gestaltungstechniken von Tonproduktionen kennenzulernen, zu erproben und anzuwenden. Solche Gestaltungstechniken sind in der Darstellung 7 zusammengestellt.

Im Laufe der Grundschulzeit oder in den Klassen 5 und 6 kann - je nach den Voraussetzungen der Kinder - auch eine Einführung in die Arbeit mit der Videokamera erfolgen (vgl. *Schnoor u.a.* 1993). Diese Einführung läßt sich unterrichtsthematisch wieder mit bestimmten Erkundungen im Wohnumfeld verbinden, z.B. bei einem Besuch von Post, Rathaus oder Museum. Auch hier sollte die Dokumentation durch einfache Übungen vorbereitet werden (vgl. z.B. *Pausch* 1978). Beispielsweise könnten sich einzelne Kinder vor der Kamera vorstellen. Danach ließen sich Übungen zur Aufzeichnung von Gruppenaktivitäten durchführen. Bei diesen Übungen könnte der Blick zunächst auf einfache Fragen der Handhabung gerichtet werden, z.B. Vorbereitung der Aufnahme, Start

Darstellung 7: Gestaltungstechniken bei Tonproduktionen (vgl. *Andersen/ Sörensen* 1972)

---

(1) *Regulierung der Lautstärke bzw. Aussteuern oder "Regeln" mit Hilfe der Aussteueranlage*:
Eine angemessene Aussteuerung bei der Aufnahme von Sprache, Musik oder Geräuschen ist für eine gute Tonqualität der Aufnahme bedeutsam.

(2) *Baß- und Höhenkontrollen*:
Sie können helfen, eine Tonaufnahme "zu verdeutlichen" oder "auszumalen".

(3) *Überspielen*:
Dabei werden von einer bereits vorhandenen Aufnahme Sprache, Musik oder Geräusche in eine neue Aufzeichnung übernommen.

(4) *Mischung*:
Sie dient dazu, verschiedene Aufnahmen bzw. Tonquellen über ein Mischpult miteinander zu verbinden.

(5) *Einblenden, Ausblenden, Schneiden*:
Hierdurch werden Übergänge zwischen verschiedenen Tonpassagen geschaffen bzw. verschiedene Tonpassagen aneinander gefügt.

(6) *Multiplay*:
Auf eine bereits vorhandene Aufnahme, z.B. Musik, wird eine weitere Aufnahme, z.B. Sprache, aufgespielt.

(7) *Geräuscheffekte*:
Diese können künstlich erzeugt werden, z.B. um den Eindruck von Wind, Regen, Donner, Schritten oder Pferdegetrappel hervorzurufen.

---

und Ende der Aufzeichnung. Anschließend ließen sich einzelne Gestaltungstechniken besprechen und erproben, z.B. Einstellungsgröße, Einstellungsperspektiven, Zoom und Schwenks. Im Laufe der weiteren Schulzeit könnten nach und nach weitere Gestaltungstechniken im Rahmen unterschiedlicher Projekte Beachtung erfahren. Eine Übersicht gibt Darstellung 8.

Darstellung 8: Filmische Gestaltungstechniken (vgl. z.B. *Borkmann* 1984)

Filme lassen sich in *Sequenzen* gliedern. Eine Sequenz besteht aus inhaltlich, zeitlich oder örtlich zusammenhängenden *Einstellungen*. Als Einstellung wird die - neben dem Einzelbild - kleinste filmische Einheit bezeichnet. Eine Einstellung ist eine ohne Unterbrechung gefilmte Aufnahme.
Als Gestaltungstechniken für die *Einstellung* gelten:
- die Gestaltungsmittel durch die Kamera selbst,
- die Ausstattung bzw. Inszenierung,
- die Bewegung bzw. Bewegungsverhältnisse.

Gestaltungstechniken *durch die Kamera* selbst sind:
- Einstellungsgröße: Weit, Totale, Halbtotale, Halbnah, Amerikanisch, Nah, Groß, Detail,
- Einstellungsperspektive: Normalsicht (Augenhöhe), Untersicht (bis zur Froschperspektive), Aufsicht (bis zur Vogelperspektive),
- Blickwinkel: Aufnahme des Objekts von vorne, schräg von vorne, quer, schräg von hinten, von hinten.

Für die *Ausstattung bzw. Inszenierung* können wichtig sein:
- Umgebung, Kostüme, Räume, Landschaft,
- Beleuchtung, z.B. Dunkelheit oder Helligkeit, Erzeugung von Licht oder Schatten durch Frontallicht, Gegenlicht, Seitenlicht, Oberlicht, Unterlicht,
- Farben und Farbwirkung als Wechselspiel von Objekt und Beleuchtung,
- Mimik, Gestik, Gebärden.

Bei der *Bewegung bzw. den Bewegungsverhältnissen* sind bedeutsam:
- Kamerabewegung: Kamerafahrt (zum Objekt hin, vom Objekt weg), Zoom (Veränderung der Brennweite), Schwenk (langsamer oder schneller Schwenk, Reißschwenk), subjektive Kamera (Kamera befindet sich auf der Schulter des Kameramanns, während dieser die Bewegungen eines Akteurs mitvollzieht),
- Verhältnis von Kameraachse und Bewegungsrichtung: Bewegungsrichtung auf die Kamera zu, von der Kamera weg; Bewegungsrichtung quer zur Kameraachse; Bewegungsrichtung in unterschiedlichem Winkel zur Kameraachse mit Bewegungen auf die Kamera zu oder von der Kamera weg.

Ein Film besteht aus einzelnen Einstellungen, die durch die *Montage* miteinander verbunden werden. Die Verbindung läßt sich als Schnitt oder als Blende gestalten. Beim Schnitt kann man den harten, merkbaren Schnitt vom weichen, kaum merkbaren Schnitt unterscheiden, bei der Blende das Einblenden vom Ausblenden und vom Überblenden. Eine Sonderform des Bildübergangs ist der Reißschwenk (extrem schneller Schwenk mit Wischeffekt).

Neben dem Bild ist der *Ton* von entscheidender Bedeutung für den Film. Prinzipiell sind dabei zu unterscheiden: Sprache, Geräusche, Musik und Stille.
- Für die Sprache gibt es drei Verwendungsformen: den Kommentar bzw. den Monolog und den Dialog.
- Geräusche können das Geschehen als "natürliche" bzw. Originalgeräusche unterstützen oder als künstliche Geräusche in bestimmter Weise akzentuieren.
- Musik kann z.B. eingesetzt werden, um verschiedene Stimmungen hervorzurufen oder zu verstärken.
- Stille schafft jeweils "Gegensätze" oder "Verstärkungen" zu dem sie eingrenzenden Ton.

Der Ton kann als On-Ton (die Tonquelle ist im Bild zu sehen) oder als Off-Ton (der Ton kommt von außerhalb) mit dem Bild verknüpft sein.

Mit diesen Hinweisen sind wichtige Grundlagen für die unterrichtsthematisch angelegte Medienarbeit angesprochen worden. Auf dieser Basis können vielfältige Medienaktivitäten stattfinden. Die folgenden Beispiele sollen dies andeuten:
- Im Englischunterricht läßt sich z.b. bei landeskundlichen Themen vereinbaren, daß Schülerinnen und Schüler Interviews mit Engländern durchführen, die sich zur Zeit in Deutschland aufhalten. Die Interviews können aufgezeichnet und im Unterricht ausgewertet werden.
- Im Religionsunterricht kann z.B. beim Thema "Verständigungsmöglichkeiten zwischen alten und jungen Menschen" vorgesehen werden, ein Altersheim zu besuchen und wichtige Eindrücke von dieser Erkundung auf Tonkassette, Foto oder Videoband zu dokumentieren. Die Dokumentationen lassen sich anschließend unter der Frage auswerten, was junge Menschen tun können, um eine Isolierung der alten Menschen zu vermeiden.
- Im Biologieunterricht kann zum Thema Waldsterben eine Fotodokumentation zu Baumkrankheiten in der nahen Umgebung erstellt werden. Die Fotodokumentation läßt sich durch aufgezeichnete Interviews mit Forstbeamten und Politikern ergänzen. Die Materialien können im weiteren Unterricht ausgewertet und im Hinblick auf Handlungskonsequenzen diskutiert werden.
- Außer der Gestaltung von Fotos, schriftlichem Text, Ton- und Videoaufnahmen ist auch die Erstellung eigener Computeranwendungen wünschenswert. Beispielsweise können Schülerinnen und Schüler in der Auseinandersetzung mit Zukunftsentwicklungen unter Nutzung von Modellbildungssystemen eigene computergestützte Simulationsprogramme erstellen und für Prognosen bzw. Stellungnahmen zur Bevölkerungsentwicklung, zum Rohstoffverbrauch und zu Umweltbelastungen heranziehen.

Die Liste solcher Beispiele ließe sich beliebig verlängern. Die angeführten Beispiele sollen jedoch genügen, um einen Eindruck von den Möglichkeiten unterrichtsthematisch angelegter Mediengestaltung zu vermitteln. Die Vorzüge einer entsprechenden Medienarbeit liegen vor allem in folgendem (vgl. auch *Biermann/ Schulte* 1997, S. 113 ff.):

a) Man kann davon ausgehen, daß die Verbindung unterrichtlicher Arbeit mit der Mediengestaltung zu einer intensiven Auseinandersetzung mit dem Unterrichtsthema führt. So dürfte u.a. die Zielvorstellung, eine Ausstellung zum Thema "Leben in der Stadt" mit eigenen medialen Produkten zu gestalten, die Arbeit an diesem Thema motivieren und intensivieren.

b) Gleichzeitig erfahren die Jugendlichen, wie man mediale Möglichkeiten zur Gestaltung eigener Aussagen bzw. zur Artikulation eigener Interessen einset-

zen kann. Davon sind auch positive Rückwirkungen auf die eigene Medienrezeption und auf die Fähigkeit zur Medienanalyse und zur Medienkritik zu erhoffen.
c) Unterrichtsthematisch angelegte Mediengestaltung führt in der Regel zu einer Öffnung von Unterricht und Schule. Die Öffnung kann sich als Erkundung der außerschulischen Realität mit entsprechenden Ton- und Bildaufzeichnungen und/ oder als Veröffentlichung von medialen Produkten in Form von Ausstellungen u.ä. zeigen.
Diesen Vorzügen steht in gewisser Weise der Aufwand gegenüber, der bei der Integration der Mediengestaltung in das unterrichtliche Vorgehen erforderlich ist. Insofern sollen die obigen Überlegungen auch nicht suggerieren, daß jedes Thema entsprechend bearbeitet werden müßte oder könnte. Es wäre schon viel gewonnen, wenn bei einzelnen Themen die Möglichkeiten der Mediengestaltung exemplarisch genutzt würden.

6.2.2 Publizistisch angelegte Mediengestaltung

Mündet unterrichtsthematisch angelegte Mediengestaltung in die Veröffentlichung medialer Produkte ein, so spielen publizistische Orientierungen bereits bei dieser Form der Medienarbeit eine Rolle. Dennoch bleibt der Ausgangspunkt unterrichtsthematisch angelegter Mediengestaltung ein bestimmtes Unterrichtsthema, das ohnehin zu behandeln ist, während publizistisch angelegte Mediengestaltung von vornherein ihren Ausgangspunkt in der Absicht hat, bestimmte Aussagen oder Interessen öffentlich darzustellen und zu vertreten.
Beispiele für publizistisch orientierte Mediengestaltung mit begrenzter Öffentlichkeit sind schriftliche Briefe bzw. Mitteilungen, Tonkassetten- oder Videobriefe für Partnerklassen oder Partnerschulen. Ein klassisches Beispiel, das sich auf die Herstellung von Schulöffentlichkeit richtet, ist die Schülerzeitung. Ein einfacheres Beispiel sind Flugblätter, Wandzeitungen oder selbsterstellte Poster (vgl. z.B. *Schorb u.a.* 1986, S. 31 ff.).
Neben die Schülerzeitung sind in einzelnen Fällen Klassen- oder Schulhörmagazine (vgl. z.B. *Seibold* 1986) und Videomagazine getreten (vgl. z.B. *Howe* 1987). Im folgenden gehe ich als Beispiel für publizistisch orientierte Mediengestaltung auf die Produktion von Schulhörmagazinen und Videomagazinen ein. Anregungen dafür entnehme ich vor allem den Überlegungen von *Seibold* (1986) und *Howe* (1987).
Die Produktion eines Hörmagazins oder eines Videomagazins kann in unterschiedlicher Form organisiert werden. Eine Möglichkeit besteht darin, daß

eine Arbeitsgemeinschaft gebildet wird, deren Mitglieder sowohl als Autoren als auch als Redakteure tätig werden. Eine andere Organisationsform liegt in der Einrichtung eines klassenübergreifenden Redaktionsteams, das Schülerinnen und Schüler aus verschiedenen Klassen anregt, Beiträge zu liefern, und diese redaktionell betreut. Des weiteren kann vereinbart werden, daß jede Klasse einmal die Produktion eines Magazins übernimmt.

Welche Organisationsform auch gewählt wird, wichtig ist, daß sich die betreffenden Schülerinnen und Schüler mit den technischen Bedingungen einer Ton- oder Videoproduktion vertraut machen und verschiedene Gestaltungsformen kennenlernen (vgl. dazu z.B. *Pausch* 1978). Mögliche Gestaltungsformen für Ton- und Videomagazine sind in der Darstellung 9 aufgeführt.

Für die Erstellung eines Magazins sollten in der betreffenden Lerngruppe zunächst Ideen zu Themen und Beiträgen, die im Magazin zur Sprache bzw. Darstellung kommen sollen, gesammelt und festgehalten werden. Danach können die einzelnen Ideen hinsichtlich des Interesses, auf das sie vermutlich stoßen werden, des Aufwandes zu ihrer Realisierung, der möglichen Einpassung in eine Inhalts- und Zeitstruktur, der Eignung für die auditive oder visuelle Darstellung sowie der Abstimmung mit anderen Ideen diskutiert werden. Nach einer entsprechenden Auswahl läßt sich eine Gliederung für das geplante Magazin erstellen.

Im Anschluß daran sollten die notwendigen Vorbereitungsarbeiten für die einzelnen Beiträge aufgeteilt, Termine abgesprochen und in eine Zeitplanung umgesetzt werden. Je nach den Vor-Erfahrungen der Redakteure, Autoren und Realisatoren müssen gegebenenfalls Übungen an den technischen Geräten sowie Übungen zu den verschiedenen Gestaltungsformen durchgeführt werden.

Danach sind Texte bzw. kurze Drehbücher zu verfassen und zu besprechen, gegebenenfalls sind Requisiten zu fertigen und bereitzustellen. Die Einzelbeiträge können jetzt aufgezeichnet bzw. gedreht werden. Am Schneidetisch ist eine Bearbeitung vorzunehmen, ehe die Einzelbeiträge mit der Moderation zusammengefügt und in die Endfassung gebracht werden.

Für die Vorführung des Magazins sind geeignete Vorführmöglichkeiten zu überlegen, z.B. Vorführung zu bestimmten Zeiten in der Aula oder in der Pausenhalle, eventuell auch an bestimmten Nachmittagen bzw. an einem Elternabend. Ankündigungen sollten vorbereitet und verteilt werden. Eventuell kann in der Schule auch eine Hör- oder Videoecke mit Abspielmöglichkeiten eingerichtet werden. Unter Umständen bietet es sich an, das erstellte Magazin über den

Darstellung 9: Gestaltungsformen für Hör- und Videomagazine (vgl. z.B. *Pausch* 1978)

(1) Moderation:
Die Moderation dient in der Regel der Einführung der einzelnen Beiträge bzw. der Überleitung zwischen zwei Beiträgen, unter Umständen wird sie auch zu abschließenden Bemerkungen zu einem Beitrag genutzt.

(2) Dokumentation:
Diese Gestaltungsform liegt vor, wenn ein bestimmtes Ereignis in seinem Originalablauf aufgezeichnet wird, z.b. die Rede des Schulleiters zur Schulentlassung.

(3) Bericht:
In diesem Fall berichtet ein Schüler oder eine Schülerin über ein bestimmtes Ereignis, z.B. über den Ablauf einer Schulfeier.

(4) Nachrichten:
Hier können einzelne Ereignisse, z.B. aus dem Schulleben, kurz mitgeteilt werden.

(5) Reportage:
Eine Reportage liegt vor, wenn ein original ablaufender Vorgang parallel von einem Reporter kommentiert wird, z.b. begleitende Kommentierung eines Volleyballspiels zweier Schulmannschaften.

(6) Interview:
Beim Interview wird eine Person zu bestimmten Themen befragt, z.B. der Schul- und Kulturdezernent zu Fragen der sächlichen Schulausstattung.

(7) Gespräch oder Diskussion:
Hierbei sprechen bzw. diskutieren verschiedene Personen über ein bestimmtes Thema, z.B. der Schülersprecher, der Schulleiter, der Beratungslehrer und der Hausmeister über Möglichkeiten, den Schulhof angenehmer zu gestalten.

(8) Kommentar:
Eine Schülerin oder ein Schüler nimmt zu einem bestimmten Sachverhalt oder Ereignis Stellung, z.B. zu einer neuen Nutzerordnung für die Schülerbibliothek oder -mediothek.

(9) Musikeinspielung:
Zur Auflockerung, aber auch als Werkbeispiel kann ein bestimmter Musiktitel - unter Umständen in eigener Aufführung - eingespielt werden. Bei Videomagazinen kommen auch selbsterstellte Videoclips in Betracht.

(10) Hör- oder Spielszene:
Bestimmte Situationen können zur Verdeutlichung eines Problems bzw. eines Konflikts oder einer Lösungsmöglichkeit im Rollenspiel simuliert und als Hör- oder Spielszene aufgezeichnet werden, z.B. simulierte Darstellung der Rückgabe einer Klassenarbeit, um Ängste und Hoffnungen der Schülerinnen und Schüler, u.U. auch unangemessenes Verhalten des Lehrers aufzuzeigen.

Mehrere dieser Grundformen können im Rahmen eines *Features* zur Anwendung kommen.

lokalen Hörfunk oder einen offenen Fernsehkanal auszustrahlen. In diesem Falle müßte rechtzeitig ein entsprechender Kontakt hergestellt werden.

In einer abschließenden Reflexion sollten Vorzüge und eventuelle Schwächen des realisierten Magazins - wenn möglich, unter Berücksichtigung von Rückmeldungen durch andere Schülerinnen oder Schüler, Eltern oder Lehrer - diskutiert und für zukünftige Produktionen ausgewertet werden.

6.2.3 Fiktional orientierte Mediengestaltung

Fiktionale Elemente können schon bei einer publizistisch angelegten Mediengestaltung auftauchen, z.B. in Form von Hör- oder Spielszenen. In den Mittelpunkt rückt die fiktionale Orientierung, wenn Schülerinnen und Schüler sich z.B. vornehmen, eine Tonbildschau, ein Hörspiel, einen Super-8mm-Film, einen Videofilm oder ein Computer-Spiel mit einer selbst erfundenen oder übernommenen fiktiven Handlung zu produzieren.

Bei der fiktional orientierten Mediengestaltung sollten sich Lehrpersonen, Schülerinnen und Schüler darüber im klaren sein, daß eine wichtige Vorentscheidung in der Wahl des jeweiligen Mediums liegt. Jedes Medium setzt für die Medienarbeit ganz bestimmte Bedingungen bezüglich der Gestaltungsmöglichkeiten. So ist offensichtlich, daß ein Hörspiel andere Gestaltungsmöglichkeiten für die Darstellung einer fiktiven Handlung bietet als eine Tonbildreihe oder ein Film. Für die Lehrperson ist darüber hinaus wichtig, daß es bei der Arbeit mit Ton- oder Videokassette in der Regel schwieriger sein dürfte, einsichtig zu machen, daß die Produktion eines Hörspiels oder eines Videofilms letztlich eine ebenso sorgfältige Planung und Vorbereitung erfordert wie die Produktion eines Super-8mm-Films. Die Möglichkeit, etwas aufnehmen und problemlos wieder löschen zu können, verführt unter Umständen dazu, gründliche Vorüberlegungen als weniger wichtig anzusehen. Bei der Arbeit mit dem Super-8mm-Film, den damit verbundenen Kosten und dem zeitaufwendigen Entwicklungsverfahren dürfte die Notwendigkeit sorgfältiger Vorplanung eher einsichtig sein. Allerdings haben Ton- und Videokassette den wichtigen Vorteil, daß die Rückmeldung sofort erfolgen kann und größere Experimentiermöglichkeiten bestehen.

Neben Überlegungen dieser Art ist für die Medienentscheidung wichtig, auf welche Ausstattung die jeweilige Schule überhaupt Zugriff hat. Für die fiktional orientierte Mediengestaltung sind - wie für publizistisch angelegte Formen der Mediengestaltung - im Falle von Hörmedien, Video oder Film geeignete Aufnahmeeinrichtungen sowie Schnittmöglichkeiten erforderlich.

Eine allgemeingültige Empfehlung für die Medienentscheidung läßt sich nicht geben. Sie muß je nach Situation unter Berücksichtigung der Voraussetzungen von Schülerinnen, Schülern und Lehrpersonen, der fachlichen oder überfachlichen Intentionen, der zur Verfügung stehenden Zeit sowie der technischen Ausstattung gefällt werden. Bestenfalls kann man empfehlen, zunächst mit kleineren Aufgaben, z.b. Aufzeichnung eines Sketches, und einfacheren Medien, z.B. Hörszenen, zu beginnen. Die Aufgaben können dann zunehmend komplexer werden - bis zur Erstellung eines kurzen Spielfilms (als Super-8mm-Film oder als Videofilm).

Allerdings neigen Jugendliche nicht selten zu komplexen Aufgaben, wenn ihnen z.b. nur die Rahmenbedingung vorgegeben wird, selbst eine Produktion zu erstellen. In solchen Fällen taucht häufig der Wunsch auf, einen Krimi oder einen sonstigen längeren Film zu drehen. Dabei wird in der Regel der Aufwand unterschätzt, der mit einem solchen Vorhaben verbunden ist. Hier kommt es darauf an, sich entweder zunächst auf kleinere Aufgaben zu verständigen oder abzuschätzen, ob die Gruppe wirklich in der Lage sein wird, sich auf einen entsprechend aufwendigen und langwierigen Prozeß einzulassen, ohne demotiviert zu werden.

Im folgenden soll der Prozeß der Herstellung eines Videofilms als Beispiel für die fiktional orientierte Mediengestaltung kurz charakterisiert werden. Dabei gehe ich davon aus, daß die betreffende Klasse oder Gruppe im Zusammenhang kleinerer Videoproduktionen schon einige Erfahrungen im Umgang mit Videokamera und -rekorder sammeln konnte.

Bei entsprechenden Voraussetzungen kann die Lehrperson anregen, einen kurzen Videofilm einmal selbst zu gestalten und nach Ideen zu einem möglichen Film fragen.

Howe berichtet z.B., daß in einer Arbeitsgruppe, die an seiner Hauptschule im Rahmen des Wahlfaches "Kunst/Medienkunde" mit Schülerinnen und Schülern aus der 7. Jahrgangsstufe gebildet worden war, folgende Vorschläge für einen Film zusammengetragen wurden (vgl. 1987):
- Bankraub in Eschweiler (Krimi),
- Die Wandlung - ein Bösewicht wird gut,
- Schule modern,
- Ein Traum (Liebesgeschichte),
- Diebstahl im Warenhaus,
- Schule 2000 (Science fiction),
- Schulstreiche,

- Traumwelt (phantastische Erlebnisse eines Jungen),
- Der Kurzschluß (Komödie).

Die Lehrperson kann nun vorschlagen, die möglichen Themen in wenigen Sätzen als Filmidee auszuformulieren. Mit Bezug auf die obigen Beispiele "Bankraub in Eschweiler" und "Ein Traum" sind z.b. Filmideen folgender Art entstanden:
- Drei Männer verüben einen Bankraub. Sie entrinnen knapp der Polizei. Bei der Verteilung der Beute kommt es zum Streit. Einer der Männer versucht, sich mit dem größten Teil des Geldes abzusetzen. Die anderen erwischen ihn dabei und halten ihn zurück. Mittlerweile hat die Polizei eine heiße Spur. Die Bankräuber werden in ihrem Versteck gefaßt.
- Eine Schülerin sitzt im Unterricht und kann sich nicht auf die gestellten Aufgaben konzentrieren. Sie fängt an zu träumen. Im Tagtraum trifft sie ihren Traumboy. Beide gehen im Park spazieren und verabreden sich für den Abend. Am Abend wartet das Mädchen jedoch vergebens auf ihren Traumboy. Sie ruft bei ihm an und erfährt von der Mutter, daß er mit einer anderen ausgegangen sei. Die Lehrerin weckt das Mädchen aus ihrem Tagtraum.

Falls es sich anbietet, sollte die Lehrperson vor einer Entscheidung für eine Filmidee anregen, über mögliche Beziehungen der eigenen Filmideen zum üblichen Film- und Fernsehangebot nachzudenken. Dies kann dazu führen, daß bei der weiteren Bearbeitung der Filmideen - in bewußter Abhebung vom herkömmlichen Medienangebot - ein stärkerer Bezug zur eigenen Situation hergestellt wird, z.B. zu eigenen Wünschen, Hoffnungen, Ängsten und Träumen.

Nachdem mehrere Filmideen aus der Gruppe vorliegen, sollte eine Entscheidung für eine Filmidee angestrebt werden. Dazu können die einzelnen Ideen hinsichtlich des Interesses, das sie in der Gruppe hervorrufen, sowie ihrer Realisierbarkeit und Originalität diskutiert werden. Auf dieser Basis läßt sich eine Verständigung über die weiter zu verfolgende Idee herbeiführen. Im Falle der oben erwähnten 7. Hauptschulklasse einigten sich die Schülerinnen und Schüler z.B. auf die Filmidee "Tagtraum".

Nun sollte die Lehrperson mit den Schülerinnen und Schülern das weitere Vorgehen besprechen. Dazu kann sie zunächst die filmischen Gestaltungsmittel in Erinnerung rufen (vgl. Darstellung 8). Des weiteren ist der Hinweis wichtig, daß die Produktion eines Films eine sorgfältige Vorarbeit erfordert: Exposé, Treatment und Drehbuch sowie ein Drehplan sollten in der Regel vorliegen, ehe die eigentlichen Dreharbeiten beginnen.

Das *Exposé* stellt eine erweiterte Beschreibung der Filmidee dar, so daß der Handlungsablauf erkennbar wird.

Howe verweist z.B. auf das folgende - von einem Schüler entwickelte, hier allerdings leicht modifizierte - Exposé zur Filmidee "Tagtraum" (vgl. 1987):
Die Schüler murmeln halblaut in der Klasse und warten auf die Lehrerin. Ein Schüler kommt in die Klasse und ruft: "Frau Acker kommt!" Sofort ist es in der Klasse ruhig. Die Tür geht auf und mit erhobenem Zeigefinger kommt Frau Acker herein. Die Schulbücher liegen schon auf dem Tisch. Doch die Lehrerin sagt: "Wir schreiben einen Test!" Die Schüler murmeln unzufrieden. "Ruhe!" schreit Frau Acker. Die Arbeit beginnt. Viele sind schon mitten in der Arbeit. Aber eine Schülerin, die in der letzten Bank sitzt, hat noch nicht einmal angefangen, sie träumt vor sich hin. Zuerst ist alles verschwommen, doch dann sieht man, wie sie über den Schulhof geht. Plötzlich sieht sie ihren Traumboy. Sie ist sofort Feuer und Flamme.
"Jennifer!" schreit die Lehrerin sie an. Doch Jennifer ist schon mit ihren Gedanken bei ihrem Traumjungen. Er lächelt sie an, und sie verabredet sich mit ihm für den nächsten Tag.
Da sie sich so auf den Abend freut, ruft sie ihn an. Die Mutter ist am Telefon und sagt, daß es ihr schrecklich leid tut, aber er ist mit einem anderen Mädchen ausgegangen. Jennifer bringt nur noch ein leises "Entschuldigung" hervor. Sie denkt, daß die Welt für sie zusammenbricht.
"Jennifer!" schallt es durch den Raum, "ich fordere dich noch einmal auf mitzuarbeiten." Jennifer wacht aus ihrem Traum auf und ist einerseits froh und andererseits traurig, daß sie ihren Traumboy verloren hat. (*Michael Krämer*)
Nach Vorliegen des Exposés lassen sich drei Kleingruppen bilden: eine, die das Exposé zu einem Treatment weiterentwickelt; eine, die sich schon Gedanken über mögliche Drehorte und notwendige Requisiten macht; eine, die sich überlegt, wer welche Rollen übernehmen könnte und welche Kostüme dazu notwendig sind.

Die Überlegungen der Gruppen sollten dann dargestellt, diskutiert und in einem überarbeiteten *Treatment* zusammengefaßt werden. Dabei wird das Treatment häufig noch Veränderungen gegenüber dem Exposé aufweisen.
Ein Treatment könnte für das Beispiel "Tagtraum" z.B. folgendermaßen aussehen:
(1) *Vorspann*: Schrifttafeln mit Filmtitel (Tagtraum), Gruppe (Ein Film der Video-Werkstatt Waldschule), Hauptdarstellerin (Jennifer) und Hauptdarsteller (Frank), Kameramann, weiteren Mitwirkenden und Regisseur, begleitend Musik.

(2) *Klassenraumsituation*: Frau Maletzke unterrichtet Geschichte. Jennifer spricht dazu einen Off-Kommentar, in dem sie erläutert, daß sie die Geschichtsstunde langweilig findet und keine Lust hat, sich am Unterricht zu beteiligen.

(3) *Bildliche Vorstellung von Jennifer*: Jennifer stellt sich im Off-Kommentar kurz vor und erscheint zum erstenmal groß im Bild. Im On-Ton wird sie von der Lehrerin mehrfach ermahnt, aufmerksam zu sein und mitzuarbeiten. Jennifer spricht im Off-Kommentar ihre Gedanken aus. Es wird klar, daß sie kein Interesse am Unterricht hat und lieber an ihren Traumboy Frank denkt, den sie vorgestern kennengelernt hat. Das Bild verschwimmt.

(4) *Beginnender Tagtraum*: Erinnerung an vorgestern geht bei Jennifer in einen Tagtraum über. Jennifer trifft Frank auf dem Schulhof, beide plaudern miteinander, Freunde von Frank kommen für kürzere Zeit hinzu. Danach gehen Jennifer und Frank gemeinsam bei begleitender Musik in einen Park.

(5) *Glückliche Stunden im Park*: Jennifer und Frank spazieren in Umarmung über grüne Wiesen im Park. Fröhlich läuft Jennifer in eine Baumgruppe, wartet auf Frank hinter einem Baum und fällt ihm um den Hals. Glücklich gehen sie bei beschwingter Musik heim.

(6) *Enttäuschung*: Jennifer wartet an einem Treffpunkt vergeblich auf Frank. Nach längerer Zeit ruft sie bei ihm zu Hause an. Die Mutter sagt, daß Frank sich mit seiner neuen Freundin verabredet hat. Als Jennifer den Hörer auflegt, sieht sie in der Ferne, daß Frank mit einem anderen Mädchen vorbeigeht. Sie empfindet Schmerz und Enttäuschung - im Hintergrund dramatisch klingende Musik.

(7) *Erwachen*: Frau Maletzke ruft Jennifer erneut auf und weckt sie damit aus ihrem Tagtraum. Jennifer ist froh, von ihrem Alptraum erlöst zu sein. Sie findet Frau Maletzke plötzlich doch sehr nett und beschließt, nun im Unterricht mitzuarbeiten. Abschließend erwähnt sie im Off-Kommentar, daß sie sich auf den Abend freut: auf ein verabredetes Treffen mit Frank.

(8) *Abspann*: Schrifttafel "Ende" und Copyright-Vermerk.

Ist das Treatment verabschiedet, können die weiteren Vorbereitungen arbeitsteilig vorangetrieben werden: Eine Kleingruppe sollte das Drehbuch erstellen, eine die Requisiten und gegebenenfalls die Ausstattung der Räume vorbereiten und eine an den Kostümen arbeiten.

Das *Drehbuch* kann in die beiden Spalten "Bild" und "Ton" aufgeteilt werden. Einen Ausschnitt aus einem (nachträglich von mir entwickelten) Drehbuch für unser Beispiel zeigt Darstellung 10.

Darstellung 10: Drehbuchauszug zum Beispiel "Tagtraum"

Bildinhalt/Kamera	Ton
Im Bild erscheinen nacheinander Schrifttafeln mit folgender Aufschrift: Tagtraum Ein Film der Videowerkstatt Waldschule	leichte und ruhige Unterhaltungsmusik
Jennifer in Großaufnahme, Bild verschwimmt, Übergang zum Tagtraum	Jennifer (als Gedanken "über" das Bild gesprochen): ... Ich denke lieber an Frank. Was er jetzt wohl gerade macht?
Frank, auf dem Zaun des Schulhofes sitzend, erst halbnah, dann nah	fröhlich klingende Musik
Jennifer kommt aus dem Haupteingang der Schule, weit, sie geht auf die Kamera zu, bis halbtotal	Jennifer (über das Bild gesprochen): ... Frank hat mir gleich gut gefallen. Er ist so anders als die anderen - unheimlich nett und nicht so protzig.
Jennifer und Frank treffen sich am Schulhofzaun, erst total, dann halbnah	fröhlich klingende Musik
Jennifer und Frank sprechen freundlich miteinander, halbnah	fröhlich klingende Musik
Jennifer und Frank gehen in gegenseitiger Umarmung auf einer grünen Wiese im Park, total	fröhlich klingende Musik
Jennifer löst sich aus der Umarmung und läuft auf eine Baumgruppe zu, total	beschwingter werdende Musik
Frank läuft hinter ihr her, um sie zu fangen, total	
Jennifer wartet hinter einem Baum, erwartungsvolles Gesicht, groß	etwas abklingende Musik
Frank sucht Jennifer, sie fällt ihm plötzlich um den Hals, halbtotal	wieder anschwellende Musik
Frank erfaßt Jennifer und schwingt sie in die Runde, total	Musik im Takt zur Bewegung

Die aufgrund des Drehbuchs absehbaren Arbeiten sollten in einen Drehplan einfließen. In den Drehplan werden alle Termine für die Aufnahmen, die jeweils benötigten Geräte, die Aufgabenverteilung zwischen verschiedenen Personen u.ä. eingetragen. Dabei sollte darauf geachtet werden, daß die Dreharbeiten an einem Ort möglichst an einem Termin stattfinden.

Bei der Aufgabenverteilung geht es unter anderem um folgende Funktionen: Schauspieler, Maskenbildner, Kostümbereitstellung, Raumgestaltung und Bereitstellung von Requisiten, Beleuchtung, Videotechnik, Tonschnitt, Scriptgirl bzw. -boy, Aufnahmeleitung, Regisseur.

Nachdem alle Funktionen verteilt sind, wobei einige Funktionen je nach Zahl der Beteiligten doppelt besetzt sein können, sollten die Dreharbeiten gemäß Drehplan ausgeführt werden.

Im Anschluß an die Aufnahmen kann die abschließende Montage mit dem Einfügen von Titeln u.ä. erfolgen. Für die Montage des Films sollten die Gestaltungsmöglichkeiten ins Bewußtsein gehoben werden, die in der Darstellung 11 zusammengefaßt sind.

Spätestens bei der Fertigstellung des Films sollten Vorführgelegenheiten überlegt bzw. Termine vereinbart und angekündigt werden. Wünschenswert ist, daß die Vorführung jeweils mit einem Gespräch über den Film verbunden wird.

Unter Umständen kann der Film auch einer Rundfunkanstalt für die Ausstrahlung angeboten werden. Beispielsweise bietet der WDR mit seiner Reihe ACT die Möglichkeit zur Ausstrahlung von Videoprodukten.

In einer abschließenden Reflexion sollte das Produkt hinsichtlich seiner Vorzüge und Schwächen - unter Berücksichtigung von Rückmeldungen aus den Vorführungen - diskutiert werden.

Dabei kann ein Problem darin liegen, daß die Schülerinnen und Schüler bewußt oder unbewußt dazu neigen, ihre Produkte mit den ihnen bekannten professionellen Produkten aus dem Film-, Fernseh- und Videobereich zu vergleichen, und so unter Umständen enttäuscht sind, weil sie die professionellen technischen Standards nicht erreichen können. Für die Reflexion dieses Problems mit den Schülerinnen und Schülern sind m.E. zwei Gedanken besonders wichtig:
- Der Sinn eigener Mediengestaltung liegt nicht darin, Konkurrenzprodukte zu professionellen Anbietern zu erstellen, sondern in der Möglichkeit, eigene Erfahrungen mit der Medienproduktion zu machen und damit die Chance zu

Darstellung 11: Montage beim Film (vgl. z.B. *Borkmann* 1984)

> Durch die *Montage* entstehen einzelne Filmsequenzen als inhaltliche Einheiten im Rahmen eines Films. Innerhalb der Filmsequenzen kann die Montage prinzipiell drei Zwecken dienen:
> - *Raum und Zeit* werden gegliedert bzw. aufeinander bezogen. Handlungsabläufe können beispielsweise in ihrer zeitlichen Reihenfolge - in der Regel mit Zeitsprüngen, um das Geschehen zu verdichten - dargestellt werden (erzählende Montage). Weiterhin können Einstellungen, die eine Ursache anzeigen, mit Einstellungen verknüpft werden, die die Wirkung präsentieren (Kausalmontage). Verschiedene zeitlich parallel verlaufende Handlungsstränge können miteinander verwoben werden (Parallelmontage).
> - Durch die Länge der Einstellungen erhält die filmische Darstellung eine *Rhythmisierung*. Beispielsweise können durch immer kürzer werdende Einstellungen Spannung gesteigert und das Zustreben auf einen Höhepunkt filmisch unterstützt werden (rhythmische Montage).
> - Beim Zuschauer werden *Ideenassoziationen* hervorgerufen. Durch das Aneinanderschneiden verschiedener Einstellungen sollen beim Zuschauer bestimmte Gedankenverbindungen entstehen, z.B. durch die unmittelbare Folge von gegensätzlichen Bildinhalten (Kontrastmontage) oder von einem direkt auf das Filmgeschehen bezogenen und einem symbolischen Bildinhalt (Symbolmontage).

haben, Medien zur Artikulation eigener Interessen und Bedürfnisse und zur eigenen künstlerischen Gestaltung zu nutzen.
- Technische Perfektion garantiert noch kein gutes Produkt. Unter Umständen sind die zugrundeliegenden Filmideen bei professionellen Produkten so trivial, daß der technische Aufwand zu ihrer Realisierung eigentlich nicht vertretbar war. Die besondere Chance eigener Mediengestaltung liegt demgegenüber darin, originelle und auf die eigene Lebenssituation bezogene Filmideen zu realisieren.

Abschließend sei noch auf ein medienpädagogisch besonders interessantes Vorgehen bei der Mediengestaltung verwiesen: Für mehrere Kleingruppen einer Klasse oder für verschiedene Klassen einer oder mehrerer Schulen wird ein gemeinsamer Erzählkern vorgegeben, der von den beteiligten Gruppen bzw. Klassen jeweils in einer anderen Medienform ausgeführt wird. So hat *Seibold*

(1987) beispielsweise im Rahmen eines vom Bundesminister für Bildung und Wissenschaft geförderten Projekts für mehrere Schulen in Baden-Württemberg den Grundgedanken des Gleichnisses vom verlorenen Sohn als Erzählkern vorgegeben. Dieser Erzählkern wurde von verschiedenen Klassen unterschiedlich medial gestaltet, z.b. als Gedicht, Briefroman, Comic, Song, Fotoreportage, Hörspiel, Theaterstück, Videoclip und Videofilm. Durch die abschließende Zusammenstellung der unterschiedlichen Produkte in einer Ausstellung wurden zum einen die vielfältigen Gestaltungsmöglichkeiten von Medien sichtbar und zum anderen die spezifischen Vorzüge sowie Begrenzungen einzelner Medien deutlich (vgl. zu diesem Projekt *Preiser/ Seibold* 1989).

6.3 Verstehen und Bewerten von Mediengestaltungen

Kinder und Jugendliche werden ständig mit Informationen, Werbung und fiktiven Geschichten in verschiedenen Medien konfrontiert, z.B. in Zeitschriften, in Hörbeiträgen, im Fernsehen und in Computerspielen. Die damit verbundenen Botschaften werden in unterschiedlichen Zeichensystemen bzw. verschiedenen Gestaltungsmerkmalen präsentiert. Aus medienpädagogischer Sicht ist es eine wichtige Aufgabe, den Kindern und Jugendlichen zu ermöglichen, die vielfältigen Medienangebote angemessen zu verstehen und bewerten zu können. Dies ist zunächst im Zusammenhang einer reflektierten Auswahl und Nutzung von Medien bedeutsam. Darüber hinaus ist das Verstehen und Bewerten von medialen Ausdrucksweisen ein wesentlicher Bestandteil einer angemessenen Verwendung der "Mediensprache" bei der eigenen Gestaltung von Medien.
Als inhaltliche Grundlage für den Aufgabenbereich des Verstehens und Bewertens von Mediengestaltungen können die Überlegungen im Abschnitt 2.2 dienen. Dort werden als wichtige Medienmerkmale herausgestellt:
- *Codierungsarten* und *Sinnesmodalitäten*, die bei der Präsentation von Inhalten immer in kombinierter Form als *Darstellungsformen* in Erscheinung treten, z.B. als gesprochener oder schriftlicher Text, als Bild oder aufgezeichnetes Originalgeräusch,
- *Gestaltungstechniken*, die jeder Darstellungsform zu eigen sind, z.B. Einstellungsgröße und Einstellungsperspektive, Schwenk und Zoom beim Film,
- *Ablaufstrukturen*, die z.B. linear bei Film und Hörspiel oder responsiv bei Lernsoftware sein können,

- *Gestaltungskategorien*, z.b. informierende, unterhaltende und werbebezogene Programme, wobei auf verschiedene Gestaltungsformen zurückgegriffen werden kann, z.b. Bericht, Interview, Moderation, Spielszene,
- *Produktions- und Verbreitungsbedingungen*, z.b. die Produktion und Verbreitung durch öffentlich-rechtliche oder private Institutionen, und ihre Bedeutung für die Mediengestaltung.

Im folgenden sollte ein Akzent bei den Darstellungsformen, bei den Gestaltungstechniken und bei den Gestaltungskategorien gesetzt werden. Die anderen Merkmale sollen mitbedacht werden - wobei zu berücksichtigen ist, daß Fragen der Produktions- und Verbreitungsbedingungen schwerpunktmäßig im Abschnitt 6.5 behandelt werden.

In diesem Sinne geht es im Rahmen des Aufgabenfeldes "Verstehen und Bewerten von Mediengestaltungen" um folgende Ziele (vgl. auch *Doelker* 1992):
Die Kinder und Jugendlichen sollen die Fähigkeit erwerben,

a) die verschiedenen Darstellungsformen in ihren Möglichkeiten und Grenzen zu verstehen und zu unterscheiden,

b) Gestaltungstechniken und die mit ihnen verbundenen Aussagemöglichkeiten zu erkennen und einzuschätzen,

c) Gestaltungskategorien und die mit ihnen verknüpften Gestaltungsabsichten zu erfassen und zu bewerten,

d) die genannten und weitere Medienmerkmale bei der Nutzung vorhandener Medienangebote und bei der eigenen Gestaltung medialer Produkte zu beachten und zu reflektieren.

Hierbei soll die Zielvorstellung d) im Zusammenhang mit den Zielvorstellungen a), b) und c) bearbeitet werden. Außerdem ergeben sich bei der Zielvorstellung d) vielfältige Bezüge zu den Abschnitten 6.1 und 6.2.

6.3.1 Unterscheiden verschiedener Darstellungsformen

Kinder und Jugendliche werden u.a. bei Unterhaltungssendungen, bei der Werbung und bei Informationsangeboten mit medial vermittelten Inhalten in verschiedenen Darstellungsformen konfrontiert, z.B. mit gesprochenen und geschriebenen Texten oder mit Bildern und Filmen.

Dabei wird in der Regel nicht ausdrücklich reflektiert, daß mit jeder Darstellungsform bestimmte Möglichkeiten und Begrenzungen verbunden sind. Beispielsweise werden bei nur visuellen Abbildungen die sichtbaren Aspekte eines Sachverhalts oder einer Geschichte hervorgehoben und bei nur auditiven Abbildungen die hörbaren, während es bei nur sprachlichen Darstellungen die

verbal ausdrückbaren sind; gleichzeitig werden andere Qualitäten vernachlässigt. Die Vorstellungen, die sich über die Wirklichkeit oder im Zusammenhang mit erdachten Geschichten ausbilden, sind so auch immer mit der Form verknüpft, in der sie präsentiert bzw. erfahren werden (vgl. auch Abschnitt 2.1).
Entsprechende Einsichten können prinzipiell auf dem Wege des eigenen Tuns oder durch ein analytisches Vorgehen erworben werden. Eigenes Tun bedeutet, daß Kinder oder Jugendliche einen bestimmten Inhalt in verschiedenen Darstellungsformen selbst gestalten und dabei die Grenzen und Möglichkeiten verschiedener Darstellungsformen selbst erfahren. Bei einem analytischen Vorgehen geht es darum, verschiedene mediale Produkte mit unterschiedlichen Darstellungsformen zu einem bestimmten Inhalt miteinander zu vergleichen und zu bewerten.
Im folgenden sollen zunächst Möglichkeiten der Auseinandersetzung mit verschiedenen Darstellungsformen durch eigenes Gestalten angesprochen werden. Für entsprechende Projekte stellt sich die Frage, welcher Inhalt für die Vermittlung durch unterschiedliche Darstellungsformen ausgewählt werden soll. Hier bieten sich verschiedene Möglichkeiten an, u.a.
- Darstellung eines Schultages für die Eltern durch Wort und/oder Bild, z.B. durch Erzählen, Zeichnungen oder Tonaufnahmen,
- Darstellung eines Klassenausflugs oder einer Erkundung, z.B. einer Wanderung oder eines Besuchs bei der Feuerwehr mit einer Dokumentation in Wort und/oder Bild,
- Darstellung einer fiktiven Geschichte, z.B. eines Märchens in unterschiedlichen Darstellungsformen.

Es liegt nahe, die Fähigkeit zur Unterscheidung verschiedener Darstellungsformen schon in den ersten Grundschuljahren anzubahnen, weil sie aus medienpädagogischer Sicht als eine grundlegende Kompetenz anzusehen ist.
So könnten beispielsweise Grundschulkinder angeregt werden, ein Märchen, z.B. "Hänsel und Gretel" in verschiedener Form darzustellen.
Dieser Inhalt dürfte für die ersten Schuljahre besonders geeignet sein,
- weil er an Erfahrungen der Kinder bei der Märchenrezeption anknüpft und
- den Kindern die Möglichkeit gibt, ihre Vorstellungen zu Märchenfiguren und Märchenereignissen in unterschiedlicher Art und Weise auszudrücken.

Darüber hinaus haben die Kinder bei der Darstellung eines Märchens die Möglichkeit, eigene Gefühle und Ängste zu thematisieren und zu bearbeiten. Insofern kann zugleich die medienerzieherische Aufgabe der Aufarbeitung von medienbeeinflußten Gefühlen vorbereitet werden (vgl. Abschnitt 6.4.1).

Im Hinblick auf die *Darstellungsformen* sollte für Kinder zunächst eine Konzentration auf Sprache, Bilder und Geräusche bzw. auf die bildliche und die akustische Darstellung vorgenommen werden.
Beispielsweise könnte eine Lehrperson den Kindern zunächst das ausgewählte Märchen erzählend in Erinnerung rufen. Im Anschluß daran ließe sich zusammentragen, in welcher Form Kinder Märchen sonst noch kennengelernt haben, z.B. durch Vorlesen aus einem Märchenbuch, durch Bilder zu einem Märchen, durch eine Tonkassette oder durch einen Märchenfilm. Dies kann Anlaß sein, ein Märchen selbst einmal in unterschiedlichen Formen darzustellen. Dazu würde sich zunächst die visuell-bildliche Form anbieten - sei es durch Malen oder durch Fotografieren von Märchenszenen im Sinne einer Bildergeschichte. Auf dieser Basis könnte ein Nachdenken über die Vorzüge und Grenzen der erzählenden und bildlichen Darstellungsform angestrebt werden.

Wenn in einem Projekt zunächst der Vergleich von sprachlicher und bildlicher Darstellungsform im Mittelpunkt gestanden hat, kann als Weiterführung die Gestaltung eines Märchens als Figurenschattenspiel am Arbeitsprojektor (Tageslichtprojektor) und als Hörspiel angeregt und eine vergleichende Auswertung angestrebt werden.

Bei einem *Figurenschattenspiel* am Arbeitsprojektor werden aus Pappe ausgeschnittene Figuren auf dem Projektor bewegt. Eine solche Darstellung durch typisierend gestaltete Figuren wird dem Märchen in besonderer Weise gerecht: Zum einen kann die ursprüngliche Darstellungsform des Märchens, die Sprache, in das Spiel miteinfließen und das Spiel mittragen. Zum anderen werden die inneren Bilder, die das Märchen im Zuhörer auslöst, durch die Schattenspielfiguren nicht festgelegt. Die Zweidimensionalität des Schattens kann vielmehr die Phantasie des spielenden und des zuschauenden Kindes anregen. Des weiteren kommt die Faszination, die vom Spiel mit dem Schatten ausgeht, der Zauberwirkung des Märchens entgegen. Auch spieltechnisch lassen sich im Schattenspiel die Zaubereien und Verwandlungen, die in den meisten Märchen vorkommen, relativ leicht umsetzen (vgl. *Seidel* 1982).

Für das Verständnis verschiedener Darstellungsformen zeigt die Gestaltung eines Figurenschattenspiels zunächst auf, daß bildliche Darstellungen nicht nur durch realitätsnahes Malen oder Fotografieren, sondern auch durch schematische Typisierungen erreicht werden können. Außerdem wird deutlich, daß man verschiedene Darstellungsformen - hier Sprache und bildliche Darstellungen - miteinander kombinieren kann.

Das *Hörspiel* ist eine weitere Form, um ein Märchen darzustellen. Die besondere Eigentümlichkeit des Hörspiels besteht im Verzicht auf alles Optische. Mimik, Gestik, Milieu und Schauplatz der Handlung sind nicht "sichtbar", sondern müssen "hörbar" gemacht werden. Bezeichnenderweise tritt der Begriff der "Kulisse" im Begriff der "Geräuschkulisse" wieder auf: durch akustische Mittel muß "Atmosphäre" geschaffen werden wie sonst durch optische Mittel. Die Beschränkung auf das Akustische begrenzt und erweitert die Möglichkeiten durch Konzentration auf strenge Handlungsführung, geringe Personenzahl, Verzicht auf räumliches Nebeneinander, Wechsel der Szene, Wiedergabe innerer Vorgänge, Darstellung des Irrealen (vgl. *Zitzelsperger* 1989).

Bezogen auf die Unterscheidung verschiedener Darstellungsformen wird durch die Gestaltung eines Hörspiels deutlich, daß Inhalte nicht nur durch Sprache oder Bilder, sondern auch durch Töne "abgebildet" und daß sprachliche Erzählweisen mit der Wiedergabe von Dialogen, von Geräuschen und von Musik verknüpft werden können.

In späteren Projekten kann der Vergleich verschiedener Darstellungsformen noch durch die Hinzunahme filmischer Gestaltungen erweitert werden. Dabei läßt sich insbesondere herausarbeiten, daß der Film durch Bewegungen vor und mit der Kamera sowie durch die Schnittechnik zusätzliche Möglichkeiten einer dramaturgischen Gestaltung bietet, zugleich jedoch durch seine Flüchtigkeit und seine Bild- und Ablaufvorgaben bestimmte Einschränkungen mit sich bringen kann.

Das skizzierte Märchenbeispiel ging davon aus, daß die Vorzüge und Grenzen verschiedener Darstellungsformen vorwiegend durch die eigene Gestaltung von medialen Produkten erfahren werden.

Eine Ergängzung oder Alternative zu einem solchen Vorgehen kann - wie oben angemerkt - ein eher analytischer Zugang sein. In diesem Falle würden die Kinder verschiedene Erfahrungs- bzw. Darstellungsformen für Märchen vergleichen, z.B. die Erzählung, den bebilderten Text, das Hörspiel und/oder den Märchenfilm. Analoge Möglichkeiten bestehen für den Vergleich verschiedener Darstellungsformen zu einem bestimmten realen Geschehen, z.B. durch Vergleich von Zeitungsbericht, Hörfunk- und Fernsehnachrichten. Für Jugendliche können darüber hinaus Vergleiche von literarischen Vorlagen, z.B. Romanen oder Kurzgeschichten mit filmischen Umsetzungen interessant sein, z.B. ein Vergleich des Romans von *Heinrich Böll* "Die verlorene Ehre der Katharina Blum" mit dem gleichnamigen Film von *Volker Schlöndorff* (vgl. *Gast* 1993).

Insgesamt ist es eine wichtige Aufgabe der Medienpädagogik, Lernsituationen zu schaffen, in denen sich Kinder und Jugendliche verschiedene *Darstellungsformen* bewußtmachen können und in denen sie zum Nachdenken über die Besonderheiten verschiedener Darstellungsformen eines Inhalts und deren Bewertung angeregt werden.

6.3.2 Erkennen und Einschätzen von Gestaltungstechniken

Bei der Nutzung und Gestaltung von Medienangeboten sind die vermittelten oder zu vermittelnden Inhalte nicht nur durch ihre Darstellungsformen, sondern auch durch die damit verbundenen Gestaltungstechniken geprägt. So lassen sich in Printmedien beispielsweise verschiedene Schrifttypen, unterschiedliche Einfügung von Bildmaterial und Grafik sowie die Seitenaufteilung nutzen, um die Aufmerksamkeit zu lenken und bestimmte Wirkungen zu erzielen. Bei Hörmedien werden u.a. die Regelung von Lautstärke und Tonhöhe bei der Aufnahme von Sprache, Geräuschen und Musik, Multiplay und Tonmischung, Einblenden und Ausblenden, Schnitt und Trickeffekte als Gestaltungstechniken verwendet. Bei Video sind es z.B. Einstellungsgröße, Einstellungsperspektive, Kamerabewegungen, Tongestaltung und Montage. Computerbasierte Präsentationen erlauben verschiedene Verbindungen von schriftlichem Text, Bild, Ton und Film sowie verschiedene Möglichkeiten der Steuerung.

Mit solchen Gestaltungstechniken können bestimmte Wirkungen angestrebt werden. Beispielsweise läßt sich durch große Schrifttypen bei Printmedien, durch spektakuläre Geräusche bei Tonmedien und durch schnelle Schnitte bei Filmen Aufmerksamkeit erregen; durch die Abbildung bedrohlicher Figuren in Großaufnahme aus der Froschperspektive lassen sich Angst und Schrecken provozieren; durch die Verbindung von Text, Bild, Ton und Film in multimedialen Produktionen können bestimmte Effekte kumuliert oder auch bewußt abgeschwächt werden. Allerdings können Wirkungen von Medien nie allein durch Gestaltungstechniken erzeugt werden, sie beruhen letztlich immer auf einer Wechselwirkung verschiedener Faktoren, z.B. von Medieninhalten, Gestaltungstechniken, situativen Bedingungen und Dispositionen der Rezipienten (vgl. auch Abschnitt 4.1.3).

Die Kenntnis von Gestaltungstechniken ist unter Beachtung dieser Rahmenbedingungen sowohl für das Verstehen von Medienaussagen als auch für deren eigene Gestaltung wichtig.

Für Unterrichtseinheiten oder Projekte, in denen die Schülerinnen und Schüler Gelegenheit erhalten sollen, sich mit unterschiedlichen Gestaltungstechniken auseinanderzusetzen, kommen verschiedene Inhaltsbereiche in Frage. Beispielsweise wäre es denkbar, ein schulisches oder außerschulisches Ereignis mit unterschiedlichen Gestaltungstechniken zu dokumentieren, eine fiktive Geschichte unter Nutzung verschiedener Gestaltungstechniken medial umzusetzen oder die Werbung als inhaltlichen Bereich zu wählen.

Die Bedeutung verschiedener Gestaltungstechniken läßt sich besonders gut am Beispiel Werbung veranschaulichen, weil bei der Werbung die Gestaltungstechniken verschiedener Medien in besonderer Weise zur Aufmerksamkeitslenkung und zur Umsetzung von Wirkungsabsichten eingesetzt werden.

Um dies in handlungsbezogener Weise zu vermitteln, können Kinder oder Jugendliche beispielsweise im Rahmen eines Projektes angeregt werden, selbst ein Werbeplakat, einen Ton- und einen Videowerbespot, vielleicht sogar eine multimediale Werbepassage zu produzieren.

Dazu sind zunächst Überlegungen zu dem möglichen Gegenstand der Werbung erforderlich. Ein solcher Gegenstand könnte ein fiktives Produkt sein, z.B. ein Haarwaschmittel, ein von der Klasse selbst erstelltes Produkt, z.B. eine Schülerzeitung oder ein Comic, oder eine geplante Schulveranstaltung, z.B. eine Theatervorführung oder ein Schulfest. Nach der Entscheidung für ein zu bearbeitendes Produkt oder Ereignis wären unter Beachtung von Vorerfahrungen aus anderen medienpädagogischen Projekten, insbesondere zur eigenen Gestaltung medialer Produkte, die Gestaltungstechniken der ausgewählten Medien in Erinnerung zu rufen oder zu erarbeiten (vgl. Abschnitt 6.2). Dies kann durch systematische Wiederholungen oder Einführungen oder auch durch die Auswertung von Werbeseiten in Zeitschriften, von Werbeplakaten oder von Ton- und Fernsehspots sowie von Werbepassagen im Internet erfolgen.

Danach könnten die vereinbarten Werbeseiten oder Werbespots unter besonderer Reflexion der einzusetzenden Gestaltungstechniken entworfen und produziert werden. Bei einer vergleichenden Diskussion der Produkte ließen sich die verschiedenen Gestaltungstechniken und ihre Wirkungsabsichten noch einmal ins Bewußtsein heben und zusammenfassen.

Zugleich können die Kinder oder Jugendlichen durch die eigene Gestaltung von Werbung wichtige Einsichten in die Machart von Werbung gewinnen und dadurch ihre medienanalytischen Kenntnisse erweitern.

Ähnlich wie bei der Teilaufgabe des "Unterscheidens verschiedener Darstellungsformen" lassen sich auch beim "Erkennen und Einschätzen von Gestaltungstechniken" die entsprechenden Einsichten vorwiegend durch eigenes Tun - wie es im obigen Werbebeispiel dargestellt wurde - oder vorwiegend durch einen analytischen Zugriff erwerben.

Bei einem analytischen Zugriff können mediale Produkte, z.b. informierende, unterhaltende oder künstlerische Angebote, hinsichtlich ihrer Gestaltungstechniken erfaßt und reflektiert werden (vgl. *Gast* 1996).
Im Bereich unterhaltende Angebote kann dies u.a. durch die Analyse von Vorabendserien geschehen. Beispielsweise lassen sich einzelne Passagen von Vorabendserien unter der Frage auswerten, wie in ihnen durch die Verbindung inhaltlicher Aspekte mit bewußt eingesetzten Gestaltungstechniken Spannung erzeugt wird. Dies soll im folgenden am Beispiel einer Folge der Sendereihe "Hart aber herzlich" verdeutlicht werden. Diese Sendereihe kann zu den "Evergreens" der Sendereihen gezählt werden. Sie läuft bereits seit vielen Jahren - wenn auch mit Unterbrechungen und Wiederholungen. Der unterrichtlichen Behandlung solcher Sendereihen kommt auch deshalb eine besondere Bedeutung zu, weil sie als Werberahmenprogramm dienen und u.a. als Zielgruppe Kinder und Jugendliche im Auge haben.
Die einzelnen Folgen der Sendereihe "Hart aber herzlich" können als eine Mischung aus Kriminal- und Actionfilm charakterisiert werden. In der Regel geraten die beiden Hauptdarsteller, Jonathan und Jennifer Hart, unversehens in eine gefährliche Situation, die sie schließlich - unterstützt durch ihren treuen alten Hausdiener Max - glücklich meistern.
Eine der Folgen - mit dem Titel "Die Doppelgängerin" hat - kurz skizziert - folgenden Inhalt:
Jonathan und Jennifer Hart wollen sich auf einer Radtour bei einem Eisverkäufer treffen. Jennifer erscheint jedoch nicht, da sie von den Gangstern Barnie und Mick entführt wird. Als Barnie sie mit "Dominique" anredet, ahnt Jennifer, daß eine Verwechslung vorliegt. In der Tat zeigt sich bald, daß sich Barnie mit der Entführung an dem früheren Bandenmitglied Martin Benton, alias Benkowicz, rächen wollte. Jennifer sieht Bentons Frau Dominique verblüffend ähnlich.
Da Jennifer vermutet, daß ihr Leben in Gefahr gerät, wenn die Gangster erfahren, daß sie in Wahrheit die Frau des wohlhabenden Industriellen Hart ist, unternimmt sie einen Fluchtversuch, der allerdings scheitert. Aufgrund eines Zeitungsartikels erfährt Barnie, daß die Entführte nicht Dominique, sondern Jennifer Hart ist. Jetzt wittert er ein noch größeres Geschäft. Jonathan Hart nimmt an, daß das Leben seiner Frau weniger gefährdet ist, wenn die Gangster verunsichert werden und letztlich doch glauben, die Entführte sei Dominique. Er setzt alles daran, den Eindruck rückgängig zu machen, die Entführte sei seine Frau, und zeigt sich demonstrativ in der Öffentlichkeit mit der Doppelgängerin. Schließlich wird mit Hilfe von Benton die Übergabe der Entführten gegen ein Lösegeld von einer

halben Million Dollar vereinbart. Bei der Übergabe werden die Entführer überwältigt. Jennifer ist wieder frei und kann in den Armen ihres Mannes glücklich sein.
Eine Filmsequenz, in welcher die Verwendung bestimmter Gestaltungstechniken zur Verstärkung der inhaltlich erzeugten Spannung besonders deutlich wird, ist der Fluchtversuch von Jennifer. In der Darstellung 12 ist die entsprechende Filmsequenz protokolliert.
Auf der Basis einer Vorführung entsprechender Filmsequenzen - unter Umständen in Zeitlupe und mit Standbildern - sowie gegebenenfalls vorliegender bzw. erstellter Filmprotokolle kann man mit Schülerinnen und Schülern der Frage nachgehen, welche Gestaltungstechniken in entsprechenden Sequenzen zur Spannungsverstärkung eingesetzt werden. Dabei lassen sich u.a. folgende Punkte herausarbeiten:
- Durch bestimmte Einstellungsgrößen werden spannungserregende Details besonders hervorgehoben. So wird z.B. in den Einstellungen 4 und 13 in einer Großeinstellung gezeigt, wie Jennifer nervös verschiedene Schlüssel am Türschloß probiert, ehe sie den richtigen findet.
- Geeignete Bewegungen der Kamera dienen dazu, Spannung zu unterstützen. Beispielsweise wird in den Einstellungen 28 und 39 die sogenannte subjektive Kamera als Gestaltungsmittel verwendet. Der Kameramann vollzieht - mit der Kamera auf der Schulter - die Bewegung der handelnden Person mit, die sich so auf das Bild überträgt.
- Schnelle Schwenks und schnelle Wechsel in der Kamerarichtung sollen ebenfalls Spannung verstärken bzw. Hektik verbreiten. So werden die hastigen Blicke von Jennifer in der Einstellung 17 durch schnelle Schwenks simuliert, und bei der Radfahrt auf der abschüssigen Straße wird die Straße einmal von oben, dann kurz darauf von unten gezeigt.
- Weiterhin werden Bewegungsmöglichkeiten vor der Kamera genutzt, um Spannung zu vergrößern. So startet das Auto der Entführer in der Einstellung 26 auf die Kamera zu, und Jennifer wird bei ihrer gefährlichen Fahrt mehrfach frontal gezeigt, z.B. in den Einstellungen 27 und 29.
- Veränderungen in der Dauer der Einstellungen werden ebenfalls spannungssteigernd eingesetzt. Beispielsweise beginnt "Jennifers Fluchtversuch" mit relativ langen Einstellungen (Einstellung 1 bis 3: 23,9; 7,4; 14,5 sec) - auch um den Zuschauer auf die Situation einzustimmen. Die Flucht mit dem Fahr-

(Fortsetzung auf S. 186)

Darstellung 12: Filmprotokoll zur Sequenz "Jennifers Fluchtversuch"

Einstellung Nr.	Dauer in sec.	Bildinhalt / Handlung / Bewegung vor der Kamera	Einstellungsgröße und -perspektive / Kamerabewegung	Ton / Dialoge
1	23,9	Jennifer (J) sitzt in dem Raum, in dem sie eingesperrt ist, am Tisch. Mick (M) kommt herein und schließt die Haustür hinter sich zu. Er bewegt sich - beim Hereinkommen - auf die Kamera zu. Jetzt stellt er eine Tüte mit Lebensmitteln ab. Jennifer steht auf und geht zu ihm.	Halbtotale, Normalsicht, Rückfahrt der Kamera, mit leichtem Schwenk, dann Zoom auf Nah.	Musik klingt aus. M.: "Tag!" J.: "Tag!" J.: "Ich habe Ihnen etwas gekauft, das schmeckt Ihnen vielleicht besser als das andere Zeug." J.: "Oh, vielen herzlichen Dank. Darf ich Ihnen helfen, Mick?" M.: "Ist Barnie schon wach?"
2	7,4	Jennifer und Mick stehen beieinander. Jennifers Gesicht ist von vorn zu sehen. Mich beginnt damit, die Tüte auszupacken, und nimmt die Zeitung heraus.	Nah, leichte Untersicht	J.: "Barnie? Oh ja. Ja, kurz bevor Sie hereingekommen sind, hat er Ihren Namen gerufen." M.: "Er will seine Zeitung haben."
3	14,5	Mick dreht sich um und geht in den Nachbarraum. Jennifer packt die Tüte weiter aus. Sie schaut zur Tür, hinter der Mick verschwunden ist, dann zur Haustür. Jetzt nimmt sie das Schlüsselbund, das Mick neben der Tüte liegengelassen hat, und läuft zur Haustür, schaut sich noch einmal kurz um.	zunächst Nah mit leichter Untersicht, dann Rückfahrt der Kamera auf Halbnah mit leichtem Schwenk, dann Vorwärtsfahrt der Kamera (hinter Jennifer her)	Originalgeräusch, Musik setzt ein, als sie das Schlüsselbund nimmt.
4	1,7	Jennifer probiert die Schlüssel aus, eine Hand am Türknauf.	Groß, leichte Aufsicht	Murik, Originalgeräusche
5	1,5	Jennifer blickt sich nervös um.	Nah, Normalsicht	Musik, Originalgeräusche
Die Einstellungen 6 - 12 zeigen Mick und Barnie (B) im anderen Raum				
13	4,8	Jennifer probiert nervös weitere Schlüssel, endlich paßt ein Schlüssel.	Groß, leichte Aufsicht	Musik wird dramatischer. Originalgeräusche
14	1,8	Jennifer schließt die Tür auf und geht hinaus.	Halbnah, Normalsicht	Musik Originalgeräusche
15	0,8	Mick - im anderen Raum sitzend - schaut kurz von seiner Zeitung auf, als ob er etwas gehört hätte.	Nah, Normalsicht	Musik
16	10,0	Das Haus, in dem Jennifer gefangengehalten wurde: links Haustür mit Treppe, rechts Gartenweg. Jennifer schließt vorsichtig die Tür hinter sich, springt die Treppe hinab und läuft den Gartenweg hinunter (von der Kamera weg). Jetzt erscheint Mick in der Tür.	Halbtotale, Normalsicht, leichter Schwenk, um den Weg besser ins Bild zu bekommen	Musik wird lauter und schneller. Originalgeräusche
17	4,2	Gartentor von der Straße aus: Jennifer läuft auf das Gartentor zu, öffnet es, schaut sich kurz um und läuft nach links aus dem Bild.	Halbnah, Normalsicht, schneller Schwenk erst nach rechts, dann nach links	dramatisierende Musik

Einstellung Nr.	Dauer in sec.	Bildinhalt Handlung Bewegung vor der Kamera	Einstellungsgröße und -perspektive Kamerabewegung	Ton Dialoge
		Die Einstellungen 18 bis 21 zeigen Mick, der die Flucht von Jennifer entdeckt und vergeblich hinter ihr herruft, sie solle zurückkommen.		
22	18,4	Nebenstraße, diagonal durchs Bild verlaufend: Im Vordergrund zwei Jungen, am Straßenrand ein Fahrrad. Jennifer kommt die Straße heruntergerannt, läuft auf die Jungen zu, greift sich das Fahrrad und fährt damit los. Einer der beiden Jungen schaut ihr verwirrt nach und hält eine Fahrradkette hoch.	Totale, langsamer Schwenk nach links, wieder zurück und Zoom auf Nah (Kette)	neu einsetzende Musik, J.: "Je, Jungs! Jungs entschuldigt, ich mach sowas wirklich nicht gerne." Junge: "He, das ist mein Rad!" J.: "Ich bring es dir wieder. Das ist ein Notfall, versteht ihr!" Junge: "Damit können Sie nicht fahren. Passen Sie auf. Das ist zu gefährlich, da ist keine Kette dran, Miss!" Musik wird dramatischer.
23	2,4	Jennifer fährt mit dem Fahrrad die abschüssige Straße hinunter	Totale, langsamer Schwenk nach links (dem Fahrrad folgend)	dramatisierende Musik
24	4,8	Auto am Haus der Entführer: Barnie und Mick steigen hastig ein, Mick läßt den Motor an.	Halbtotale, Normalsicht	dramatisierende Musik, Originalgeräusche
25	3,0	Blick über Büsche auf die abschüssige Straße, auf der Jennifer herunterfährt.	Totale, Schwenk (dem Fahrrad folgend)	dramatisierende Musik
26	2,9	Auto fährt vom Haus der Entführer los (auf die Kamera zu)	Totale, Normalsicht	dramatisierende Musik
27	1,8	abschüssige Straße von unten: Jennifer fährt auf die Kamera zu.	Totale	dramatisierende Musik
28	1,8	abschüssige Straße von oben: Von links kommt auf einer einmündenden Straße ein Auto gefahren, das scharf bremsen muß.	Totale, subjektive Kamera (Bewegungseindruck wie auf dem Fahrrad)	dramatisierende Musik
29	1,2	Jennifer auf dem Fahrrad mit ängstlichem Gesicht, auf die Kamera zufahrend	Nah, Kamera fährt vor Jennifer her, Normalsicht	dramatisierende Musik, Schreckenslaute von Jennifer
30	1,8	Blick auf die Pedalen, Jennifer versucht vergeblich, durch Rücktritt zu bremsen.	Groß, Aufsicht	dramatisierende Musik, Schreckenslaute von Jennifer
		Die Einstellungen 31 - 38 zeigen die immer schneller werdende Abfahrt von Jennifer in kurzer Schnittfolge		
39	1,9	abschüssige Straße von oben: Zwei Autos kommen Jennifer bedrohlich entgegen. Sie fährt zwischen den beiden Autos hindurch, die - auf die Kamera zufahrend - nach links und rechts ausweichen.	Totale, subjektive Kamera	dramatisierende Musik, Hupen, J.: "Ooh!"
40	6,0	abschüssige Straße von unten: Jennifer rutscht die Straße herunter, im Hintergrund verschwinden die beiden Autos. Dann kommt sie von der Straße ab und stürzt an eine Böschung.	Totale, Schwenk nach links zur Halbtotale, Normalsicht	dramatisierende Musik, Originalgeräusche
41	14,9	Jennifer richtet sich langsam mit schmerzverzerrtem Gesicht auf.	Nah, Kamera schwenkt mit (beim Aufrichten)	Musik setzt langsam aus. Originalgeräusche, J.: "Radfahren ist wirklich schwerer, als ich dachte."

Einstellung Nr.	Dauer in sec.	Bildinhalt Handlung Bewegung vor der Kamera	Einstellungsgröße und -perspektive Kamerabewegung	Ton Dialoge
42	20,4	Straße im Vordergrund (im rechten Winkel zur Blickrichtung), im Hintergrund Böschung mit Fahrrad: Jennifer geht zur Straße und versucht, durch Winken und Rufen ein Auto anzuhalten. Ein Auto fährt vorbei, das zweite hält.	Halbtotale bis Totale, Schwenk nach links	Originalgeräusche, J.: "Oh halt, halt, halt! - Moment, Moment, halt, halt! - Oh danke, vielen Dank, vielen Dank, ach Danke, daß ..." Musik setzt eine.
43	2,7	Blick von der Fahrerseite in das Auto, in dem Mick (vorne) und Barnie (hinten) sitzen. Jennifer steigt ein und erkennt die beiden.	Nah, Normalsicht	J.: "... Sie mich mitnehmen. Ich habe es eilig, ich muß sofort telefonieren, ich ..."
44	14,8	Jennifer und Barnie einander zugewandt. Jennifer blickt Barnie erschrocken an und wendet sich dann nach vorne, Barnie lacht.	Nah bis Groß, Normalsicht, Standbild, Ausblende	B.: "Jetzt hast du mich endlich überzeugt. Jetzt werden wir bestimmt ein größeres Geschäft machen, als wir dachten, Miss Jennifer Hart!" Musik wird ausgeblendet.

rad dagegen wird in einer Folge kurzer Einstellungen dargestellt (Einstellung 25 bis 39: 3,0; 2,9; 1,8; 1,2; 1,8; ... 1,9 sec). Danach werden die Einstellungen wieder länger (Einstellung 40 bis 42: 6,0; 14,9; 20,4 sec).

- Besondere Bedeutung bei der Spannungssteigerung kommt der unterlegten Musik zu. So sind die Einstellungen, die den Fluchtversuch von Jennifer zeigen, von einsetzender oder abklingender, lauter oder leiser werdender dramatisierender Musik begleitet (Einstellungen 3 bis 44). Die Dramatik wird außer durch die Musik teilweise noch durch Schreckenslaute von Jennifer verstärkt (Einstellungen 29 und 30).

Solche Analysen können dann in Einschätzungen zu der Frage einmünden, inwieweit die Gestaltungstechniken in angemessener Form verwendet werden, d.h. inwieweit Inhalt und Form übereinstimmen bzw. unter welchen Gesichtspunkten der Einsatz entsprechender Gestaltungstechniken gerechtfertigt oder nicht gerechtfertigt erscheint.

Mit diesem Beispiel sollte ein analytischer Zugriff auf Fragen der Gestaltungstechniken aufgezeigt werden. Dabei darf und soll es nicht darum gehen, den Schülerinnen und Schülern Fernsehfilme, die sie gerne sehen, "madig" zu machen. Dieses wäre weder angemessen noch erfolgversprechend und könnte leicht dazu führen, daß die Schülerinnen und Schüler die medienerzieherischen Bemühungen ihrer Lehrer so quittieren, wie es *Müller-Doohm* (1979) von einem

Hauptschüler berichtet: "Jetzt versauen die mir auch noch meinen Spaß am Krimi". Vielmehr kommt es darauf an, den Schülerinnen und Schülern die Kenntnisse und Fähigkeiten zu vermitteln, die ihnen letztlich eine eigenständige Analyse und Beurteilung von Fernsehsendungen sowie anderer Medienangebote ermöglichen. Dazu ist es sinnvoll, solche Analysen nicht auf unterhaltende Angebote zu begrenzen, sondern ebenfalls in anderen Angebotsbereichen, z.B. Information und Kunst, durchzuführen.

6.3.3 Erfassen und Bewerten verschiedener Gestaltungskategorien

Mediale Aussagen unterscheiden sich nicht nur nach den Inhalten sowie nach den Darstellungsformen und den Gestaltungstechniken, in denen sie präsentiert werden, sondern auch nach den Gestaltungskategorien. Im Abschnitt 2.2 wurden - bezogen auf die Gestaltungskategorien - genannt: informierende, kommentierende und bewertende, lehrorientierte, unterhaltende, werbende und werkzeugartige Angebote. Diese Kategorien verweisen zum Teil auf die Absichten, die mit einem Medienangebot verbunden sein können. Die Absichten konkretisieren sich unter Umständen in bestimmten Programmkategorien. So werden mit Nachrichten und Dokumentarsendungen in der Regel vor allem informierende, mit Magazinen kommentierende und bewertende, mit Bildungssendungen lehrorientierte und mit Werbespots werbende Absichten verbunden. Je nach Absicht werden unter Umständen auch bestimmte Gestaltungsformen verwendet, z.B. dokumentarische Bilder zur Information, Interviews mit Experten zur Bewertung und fiktionale Darstellungen zur Unterhaltung, obwohl hier stets mehrfache Zuordnungen denkbar sind: Erst in der Verbindung von Inhalt und Gestaltungsform konkretisiert sich die jeweilige Absicht. Beispielsweise kann eine fiktionale Szene der Information, der Unterhaltung oder der Werbung dienen.

Die gegenwärtige Medienentwicklung ist dadurch gekennzeichnet, daß es zwar nach wie vor Programmangebote gibt, die weitgehend einer bestimmten und erkennbaren Absicht oder Kategorie entsprechen, z.B. Nachrichten und Werbeblock, daß sich aber gleichzeitig die Grenzen zwischen unterschiedlichen Programmkategorien auflösen. So vermischen sich z.B. Information und Unterhaltung, Unterhaltung und Werbung, Information und Werbung, Meinung und Information, Aufklärung und Unterhaltung. Beispiele für solche Vermischungen sind u.a. Sportsendungen mit Bandenwerbung, Werbespiele, Vorabendserien mit Product-Placement, Nachrichtenshows und Reality-TV. (Vgl. auch Abschnitt 1.2.3).

Vor diesem Hintergrund ist es eine wichtige medienerzieherische Aufgabe, die Kinder zu befähigen, verschiedene *Kategorien bzw. Absichten* bei medialen Angeboten zu erkennen und unterscheiden zu können. Dadurch sollen sie befähigt werden, Medienangebote angemessen einzuordnen, Beeinflussungsversuche zu erkennen und Medien insgesamt in reflektierter Weise zu nutzen sowie zu gestalten.

Beispielsweise könnten Kinder oder Jugendliche im Rahmen eines Projekts angeregt werden, den gleichen Gegenstand mit unterschiedlichen Absichten darzustellen. Dabei müssen nicht gleich alle möglichen Gestaltungsabsichten in den Blick genommen werden. Vielmehr sollte - unter Berücksichtigung des Entwicklungsstandes der Kinder und Jugendlichen zunächst eine Konzentration auf zwei bis drei Gestaltungsabsichten erfolgen. So ließe sich ein Stadtprojekt planen, in dem Kinder oder Jugendliche ihre Stadt mit verschiedenen Intentionen darstellen. Eine Gruppe könnte sich der Aufgabe widmen, die eigene Stadt möglichst realitätsnah und in informierender Weise für Kinder oder Jugendliche einer Partnerklasse als Videodokumentation darzustellen. Eine zweite Gruppe könnte versuchen, einen Werbefilm für die eigene Stadt zu erstellen, der möglichst viele Touristen anlocken soll. Eventuell ließe sich eine entsprechende Produktion auch mit dem Verkehrsamt der Stadt abstimmen. Falls die Voraussetzungen es zulassen, könnte eine dritte Gruppe parallel einen Videofilm über Umweltprobleme der eigenen Stadt herstellen, der Ratsmitglieder überzeugen soll, daß etwas für den Umweltschutz getan werden muß.

Bei der Realisierung der verschiedenen Videofilme würden die Kinder und Jugendlichen zugleich über verschiedene Darstellungsformen sowie den Einsatz der Gestaltungstechniken im Sinne der jeweiligen Intention nachdenken. Außerdem könnten sie verschiedene Gestaltungsformen, z.B. Dokumentaraufnahmen, Interviews, Kommentare u.ä., gezielt auswählen.

Ein Vergleich der verschiedenen Produkte und ihre Präsentation bei unterschiedlichen Zielgruppen - Partnerklasse, Verkehrsamt und Ratsmitglieder - würde noch einmal die verschiedenen Gestaltungsabsichten ins Bewußtsein heben und gleichzeitig die Einsicht festigen, daß mit der Medienproduktion immer auch bestimmte Absichten verbunden sind.

Es ist auch denkbar, dieses Ziel mit einfacheren Medien, z.B. Fotos anzustreben. Dann würden sich andere Akzentsetzungen, etwa bei den Gestaltungstechniken und Gestaltungsformen, ergeben. Darüber hinaus ist es sinnvoll, entsprechende Ziele nicht nur über die eigene Gestaltung von medialen Produkten, sondern auch durch die Analyse vorhandener Medienangebote zu verfolgen. Beispielsweise ließen sich verschiedene mediale Angebote zum Thema Auto und Verkehr - vom Werbespot bis zum Fachbuchartikel - miteinander vergleichen und hinsichtlich der mit ihnen verbundenen Absichten bewerten.

Die Entscheidung für ein eher praktisch-gestalterisches oder ein eher analytisches Vorgehen sollte jeweils in Abhängigkeit von den Voraussetzungen bzw. dem Entwicklungsstand der Kinder und Jugendlichen, den technischen Möglichkeiten sowie in Abstimmung mit anderen medienpädagogischen Aktivitäten erfolgen. Unter Umständen bietet sich auch eine Kombination beider Vorgehensweisen an.

6.4 Erkennen und Aufarbeiten von Medieneinflüssen

Zeichentrickfilme, Action- und Komikfilme sowie -serien gehören zu den beliebtesten Fernsehangeboten der 3 - 13jährigen Kinder. Bei den 14 - 19jährigen dominieren Action- und Komik-Filme (vgl. Abschnitt 1.1 sowie *van Eimeren/ Klingler* 1995).

Neben die Fernsehnutzung ist verstärkt die Nutzung von Videofilmen getreten. Bei einer Befragung von Realschülern hat *Glogauer* (1987) folgende Rangskala der Beliebtheit festgestellt: Actionfilme, Komödien, Musikfilme, Science Fiction, Spielfilme, Western, Horrorfilme, Abenteuerfilme, Zeichentrickfilme, Krimis, Problemfilme, Erotikfilme, Kriegsfilme, Dokumentarfilme, Lehrfilme (vgl. S. 26). Bei Berufsschülern ergab sich für die verschiedenen Genres folgende Rangreihe: Horror, Western, Problemfilm, Action, Science Fiction, Spielfilm, Krimi, Zeichentrick, Erotik, Abenteuer, Kriegsfilm, Dokumentarfilm, Lehrfilm (vgl. S. 20). Mit unterschiedlichen Akzenten zeigt sich in beiden Stichproben, daß sinneserregende, spannende und lustige Filme besonders beliebt sind (vgl. auch *Lukesch u.a.* 1994, S. 117 ff.; *Biermann/ Schulte* 1996, S. 87 ff.).

Es liegt auf der Hand, daß die sich damit abzeichnende Mediennutzung von Kindern und Jugendlichen Wirkungen im Bereich der Gefühle, Vorstellungen und Verhaltensorientierungen haben kann. In einer von uns durchgeführten Untersuchung bei Haupt- und Realschülern wurden die damit verbundenen Probleme von einzelnen Schülerinnen und Schülern wie folgt ausgedrückt (vgl. *Tulodziecki* 1985):

- Ich sehe zwar viel fern, doch das kommt nur davon, daß man das Fernsehen überhaupt gebaut und erfunden hat. Wenn es das Fernsehen nicht gäbe, wäre die Welt viel sicherer, denn es gibt Angst und Alpträume und bei Zombies (die Kinder und Jugendliche sehen) werden sie aggressiv und wollen auch einmal so sein wie Zombies. (5. Klasse)

- Bei Derrick, Tatort und Mabuse geschehen laufend rätselhafte Todesfälle. Das sehe ich oft, weil man nie weiß, ob jetzt jemand stirbt oder nicht. Es ist schrecklich, wenn jemand ganz langsam und brutal ermordet wird. (6. Klasse)
- Im allgemeinen beurteile ich das Fernsehen als nervenanregend und überhaupt nicht gut, wenn man am nächsten Tag wieder in die Schule muß, was ich auch schon selbst an mir gemerkt habe. Denn wenn ich abends nicht fernsehe, kann ich mich mehr auf die Schule konzentrieren. (10. Klasse)

Solche Äußerungen lassen es geraten erscheinen, Kindern und Jugendlichen die Möglichkeit zu geben, medienbeeinflußte Emotionen, Vorstellungen und Verhaltensorientierungen aufzuarbeiten. Dabei sollen folgende Zielvorstellungen angestrebt werden:

a) Die Kinder und Jugendlichen sollen die Fähigkeit erlangen, medienbedingte Gefühle auszudrücken und mit ihnen "umzugehen".
b) Sie sollen in die Lage versetzt werden, medienvermittelte Vorstellungen anhand der Wirklichkeit zu überprüfen und den Unterschied zwischen Fiktion und Realität zu erkennen.
c) Sie sollen befähigt werden, Verhaltensorientierungen, die durch Medien nahegelegt werden, zu durchschauen und im Hinblick auf ihre Rechtfertigungen zu diskutieren.
d) Sie sollen Gestaltungsmerkmale von Medien bewußt wahrnehmen, insbesondere solche, durch die unter Umständen bestimmte Gefühle erzeugt, irreführende Vorstellungen vermittelt und problematische Verhaltensweisen nahegelegt werden.

Diese Ziele können im Rahmen der folgenden drei Teilaufgaben angestrebt werden:
- Aufarbeitung medienbedingter Emotionen,
- Aufarbeitung medienvermittelter Vorstellungen,
- Aufarbeitung medienbeeinflußter Verhaltensorientierungen.

Wie die Aufgabenbereiche insgesamt sind auch diese Teilaufgaben nicht als isoliert, sondern als aufeinander bezogen zu betrachten.

6.4.1 Aufarbeitung medienbedingter Emotionen

In der oben erwähnten Untersuchung von *Glogauer* (1987) wurde u.a. nach Gefühlsregungen gefragt, die durch Videofilme ausgelöst werden. Dabei gaben die Jugendlichen die folgenden Gefühlsregungen an - in der Rangfolge der Nennungen: Vergnügen/Freude, Sympathiegefühle, Mitgefühl, Schreck, Ekel/

Abscheu, Furcht/Entsetzen, Angst, Zorn/Wut, Kummer/Schmerz, Schamgefühl (vgl. S. 89).
Vor dem Hintergrund des unter 5.2.1 dargestellten Handlungsmodells kann man die Entstehung solcher Gefühle folgendermaßen erklären: Mediennutzung basiert u.a. auf bestimmten Bedürfnissen. Bedürfnisbefriedigung ist prinzipiell mit angenehmen Gefühlen verbunden, Bedürfnisfrustration mit unangenehmen. Erlebt der Jugendliche bei der Mediennutzung eine gewisse Bedürfnisbefriedigung - sei es durch die spannende Gestaltung der Produkte, sei es durch die gemeinsame Rezeption in einer Gruppe, sei es durch die Identifikation mit dargestellten Personen -, so löst dies angenehme Gefühlsregungen aus; wird er dagegen enttäuscht oder frustiert, so sind negative Gefühlsregungen zu erwarten. Bei der Mediennutzung ist es auch denkbar, daß einzelne Bedürfnisse befriedigt, andere jedoch frustriert werden. So mag beispielsweise das Anschauen eines Horrorfilms dazu führen, daß das Bedürfnis nach Sinneserregung zwar gestillt, das Sicherheitsbedürfnis jedoch geweckt und nicht befriedigt wird. Furcht, Entsetzen und Angst können die Folge sein (vgl. auch *Theunert* u.a. 1992).
Eine umfangreiche Untersuchung zu dem Problem, ob Fernsehkonsum und Angst zusammenhängen, hat *Groebel* (1982) durchgeführt. Bei einer Befragung von Schülerinnen und Schülern im Alter von 11 bis 15 Jahren wurden Fernsehgewohnheiten sowie das Ausmaß physischer und sozialer Angst erfaßt. Dabei zeigte sich zwar, daß die individuellen Lebensbedingungen sowie bestimmte Persönlichkeitsmerkmale einen stärkeren Einfluß auf die Angst hatten als die Fernsehgewohnheiten. Trotzdem wäre es falsch, mögliche Fernsehwirkungen zu unterschätzen. Besonders Kinder, die sich beim Fernsehkonsum in die gezeigten Personen und Situationen hineinversetzen und dabei annehmen, daß ähnliche Situationen in der Realität vorkommen, zeigen hohe Angstwerte. *Groebel* vermutet, daß hohe Angstwerte nicht nur eine Folge, sondern zugleich eine mögliche Ursache für erhöhten Fernsehkonsum sein können, so daß die Fernseherfahrungen kaum durch eine angemessene Einschätzung der Realität korrigiert und die Ängste eher verstärkt als abgebaut werden (vgl. 1982, S. 163).
Weiterhin kann es passieren - wie eine Untersuchung von *Charlton/ Neumann* (1986) zeigt -, daß bestimmte Ängste, die unabhängig vom Fernsehkonsum entstanden sind, mit bestimmten filmischen Gestalten verknüpft werden. So stellen *Charlton/ Neumann* in einem Fallbeispiel dar, daß die Gestalt des lustigen Kobolds Pumuckl aus der Fernsehserie "Meister Eder und sein Pumuckl" durch den vier Jahre und elf Monate alten Paul derart umgedeutet wird, daß Pumuckl zusammen mit hinzugedachten Wölfen die Eigenschaften einer "Traumkrake"

erhält, vor der sich Paul sehr fürchtet. Pauls Pumuckl und seine Wölfe "sind unheimlich, unberechenbar, bösartig, wollen Paul greifen und fressen" (1986, S. 5).
Wie Ängste sich im einzelnen auch ausbilden - in jedem Fall ist es wichtig, Kindern und Jugendlichen die Möglichkeit zu geben, ihre Ängste angemessen zu verarbeiten, da sonst Störungen und Blockierungen eintreten können. Damit stellt sich die Frage, wie sich negative medienbezogene Emotionen aufarbeiten lassen.
Eine Aufarbeitung setzt voraus, daß Kinder und Jugendliche überhaupt erst einmal die Gelegenheit erhalten, ihre emotionale Betroffenheit auszudrücken, z.b. durch körperlichen Ausdruck, durch das Malen von Bildern, durch Puppen- und Rollenspiele, durch eigene Medienproduktionen oder durch Gespräche. Im Rahmen solcher Aktionen können negative Emotionen dann schrittweise aufgearbeitet werden (vgl. auch *Neubauer* 1980, S. 55 ff.; *Kübler/ Kuntz/ Melchers* 1987, S. 117 ff.).
Wie dies im einzelnen geschehen kann, soll im folgenden an einem Beispiel aus der Grundschule verdeutlicht werden. Ich nehme dabei Anregungen aus einem Bericht zum Grundschulprojekt Gievenbeck auf (vgl. *Autorengruppe* 1986).
Beispielsweise könnte eine Lehrperson ein "Gruselprojekt" anregen, bei dem die Kinder zunächst ein gruseliges Bild malen oder von Grusel-Erfahrungen berichten. Es ist anzunehmen, daß die Kinder dabei bestimmte Ängste, auch solche, die medienbezogen bzw. medienvermittelt sind, ansprechen und ausdrücken. Der Schwerpunkt wird beim Malen oder bei der Nennung von Gestalten liegen, vor denen sich die Kinder fürchten, z.B. vor Gespenstern, bösen Hexen, riesigen Spinnen, gefährlichen Schlangen, Dracula, Frankenstein, Phantomas, Skeletor, Terminator oder Freddy. Daran läßt sich die Überlegung anschließen, aus welchen Quellen die furchterregenden Gestalten bzw. Vorstellungen stammen. Als Quellen werden die Kinder vermutlich Märchen, Sagen und Gruselgeschichten nennen, die ihnen erzählt oder vorgelesen wurden, die sie unter Umständen selbst gelesen oder als Tonkassette gehört, als Bildergeschichte oder als Fernseh- bzw. Videofilm gesehen haben (vgl. *Autorengruppe* 1986, S. 163; *Mattern* 1988).
Als nächstes kann die Lehrperson anregen, selber eine Gruselgeschichte auszudenken und diese mit geeigneten Puppen, Masken und Verkleidungen zu spielen. In Kleingruppen lassen sich entsprechende Geschichten entwerfen sowie Puppen, Masken und Verkleidungen vorbereiten. Danach sollte es zur Vorführung dieser Gruselgeschichten in der Klasse kommen. Bei dem Entwurf eigener Geschichten und der Vorbereitung von Puppenspielen oder Spielszenen ist damit zu rechnen, daß die Kinder bestimmte Formen für die Bewältigung ihrer Ängste

entwickeln. Dies kann sich z.b. darin äußern, daß sie Figuren, vor denen sie sonst Angst haben, in der spielerischen Darstellung sehr komisch und lustig finden, daß sie furchterregende Gestalten in ihren Geschichten armselig und hilflos werden oder einfach sterben lassen bzw. umbringen (vgl. *Autorengruppe* 1986, S. 172). Solche Äußerungen und "Lösungsversuche" sind als Bewältigungsversuche von Angst zu verstehen. Insofern ist es wichtig, daß die Lehrperson die Kinder ihre Geschichten selbst entwickeln läßt und nicht vorzeitig eigene Lösungsversuche einbringt. Erst im nächsten Schritt, d.h. bei der Besprechung der gespielten Geschichten, sollte die Lehrperson gegebenenfalls ihre Bedenken einbringen und weiterführende bzw. entwicklungsstimulierende Lösungsvorschläge machen.

Ein entsprechendes Projekt könnte noch weitergeführt werden mit dem Versuch, eine Gruselgeschichte nicht nur als Puppenspiel bzw. in Spielszenen vorzuführen, sondern als Fotogeschichte oder Hörspiel selbst zu gestalten.

Bei der Erstellung einer Fotogeschichte läßt sich erfahrbar machen, wie bestimmte Gruseleffekte und angstmachende Situationen im Bild realisiert werden, z.B. durch eine entsprechende Inszenierung des Bildinhalts, durch Beleuchtungseffekte, durch die Wahl bestimmter Einstellungsgrößen, Einstellungsperspektiven und Blickrichtungen (vgl. auch Darstellung 6).

Bei der Entwicklung eines Hörspiels können die Schülerinnen und Schüler angst- und gruselerregende Geräusche selber produzieren und dabei akustische Trick- und Manipulationsmöglichkeiten kennenlernen (vgl. *Autorengruppe* 1986, S. 164 ff.).

Am Ende des Projektes läßt sich ein Gruselfest veranstalten, zu dem die anderen Klassen der Schule sowie die Eltern eingeladen werden können. Bei dem Gruselfest sollten die entwickelten Puppenspiele und Spielszenen, Fotogeschichten und Hörspiele vorgeführt werden. An der Vorbereitung und Durchführung könnten auch die Eltern beteiligt werden (vgl. *Autorengruppe* 1986, S. 176).

Solche Projekte sind besonders für die Primarstufe wichtig. Sie können jedoch auch für die Sekundarstufe bedeutsam sein. Dort lassen sich strukturell ähnliche Projekte in altersangemessener Form durchführen, z.B. die Produktion eines Horrorfilms, bei der die Schülerinnen und Schüler Möglichkeiten haben, ihre Ängste zu verarbeiten (vgl. *Ott* 1988, S. 130).

6.4.2 Aufarbeitung medienvermittelter Vorstellungen

Außerschulische Mediennutzung erzeugt nicht nur Gefühlsregungen, sondern auch Vorstellungen zu bestimmten Sachverhalten. Die Vorstellungen, die Kinder und Jugendliche zu Themen wie "Leben in Australien", "Kultur in China" oder "Kriminalität in Amerika" entwickelt haben, stammen in der Regel aus Medien. Informationen zu Themen wie "Entwicklung des Ozonlochs" oder "Besonderheiten der Marsoberfläche" haben sie mit Sicherheit aus Medien entnommen. Bei anderen Vorstellungen, z.b. zum Thema "Verhalten von Tieren" oder "Polizei", werden reale Erfahrungen häufig mit medialen Erfahrungen vermischt, unter Umständen sogar durch solche dominiert, etwa durch Vorstellungen, die bei Filmen wie "Dschungelbuch" oder bei Serien wie "Lassie", "Flipper" und "Kommissar Rex" oder bei Krimiserien wie "Derrick", "Der Alte" und "Tatort" aufgebaut wurden. Mit aller Deutlichkeit zeigen sich die damit verbundenen Probleme, wenn Kinder sich z.B. einem Collie oder einem Schäferhund in der Erwartung nähern, er würde sich verhalten wie Lassie oder Rex. In einzelnen Fällen hat dies bereits zu bösen Verletzungen von Kindern geführt (vgl. *Ekrut* 1977, S. 23).

In einer Fallstudie - die *R. Nierhaus* im Rahmen unserer Untersuchungen durchgeführt hat - wurden Schülerinnen und Schüler einer Grundschule im Alter von 8 bis 10 Jahren gebeten, einmal aufzuschreiben, was ihnen zum Thema "Polizei" einfällt. Dabei kam es u.a. zu folgenden Äußerungen:

Banküberfall, Demonstration, Einbruch, Mord und Totschlag, Angst, Schrecken, Doofheit, Bekloppte, Irre, Pistole, Raub, Sicherheit, tatütata, Gefängnis, Freund und Helfer, Streifenwagen, Unfall, Kommissar, Detektiv, Falschgeld, Betrug, Krimi, Verhaftung, Beschützer, Handschellen, Blut, Grün und Weiß, Ermorden, Vergewaltigung, gefährlicher Beruf, mein Onkel, Gesetz, Knast, Mörder, Gefahr, Klauen, Gericht, Verhör, Schießerei, Verbrechen, Diebstahl, aus dem Weg gehen, Recht und Ordnung, Gewalt, Hilfe.

Diese Äußerungen zeigen, wie stark die Vorstellungen zur Polizei durch Mediennutzung beeinflußt sind: Banküberfall, Vergewaltigung und Mord dürften die Kinder beispielsweise häufig in den Medien, jedoch nicht in der Realität erfahren haben. Die Verzerrung in den Vorstellungen wird vor allem bei Äußerungen wie "Doofheit, Bekloppte, Irre" deutlich. Hier scheinen Filme wie z.B. "Police Academy" die Vorstellungen geprägt zu haben. Allerdings beeinflussen nicht nur Spielfilme und Unterhaltungsserien die Vorstellungen. Auch Nachrichtensendungen liefern dazu einen Beitrag, worauf z.B. die Nennung von "Demonstration" in unserer Fallstudie schließen läßt.

Überhaupt können auch dokumentarische und politische Sendungen zu unangemessenen Vorstellungen führen. So mag sich bei manchem Fernsehzuschauer beispielsweise die Vorstellung entwickelt haben, daß man sich in Sizilien nicht bewegen kann, ohne mit der Mafia in Berührung zu kommen, oder daß es fast unmöglich ist, nach Israel oder Palästina zu reisen, ohne in eine Straßenschlacht verwickelt zu werden. Darüber hinaus vermittelt das Fernsehen für Kinder, Jugendliche und Erwachsene unter Umständen ein stark verzerrtes Bild von Interessen und Interessengegensätzen in der Politik, von Rationalität und Irrationalität politischer Entscheidungen, von der Möglichkeit oder Unmöglichkeit, auf politische Entscheidungen Einfluß zu nehmen.

Was fängt eine Lehrperson mit all den Vorstellungen an, die Schülerinnen und Schüler aufgrund außerschulischer Medienerfahrung zu vielen Themen des Unterrichts - von "Haustierverhalten" bis "Politische Entscheidungsfindung" - entwickelt haben?

Zunächst ist wichtig, daß eine Nicht-Beachtung solcher Vorkenntnisse problematisch für den Unterricht wäre: Die Lehrperson könnte Dinge behandeln, welche die Schülerinnen und Schüler schon längst "erfahren" haben; sie käme mit ihrer Darstellungsweise ungewollt in eine Konkurrenzsituation zu den Medien, die aufgrund ihrer Möglichkeiten vieles anregender und spannender darstellen können; die Schülerinnen und Schüler langweilen sich unter Umständen. Die pointierte Aussage von *Ausubel/ Novak/ Hanesian* (1980) über die Bedeutung von Vorkenntnissen für den Unterricht sollte in jedem Fall zu denken geben: "Wenn wir die ganze Psychologie des Unterrichts auf ein einziges Prinzip reduzieren müßten, würden wir dies sagen: Der wichtigste Faktor, der das Lernen beeinflußt, ist das, was der Lernende bereits weiß. Dies ermitteln Sie, und danach unterrichten Sie Ihren Schüler." (S. 5)

Daraus folgt, daß sich Lehrpersonen zu Beginn von Unterrichtseinheiten stets einen Überblick über die vorhandenen Vorstellungen zu dem jeweiligen Thema verschaffen sollten. Dies kann z.B. durch einen Impuls geschehen, aufgrund dessen die Schülerinnen und Schüler ihre Vorstellungen frei äußern. Unter Umständen können schon die unterschiedlichen Vorstellungen zu der Frage motivieren, wie die Realität nun tatsächlich aussieht. Beispielsweise werfen die unterschiedlichen Äußerungen zum Thema "Polizei" die Frage auf, wie sich der Alltag bzw. der Beruf eines Polizisten in Wirklichkeit gestaltet.

Allerdings erschweren die oben - am Beispiel "Polizei" - demonstrierten Eigenschaften medial bedingter Vorstellungen die weitere Behandlung entsprechender Themen. Die Vorstellungen sind häufig unterschiedlich, in der Regel ungeordnet und unter Umständen irreführend.

Die *individuell unterschiedlich aufgenommene Medieninformation* hängt zunächst mit der Lebenswelt der einzelnen Schülerinnen und Schüler zusammen, d.h. mit ihren Möglichkeiten direkter oder unmittelbarer Erfahrung. Beobachtungslernen, wie es beispielsweise beim Fernsehen geschieht, führt nur im Zusammenhang mit unmittelbaren Erfahrungen zu angemessenen Vorstellungen (vgl. *Bruner/ Olson* 1975, S. 204). Um es noch einmal an einem Beispiel zu sagen: Ein Kind, das nie eine Giraffe gesehen hat, kann aufgrund eines bloßen Bildes (ohne abgebildete Vergleichsgegenstände) keine angemessenen Vorstellungen von der Größe einer Giraffe entwickeln. Ein weiteres Beispiel: Schüler oder Schülerinnen, die bereits in England waren, werden landeskundliche Informationen anders aufnehmen, als jemand, der nicht in England war.

Die Abhängigkeit der aufgenommenen Medieninformationen von den individuell unterschiedlichen Möglichkeiten direkter Erfahrung ist nur ein Grund für die Unterschiedlichkeit der Vorstellungen der Schülerinnen und Schüler bezüglich eines Themengebietes. Hinzu kommen die Vielfalt der Medienangebote sowie die individuell unterschiedlichen Präferenzen bei der Medienwahl. Neben der Unterschiedlichkeit ist die erwähnte *Ungeordnetheit* der Vorstellungen aufgrund außerschulischer Medienerfahrungen ein Erschwernis für jede Lehrperson, die diese Vorstellungen in ihrem Unterricht aufnehmen möchte.

Besonders problematisch für den Unterricht sind jedoch *irreführende Vorstellungen*. Sie können u.a. dadurch bedingt sein, daß Kinder bis zu einem bestimmten Entwicklungsstadium nicht deutlich zwischen Fiktion und Realität unterscheiden. Beispielsweise geht *Keilhacker* (1979) davon aus, daß sich der Übergang von einer illusionistischen Phase des Filmerlebens, in der es keine klare Trennung zwischen Fiktion und Realität gibt, und einer realistischen Phase, in der diese Unterscheidung vorgenommen werden kann, erst vom 5. bis 7. Lebensjahr an vollzieht (vgl. S. 67 ff.). Bis zu diesem Zeitpunkt haben Kinder in der Regel jedoch schon viele Fernsehfilme gesehen und unter Umständen irreführende Vorstellungen aufgebaut.

Aus der Kommunikationsforschung ist bekannt, wie stark vorhandene Einstellungen die Informationsaufnahme bzw. -auswahl und -abwehr beeinflussen können bzw. steuern (vgl. *Silbermann/ Krüger* 1973, S. 70 ff.). Beispielsweise mag ein Film über die Schädlichkeit des Rauchens Nichtrauchern zwar entsprechende Argumente gegen das Rauchen vermitteln, Raucher dagegen übernehmen diese Argumente kaum, ja möglicherweise finden sie in dem Film sogar noch Argumente für das Rauchen. Dieses Phänomen verweist auf zwei Prinzipien, die bei der Behandlung der Frage nach der Bedeutung irreführender Vorstellungen für den Unterricht unmittelbar wichtig sind:

- das Prinzip der Vermeidung von Informationen, die mit der eigenen Einstellung nicht übereinstimmen,
- das Prinzip der selektiven Aufnahme von Informationen, die mit der eigenen Meinung übereinstimmen.

Beide Prinzipien lassen sich durch den psychologischen Ansatz zur "Kognitiven Dissonanz" erklären (vgl. *Festinger* 1964, S. 27 ff.). Dieser Ansatz besagt, daß das Individuum dahin tendiert, aus der Umwelt vor allem solche Informationen wahrzunehmen bzw. aufzunehmen, die den eigenen Einstellungen entsprechen, und Informationen zu vermeiden, die der eigenen Einstellung widersprechen. Dadurch wird kognitive Konsonanz hergestellt und kognitive Dissonanz vermieden. Hinsichtlich irreführender Vorstellungen zu einem Unterrichtsthema besagt der Ansatz der kognitiven Dissonanz, daß irreführende Vorstellungen - falls sie im Unterricht nicht beachtet werden - dazu führen, daß entgegen den Intentionen des Lehrers bestimmte Informationen abgewehrt und andere Informationen in selektiver und verzerrter, vielleicht sogar in völlig falscher Weise aufgenommen werden.

Insgesamt stellt sich die Frage, wie unterschiedliche, ungeordnete und irreführende Vorstellungen von Lernenden aufgearbeitet werden können.

(1) Bezogen auf *unterschiedliche Vorstellungen* müßte letztlich eine individuelle Vorgehensweise angestrebt werden, wobei von den jeweils vorhandenen Vorstellungen auszugehen wäre. Im Hinblick auf die Klassensituation schulischen Lernens kann man versuchen, einen "Mittelweg" einzuschlagen. Dieser könnte so aussehen, daß die Lehrperson zunächst Äußerungen mit mittlerem Bedeutungsumfang aufgreift, um möglichst vielen Kindern Anknüpfungspunkte zu bieten. Im Falle des Polizei-Beispiels sind dies z.B. Äußerungen wie "Verbrechensbekämpfung" oder "gefährlicher Beruf". Im weiteren Verlauf des Unterrichts lassen sich solchen "mittleren" Begriffen konkrete Einzelheiten zuordnen, z.B. "Täter festnehmen", "dem Haftrichter vorführen", "den Fall dem Gericht übergeben", oder allgemeine Begriffe überordnen, z.B. "für Recht und Ordnung sorgen". So können vergleichbare begriffliche Strukturen für möglichst viele Kinder angestrebt werden.

(2) Damit sind gleichzeitig zwei Vorgehensweisen angedeutet, wie *ungeordneten Vorstellungen* begegnet werden kann:
- Subjektiv vorhandene pauschale Vorstellungen werden mit Detailvorstellungen verbunden, z.B. "für Sicherheit im Straßenverkehr sorgen" mit "Verkehr überwachen", "rechtzeitig auf Gefahrenstellen hinweisen", "bei ausgefallener Ampel die Verkehrsregelung übernehmen".

- Vorhandene Detailvorstellungen werden unter einem subjektiv neuen allgemeinen Begriff zusammengefaßt, z.b. "Banküberfall", "Diebstahl", "Mord", "Vergewaltigung" unter dem Begriff "Straftaten".

Eine weitere Möglichkeit, bei ungeordneten Vorstellungen gedankliche Ordnung zu schaffen, liegt darin, isoliert vorhandene Vorstellungen miteinander zu verknüpfen. So können die isolierten Vorstellungen "Recht" und "Gewalt" z.B. durch den Gedanken verbunden werden, daß es zur Durchsetzung des Rechts für die Polizei unter Umständen notwendig ist, selbst Gewalt anzuwenden - bei allen Problemen, die damit verbunden sind.

(3) Die Aufarbeitung *irreführender Vorstellungen* ist besonders schwierig. Umgangssprachlich ausgedrückt ist hier "Umlernen" erforderlich. Hinzu kommt, daß irreführende Vorstellungen, die durch außerschulischen Medienkonsum ausgebildet wurden, in der Regel emotional sehr positiv besetzt sind, weil sie häufig in lustbetonten Situationen (unterhaltsamer und spannender Medienkonsum) erworben wurden. Wenn sich z.B. bei der Rezeption spannender Krimis oder Actionfilme eine bestimmte Vorstellung über die Polizei herausgebildet hat, so ist es kaum möglich, diese einfach durch Belehrung zu korrigieren. Um noch einmal ein anderes Beispiel aufzugreifen: Wenn Kinder in vielen Tierfilmen Hunde, z.B. Lassie oder Rex, in vermenschlichter Form als beste Freunde des Menschen kennengelernt haben, dann ist es schwierig, ihnen ein adäquates Bild von tierischen Verhaltensweisen zu vermitteln und sie auf mögliche Gefahren des Umgangs mit Tieren hinzuweisen.

Dennoch lassen sich zwei Vorgehensweisen nennen, die helfen können, irreführende Vorstellungen aufzuarbeiten und gegebenenfalls zu korrigieren:
- Falls die irreführenden Vorstellungen auf einer unzulässigen Verallgemeinerung beruhen, z.B. "Alle Polizisten sind ständig in Kriminalfälle verwickelt", kann eine Korrektur dadurch versucht werden, daß die Schülerinnen und Schüler andere Fälle kennenlernen, z.B. den Alltag von Polizisten, die nur selten mit direkter Verbrechensbekämpfung zu tun haben, die viele Tage ihren Dienst verrichten, ohne daß etwas Aufregendes passiert, die vielleicht den ganzen Tag Schreibtischarbeiten ausführen.
- Falls die irreführende Vorstellung auf einer insgesamt falschen Eigenschaftszuschreibung beruht, z.B. "Amerikanische Polizisten sind unfähig, Verbrechen aufzuklären" - ein Bild, das viele amerikanische Actionfilme vermitteln -, kann man so vorgehen, daß man die irreführende Vorstellung mit anderen Überlegungen konfrontiert. Beispielsweise ließe sich ver-

deutlichen, daß viele Actionfilme davon leben, daß der "Held" allein und ohne Unterstützung durch die Polizei "sein Recht" erkämpfen muß. Diese Konstellation erfordert es, die Polizei - in fiktiven Filmen - als unfähig darzustellen. Über die Unterscheidung von Fiktion und Realität ließen sich so irreführende Vorstellungen aufarbeiten (vgl. auch Abschnitt 6.4.3).
Allerdings können bei solchen Vorgehensweisen kognitive Dissonanzen den gewünschten Lernerfolg verhindern. Deshalb ist folgender Gedanke wichtig: Der Abbau irreführender und der Aufbau angemessener Vorstellungen kann grundsätzlich in Orientierung an dem gleichen Prinzip erfolgen, das bei Nicht-Beachtung irreführender Vorstellungen eine angemessene Informationsaufnahme verhindern würde: dem Prinzip der kognitiven Dissonanz. Genau genommen müssen die obigen Aussagen zur kognitiven Dissonanz nämlich differenziert werden: Nur ein zu großes Maß an Abweichung von eigenen Einstellungen führt zur Vermeidung von Information, während ein geringeres Maß an Abweichung das Gegenteil bewirken kann, nämlich Interesse an der neuen Information.

Demnach käme es für die Lehrperson darauf an, irreführende Vorstellungen durch Konfrontation mit solchen Informationen in Frage zu stellen, die ein geeignetes Maß an kognitiver Dissonanz erzeugen. Die Forderung, ein jeweils geeignetes Maß an kognitiver Dissonanz zu erzeugen, weist auf die Notwendigkeit hin, den Prozeß des Abbaus irreführender und des Aufbaus angemessener Kenntnisse und Einstellungen nicht als "schlagartigen", sondern als gestuften, schrittweisen Akkommodationsvorgang im Sinne *Piaget*s (1972, S. 11) zu begreifen.

Abschließend soll skizziert werden, wie ein unterrichtlicher Prozeß zur Aufarbeitung medienvermittelter Vorstellungen ablaufen könnte. Ich wähle dazu das mehrfach angesprochene Thema "Polizei". Das Unterrichtsbeispiel ist vor allem für eine vierte oder fünfte Klasse geeignet. Es läßt sich jedoch auf andere Jahrgangsstufen - bei entsprechender Anpassung - übertragen.

Die Lehrperson sollte zunächst danach fragen, was den Kindern in den Sinn kommt, wenn sie das Wort "Polizei" hören. Aufgrund eines solchen Impulses sind Äußerungen der oben angeführten Art zu erwarten. Die Lehrperson kann danach versuchen, die verschiedenen Äußerungen der Kinder unter der Frage zu bündeln, welche Aufgaben die Polizei hat. Auf einer Folie läßt sich eine erste Übersicht entwickeln, in der Detailvorstellungen, z.B. "Banküberfall", "Schießerei", "Verhaftung" oder "Unfall", allgemeinen Vorstellungen zugeordnet werden, z.B. "Verbrechen bekämpfen" oder "Verkehr regeln".

Im Anschluß daran kann die Lehrperson die Frage aufwerfen, wie die Schülerinnen und Schüler zu ihren Vorstellungen über die Aufgaben der Polizei gekommen sein mögen. In einem entsprechenden Gespräch wird sich in der Regel zeigen, daß Fernsehen und Video wichtige Quellen der Erfahrung darstellen. Die Lehrperson kann jetzt vorschlagen, einen Kriminalfilm - unter Umständen als Hausaufgabe - anzuschauen und besonders darauf zu achten, was die Polizei in diesem Film tut. Danach sollten die entsprechenden Tätigkeiten der Polizisten zusammengetragen werden.

Nun läßt sich die Frage einbringen, ob die Darstellung in dem Film der Realität entspricht. Die Kinder werden dazu ihre Meinung äußern. Die Lehrperson kann jetzt - in Absprache mit einer entsprechenden Polizeidienststelle - den Besuch eines Polizisten von der Kriminalpolizei ankündigen, der zu dem Film Stellung nimmt. Nach dessen Stellungnahme sollten die Schülerinnen und Schüler Gelegenheit erhalten, weitere Fragen zur Arbeit der Polizei zu stellen. Wenn der Polizist einverstanden ist, können die Ausführungen auf einer Tonkassette mitgeschnitten werden. Zusätzlich sollten die Kinder, die Polizisten in der Verwandtschaft oder im Bekanntenkreis haben, die Verwandten oder Bekannten nach ihren Berufsaufgaben und nach ihrem Berufsalltag befragen. Falls die Bedingungen dies zulassen, könnte auch eine Polizeidienststelle besucht werden. Unter Umständen sind wieder Tonaufzeichnungen möglich (vgl. z.B. *Lewers* 1993).

Im Anschluß an diese Gespräche bzw. Erkundungen läßt sich die ursprünglich zusammengestellte Folie mit den Aufgaben der Polizei unter der Frage diskutieren, wie die Zusammenstellung zu ergänzen bzw. zu korrigieren ist. Dabei sollten gegebenenfalls die Tonaufzeichnungen zu Hilfe genommen werden.

Im nächsten Schritt kann die Lehrperson einen Lehrbuchtext zu den Aufgaben der Polizei in den Unterricht einbringen. Die dort vorgestellten Aufgaben der Polizei wären mit den bisher erarbeiteten zu vergleichen. Der Vergleich sollte in eine zusammenfassende Übersicht einmünden.

Mit einer Reflexion über das Vorgehen und die erworbenen Einsichten - auch zum Verhältnis von Filmdarstellung und Realität - könnte die Unterrichtseinheit abschließen. Denkbar wäre allerdings auch eine Weiterführung. Beispielsweise ließe sich mit der Klasse eine Foto-, Video- oder Tondokumentation erarbeiten, die ein realistisches Bild von den Aufgaben der Polizei und dem Alltag eines Polizisten vermittelt. Dieser Dokumentation könnte ein Zusammenschnitt aus verschiedenen Kriminal- und Actionfilmen sowie Nachrichtensendungen gegenübergestellt werden, der das (unrealistische) Bild des Polizisten in den

Medien demonstriert. Die Materialien sollten auch anderen Klassen und den Eltern vorgestellt und mit ihnen diskutiert werden.
Bei einem Vorgehen dieser Art werden wichtige Unterscheidungen zwischen Fiktion und Realität, zwischen Nachrichtenauswahl und Wirklichkeit erfahrbar, irreführende Vorstellungen lassen sich abbauen, angemessene Vorstellungen über die Realität können entwickelt werden.

6.4.3 Aufarbeitung medienvermittelter Verhaltensorientierungen

Medien rufen nicht nur bestimmte Gefühle hervor und vermitteln nicht nur Informationen, die zu bestimmten Vorstellungen über die Realität führen, sie legen auch bestimmte Verhaltensorientierungen bzw. Verhaltensmuster nahe. In diesem Zusammenhang ist vor allem die Frage untersucht worden, ob Mediennutzung aggressives Verhalten anregt. Komplementär dazu ist die Frage interessant, ob Medien auch genutzt werden können, um prosoziale Verhaltensweisen zu vermitteln.

Zur Frage der Vermittlung prosozialer Verhaltensweisen gibt es wesentlich weniger Untersuchungen als zur Frage der aggressionsbezogenen Wirkung von Medien. Immerhin zeigen einzelne Untersuchungen, z.B. zur Sendereihe "Sesamstraße" und zur amerikanischen Familienserie "The Waltons", daß die Rezeption geeigneter Fernsehserien - bei bestimmten Randbedingungen - einen positiven Einfluß auf prosoziales Verhalten haben kann (vgl. *Winterhoff-Spurk* 1986, S. 40 f.).

Zur Frage, ob Medien eine aggressionsfördernde Wirkung haben, gibt es unterschiedliche Auffassungen und Untersuchungsergebnisse (vgl. als Zusammenfassung z.B. *Bergler/ Six* 1979, S. 162 ff.; *Kunczik* 1993, S. 98 ff.; *Lukesch u.a.* 1994, S. 303 ff.).

In verschiedenen Arbeiten wird die Stimulationshypothese oder eine lerntheoretische Position vertreten. Die Stimulationshypothese besagt, daß das Ansehen von Gewaltdarstellungen mindestens kurzfristig die Bereitschaft erhöht, sich selbst aggressiv zu verhalten. Eine gewisse Modifikation dieser These wird im Rahmen der Erregungshypothese vorgenommen. Hier nimmt man an, daß Fernsehkonsum zu einer generellen Erregung führt, die sich unter anderem auch in aggressivem Verhalten ausdrücken kann (vgl. *Haase* 1981). Bei der lerntheoretischen Position wird davon ausgegangen, daß man durch die Beobachtung von Personen, die Gewalt ausüben, lernt, daß die Anwendung von Gewalt in bestimmten sozialen Situationen ein geeignetes Vorgehen zur Durchsetzung

eigener Interessen bzw. überhaupt ein angemessenes Verhalten ist (vgl. *Bandura/ Ross/ Ross* 1973).
In anderen Arbeiten wird dagegen angenommen, daß die Beobachtung von Gewaltdarstellungen eine Reduzierung des Aggressionsniveaus beim Rezipienten zur Folge hat (vgl. z.B. *Feshbach/ Singer* 1971). Begründet wird dies entweder mit der Katharsishypothese oder mit der Inhibitionshypothese.
Bei der Katharsishypothese wird eine Identifikation des Rezipienten mit dem Aggressor unterstellt, die es ihm ermöglichen soll, eigene Aggressionen symbolisch abzureagieren. Bei der Inhibitionshypothese wird angenommen, daß sich die Identifikation nicht auf den Aggressor, sondern auf das Opfer bezieht. Das so "erfahrene" Leid soll dann zu Aggressionshemmungen führen.
Daneben gibt es noch die Habitualisierungshypothese, bei der davon ausgegangen wird, daß die häufige Betrachtung von Gewaltdarstellungen zur "Abstumpfung" gegenüber Gewalt führt. Welche Konsequenzen dies für das eigene Aggressionsniveau hat, bleibt dabei letztlich offen (vgl. *Bergler/ Six* 1979, S. 163).
Nach den vorliegenden empirischen Untersuchungen müssen vor allem die Katharsishypothese und die Inhibitionshypothese als widerlegt gelten. In verschiedenen Untersuchungen haben sie sich nicht bewährt, was nicht ausschließt, daß sie in Ausnahmefällen zutreffen mögen (vgl. ebd., S. 221).
Allerdings können auch die Stimulationshypothese und die lerntheoretische Position nicht allgemein als bewährt gelten. Vielmehr muß man davon ausgehen, daß die Beobachtung von Gewalt in den Medien nicht generell, sondern nur unter ganz bestimmten Bedingungen zu einer Aggressionssteigerung führt. Solche Bedingungen sind u.a.:
- bereits vorhandene aggressive Neigungen beim Individuum,
- Frustrationen durch die Umwelt,
- die Akzeptanz und Rechtfertigung von Gewalt als geeignetes Mittel zur Erreichung bestimmter Ziele bzw. zur Lösung von Konflikten.

Diese Untersuchungsergebnisse bedeuten, daß die beste Vorbeugung gegen Gewaltanwendung eine nicht-frustrierende und Gewalt nicht-akzeptierende Umwelt wäre. Es braucht jedoch nicht weiter erläutert zu werden, daß weder die reale Lebenswelt der Kinder und Jugendlichen noch die Medien diesen Anforderungen genügen. Zu oft erfahren Kinder und Jugendliche, daß Gewalt ein geeignetes Mittel zur Erreichung verschiedener Ziele bzw. zur Lösung von Konflikten zu sein scheint.

In besonders extremer Form wird diese Botschaft in bestimmten Spiel- bzw. Videofilmen vermittelt: den sogenannten Rächer- oder Selbstjustizfilmen, z.B. "Die Klasse von 1984", "Ein Mann sieht rot", "Streetfighter" (vgl. auch *Glogauer* 1987, S. 48 ff.). Filme dieser Art sind in der Regel nach folgendem Muster aufgebaut (vgl. *Bentele* 1985):

a) Zunächst wird eine Gewalttat ausgiebig gezeigt, die jeder Zuschauer empörend finden muß, z.b. Vergewaltigung, Folterung oder Mord einer sympathisch dargestellten unschuldigen Person.

b) Die Polizei versagt bei der Aufklärung des Falles bzw. in bezug auf die Festnahme der Gewalttäter. Sie wird dabei als dumm, als unfähig, als hilflos oder gar als korrupt dargestellt.

c) Der "Held" beginnt seinen persönlichen Rachefeldzug gegen die Gewalttäter mit Methoden, die die ursprüngliche Gewalttat an Grausamkeit in der Regel noch übertreffen.

Filme dieser Art sind deshalb so problematisch, weil - vor dem Hintergrund der emotionalen Empörung der Zuschauer und der Unfähigkeit der Polizei - die Gewalttaten des Selbstjustiz übenden "Helden" als "gerechtfertigt" erscheinen. Im Rahmen solcher Filme können auch Haß- und Rachegefühle gegen bestimmte Gruppen, z.B. gegen Punker, gegen andere Völker und Rassen, z.B. gegen Afrikaner, Russen oder Asiaten, geweckt, befriedigt oder verstärkt werden.

Allerdings sollte eine Lehrperson Filme dieser Art in seinem Unterricht nur thematisieren, wenn sie davon ausgehen muß, daß sie in ihrer Klasse ohnehin häufig gesehen werden. In jedem Falle sollte vermieden werden, daß Kinder und Jugendliche auf solche Filme neugierig gemacht werden.

Eine Problematisierung aggressionsorientierter Verhaltensmuster läßt sich auch an "harmlosen" Beispielen vornehmen. In vielen Kinderserien, z.B. "Captain Future", und gängigen Krimiserien, z.B. "Derrick", "Der Alte" oder "Ein Fall für zwei", sowie in Actionserien, z.B. "Knight Rider", tauchen immer wieder aggressive Verhaltensweisen auf. Ein noch einfacheres Beispiel sind die vielen Fouls, die bei Sportübertragungen - vom Fußball bis zum Eishockey - zu sehen sind.

Eine Möglichkeit zur Thematisierung medienbeeinflußter Verhaltensmuster besteht darin, bestimmte Spielarrangements zu schaffen, im Rahmen derer Kinder und Jugendliche unter Umständen bestimmte Verhaltensmuster nachahmen. So berichtet beispielsweise *Bachmair* (1984, S. 30 f.) von einem Unterrichtsprojekt, bei dem das Spielthema "Weltraumreise" vorgegeben wurde. Bei dem entsprechenden Spiel war beobachtbar, daß die Kinder unter anderem Verhaltensweisen zeigten, zu denen sie durch die Zeichentrickserie "Captain Future" angeregt worden waren. *Aufenanger* (1988, S. 68) schlägt für den Fall, daß im Verhalten von Kindern Imitationen von Film- oder Fernsehhelden festzustellen sind, Rollenspiele vor. Durch Spiele solcher Art kann die unreflektierte Übernahme medial vermittelter Verhaltensmuster bewußt gemacht und - je nach Alter der Kinder - im Gespräch problematisiert und reflektiert werden.

Die unterrichtliche Behandlung von aggressiven Verhaltensweisen, die durch die Medien präsentiert werden, kann auf der Basis der Überlegungen zur sozialmoralischen Entwicklung erfolgen, wie sie im Abschnitt 5.2.5 dargestellt wurden. Dabei sollte die Frage, inwieweit bestimmte Verhaltensweisen zu rechtfertigen bzw. nicht zu rechtfertigen sind, im Mittelpunkt stehen.

Wie dies realisiert werden kann, soll im folgenden an einem Beispiel dargestellt werden. Das Beispiel ist inhaltlich für die Jahrgangsstufen 7 - 10 gedacht, kann strukturell jedoch auch auf andere Altersgruppen übertragen werden.

Als Beispiel wähle ich eine Sendereihe, für die Gewalttaten verschiedener Art konstitutiv sind: die Krimi-Reihe "Derrick". Wie verschiedene Untersuchungen zeigen, gehören Krimiserien mit zu den beliebten Sendereihen von Jugendlichen. Die unterrichtsbezogenen Überlegungen demonstriere ich an einer Folge mit dem Titel "Der Täter schickte Rosen". Nach der folgenden inhaltlichen Beschreibung schließt sich eine Zusammenstellung möglicher Argumente zum Verhalten des Täters an. Daraufhin wird die unterrichtliche Umsetzung thematisiert.

Alexander Rudow, ein gutaussehender Mann mittleren Alters, hat sich ein Taxi bestellt. Der Fahrer kommt etwas zu früh, und Rudow bittet ihn, einen Blumenstrauß abzuholen. Als der Taxifahrer mit den Blumen zurückkommt, klingelt es an Rudows Tür. Da Rudow immer noch nicht fertig ist, bittet er den Taxifahrer, an die Tür zu gehen und zu fragen, wer da sei. Als der Taxifahrer dies tut, werden Schüsse durch die Tür abgefeuert: Der Taxifahrer bricht schwer verletzt zusammen. Rudow eilt zunächst zum Taxifahrer, dann zur Tür: Vom Täter ist nichts mehr zu sehen.

Während der Taxifahrer mit einem Notarztwagen ins Krankenhaus gebracht wird, vernehmen Derrick und sein Assistent Klein Alexander Rudow. Dieser hatte das Taxi bestellt, um zu Vera Baruda, seiner Geliebten, zu fahren. Heute sollte die Verlobung sein.

Derrick und Klein begeben sich mit Rudow in die Villa der honorigen und wohlhabenden Industriellenfamilie Baruda. Dort sind neben Vera Baruda, der verwitweten Schwiegertochter, noch der Senior der Familie, Herr Ba-

ruda, sein bereits erwachsener Enkel, Udo Müller, sowie der Firmenteilhaber Lenau mit seinem erwachsenen Sohn Walter anwesend.
Bei den folgenden Ermittlungen von Derrick und Klein stellt sich heraus, daß Alexander Rudow wegen Heiratsschwindels bzw. Betrugs vorbestraft ist. Er hatte Vera allerdings vor der Verlobung "gebeichtet" und versichert, daß er nun mit ihr ein neues Leben beginnen wolle. Sie hat ihm geglaubt.
Mittlerweile ist der schwer verletzte Taxifahrer im Krankenhaus operiert worden und auf dem Wege der Besserung. Ein anonymer Anrufer hat sich im Krankenhaus bei der Krankenschwester nach dem Befinden des Taxifahrers erkundigt und Blumen geschickt. Derrick und Klein hoffen, den Täter dadurch überführen zu können, daß die Krankenschwester die Stimme des anonymen Anrufers wiedererkennt. Sie lassen die Verdächtigen, und zwar Udo, Lenau und seinen Sohn Walter, den Wortlaut der Erkundigung auf ein Tonband sprechen.
Kurz darauf lädt Udo seine Tante Vera und Alexander Rudow zu einer gemeinsamen Fahrt mit dem Auto ein. Er fährt mit ihnen zu seiner Mutter, die - psychisch unheilbar krank - in einem Sanatorium lebt. Als Rudow in das Krankenzimmer eintritt, erkennt er in Udos Mutter Maria wieder: eine Frau, die er schmählich betrogen und in den Wahnsinn getrieben hat. Erschreckt läuft er davon.
Udo fährt mit Vera zur Villa zurück. Dort erscheinen zur gleichen Zeit Derrick und Klein. Vera zieht sich zurück. Derrick und Klein gehen mit Udo ins Wohnzimmer, wo Baruda anwesend ist.
Am Ende des Verhörs gesteht Baruda schließlich, daß er den Schuß in der Annahme abgefeuert habe, Rudow zu treffen. Das Ende des Verhörs hat folgenden Wortlaut:
Derrick: "Ja, warum hat nicht einer von Ihnen Frau Baruda ganz einfach die Wahrheit gesagt?"
Baruda: "Ich war dagegen. Ich sagte: 'Wollen wir es riskieren, daß sie auch den Verstand verliert?' Ich war es meiner Familie schuldig, eine andere Lösung zu finden."
Derrick: "Lösung?"
Baruda: "Ja, ich bin froh, daß ich es jetzt sagen darf: Ich war es. Ich habe dem Lenau die Pistole weggenommen. Es tut mir sehr leid, daß es einen Unschuldigen getroffen hat."
Ende der Szene.

Im folgenden konzentriere ich mich auf die Argumente, die für und gegen die Gewalttat von Baruda angeführt werden können. Im Film selbst begründet Baruda seinen Mordversuch damit, daß er seine Schwiegertochter Vera vor einem ähnlichen Schicksal bewahren wollte, wie es seine Tochter Maria durch die Schuld Rudows erleiden mußte. Derrick und Klein verkörpern im Film dagegen die Polizei, die im Auftrage des Staates Straftaten solcher Art aufklären muß und damit Recht und Ordnung sichert. Beide Positionen lassen sich bestimmten Stufen der sozial-moralischen Entwicklung zuordnen (vgl. Abschnitt 5.2.5).

Die Position Barudas entspricht im wesentlichen der Stufe 3 sozial-moralischer Entwicklung: Baruda will mit seiner Gewalttat seine Schwiegertochter vor einem Unglück bewahren. Er glaubt, dies den Familienmitgliedern als seinen unmittelbaren Bezugspersonen schuldig zu sein. Derrick repräsentiert dagegen die Stufe 4 sozial-moralischer Entwicklung: Recht und Ordnung müssen auch unabhängig von persönlichen Motiven durchgesetzt werden.

Mit diesen Hinweisen wird deutlich, daß der Film von sich aus bestimmte Argumente für und gegen die dargestellte Gewalttat anbietet (vgl. dazu auch *Lukesch u.a.* 1994, S. 335 ff.). Grundsätzlich sind jedoch auch andere Argumente möglich.

Mit welchen Argumenten ein Zuschauer zu der Gewalttat Stellung nimmt, hängt nicht nur von der im Film angebotenen Argumentation ab, sondern vor allem auch von seinem eigenen sozial-moralischen Urteilsniveau. So wird beispielsweise ein Kind oder Jugendlicher auf der Stufe 2 die Gewalttat vorrangig als Rache für die Zerstörung des Lebens von Maria deuten und ein Erwachsener auf der Stufe 5 darauf hinweisen, daß jede Form von Selbstjustiz abzulehnen sei, weil dadurch der Rechtsstaat untergraben und ein friedvolles Zusammenleben der Menschen unmöglich gemacht wird.

Im folgenden sind Pro- und Kontra-Argumente zu der im Film dargestellten Gewalttat systematisch in Anlehnung an die Stufen der sozial-moralischen Entwicklung angeführt:
- Stufe 1: *Pro*: Rudow mußte für seinen Betrug an Maria bestraft werden. *Kontra*: Baruda hätte den Mordanschlag nicht verüben sollen. Jetzt wird er dafür bestraft und muß ins Gefängnis.
- Stufe 2: *Pro*: Rudow hat die Tochter von Baruda betrogen, in den Wahnsinn getrieben und damit ihr Leben zerstört. Insofern wäre ihm bei Gelingen des Mordanschlages nur das widerfahren, was er selbst bei Maria verschuldet hat. Damit ist der Anschlag auf Rudow ein angemessener Racheakt. *Kontra*: Ru-

dow wollte sich bessern. Er hatte vor, mit Vera ein neues Leben zu beginnen. Insofern bestand für Baruda kein Grund mehr, einen Mordanschlag auf Rudow auszuüben. Das hat Rudow nicht verdient. Außerdem hätte Baruda mit seinem Anschlag keinen Unschuldigen - den Taxifahrer - gefährden dürfen.
- Stufe 3: *Pro*: Baruda wollte seine Schwiegertochter vor dem furchtbaren Schicksal bewahren, das seine Tochter durch Rudow erleiden mußte. Er war es seiner Schwiegertochter schuldig, so zu handeln. Außerdem mußte er im Sinne seiner kranken Tochter verhindern, daß der Mann, der sie auf dem Gewissen hat, jetzt auch noch ein Mitglied der Familie wird. *Kontra*: Jetzt wird es einen Skandal geben. Was werden die Leute denken, wenn sie hören, daß der honorige Baruda einen Mordanschlag auf den Geliebten seiner Schwiegertochter verübt hat. Ich kenne niemanden, der einen solchen Mordanschlag gutheißen könnte.
- Stufe 4: Eine Pro-Argumentation ist kaum aufrechtzuerhalten. Wenn überhaupt, könnte sie etwa wie folgt lauten: *Pro*: Die Polizei war nicht in der Lage, alle Betrügereien von Rudow und ihre Folgewirkungen aufzudecken. So konnte er auf gesetzlicher Basis nicht angemessen bestraft werden. Außerdem hat die Polizei keine Mittel, den (möglicherweise) erneut versuchten Betrug an Vera mit der Gefährdung ihrer psychischen Gesundheit zu verhindern. Erst wenn ein Unglück passiert wäre, hätte die Polizei eingreifen können. Also mußte Baruda sich selbst helfen. *Kontra*: Selbstjustiz ist generell verboten. Es ist Aufgabe der Polizei, Verbrechen aufzudecken oder zu verhindern und die Schuldigen dem Richter zuzuführen. Insofern handelt es sich bei dem Mordanschlag auf Rudow um eine - in jedem Falle gesetzlich verbotene - Straftat.
- Stufe 5: Auf dieser Stufe sind letztlich nur noch *Kontra*-Argumente möglich: Baruda will offenbar weiteres Unheil von seiner Familie abwenden. Aber auch dies rechtfertigt nicht den Mordanschlag. Würde man eine Selbstjustiz dieser Art zulassen, wäre der Rechtsstaat generell gefährdet und ein friedvolles Zusammenleben der Menschen auf Dauer unmöglich. Es führt kein Weg daran vorbei, die Verfolgung von Straftaten dem Staat auf gesetzlicher Grundlage zu überlassen und das Urteil unabhängigen Richtern im Rahmen eines ordnungsgemäßen Verfahrens zu übertragen. Außerdem verletzt Baruda mit seinem Mordanschlag das unteilbare Recht auf Leben - auch für einen Betrüger. Insofern ist sein Vorgehen prinzipiell abzulehnen.

Diese Argumente machen deutlich, daß auf den einzelnen Stufen der sozialen bzw. moralischen Entwicklung unterschiedliche Stellungnahmen zu Gewalttaten möglich sind.

Im folgenden geht es um die Frage, wie die obigen Überlegungen für die Thematisierung von Gewaltdarstellungen im Unterricht fruchtbar gemacht werden können. Dazu ist u.a. die - bereits erwähnte - Annahme wichtig, daß Schülerinnen und Schüler, Argumente, die maximal eine Stufe über dem von ihnen erreichten Nivau liegen, noch angemessen verstehen und die Auseinandersetzung mit solchen Argumenten in besonderer Weite entwicklungsstimulierend sein kann. Insofern liegt es nahe, Diskussionen anzuregen, in denen die Schülerinnen und Schüler mit entsprechenden Argumenten konfrontiert werden. Dabei ist zu bedenken, daß Jugendliche der 7. bis 10. Klasse zunächst vor allem auf den Stufen 2 bis 4 argumentieren werden. Daher sollte die Lehrperson Sorge tragen, daß in der Diskussion eine Auseinandersetzung mit Argumenten der Stufen 3 bis 5 erfolgt.
Langfristig sollen die Schülerinnen und Schüler so die Chance erhalten, höhere Stufen des sozial-moralischen Urteilsniveaus zu erreichen. Dies ist im Aspekt folgender Überlegungen von großer Bedeutung:
Je höher das soziale bzw. moralische Urteilsniveau ist, desto weniger läßt sich für Gewalthandlungen argumentieren. Dies zeigt auch unser Beispiel: Schon auf der Stufe 4 fällt es sehr schwer, Argumente für die Gewalttat von Baruda zu finden. Auf der Stufe 5 ist eine Pro-Argumentation praktisch nicht mehr möglich. Geht man weiterhin von der Annahme aus, daß sich Handeln und Urteilen im Laufe des Entwicklungsprozesses bei günstigen Lebensbedingungen annähern, würde eine Beobachtung von Gewaltdarstellungen in den Medien beim Erreichen höherer Stufen in der Regel nicht mehr zu gewalttätigem Handeln verleiten, da einem solchen Handeln die Rechtfertigung fehlte.
Damit ist eine langfristige Zielperspektive für den Unterricht gegeben. Im Rahmen dieser langfristigen Zielperspektive kommt es in einem entsprechenden Unterricht darauf an, die Schülerinnen und Schüler in die Lage zu versetzen, Gewaltdarstellungen im Hinblick auf verschiedene Rechtfertigungsmuster zu analysieren und diese im Aspekt weiterführender moralischer Argumente kritisch zu reflektieren (vgl. auch *Happe* 1983, S. 15). Wie dies geschehen könnte, wird im folgenden kurz angedeutet.
Die Lehrperson kann zunächst das Anschauen eines Films, den sie besprechen möchte, im häuslichen Rahmen empfehlen (da es aus urheber- und nutzungsrechtlichen Gründen problematisch wäre, einen aufgezeichneten Fernsehfilm in der Klasse vorzuführen). Der Unterricht läßt sich mit der Rekonstruktion des Handlungsablaufs - eventuell mit der Vorführung einzelner "Filmzitate" - beginnen. Danach sollten die Schülerinnen und Schüler Gelegenheit haben, sich

spontan zur gezeigten Gewalttat zu äußern. Im Anschluß an die Sammlung spontaner Äußerungen läßt sich als Ziel für die Unterrichtseinheit eine differenzierte und gut begründete Stellungnahme zu der Gewalttat vereinbaren. Danach sollten in Kleingruppen Argumente für und gegen die Gewalttat diskutiert und Stellungnahmen formuliert werden. Die verschiedenen Stellungnahmen können in der Klasse vorgetragen und dann vergleichend diskutiert werden. Schließlich lassen sich eine Zusammenfassung sowie anwendende und weiterführende Überlegungen einbringen (vgl. zum Ablauf von Unterrichtseinheiten dieser Art auch Abschnitt 8.2).

Eine Ergänzung oder Alternative zu einer solchen Form der Auseinandersetzung mit Gewalttaten könnte auch von folgender Überlegung ausgehen: Krimis brechen in der Regel mit der Aufklärung des Falles bzw. Festnahme des Täters ab. Die Frage des Strafmaßes bleibt damit offen. Gerade an dieser Frage kann sich jedoch die Diskussion im Sinne der Argumentation auf verschiedenen Stufen des sozial-moralischen Urteilsniveaus entzünden. Insofern ist die Simulation einer entsprechenden Gerichtsverhandlung im Rollenspiel ein geeignetes methodisches Verfahren zur Konfrontation mit und zur Reflexion von Argumenten verschiedener sozial-moralischer Stufen (vgl. zur Beziehung von Moralstufen und Strafe auch *Schreiner* 1979, S. 238 f., sowie *Charlton/ Jungjohann* 1980, S. 438). Ein Beispiel für die Durchführung einer entsprechenden Unterrichtseinheit ist bei *Tulodziecki* (1996, S. 183 ff.) zu finden.

Durch Unterrichtseinheiten solcher Art lassen sich Verhaltensmuster und Rechtfertigungen, die in Medien angeboten werden, offenlegen und einer Reflexion zugänglich machen. Langfristig soll durch solche Reflexionen die sozial-moralische Entwicklung im Umgang mit Medien stimuliert und damit ein Schutz gegen eine unreflektierte Übernahme problematischer Verhaltensorientierungen bzw. Verhaltensmuster aufgebaut werden.

6.5 Durchschauen und Beurteilen von Bedingungen der Medienproduktion und Medienverbreitung

Geht man von einem (einfachen) Kommunikationsmodell aus, so sind für die Kommunikation generell und damit auch für technisch unterstützte Kommunikationsvorgänge mindestens drei Komponenten bedeutsam: das mediale Produkt, der Empfänger oder Rezipient und der Sender oder Kommunikator (vgl. Abschnitt 4.1.1). In den beiden vorhergehend beschriebenen Aufgabenbereichen wurde der Blick vor allem auf das mediale Produkt und den Rezipienten

gerichtet, im jetzt zu behandelnden Aufgabenbereich steht der Sender bzw. Kommunikator im Mittelpunkt der Betrachtung. Dabei geht es vor allem um die - gesellschaftlich zu deutenden - Bedingungen der Medienproduktion und Medienverbreitung. Bedingungen solcher Art wirken in vielfältiger Weise auf die Mediengestaltung und Mediennutzung ein. Beispielsweise hängt die Entscheidung, welche Nachrichten in einem bestimmten Medium in welcher Weise präsentiert werden, mit verschiedenen Bedingungen zusammen, z.B.
- mit personalen Bedingungen, etwa mit der Qualifikation und Motivation der jeweiligen Journalisten und Redakteure,
- mit technischen Bedingungen des präsentierenden Mediums, ob die Nachrichten beispielsweise nur auditiv, nur gedruckt, mit oder ohne Bild- oder Filmmaterial verbreitet werden sollen,
- mit ökonomischen Bedingungen, etwa ob das Medienangebot durch Verkauf, durch Gebühren oder durch Werbung finanziert werden muß,
- mit organisatonsbezogenen bzw. institutionellen Bedingungen, wer beispielsweise über die Auswahl und Gestaltung der Nachrichten innerhalb der jeweiligen Medieninstitution entscheidet,
- mit rechtlichen Bedingungen, ob möglicherweise bei der Gestaltung der Nachrichten gesetzliche Bestimmungen zum Jugendschutz zu beachten sind bzw. wie weit die Meinungs- und Informationsfreiheit geht.

Ein sachgerechtes, selbstbestimmtes, kreatives und sozialverantwortliches Handeln im Medienzusammenhang setzt Kenntnisse und Verstehen, Analyse- und Urteilsfähigkeit zu solchen Bedingungen der Medienproduktion und Medienverbreitung voraus. Dabei ist es denkbar, vielfältige Fragestellungen zu bearbeiten (vgl. dazu auch Kapitel 1). Im Rahmen dieses Bandes soll der Akzent besonders auf rechtliche, ökonomische und organisationsbezogene Bedingungen gelegt werden, wobei weitere Bedingungen mitzubedenken sind. Die zu besprechenden Bedingungen sind insgesamt im Rahmen politischer bzw. gesellschaftlicher Entscheidungen zum Mediensystem unseres Gemeinwesens zu sehen.

Vor dem Hintergrund dieser Überlegungen sollen die Kinder und Jugendlichen im Hinblick auf Bedingungen der Medienproduktion und Medienverbreitung
a) rechtliche Gesichtspunkte kennen, beachten und in ihrer Bedeutung einschätzen,
b) ökonomische Aspekte wahrnehmen, durchschauen und bewerten,
c) organisationsbezogene bzw. institutionelle Merkmale analysierend erfassen und kritisch bedenken,

d) die eigene Situation im Mediensystem reflektieren, Möglichkeiten zur Einflußnahme erkennen und wahrnehmen sowie bei der Entwicklung von Medienkultur mitwirken.

Diese Zielvorstellungen sollen im Rahmen der folgenden drei Teilaufgaben angestrebt werden. Dabei wird die Zielvorstellung d) in den Kontext der Teilaufgaben zu den Zielvorstellungen a) bis c) eingebunden.

6.5.1 Beachten und Einschätzen rechtlicher Bedingungen

Für die Medienlandschaft in der Bundesrepublik sind verschiedene rechtliche Grundlagen wichtig, z.B. die grundgesetzlich garantierte Meinungs-, Informations- und Pressefreiheit, die Regelungen der Landespresse- und Rundfunkgesetze, gesetzliche Bestimmungen zum Jugendschutz, sowie Datenschutz- und Urheberrechtsregelungen (vgl. Abschnitt 1.2.1).

Auf die Bedeutung solcher rechtlicher Grundlagen können die Schülerinnen und Schüler bereits durch die Auseinandersetzung mit Konflikten bei der eigenen Mediennutzung aufmerksam gemacht werden. Beispielsweise kann der Computerspiel-Fall (vgl. Abschnitt 5.2.1) auf die Frage der gesellschaftlichen Bedeutung von Jugendschutzbestimmungen ausgeweitet werden, und das Kopier-Beispiel (vgl. Abschnitt 6.1.3) läßt sich auch unter der Frage diskutieren, welchen Stellenwert Urheberrechtsbestimmungen bei den neuen Medien haben und haben sollten.

Solche Diskussionen können außer aus der Nutzungsperspektive auch aus der Perspektive derer geführt werden, die für den Jugenschutz oder das Urheberrecht zu sorgen haben. Beispielsweise ließe sich im Rahmen einer Unterrichtseinheit - ein angemessenes Alter der Jugendlichen vorausgesetzt - eine Filmprüfung durch den Arbeitsausschuß der Freiwilligen Selbstkontrolle der Filmwirtschaft (FSK) simulieren. Für eine solche Simulation könnten in der Klasse Arbeitsgruppen mit der Aufgabe gebildet werden, bezogen auf einen bestimmten Film über eine Altersfreigabe zu entscheiden. Dafür gelten folgende Kategorien: freigegeben ohne Altersbeschränkung / freigegeben ab 6, 12 oder 16 Jahren / nicht freigegeben unter 18 Jahren. In den jeweiligen Arbeitsgruppen ließen sich gemäß der Zusammensetzung des Arbeitsausschusses der FSK - folgende Rollen verteilen: Ständiger Vertreter der Obersten Landesbehörden als Vorsitzender, drei Filmprüfer, die von der Film- bzw. Videowirtschaft benannt werden, und ein Sachverständiger für den Jugendschutz. Die in einer entsprechenden Simulation in den Arbeitsgruppen getroffenen Entscheidungen sollten abschließend vorgestellt, diskutiert und mit der für den ausgesuchten Film von der FSK getroffenen Entscheidung verglichen werden. Durch ein solches Vorgehen ließen sich wichtige Einsichten in gesetzliche Bestimmungen des Jugendschutzes, in entsprechende Verfahren sowie in die gegebenen Möglichkeiten und Probleme gewinnen.

Des weiteren kann eine Auseinandersetzung mit rechtlichen Grundlagen der Medienproduktion und Medienverbreitung dadurch angeregt werden, daß die Lehrperson die Schülerinnen und Schüler mit interessanten Rechtsfällen aus dem Medienbereich konfrontiert.

Als Beispiel für einen solchen Fall kann die folgende Situation gelten, bei der es um eine für die Bundesrepublik Deutschland richtungsweisende Entscheidung zur freien Meinungsäußerung ging:

1950 hatte der damalige Pressechef der Stadt Hamburg, Lüth, zum Boykott eines Veit-Harlan-Films aufgerufen. Lüth begründete seinen Boykottaufruf damit, daß Veit Harlan mit seinem Film "Jud Süss" einer der "wichtigsten Exponenten der mörderischen Judenhetze der Nazis" gewesen sei. Deshalb sei es "nicht nur das Recht anständiger Deutscher, sondern sogar ihre Pflicht", Harlan-Filme zu boykottieren. In dieser Aufforderung der Öffentlichkeit sah das Landgericht einen sittenwidrigen Aufruf zum Boykott. Veit Harlan war in einem vorherigen Schwurgerichtsverfahren unter der Anklage des Verbrechens gegen die Menschlichkeit letztlich freigesprochen worden. Lüth legte gegen die Entscheidung des Landgerichtes Verfassungsbeschwerde ein.

Dieser Fall könnte mit den Jugendlichen unter der Frage diskutiert werden, welche verfassungsrechtlichen Grundlagen zur Beurteilung herangezogen werden können und wie sie selbst in der Rolle als Verfassungsrichter entscheiden würden.

Als entscheidende rechtliche Grundlage ist der Art. 5. Abs. 1 und 2 GG zu nennen (vgl. Abschnitt 1.2.1). Darüber hinaus sollten weitere Informationen zu dem Fall und zu der Situation um 1950 gegeben werden (vgl. *Goltsche* 1989, S. 44 ff.). Nach Erarbeitung von begründeten Stellungnahmen durch die Jugendlichen ließe sich zum Vergleich und zur weiteren Auseinandersetzung die Entscheidung des Bundesverfassungsgerichtes einbringen, in der Lüth das Recht zu seinem Boykott-Aufruf auf der Basis der folgenden grundlegenden Position zugesprochen wurde:

"Das Grundrecht auf die freie Meinungsäußerung ist als unmittelbarster Ausdruck der menschlichen Persönlichkeit eines der vornehmsten Menschenrechte überhaupt. ... Für eine freiheitliche Grundordnung ist es schlichtweg konstituierend, denn es ermöglicht erst die ständige geistige Auseinandersetzung, den Kampf der Meinungen, der ihr Lebenselement ist. Es ist im gewissen Sinn die Grundlage der Freiheit überhaupt" (BVerfGE 7, 205, zitiert nach *Goltsche* 1989, S. 14).

Ein anderer interessanter Fall, der insbesondere Fragen des Datenschutzes betrifft, ist die Auseinandersetzung um die Volkszählung in den 80er Jahren. Auch hier könnten mit den Jugendlichen Diskussionen geführt und Stellungnahmen erarbeitet werden.

Über solche Unterrichtseinheiten hinaus ist es denkbar, Entscheidungssituationen mit den Jugendlichen zu simulieren bzw. zu diskutieren, die für die Entwicklung des Mediensystems in der Bundesrepublik Deutschland insgesamt von grundlegender Bedeutung waren bzw. sind. Dazu gehören z.B.
- der Versuch von Konrad Adenauer über eine sogenannte Deutschland Fernsehen GmbH einen regierungsabhängigen Rundfunk einzuführen, der am Widerstand der Länder und am Einspruch des Bundesverfassungsgerichts (1961) scheiterte,
- Grundsatzentscheidungen zur Einführung eines privatwirtschaftlichen Rundfunks mit der Formulierung rechtlicher Rahmenbedingungen durch das Bundesverfassungsgesetz und mit der Verabschiedung neuer Rundfunkgesetze durch die Bundesländer (1984 - 1989), die zum dualen Rundfunksystem führten,
- die Auseinandersetzung mit Grundsatzfragen zu rechtlichen Rahmenbedingungen für die Nutzung von Computernetzen.

Im Zusammenhang solcher Themen könnten auch die Funktionen von Medien im gesellschaftlichen System bedacht und reflektiert werden (vgl. Abschnitt 1.2.1).

6.5.2 Durchschauen und Bewerten ökonomischer Bedingungen

Die Medienproduktion ist in der Bundesrepublik Deutschland - wenn man einmal vom öffentlich-rechtlichen Rundfunk absieht - im wesentlichen privatwirtschaftlich organisiert. Das bedeutet, daß die Medienangebote in weiten Bereichen durch Verkauf, Abonnements oder Werbung finanziert werden müssen. Selbst der öffentlich-rechtliche Rundfunk, der seine Finanzierung hauptsächlich durch Gebühren bestreiten kann, ist zu einem bestimmten Prozentsatz auf Einnahmen durch die Werbung angewiesen (vgl. Abschnitt 1.2.2). Ökonomische Bedingungen dieser Art haben einen bedeutenden Einfluß auf die Gestaltung und Verbreitung von Medienangeboten, der Kindern und Jugendlichen bewußt sein und von ihnen kritisch reflektiert werden sollte.

Um entsprechende Einsichten zu vermitteln, bieten sich unterschiedliche Möglichkeiten an. Eine Vorgehensweise besteht darin, daß Kinder oder Jugendliche im Rahmen eines Projekts selbst ein mediales Produkt erstellen, seine Produktions- und Vervielfältigungskosten kalkulieren und versuchen, es kostendeckend zu verbreiten bzw. zu verkaufen. Ein solches mediales Produkt kann z.B. ein Comic-Heft, eine Fotogeschichte, ein selbst produziertes Hörspiel, ein Videofilm oder eine Schülerzeitung sein. In einem solchen Fall würden die Kinder oder Jugendlichen in einem praktischen Zusammenhang ökonomische Bedingungen der Medienproduktion und -verbreitung erfahren. Die Erfahrungen ließen sich dann durch Erkundungen bei professionellen Medienproduzenten erweitern und vertiefen und in ihrer Bedeutung für die Mediengestaltung und -nutzung reflektieren.

Ein anderer Weg kann darin liegen, von der täglich erfahrenen Werbung in Zeitungen, in Illustrierten, im Hörfunk oder im Fernsehen - unter Umständen auch im Internet - auszugehen und danach zu fragen, welchen Stellenwert die Werbung für die Finanzierung der entsprechenden Medien hat. Dabei bietet es sich an, auch Zusammenhänge zwischen der Werbung und den medialen Angeboten in ihrem Umfeld zu thematisieren. Man muß davon ausgehen, daß solche Zusammenhänge Kindern und Jugendlichen häufig nicht bewußt sind.

Beispielsweise haben wir in einer Fallstudie zu einer Vorabendserie, auf die Frage, warum die Rundfunkanstalten solche Vorabendserien ausstrahlen, von Jugendlichen einer neunten Hauptschulklasse Antworten folgender Art erhalten (vgl. *Tulodziecki* 1985):

(1) Sie strahlen die Sendung zur Unterhaltung aus und um mehr Zuschauer zu bekommen.
(2) Daß die Leute den Film gut finden und angucken, das will ja wohl jeder Sender auf der ganzen Welt mit seinen Filmen: möglichst hohe Einschaltquoten. Was wollen sie wohl sonst auch groß erreichen?
(3) Daß die Kinder (Zuschauer) Spaß daran haben, daß die Zuschauer die Serie zuende sehen.
(4) Unterhaltung im kriminalistischen Sinne. Damit die Zuschauer über die Kriminalität was erfahren.
(5) Es möchte, daß der Zuschauer unterhalten wird, daß der Zuschauer für 45 Minuten den Alltag vergißt.

(6) Das Fernsehen will vielleicht erreichen, daß alle Ehen so gut verlaufen und daß es dabei mehr Vertrauen gibt.

Zunächst fällt bei diesen Äußerungen - wie auch bei den anderen Äußerungen aus der Hauptschulklasse - auf, daß in relativ hohem Maße angenommen wird, dem Fernsehen gehe es vor allem um die Unterhaltung bzw. das Wohl der Zuschauer und Zuschauerinnen.

Dieser Gedanke wird zum Teil mit dem unterstellten Interesse der Rundfunkanstalten in Verbindung gebracht, möglichst hohe Einschaltquoten zu erreichen. An dieser Stelle bricht die Argumentation jedoch ab. Die Verbindung zur Werbung, in deren Rahmen die Sendereihe steht, und die damit verbundenen ökonomischen Interessen werden in den Schüleräußerungen nicht angesprochen.

Ausgehend von Voraussetzungen dieser Art kann eine Lehrperson im Rahmen einer Unterrichtseinheit zu Bedingungen von Medienproduktion und Medienverbreitung folgende Einsichten anstreben:

> Das Fernsehen strahlt Vorabendserien aus, damit möglichst viele Zuschauer den Fernsehapparat einschalten und dabei auch die vorher und nachher laufenden Werbespots mitbekommen. Hohe Einschaltquoten garantieren den Rundfunkanstalten gute Einnahmen durch die Werbung.

> In den Werbespots werden die in den Filmen vermittelten Leitbilder aufgenommen und es wird suggeriert, daß man durch Konsum bzw. Kauf und Verwendung der gezeigten Artikel so attraktiv wird und soviel Zuneigung, Bewunderung und Anerkennung erfährt, wie die im Film vorgestellten bzw. durch den Film angeregten "Wunschbilder".

Eine Auseinandersetzung der Schülerinnen und Schüler mit ökonomischen Interessen der Rundfunkanstalten kann mit Bezug auf eine geeignete Vorabendserie z.B. dadurch in Gang gesetzt werden, daß die Lehrperson einzelne Ausschnitte aus einer Folge in Abwechslung mit bestimmten Werbespots vorführt. In der Regel enthalten Vorabendserien Szenen oder gar Sequenzen, die durchaus als Bildmaterial für Werbespots, z.B. für Waschmittel, Getränke oder Autos, verwendet werden können. Im Anschluß an die Präsentation solcher Zusammenstellungen läßt sich die Frage aufwerfen, welche Gemeinsamkeiten zwischen den Filmausschnitten und den Werbespots bestehen. Falls geeignete Ausschnitte vorliegen, kann auch das Thema des "Product Placement" angesprochen werden. In der Auseinandersetzung mit solchen Themen können die Schülerinnen und Schüler den Zusammenhang von Serienausstrahlung und Werbung erarbeiten.

Um entsprechende Einsichten zu vertiefen, sollten die Jugendlichen angeregt werden, zu einzelnen Einstellungen bzw. Bildsequenzen aus der ausgewählten

Folge Werbesprüche bzw. Werbetexte zu formulieren. Sofern eine entsprechende Videoeinrichtung vorhanden ist, können mit Hilfe des Bildmaterials aus dem Film und einer selbst gestalteten Tonspur auch Werbespots hergestellt und anschließend in der Klasse vorgeführt werden. Darüber hinaus lassen sich gegebenenfalls Werbespots mit eigenem Bildmaterial, das die im Film geweckten Wünsche aufnimmt, herstellen.

Die Aktivitäten sollten schließlich in die Frage nach der finanziellen Situation von Rundfunkanstalten und der Bedeutung von Werbeeinnahmen einmünden. Dazu können Übersichten über Einnahmen und Ausgaben einer Rundfunkanstalt als Arbeitsmaterial herangezogen werden. Aktuelle Bilanzen werden beispielsweise in den Jahrbüchern von ARD und ZDF veröffentlicht (vgl. z.B. *ZDF Jahrbuch 96*, S. 243 ff.).

Ein weiterer Zugang zu ökonomischen Bedingungen der Medienproduktion und -verbreitung kann durch eine Unterrichtseinheit folgender Art ermöglicht werden: Eine Lehrperson gibt eine Reihe von Meldungen vor, die an einem bestimmten Tag aktuell waren, und regt die Jugendlichen an, sich einmal in die Situation einer Nachrichtenredaktion zu versetzen, die entscheiden muß, welche dieser Meldungen als wichtigste Nachricht präsentiert und welche als zweite und dritte behandelt und entsprechend dargestellt werden soll. Beispielsweise waren am 24./25. August 1997 folgende Meldungen aktuell:
- Oderflut: Eine gerechte Verteilung der Spenden erweist sich als kaum möglich.
- 57 Wirtschaftswissenschaftler sprechen sich für einen pünktlichen Eurostart aus.
- Der alkoholkranke Harald Juhnke wird auf einer Intensivstation rund um die Uhr bewacht.
- Behinderte Frauen haben in Oberwesel eine Organisation gegründet, um ihre Interessen besser vertreten zu können.
- Rund 40 Millionen Euroscheck-Karten in Deutschland sollen neue Geheimnummern bekommen.
- Der Welt-Jugendtag ist mit einer Papst-Messe zuendegegangen.
- Die Polizei hat zwei Neonazi-Treffen aufgelöst.
- Landespolitiker der SPD drängen zunehmend auf eine Einigung bei der Steuerreform.
- Gegen Clinton wird im Mai 1998 ein Sex-Prozeß eröffnet.
- Das Hoch "Joe" löst sich auf. Nach der Hitzewelle wird das Tief "Gerda" Regen bringen.

- Der ADAC will gegen die Kfz-Steuer klagen.
- Nordrhein-Westfalen und Baden-Württemberg sprechen eine Ozon-Warnung aus.
- Im Iran wird zum erstenmal eine Frau Stellvertreterin des Präsidenten.
- Die Steuerfahndung ermittelt gegen den Filmhändler Kirch.
- Schumacher siegt beim großen Preis von Belgien.
- In Berlin treiben Hitze und Bauarbeiten Ratten ins Freie.
- In Bonn herrscht Verwirrung über eine mögliche Kabinettsumbildung.

Für das weitere Vorgehen können "Redaktionsgruppen" für unterschiedliche Medien gebildet bzw. simuliert werden, z.B. für eine Abonnements-Tageszeitung und eine Straßenverkaufszeitung, für einen öffentlich-rechtlichen und einen privaten Hörfunksender sowie für eine öffentlich-rechtliche und eine private Fernsehanstalt. Im Hinblick auf die Entscheidungen zu den wichtigsten Meldungen und zu ihrer Präsentation sollten die Jugendlichen zunächst überlegen bzw. erarbeiten, welche technischen und ökonomischen Bedingungen für die Nachrichtenpräsentation in den unterschiedlichen Medien bestehen. Unter technischen Aspekten ist u.a. wichtig, daß die Nachrichten in Tageszeitungen schriftlich - unter Umständen mit Bildmaterial - präsentiert werden, während beim Hörfunk und Fernsehen die Nachrichten gesprochen werden, wobei das Fernsehen die Möglichkeit hat, Bilder oder Filmteile mitzusenden. In ökonomischer Hinsicht ist zu bedenken, daß Abonnements-Zeitungen im wesentlichen durch feste Abonnements und Anzeigen finanziert werden, während Straßenverkaufszeitungen ihre Kosten durch täglichen Verkauf und Anzeigen decken müssen. Bei den öffentlich-rechtlichen Rundfunkanstalten ist die Finanzierung durch Gebühren und Werbung, bei den privaten Fernsehsendern die Finanzierung durch Werbung die entscheidende ökonomische Bedingung.

Werden die technischen und ökonomischen Bedingungen bei der Auswahl der wichtigsten Nachrichten und ihrer Präsentation bedacht, zeigen sich bei den Entscheidungen der einzelnen "Redaktionsgruppen" sehr schnell Unterschiede. Diese können sich auf die Auswahl selbst, z.B. auf den Sensationsgehalt der gewählten Top-Meldungen, auf die Anordnung, z.B. auf die Reihenfolge und die Plazierung, auf die Gestaltung, z.B. auf Bilder und Überschriften, sowie auf den Umfang der Nachrichtenpräsentation beziehen. Wünschenswert ist es, daß die Lehrperson für den ausgewählten Tag die entsprechenden Zeitungsexemplare sowie die Hörfunk- und Fernsehnachrichten als Aufzeichnungen nach der Vorstellung der Gruppenentscheidungen zur Verfügung stellen kann, so daß ein Vergleich mit den professionellen Entscheidungen möglich wird. Dieser kann

dann zu einer vertiefenden Reflexion über ökonomische, technische und gegebenenfalls weitere institutionelle Bedingungen der Nachrichtenproduktion und -verbreitung führen. Die Reflexion sollte in Überlegungen zur Bedeutung entsprechender Bedingungen für die politische Meinungsbildung und für eigene Handlungskonsequenzen einmünden (vgl. zu dem Beispiel auch *Tulodziecki* u.a. 1995, S. 223 ff.).
Solche oder ähnliche Unterrichtsbeispiele können den Jugendlichen helfen, ökonomische Bedingungen der Medienproduktion und -verbreitung zu durchschauen und zu bewerten.

6.5.3 Erfassen und Beurteilen organisationsbezogener Bedingungen

Bei der Analyse und Bewertung medialer Produkte, bei der Auseinandersetzung mit ökonomischen Aspekten der Medienproduktion und anderen medienpädagogischen Aktivitäten tauchen unter Umständen Fragen auf, die auf organisationsbezogene bzw. weitere institutionelle Bedingungen im Medienbereich zielen. Beispielsweise können im Zusammenhang mit der obigen Unterrichtseinheit zur Nachrichtenauswahl Fragen folgender Art entstehen:
- Wie kommen die Journalisten überhaupt an ihre Nachrichten?
- Wer entscheidet letztlich, welche Nachrichten in eine Zeitung oder eine Rundfunksendung übernommen werden?
- Welche Qualifikationen sind für den Journalistenberuf erforderlich?
- Gibt es Kontrollgremien?
- An wen könnte man sich wenden, wenn man selbst eine interessante Nachricht verbreiten möchte?
- Was kann man tun, wenn in einem Fall, den man selbst genau kennt - etwa in einem lokalen Zeitungsteil - falsch berichtet wurde?

In ähnlicher Weise können bei der Auseinandersetzung mit Unterhaltungsangeboten oder mit Zielgruppensendungen, z.B. mit Kinder- und Jugendprogrammen, Fragen entstehen, die auf institutionelle Gegebenheiten gerichtet sind:
- Wer entscheidet über die Programme? Nach welchen Kriterien geschieht dies?
- An wen sollte man sich wenden, wenn man Anregungen geben möchte?
- Wem könnte man gegebenenfalls Analyseergebnisse (die z.B. in einer Klasse entstanden sind) mitteilen?

Des weiteren wurde schon - im Zusammenhang der eigenen Mediengestaltung - darauf hingewiesen, daß unter Umständen die Frage entsteht, ob und unter welchen Bedingungen man gegebenenfalls ein eigenes Hörmagazin oder einen

eigenen Videofilm öffentlich ausstrahlen kann. Entsprechende Fragen können sein:
- Welche Möglichkeiten gibt es dafür im öffentlich-rechtlichen oder im privaten Rundfunk?
- An wen sollte man sich mit entsprechenden Angeboten wenden?

Darüber hinaus können in der Auseinandersetzung mit dem Jugendschutz oder der Werbung Fragen folgender Art entstehen:
- Gibt es innerhalb der Medieninstitutionen einzelne Stellen, die für den Jugendschutz zuständig sind?
- Wer übernimmt die Kontrolle, daß Jugendschutzbestimmungen und Werberichtlinien eingehalten werden?
- An wen kann man sich wenden, wenn man Verstöße entdeckt hat?

Solche Fragen können im Zusammenhang entsprechender Unterrichtseinheiten oder Projekte bearbeitet werden. Allerdings kann es zur Entwicklung eines soliden Grundwissens auch sinnvoll sein, eigenständige Unterrichtseinheiten oder Projekte zu organisationsbezogenen bzw. institutionellen Fragen von Medienproduktion und Medienverbreitung zu konzipieren.

Methodisch gesehen kann man dabei unterschiedlich vorgehen. Wenn möglich, sollten Erkundungen in lokalen oder regionalen Medieneinrichtungen, z.B., in einem Zeitungsverlag oder in einem Hörfunk- oder Fernsehstudio, organisiert und Gespräche mit Fachleuten durchgeführt werden. Denkbar ist auch die Erarbeitung von Organogrammen zu einzelnen Medieneinrichtungen. Beispielsweise läßt sich für das ZDF ein Organogramm gemäß Darstellung 13 erarbeiten (vgl. *ZDF Jahrbuch '96*, S. 276 f.). In der Regel stellen die Medieneinrichtungen Informationsmaterial und/ oder Jahrbücher zur Verfügung, aus denen die jeweiligen Informationen entnommen werden können.

Im Zusammenhang des Aufbaus und der Organisation von Medieninstitutionen können auch weitere für das Mediensystem wichtige Fragen bearbeitet werden, z.B. nach dem Einfluß politischer Parteien und von gesellschaftlichen Interessengruppen auf die Medieninstitutionen - etwa von Wirtschaft- und Industrieverbänden, Gewerkschaften und Kirchen. Interessant können auch Vergleiche mit dem Mediensystem und seiner Organisation in anderen Staaten sein. Des weiteren bietet es sich an, Fragen der Konzentration im Medienbereich sowie den Einfluß einzelner Konzerne in mehreren Medienbereichen zu thematisieren, z.B. von Bertelsmann, Springer, Kirch, Holtzbrink, Bauer, Burda, WAZ und Gong (vgl. *Media-Perspektiven* 1996, S. 27 ff.).

Darstellung 13: Organisationsschema des ZDF (nach *ZDF Jahrbuch '96*)

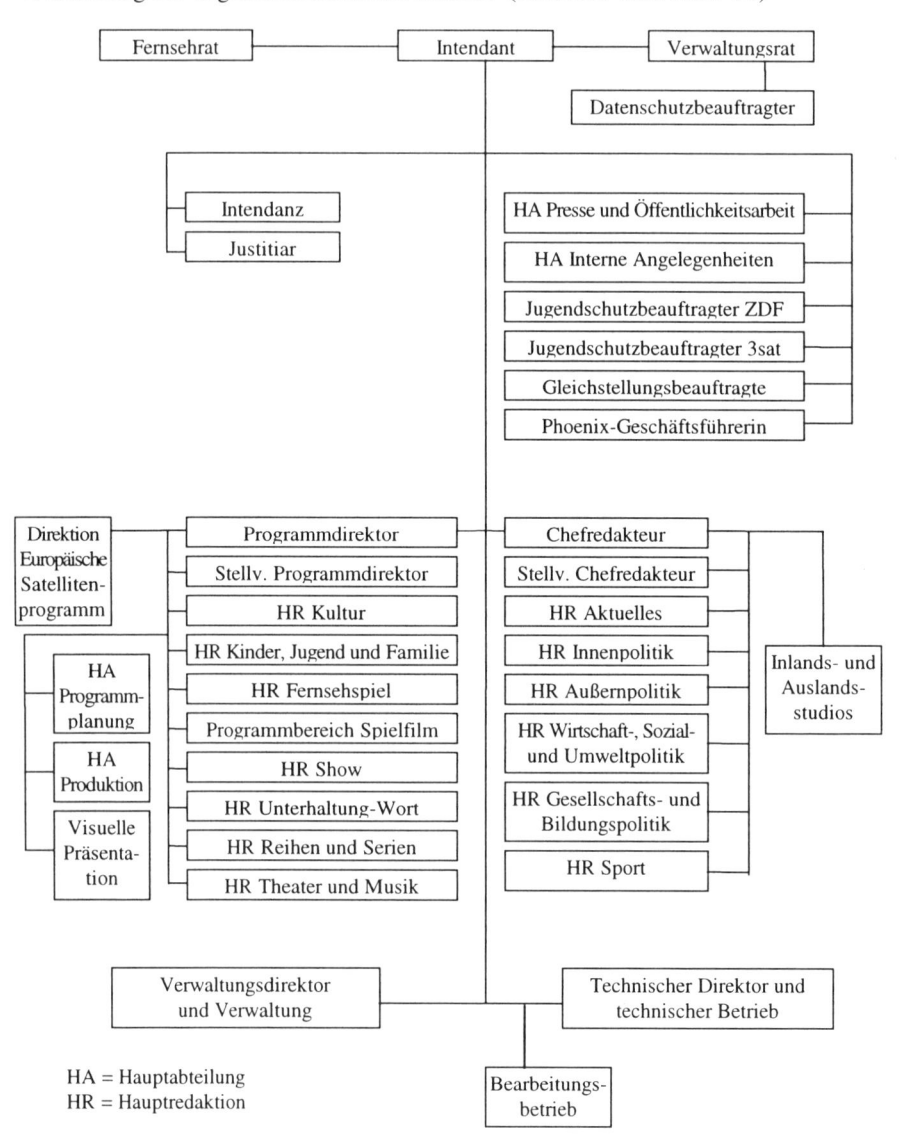

```
Fernsehrat ——— Intendant ——— Verwaltungsrat
                    │
                    ├─ Datenschutzbeauftragter
                    │
                    ├─ Intendanz
                    │  └─ Justitiar
                    │
                    ├─ HA Presse und Öffentlichkeitsarbeit
                    ├─ HA Interne Angelegenheiten
                    ├─ Jugendschutzbeauftragter ZDF
                    ├─ Jugendschutzbeauftragter 3sat
                    ├─ Gleichstellungsbeauftragte
                    ├─ Phoenix-Geschäftsführerin
                    │
    Direktion       │
    Europäische ────┤
    Satelliten-     │
    programm        │
       │            │
       ├─ HA Programmplanung
       ├─ HA Produktion
       └─ Visuelle Präsentation
                    │
                    ├─ Programmdirektor
                    │  ├─ Stellv. Programmdirektor
                    │  ├─ HR Kultur
                    │  ├─ HR Kinder, Jugend und Familie
                    │  ├─ HR Fernsehspiel
                    │  ├─ Programmbereich Spielfilm
                    │  ├─ HR Show
                    │  ├─ HR Unterhaltung-Wort
                    │  ├─ HR Reihen und Serien
                    │  └─ HR Theater und Musik
                    │
                    ├─ Chefredakteur
                    │  ├─ Stellv. Chefredakteur
                    │  ├─ HR Aktuelles
                    │  ├─ HR Innenpolitik
                    │  ├─ HR Außenpolitik
                    │  ├─ HR Wirtschaft-, Sozial- und Umweltpolitik
                    │  ├─ HR Gesellschafts- und Bildungspolitik
                    │  └─ HR Sport
                    │     └─ Inlands- und Auslandsstudios
                    │
                    ├─ Verwaltungsdirektor und Verwaltung
                    ├─ Technischer Direktor und technischer Betrieb
                    └─ Bearbeitungsbetrieb
```

HA = Hauptabteilung
HR = Hauptredaktion

Es ist hier nicht der Ort, diesen Fragen im einzelnen nachzugehen, zumal dazu entsprechende Materialien vorliegen (s.o.). Es kam nur darauf an zu zeigen, in welche Richtungen sich die unterrichtliche Auseinandersetzung mit Medienfragen entwickeln kann und welches Spektrum von Gesichtspunkten dabei letztlich zu beachten ist, wenn ein sachgerechter, selbstbestimmter, kreativer und sozialverantwortlicher Umgang mit Medien angestrebt werden soll.

7 Medienverwendung in Schule und Unterricht

Die Mediennutzung für Lehren und Lernen kann sich als Verwendung vorhandener Medienangebote oder als eigene Gestaltung medialer Beiträge durch Lehrpersonen, Schülerinnen und Schüler vollziehen. Insofern stellt die Mediennutzung für Lehren und Lernen einen Spezialfall der Aufgabenbereiche des Auswählens und Nutzens von Medienangeboten und des eigenen Gestaltens und Verbreitens von Medienbeiträgen dar. Wegen der besonderen Bedeutung und wegen damit verbundener Aufgaben von Lehrpersonen wird dieser Fall hier in einem eigenen Kapitel behandelt. Schwerpunktmäßig geht es dabei um die Verwendung vorhandener Medienangebote.

Lehrpersonen, die in ihrem Unterricht Medienangebote verwenden möchten, stehen vor der Aufgabe, aus der Fülle des Angebots eine sinnvolle Auswahl zu treffen, eine angemessene Prüfung der Medienangebote vorzunehmen und die ausgewählten Medienangebote sinnvoll in den Unterricht oder andere Arbeitsformen zu integrieren. Dabei ergibt sich zugleich die Frage, inwieweit Schülerinnen und Schüler an entsprechenden Überlegungen beteiligt werden können und sollen.

Im Hinblick auf diese Aufgaben strukturiere ich die folgenden Ausführungen - auch vor dem Hintergrund der Ausführungen zur Mediendidaktik im Kapitel 3 - nach folgenden Fragen:

(1) Welche Lern- und Arbeitsformen bieten sich für die Medienverwendung in der Schule an?
(2) Wie ist insbesondere der unterrichtliche Rahmen für die Medienverwendung zu gestalten? Wie sollte eine sinnvolle Integration von Medien aussehen?
(3) Wie kann die Lehrperson die mit der Medienverwendung verbundenen Aufgaben angehen?

Die Bearbeitung dieser Fragen soll Hilfen und Anregungen für eine lern- und entwicklungsfördernde Medienverwendung bieten.

7.1 Schulische Lern- und Arbeitsformen als Rahmen für die Medienverwendung

Prozesse, die auf Lernen und Entwicklung gerichtet sind, finden in der Schule in der Regel in Form des Unterrichts statt. Dieser wird üblicherweise weitgehend von einer Lehrperson gesteuert. Mit der Zeit haben sich allerdings auch andere

Formen des Lernens und Arbeitens herausgebildet, z.B. Kreisgespräch, Freie Arbeit, Wochenplanarbeit und Projektarbeit.

Für die Zukunft läßt sich vermuten, daß es in der Schule vielfältige Lern- und Arbeitsformen geben wird. Dabei zeichnen sich folgende Tendenzen ab:

(1) Angesichts vielfältiger Veränderungen in der außerschulischen Lebenswelt - einschließlich der intensiven Nutzung von Medien - wird die Notwendigkeit wachsen, daß Schule die Möglichkeit bietet, außerschulische Erfahrungen einzubringen, auszutauschen, zu besprechen und aufzuarbeiten. Dazu eignen sich u.a. *freie Formen des Erfahrungsaustausches* und *des Gesprächs*. Solche Formen tragen zugleich der Entwicklung Rechnung, daß Schule ihr Informations- und Lernmonopol verloren hat und daß Lernen und Bildung auch außerhalb der Schule stattfinden.

(2) Die Heterogenität von Interessenlagen bzw. Lernvoraussetzungen sowie das Ziel, selbständiges Lernen grundzulegen, wird dazu führen, daß mehr Raum für *Freies Arbeiten* gegeben wird. Das kann in Einzel-, Partner- und Kleingruppenarbeit geschehen. Medien - vom Buch bis zu multimedialen Angeboten - sind als wichtige Arbeitsmittel und Lernhilfen anzusehen. Lernecken und medial ausgestaltete Klassenräume können als "Lernumgebungen", Bibliotheken und Mediotheken als "Lernlandschaften" dienen. Allerdings sollte die Freie Arbeit nicht dazu führen, daß Lernen vorwiegend oder gar nur noch individuell verläuft. Das wäre aus pädagogischer Sicht nicht sinnvoll, u.a. weil

- eine auf Verantwortung zielende soziale Entwicklung der personalen Begegnung und der sozialen Interaktion bedarf,
- Lern- und Arbeitsformen die Möglichkeit bieten sollen, soziale Bedürfnisse einzubringen,
- die Schule auch eine ausgleichende Funktion im Hinblick auf Vereinzelungs- und Individualisierungstendenzen im außerschulischen Bereich hat,
- alle Kinder und Jugendlichen - unabhängig von ihrem familiären Hintergrund - das Recht auf eine Lern- und Entwicklungsförderung in einem sozialen Rahmen haben.

In diesem Sinne hat Schule eine besondere Aufgabe und Funktion als Ort sozialer Begegnung.

(3) Vor dem Hintergrund obiger Überlegungen kann man davon ausgehen, daß Lernen und Entwicklungsförderung auch in der Schule der Zukunft über weite Strecken im sozialen Rahmen von Lerngruppen unter Anregung und Unterstützung einer Lehrperson, d.h. als Unterricht, stattfinden werden.

Diese Grundposition schließt keineswegs aus, sondern ein, daß Medien zur Anregung und Unterstützung von Lernprozessen verwendet und individuelle Lernphasen im Rahmen sozial eingebetteter Lernprozesse eingeplant werden. Dabei ist allerdings wichtig zu überlegen, wie der Unterricht der Zukunft aussehen sollte. Darauf gehe ich weiter unten ein.

(4) Neben oder im Zusammenhang mit den obigen Lern- und Arbeitsformen wird es in der Schule der Zukunft vielfältige Aktivitäten des Schullebens geben. Diese können von der Anlage und Betreuung eines Schulgartens bis zur Vorbereitung und Durchführung von Schulfesten reichen. Solche Aktivitäten lassen sich zum Teil in Form von Projekten durchführen. Allerdings kann auch die unter (3) angesprochene Form des Unterrichts in projektartiger Weise gestaltet werden (vgl. Abschnitt 7.2). Projekte und Unterricht lassen sich dabei unter Umständen mit medienpädagogischen Intentionen verbinden.

Bezogen auf die genannten Lern- und Arbeitsformen kann die Verwendung von Medien vor allem beim selbsttätigen Lernen im Sinne Freier Arbeit sowie im Rahmen von Unterricht und Projekten eine bedeutende Rolle spielen. Die Anforderungen an die Medien und ihre Verwendung in verschiedenen Lern- und Arbeitsformen können sich zwar in gewissen Grenzen unterscheiden, es lassen sich jedoch einige Anforderungen formulieren, die für alle Lern- und Arbeitsformen bedeutsam sind. Nach solchen Anforderungen werde ich im folgenden Abschnitt mit Bezug auf den Unterricht - als einem zentralen Bestandteil der gegenwärtigen und zukünftigen Schule - fragen. Bei einem handlungs- und entwicklungsorientierten Unterricht - wie er hier propagiert wird - ergeben sich dann zugleich Verbindungen zu den anderen Lern- und Arbeitsformen.

7.2 Medienverwendung in einem handlungs- und entwicklungsorientierten Unterricht

Wichtige Komponenten von Unterricht lassen sich in der Modellvorstellung ausweisen, die in der Darstellung 14 wiedergegeben ist (vgl. *Tulodziecki* 1996, S. 135).

Unterricht wird in dieser Modellvorstellung als Interaktion von Lernenden und Lehrperson verstanden: Die Lernenden kommen mit bestimmten Lernvoraussetzungen in den Unterricht und führen dort bestimmte Lernaktivitäten durch, die gewisse Lerneffekte haben. Die Lehrperson hat bestimmte Zielvorstellungen,

Darstellung 14: Modellvorstellung zum Lernen und Lehren

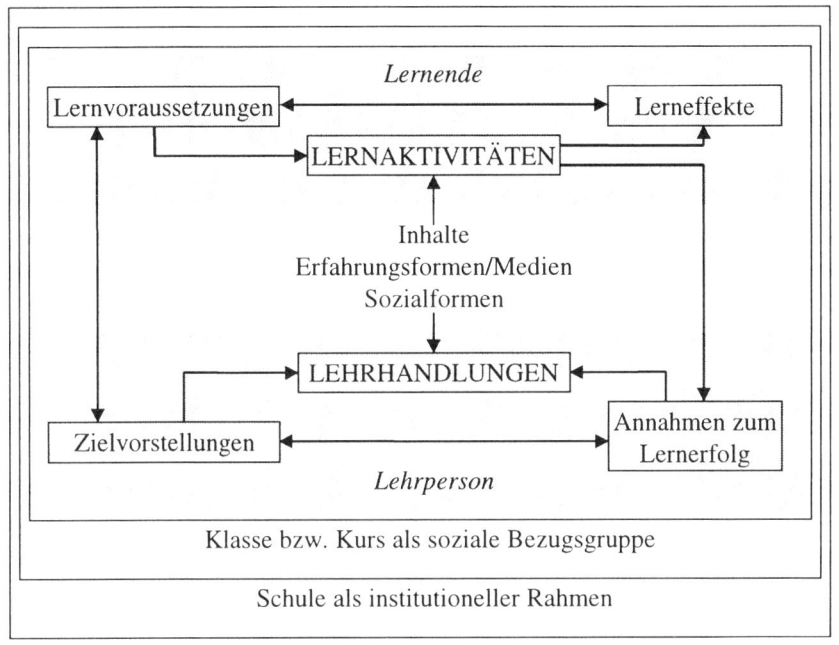

```
┌─────────────────────────────────────────────────────────────┐
│                        Lernende                             │
│  ┌──────────────────┐                    ┌──────────────┐   │
│  │ Lernvoraussetzungen │◄──────────────►│  Lerneffekte │   │
│  └──────────────────┘                    └──────────────┘   │
│           ▲        ┌──────────────────┐        ▲            │
│           │        │ LERNAKTIVITÄTEN  │        │            │
│           │        └──────────────────┘        │            │
│           │                 ▲                  │            │
│           │              Inhalte               │            │
│           │         Erfahrungsformen/Medien    │            │
│           │              Sozialformen          │            │
│           │                 ▼                  │            │
│           │        ┌──────────────────┐        │            │
│           │        │  LEHRHANDLUNGEN  │        │            │
│           │        └──────────────────┘        │            │
│           ▼                                    ▼            │
│  ┌──────────────────┐                    ┌──────────────┐   │
│  │  Zielvorstellungen │◄──────────────►│ Annahmen zum │   │
│  │                  │                    │  Lernerfolg  │   │
│  └──────────────────┘                    └──────────────┘   │
│                        Lehrperson                           │
├─────────────────────────────────────────────────────────────┤
│           Klasse bzw. Kurs als soziale Bezugsgruppe         │
├─────────────────────────────────────────────────────────────┤
│              Schule als institutioneller Rahmen             │
└─────────────────────────────────────────────────────────────┘
                    gesellschaftlicher Kontext
```

führt bestimmte Lehrhandlungen aus und bildet aufgrund der Lernaktivitäten der Lernenden gewisse Annahmen zum Lernerfolg, die zu einer Modifizierung der Lehrhandlungen führen können.

Lernaktivitäten und Lehrhandlungen sind dabei immer mit bestimmten Inhalten, Erfahrungsformen und Sozialformen verbunden. Die Erfahrungsform kann real, modellhaft, abbildhaft oder symbolisch sein (vgl. Abschnitt 2.1). Die Erfahrungsformen stellen wie Lernvoraussetzungen, Lernaktivitäten, Zielvorstellungen, Lehrhandlungen, Inhalte und Sozialformen eine konstitutive Komponente von Unterricht dar. Im Falle abbildhafter oder symbolischer bzw. technisch gestützter Erfahrungsformen treten die Medien in die Funktion dieser konstitutiven Komponente ein. Das bedeutet zugleich, daß die Erfahrungsformen bzw. Medien in einer Wechselbeziehung zu den anderen Komponenten von Unterricht stehen. So wird etwa ein bestimmtes Medienangebot ausgewählt, z.b. ein Schulfernsehfilm über die Geschichte des Ruhrgebiets, um dieses Thema unterrichtlich zu behandeln; die Art der Darstellung im Schulfernsehfilm wirkt aber zugleich darauf zurück, welche inhaltlichen Aspekte im Unterricht zur Sprache kommen. Oder: Die bereits erwähnte CD-ROM zum Thema "Naturkatastrophen" (vgl. Abschnitt 2.2) mag in einem Unterricht mit dem Ziel verwendet werden, daß die Schülerinnen und Schüler in Kleingruppen eine Übersicht über verschiedene Typen von Naturkatastrophen erarbeiten; diese Intention muß aufgrund des ausgewählten Mediums unter Umständen um das Ziel erweitert werden, in die Handhabung eines entsprechenden Mediums einzuführen und den Umgang mit komplexen Informationen zu erlernen.

Die Beispiele mögen genügen, um auf Wechselbeziehungen zwischen der medialen Komponente von Unterricht und anderen Komponenten hinzuweisen. Solche Wechselwirkungen wurden auch im Abschnitt 3.3 angesprochen und sind ein zentrales Thema der Mediendidaktik (vgl. *Hagemann/ Tulodziecki* 1978). Sie brauchen deshalb hier nicht im Detail ausgeführt zu werden.

Im folgenden nehme ich die Frage auf, welche Anforderungen an Lernaktivitäten und Lehrhandlungen bzw. an Unterricht generell zu stellen sind, ehe ich mich wieder der Frage der Medienverwendung zuwende.

Wertet man die didaktische und pädagogisch-psychologische Literatur unter der Frage aus, welche Grundsätze für Unterricht gelten sollen, so lassen sich folgende Empfehlungen formulieren (vgl. *Tulodziecki/ Breuer* 1992):

(1) Unterricht soll von einer - für die Lernenden interessanten und bedeutsamen - *Aufgabe* ausgehen. Solche Aufgaben können Probleme, Entscheidungsfälle, Gestaltungs- und Beurteilungsaufgaben sein:
- Ein Problem kann z.B. in der Aufgabe bestehen, für einen Haushalt, der relativ hohe Strom- und Gaskosten aufweist, Vorschläge zu entwickeln, wie diese ohne Verlust an Komfort und Behaglichkeit gesenkt werden könnten.
- Ein Entscheidungsfall ist z.B. gegeben, wenn Jugendliche sich in die Rolle von Entwicklungshelfern versetzen, die in einem Trockengebiet in Afrika die Lebensbedingungen eines Nomadenstammes verbessern sollen, wobei ihnen ein begrenzter Kredit der Weltbank zur Verfügung steht, der unterschiedlich eingesetzt werden kann, z.B. um Brunnen und Bewässerungsanlagen zu bauen, Düngemittel zu beschaffen, Vorratsspeicher anzulegen oder die Tse-Tse-Fliege zu bekämpfen (vgl. *Breuer/ Kummer* 1990).

- Eine Gestaltungsaufgabe liegt z.b. vor, wenn sich eine Schülergruppe entschließt, eine Schülerzeitung zu produzieren (vgl. *LSW* 1988).
- Eine Beurteilungsaufgabe besteht z.b. darin, einen Spielfilm - etwa den Film "Moderne Zeiten" von *Chaplin* - zu analysieren und nach inhaltlichen und formalen Kriterien zu bewerten (vgl. *Pausch* 1993).

(2) Unterricht soll darauf gerichtet sein, *vorhandene Kenntnisse oder Fertigkeiten* zu einem Themengebiet zu *aktivieren* und - von dort ausgehend - eine Korrektur, Erweiterung Ausdifferenzierung oder Integration von Kenntnissen und Vorstellungen zu erreichen.

(3) Unterricht soll die *aktive Auseinandersetzung* der Lernenden mit einer Aufgabe ermöglichen, indem - auf der Basis geeigneter Informationen - selbständig Lösungswege entwickelt und ausgeführt werden.

(4) Unterricht soll den *Vergleich* unterschiedlicher Lösungen ermöglichen sowie eine *Systematisierung* und *Anwendung* angemessener Kenntnisse und Vorgehensweisen sowie deren *Weiterführung* und *Reflexion*.

Auf der Basis dieser Forderungen und unter Beachtung der Überlegungen im Abschnitt 3.2.2 bietet sich folgende *idealtypische Strukturierung* des Unterrichts an (vgl. *Tulodziecki* 1996):
- Aufgabenstellung, Sammeln und Problematisieren spontaner Lösungsvermutungen,
- Zielvereinbarung und Besprechen der Bedeutsamkeit,
- Verständigung über das Vorgehen,
- Erarbeitung von Grundlagen für die Aufgabenlösung,
- Durchführung der Aufgabenlösung,
- Vergleich von Lösungen und Zusammenfassung des Gelernten,
- Einführen von Anwendungsaufgaben und deren Bearbeitung,
- Weiterführung und Reflexion des Gelernten und der Lernwege.

Eine solche idealtypische Strukturierung soll selbstverständlich keine starre Reihenfolge für Lehr- und Lernphasen vorgeben. Sie ist vielmehr als ein Grundmuster gedacht, das in Anpassung an die jeweils gegebenen Bedingungen flexibel gehandhabt werden sollte. Dabei können die Phasen je nach Lernvoraussetzungen, Zielen und Inhalten stärker von den Lernenden selbst gestaltet oder von der Lehrperson gestützt werden. Mit stärkerer Gestaltung duch die Lernenden nähert sich der Unterricht einem projektorientierten Vorgehen an.

Es stellt sich die Frage, an welchen Stellen entsprechender Lehr- und Lernprozesse Medien hilfreich, d.h. lern- und entwicklungsfördernd sein können.

Um das Potential von Medien für Lehr- und Lernprozesse zu verdeutlichen, vernachlässige ich bei den folgenden Überlegungen zunächst einmal organisatorische Aspekte und gehe davon aus, daß für die Lehr- und Lernprozesse ein Zugriff auf Filme, Einzelbilder, Tonpassagen, Texte und Computerprogramme - in welcher technischen Form sie auch immer vorliegen - möglich ist. Eine solche Betrachtungsweise ist auch deshalb gerechtfertigt, weil man bei der weiteren technischen Entwicklung davon ausgehen kann, daß die verschiedenen Darstellungsformen zunehmend in Verbindung mit geeigneten Computerprogrammen an computerbasierten multimedialen Arbeitsplätzen zur Verfügung stehen werden (vgl. *Hasebrook* 1994). Eine solche Entwicklung würde die Umsetzung der folgenden Überlegungen erleichtern - wenn die Umsetzung auch nicht daran gebunden ist, sondern ebenso unter Verwendung verschiedener einzelner Medien, z.B. Video, Tonband, Arbeits- oder Diaprojektion, Arbeitsblatt und Computerprogramm, möglich ist.

Bei entsprechenden Möglichkeiten lassen sich die einzelnen Phasen in einem unterrichtlichen Ablauf z.B. folgendermaßen gestalten:

(1) In der Phase der *Aufgabenstellung* können durch Rückgriff auf *Filme, Bilder, Tonteile, Texte oder Simulationsprogramme* interessante Probleme, Entscheidungsfälle, Gestaltungs- oder Beurteilungsaufgaben eingeführt werden:
  - Beispielsweise könnte das Problem, daß eine Familie überlegt, wie sie Energiekosten sparen kann, mit Hilfe eines kurzen Hörspiels dargestellt werden.
  - Der Entscheidungsfall, vor dem ein Entwicklungshelfer steht, der die Lebensbedingungen eines Nomadenstamms verbessern möchte, ließe sich über einen Film den Lernenden nahebringen.
  - Die Vorstellung interessanter Texte und Bilder aus verschiedenen Schülerzeitungen könnte eine Schülergruppe motivieren, selbst eine Schülerzeitung zu planen.
  - Ausgewählte Ausschnitte aus einem Chaplin-Film ließen sich nutzen, um die Frage zu provozieren, wie es Regisseur und Kameramann gelingt, daß die Zuschauer bestimmte Personen sympathisch finden und gegenüber anderen Personen Aversionen, vielleicht sogar Haßgefühle entwickeln, und wie dies zu beurteilen ist.

Von solchen Präsentationen ausgehend, sollten dann im personal geführten *Gespräch* in der jeweiligen Lerngruppe spontane Lösungsvermutungen gesammelt und im Hinblick auf die mit ihnen verbundenen Fragen problematisiert werden.

(2) In der Phase der *Zielvereinbarung und Bedeutsamkeit* sollten die Ziele im *Gespräch* mit den Lernenden vereinbart und hinsichtlich ihrer Bedeutsamkeit bedacht werden.
(3) Die Phase der *Verständigung über das Vorgehen* sollte zunächst dem *Gespräch* in der Lerngruppe vorbehalten bleiben. Der Vorgehensplan läßt sich dann - die Planungsphase abschließend - festhalten bzw. speichern, so daß sich alle Beteiligten über die Arbeitsschritte und ihre Aufgaben jederzeit wieder informieren können. Dies ist besonders bei projektorientiertem Lernen - wie etwa der Erstellung einer Schülerzeitung - wichtig.
(4) In der Phase der *Erarbeitung von Grundlagen für die Aufgabenlösung* können geeignete *Informationsquellen oder Lernhilfen* genutzt werden, z.B. Filme, Bilder, Tonteile, Texte oder Computerprogramme:
   - Für die Bearbeitung des Energiesparproblems könnten aus solchen Quellen z.B. Informationen über Energieverbrauchsstellen im Haushalt sowie über verlustreiche oder weniger verlustreiche Energieumwandlungsprozesse entnommen werden.
   - Für den Entscheidungsfall von Entwicklungshelfern ließe sich mit Hilfe entsprechender Quellen der potentielle Einfluß verschiedener Maßnahmen auf die Lebensbedingungen eines Nomadenstamms erarbeiten.
   - Für die Herstellung einer Schülerzeitung könnten inhaltliche und formale Kriterien für die Gestaltung einzelner Beiträge und für das Layout erarbeitet werden.
   - Für die Analyse und Bewertung des Chaplin-Films ließen sich mit Hilfe entsprechender Informationsquellen filmsprachliche Möglichkeiten von Kamera, Inszenierung und Montage zusammenstellen.

   Die erarbeiteten Informationen können dann - als Grundlagen für die Aufgabenlösung - festgehalten bzw. gespeichert und für alle Nutzer verfügbar gehalten werden.
(5) In der Phase der *Aufgabenlösung* geht es um das selbständige Umdenken der erarbeiteten Informationen auf die eingangs gestellte Aufgabe. Dies kann in Einzel-, in Partner- oder in Kleingruppenarbeit geschehen. Dabei können unter Umständen *Computerprogramme* oder *Präsentationshilfen* verwendet werden:
   - Beispielsweise könnte ein Rechenprogramm die Berechnung von Energieeinsparungen im Haushalt unterstützen.

- Bei dem Entwicklungshilfebeispiel ließe sich ein Simulationsprogramm nutzen, durch das der Einfluß verschiedener Maßnahmen auf die Lebensbedingungen des Nomadenstamms simuliert wird.
- Bei der Herstellung einer Schülerzeitung könnten mit Hilfe eines Textverarbeitungssystems die Beiträge entworfen, einzeln oder gemeinsam redigiert und in ein geeignetes Layout eingefügt werden.
- Bei der Filmbeurteilung müßten detaillierte Analysen, z.B. der filmsprachlichen Mittel, an dem Filmmaterial durchgeführt werden. Dabei könnten einzelne Einstellungen als Lauf- oder Standbild betrachtet und Einschätzungen ausgetauscht werden.

Wichtig ist in dieser Phase, daß gegebenenfalls benutzte Computerprogramme nur *Werkzeugfunktion* übernehmen und Präsentationen nur als *Gegenstand* der Analyse dienen, so daß die eigentlichen Aufgabenlösungen selbständig erarbeitet werden.

Die Aufgabenlösungen sollten festgehalten bzw. gespeichert und für die Präsentation in der Klasse bzw. der gesamten Lerngruppe medial aufbereitet werden. Dabei können unter Umständen Computerprogramme, z.B. Textverarbeitungsprogramme, eine Hilfe sein.

(6) In der Phase des *Vergleichs und der Zusammenfassung* sollten die dokumentierten Aufgabenlösungen den anderen Mitgliedern der Lerngruppe zunächst präsentiert und dann personal kommentiert werden. Für den Vergleich und die Zusammenfassung ist das *Gespräch* in der Lerngruppe sinnvoll und wünschenswert.

Zusammenfassende Aussagen lassen sich abschließend in computergestützter oder anderer Form festhalten bzw. für alle dokumentieren.

(7) In der Phase der *Anwendung* können - ähnlich wie in der Phase der Aufgabenstellung - interessante Anwendungsaufgaben mit Hilfe von *Filmen, Bildern, Tonteilen, Texten oder Simulationsprogrammen* eingeführt werden. Die Bearbeitung der Aufgaben sollte dann allerdings selbständig durch die Lernenden geleistet werden, wobei sich Computerprogramme und Präsentationshilfen unter Umständen wieder als Werkzeuge oder als Gegenstand der Analyse verwenden lassen. Rückmeldungen zu den Aufgabenlösungen können im personal geführten *Gespräch* erfolgen.

(8) In der Phase der *Weiterführung und Bewertung* sind zunächst im *Gespräch* Fragen zusammenzustellen, welche die Lernenden im Zusammenhang des Themas noch interessieren. Gegebenenfalls können zu den Fragen *Informa-*

tionen mit Hilfe medialer Angebote erarbeitet werden. Ansonsten ist die personal geführte Diskussion für weiterführende Fragen wünschenswert.

Die abschließende Reflexion und Bewertung des Gelernten und des Lernweges sollten dem *Gespräch* überlassen bleiben. Dabei sollte auch die Verwendung der Medien selbst zum Gegenstand der Reflexion gemacht werden. So läßt sich die Medienverwendung mit medienerzieherischen Überlegungen verbinden. Dazu können folgende Fragen Anregungen geben (vgl. auch *Schulte* 1983; *Spanhel/ Kleber* 1996):

a) Wie wurden die Inhalte im Rahmen der Unterrichtseinheit erfahren bzw. präsentiert?

b) Welche Möglichkeiten und Grenzen waren mit den Erfahrungsformen bzw. der Nutzung der medialen Angebote verbunden?

c) In welcher Form haben die Schülerinnen und Schüler ihre Beiträge ausgedrückt? Welche Möglichkeiten und Begrenzungen waren dafür bedeutsam?

d) Welche Einflüsse gingen von den benutzten Medien auf die Lernprozesse oder Lernergebnisse aus? Wodurch waren sie bedingt? Wie sind die Einflüsse zu beurteilen?

Die obigen Überlegungen bezogen sich auf die Gestaltung von Lehr- und Lernprozessen in einer bestimmten Lerngruppe. Ist die Schule über Telekommunikationsnetze mit anderen Schulen, Personengruppen oder Institutionen verbunden, so ergeben sich zusätzliche Möglichkeiten der Information und des Austausches. Diese können in verschiedenen Lern- und Arbeitsformen genutzt werden und unterschiedlichen Zwecken dienen, z.B.:

a) *Allgemeiner Informationsaustausch:* Zwei oder mehr Lerngrupen oder Schulen können einen allgemeinen Informationsaustausch vereinbaren und pflegen, z.B. eine deutsche und eine amerikanische Schulklasse.

b) *Gezielte Informationshilfe:* Wird bei der Bearbeitung eines Themas vermutet, daß eine Partnerklasse, andere Personengruppen oder Institutionen zu diesem Thema wichtige Informationen geben können, läßt sich über ein Telekommunikationsnetz gezielt um solche Informationen bitten, z.B. könnte eine amerikanische Schulklasse um Informationen zum amerikanischen Schulsystem gebeten werden.

c) *Parallel-vergleichende Bearbeitung eines Themas:* Zwei oder mehr Lerngruppen können sich auf eine Aufgabe einigen, dazu parallel Informationen zusammentragen und Lösungen erarbeiten, die dann gegenseitig vorgestellt und im Vergleich diskutiert werden, z.b. die Beurteilung der Umweltsituation in zwei verschiedenen Städten.

d) *Gemeinsame Bearbeitung eines Themas:* Zwei oder mehr Lerngruppen können mit Hilfe von Telekommunikationsnetzen einen Inhalt gemeinsam bearbeiten, z.b. die Bedeutung der Einführung des Euro für die europäische Wirtschaft.

e) *Gemeinsame Gestaltung eines Produkts oder einer Aktion:* Zwei oder mehr Lerngruppen verständigen sich auf die gemeinsame Gestaltung eines Produkts oder einer Aktion und realisieren die Planung und/oder die Durchführung mit Hilfe eines Telekommunikationsnetzes, z.b. die gemeinsame Herausgabe einer Schülerzeitung.

Mit diesen Hinweisen sollten verschiedene Möglichkeiten der Unterstützung von Unterricht durch Medien aufgezeigt werden.

Dabei sind zum Aufweis der Möglichkeiten besonders viele Funktionen benannt worden, die prinzipiell von Medien übernommen werden könnten. Das soll allerdings nicht heißen, daß alle diese Funktionen im einzelnen Lernprozeß auch von Medien übernommen werden sollten. Im konkreten Fall sollte die Medienverwendung von den jeweiligen Zielen, Inhalten und Lernvoraussetzungen abhängig gemacht werden. Dabei wird es zum Teil große Unterschiede zwischen der Medienverwendung in der Grundschule, der Sekundarstufe I und der Sekundarstufe II geben.

Vor dem Hintergrund obiger Überlegungen läßt sich der Beitrag der Medienverwendung zum Lernen und zur Entwicklungsförderung in der Schule folgendermaßen zusammenfassen:

(1) Medien können zur *Unterstützung eines lernwirksamen und entwicklungsanregenden Unterrichts* verwendet werden. Sie lassen sich dabei in vielfältigen Funktionen nutzen, und zwar als
  - Mittel der Präsentation von Aufgaben,
  - Informationsquelle und Lernhilfe,
  - Werkzeug oder Instrument bei Aufgabenlösungen,
  - Gegenstand von Analysen,
  - Instrument der Planung, des Austausches, der Speicherung und der Präsentation von Ergebnissen.

Besondere *Vorzüge* der Verwendung *computerbasierter Medien* für obige Funktionen liegen - wenn man die Entwicklung entsprechender Software voraussetzt - in folgenden Möglichkeiten (vgl. auch *Kozma* 1991):

- rascher Zugriff auf eine umfangreiche Materialauswahl in verschiedenen medialen Formen, z.B. Texte, Tondokumente, Grafiken, Bilder, Filme und Programme,
- Verbindung verschiedener Darstellungsformen, z.B. Bild und Grafik,
- situationsgerechter Abruf der Materialien, z.B. zur zusätzlichen Erläuterung,
- schnelle Rückmeldung auf Lernaktivitäten der Schülerinnen und Schüler, z.B. in Form von Entscheidungskonsequenzen bei Simulationen,
- Bearbeitung und kreative Umgestaltung vorhandener Materialien, z.B. Veränderung von Bildmaterial,
- Entlastung von Routinearbeiten, die für den Lern- oder Denkprozeß irrelevant sind, z.B. von mechanischen Rechenvorgängen,
- Vereinfachung von Dokumentationen und Austausch.

(2) Durch die Bereitstellung von Medien können die selbständige Informationssuche und Informationswahl sowie die Bewertung der Informationen gefördert werden.

(3) Mit Hilfe von Medien lassen sich Lernumgebungen entwickeln, die ein *entdeckendes und projektorientiertes* Lernen fördern. Damit kann eine stärkere Schülerorientierung des Unterrichts erreicht werden (vgl. auch *van Lück* 1994).

(4) Medien können eine *sinnvolle Rhythmisierung* von Lernprozessen durch den Wechsel von Klassenunterricht, Kleingruppen-, Partner- und Einzelarbeit bzw. von sozialen und individuellen Lernphasen unterstützen.

(5) Medien erleichtern den *Austausch* mit anderen
   - Lerngruppen, z.B. Partnerklassen,
   - Personengruppen, z.B. Eltern oder Fachleuten in bestimmten Bereichen, und
   - mit anderen Institutionen, z.B. Bibliotheken.

Dies kann zu einer lernwirksamen und entwicklungsfördernden Erweiterung der Perspektiven und zu einer *Öffnung der Schule* führen.

Bei allen Vorzügen der Medienverwendung ist allerdings wichtig, daß Medien direkte Erfahrungen und personale Kommunikation nicht verdrängen. Insofern bedarf die Konzeption von Medien und ihre Verwendung einer besonderen pädagogischen Verantwortung im Hinblick auf den Entwicklungsstand der Lernenden. Dabei sollte die Medienverwendung in medienerzieherische Überlegungen eingebettet sein (vgl. auch *Dorr* 1993). Über diese generelle Verantwortung hinaus erfordert die Entwicklung von Medienangeboten ein sorgfältiges

lernprozeßorientiertes Denken (vgl. *Sacher* 1990; 1995). Völlig unangemessen wäre es, nur Materialien zusammenzustellen und dann von den Lernenden - unabhängig von ihrem intellektuellen Entwicklungsstand - zu erwarten, sie würden als "Navigatoren" ihren optimalen Lernweg selbst finden.
Mit diesen Überlegungen wird zugleich deutlich, daß die Entwicklung medialer Angebote ein sehr aufwendiger Prozeß ist und eine sorgfältige Reflexion voraussetzt. Erfolgt eine solche Reflexion nicht, besteht die Gefahr, daß der mediale Aufwand nur der Optimierung fragwürdiger Ansätze zum Lehren und Lernen dient und damit aus pädagogischer Sicht unfruchtbar bleibt.

7.3 Aufgaben für Lehrpersonen

Die Medienverwendung im Unterricht stellt - als Modell für die Medienverwendung generell - wichtige Anforderungen an Lehrpersonen. Insbesondere sollten Lehr- und Lernprozesse mit Medienverwendung sorgfältig vorbereitet sein. Dabei sind zwei Fälle zu unterscheiden:
a) die Verwendung vorhandener Medienangebote,
b) die Entwicklung eigener medialer Beiträge.
Für die Vorbereitung eines Unterrichts mit der Verwendung vorhandener Medienangebote ist zunächst eine geeignete Vorauswahl zu treffen.
Dazu können zwei Fragen eine erste Orientierung geben:
(1) Welche Eigenschaften, insbesondere welche Darstellungsformen, Ablaufstrukturen und Gestaltungsformen, sollte das zu verwendende Medienangebot im Aspekt der unterrichtlichen Ziele und Inhalte sowie der anzunehmenden Lernvoraussetzungen haben?
(2) Welche Medienarten kommen demnach für die unterrichtliche Verwendung in Betracht?
Wenn es beispielsweise das Ziel des Unterrichts ist, Wachstumsvorgänge in der Natur am inhaltlichen Beispiel einer Pflanze zu vermitteln, und die Schülerinnen und Schüler diese Pflanze aus der Natur kennen, dann sollte das zu wählende Medienangebot folgende Eigenschaften haben:
- Darstellungsform: Bild, Grafik, Film oder Animation
- Ablaufstruktur: linear oder responsiv
- Gestaltungsform: dokumentarische Aufnahmen oder grafische Darstellungen von verschiedenen Zeitpunkten, Zeitrafferstudie oder Trickfilm.

Auf der Basis dieser Überlegung kommen als Medienarten ein Unterrichtsfilm (16mm oder Video), eine Bildreihe (Diapositive) oder ein Software-Angebot

(Diskette oder CD-ROM) in Betracht. Je nach den technischen Wiedergabemöglichkeiten in der Schule kann man nun in Katalogen, z.B. im Katalog des FWU, nach möglicherweise geeigneten Medienangeboten Ausschau halten.

Wenn ein geeignet erscheinendes Medienangebot vor-ausgewählt wurde, ist eine genauere Prüfung zu empfehlen. Diese kann an folgenden Analyse-, Entscheidungs- und Beurteilungsfragen orientiert sein:

Analysefragen:
(1) Welche *Inhalte* werden durch das mediale Angebot im Detail präsentiert?
(2) Welche *Gestaltungsmöglichkeiten* werden im einzelnen verwendet (Codierungsarten/ Sinnesmodalitäten/ Darstellungsformen/ Gestaltungstechniken/ Ablaufstruktur/ Gestaltungsformen)?
(3) Welche *Lernvoraussetzungen* müssen für ein angemessenes Verständnis gegeben sein?
(4) Welche *Zielvorstellungen* sind mit dem medialen Angebot verbunden?

Entscheidungsfragen:
(5) Für welche *Phase* des Unterrichts gemäß Abschnitt 7.2 eignet sich das mediale Angebot bzw. eignen sich Teile davon - unter Berücksichtigung der Überlegungen zu (1) bis (4)?
(6) In welcher *Sozialform* soll das mediale Angebot verwendet werden?
(7) Wie sollte der *Unterricht insgesamt* gestaltet werden?

Beurteilungsfragen:
(8) Welche *Einflüsse* (und Nebenwirkungen) sind von der Medienverwendung in bezug auf den Lernprozeß und das Lernergebnis zu erwarten?
(9) Wie sind die Einflüsse (und mögliche Nebenwirkungen) *zu bewerten*
   - unter dem Aspekt themenspezifischer Zielvorstellungen?
   - unter dem Aspekt übergreifender Zielvorstellungen?
(10) Welche Möglichkeiten gibt es, die Medienverwendung mit weitergehenden medienpädagogischen Überlegungen (im Sinne der Aufgabenbereiche) zu verbinden?

Auf der Basis von Überlegungen zu solchen Analyse-, Entscheidungs- und Beurteilungsfragen kann die Lehrperson eine sinnvolle Integration von vorhandenen Medienangeboten in den Unterricht vornehmen. Unter Umständen erweist es sich auch als sinnvoll, einzelne der obigen Fragen auszudifferenzieren oder umfangreichere Analyse- und Beurteilungsraster zu Hilfe zu nehmen (vgl. dazu *Leufen* 1996).

Wählen Schülerinnen und Schüler für eigene Beiträge, z.B. Referate, vorhandene Medienangebote aus, sollten sie ebenfalls zu vorherigen Analysen - vor allem im

Sinne der Fragen (1) bis (4) - angeregt werden, um auf dieser Grundlage sinnvolle Entscheidungen zur Einbettung der ausgewählten Medienangebote in ihre Beiträge treffen zu können.

Neben der *Verwendung* vorhandener Medienangebote ist auch die *eigene Erstellung* von medialen Beiträgen durch Lehrpersonen und Lernende denkbar, z.B. von Arbeitstransparenten, Arbeitsblättern, Diapositiven, Hör- oder Videobeiträgen, Computer-Präsentationen.

Für eine Lehrperson sind dazu ähnliche Fragen - wie sie oben dargestellt wurden - zu bedenken, allerdings empfiehlt sich in der Regel eine andere Reihenfolge. Diese könnte folgendermaßen aussehen:

Lehr-Lernprozeßbezogene Fragen:
(1) Welche *Zielvorstellungen* sollen für den geplanten Lehr-Lernprozeß leitend sein?
(2) Welche *Lernvoraussetzungen* sind vermutlich vorhanden?
(3) Welche *Aufgaben und Inhalte* sind im Kontext der Zielvorstellungen geeignet?
(4) In welchen *Phasen bzw. Schritten* soll der Lehr-Lernprozeß insgesamt ablaufen (in Anlehnung an Abschnitt 7.2)?

Medienbezogene Überlegungen:
(5) Für welche Phase soll ein medialer Beitrag gestaltet werden?
(6) Welche *Gestaltungsmerkmale* sind wünschenswert bzw. noch vertretbar (unter Gesichtspunkten des Aufwandes), und zwar im Hinblick
   - Codierungsarten?
   - Sinnesmodalitäten?
   - Darstellungsformen?
   - Gestaltungstechniken?
   - Ablaufstrukturen?
   - Gestaltungsformen?
(7) Welche *Medienart* eignet sich vor dem Hintergrund der Anforderungen und gegebenen Möglichkeiten?

Auf der Basis solcher Überlegungen könnte dann der jeweilige mediale Beitrag gestaltet und nach der Gestaltung unter folgenden Fragen einer abschließenden Prüfung unterzogen werden:

(8) Ist es gelungen, den Inhalt *korrekt* und in *ansprechender Form* darzustellen?
(9) Welche *Einflüsse* auf Lernprozeß und Lernergebnis sind zu erwarten?
(10) Wie sind die erwarteten Einflüsse - auch im Zusammenhang medienpädagogischer Reflexionen mit den Lernenden - *zu bewerten*?

Im Hinblick auf die Entscheidung zur Medienart kann es sinnvoll sein, für die Gestaltung des geplanten medialen Beitrags ein Medienprofil (mit den Spalten: wünschenswert und noch vertretbar) zu entwickeln. Beispielsweise stellt sich für eine Lehrperson, die das Thema "Verhalten von Haustieren" behandeln möchte, die Frage, wie verschiedene - im Unterricht zu analysierende und zu erklärende - Verhaltensweisen in den Lehr-Lernprozeß eingebracht werden können. Ein entsprechendes Medienprofil könnte so aussehen, wie es Darstellung 15 zeigt.

Auf der Basis eines solchen Medienprofils liegt es bezüglich der Medienart nahe,

Darstellung 15: Medienprofil für eine Medienentscheidung zum Thema "Verhalten von Haustieren"

Medienmerkmale	*wünschenswert*	*noch vertretbar*
Codierungsarten	abbildhaft-realgetreu	verbal mit abbildhaft-realgetreuer Unterstützung
Sinnesmodalitäten	visuell-dynamisch und auditiv	visuell-statisch und auditiv
Darstellungsformen	Film mit Originaltönen	Bilder mit gesprochenen oder geschriebenen Texten
Gestaltungstechniken	Wechsel verschiedener Einstellungsgrößen und -perspektiven mit hinreichenden Halbnah-, Nah- und Großaufnahmen, bewegungsangemessenen Schwenks und Schnittfolgen, angemessene Aussteuerung der Tonaufnahmen	verschiedene Einstellungsgrößen und -perspektiven mit hinreichenden Halbnah-, Nah- und Großaufnahmen, Texte unter Umständen mit Hervorhebungen
Ablaufstrukturen	responsiv oder linear	linear
Gestaltungskategorien	informierend/ lehrorientiert	informierend/ lehrorientiert
Gestaltungsform	filmische und akustische Dokumentation	fotografische Dokumentation mit erläuternden Texten

das Verhalten des ausgewählten Haustiers entweder durch eine Videodokumentation, vielleicht sogar mit computerbasierter Steuerung, oder - wenn dies zu aufwendig ist - durch geeignete Fotos, die in einen schriftlichen Text eingebunden sind, oder durch Diapositive, die mündlich erläutert werden, einzubringen. Unter Berücksichtigung der technischen Gegebenheiten und des Aufwandes läßt sich so eine begründete Entscheidung für eine der genannten Medienarten treffen.

Die obigen Empfehlungen gelten zunächst für Lehrpersonen. Entsprechende Überlegungen können auch hilfreich sein, wenn Schülerinnen und Schüler eigene Beiträge, z.B. Referate, durch eigene Medienentwicklungen unterstützen wollen. In der Regel werden sie dazu eher intuitive Entscheidungen treffen - wie es im übrigen auch Lehrpersonen häufig tun. Allerdings hat ein an Medienmerkmalen orientiertes Vorgehen den Vorteil, auf vertretbare Alternativen aufmerksam zu werden, mit größerer Sicherheit zu lerngerechten Medienentscheidungen zu kommen sowie eine weitergehende Reflexion über die Medien selber und ihre Möglichkeiten und Grenzen im medienerzieherischen Sinne anzuregen. Selbst wenn die Medienentscheidungen nicht in jedem Alltagsfall in solcher Weise reflektiert werden (können), bietet sich mindestens in exemplarischen Fällen ein entsprechend strukturiertes Vorgehen an.

Insgesamt verspricht ein solchermaßen vorbereiteter Unterricht einerseits gute themenbezogene Lernerfolge, andererseits kann er aus medienpädagogischer Sicht jeweils als Muster für eine reflektierte Medienverwendung dienen.

8 Entwicklungsförderung als übergreifende Aufgabe der Medienpädagogik

Im Zusammenhang des Computerspiel-Falls wurde deutlich (vgl. Kapitel 5), daß die Förderung des intellektuellen und des sozial-moralischen Urteilsniveaus eine wichtige Voraussetzung für ein sachgerechtes, selbstbestimmtes, kreatives und sozialverantwortliches Handeln in einer von Medien durchdrungenen Welt darstellt. Bei der Besprechung der Aufgabenbereiche wurde an einzelnen Beispielen ausdrücklich demonstriert, wie im Rahmen medienpädagogischer Unterrichtseinheiten eine Förderung des intellektuellen und sozial-moralischen Urteilsniveaus angestrebt werden kann (vgl. Abschnitte 6.1.3 und 6.4.3). In den folgenden beiden Abschnitten fasse ich diese Überlegungen zusammen und ergänze sie um einige theorie- und praxisbezogene Hinweise.

Die Förderung der intellektuellen und die Anregung der sozial-moralischen Entwicklung sind dabei nicht als isolierte, sondern als wechselseitig aufeinander bezogene Aufgaben zu sehen. Die Förderung der intellektuellen Entwicklung kann wichtige Voraussetzungen für eine Weiterentwicklung des sozial-moralischen Urteilsniveaus schaffen, und die Anregung der sozial-moralischen Entwicklung kann auf das intellektuelle Niveau stimulierend wirken.

8.1 Förderung der intellektuellen Entwicklung

In Weiterführung von Überlegungen zum Niveau kognitiver Komplexität von *Harvey/ Hunt/ Schroder* (1961) kann man fünf Stufen intellektueller Entwicklung unterscheiden (vgl. Abschnitt 5.2.4):
- fixiertes Denken,
- isolierendes Denken,
- konkret-differenzierendes Denken,
- systematisch-kriterienbezogenes Denken,
- kritisch-reflektierendes Denken.

Solche Denkformen lassen sich nicht nur bei Überlegungen zu bestimmten Entscheidungen im Medienbereich nachweisen, sondern auch bei der Beurteilung von Medien. Um diese These zu verdeutlichen, gebe ich im folgenden vier Äußerungen von Schülerinnen und Schülern aus unserer Untersuchung zum Fernsehen wieder (vgl. *Tulodziecki* 1985):
(1) Ich finde Fernsehen gut und toll. (5. Klasse)

(2) Das Fernsehen bringt Abwechslung. Doch es hat auch Nachteile. Zum Beispiel glaubt man alles, was man sieht. Da kann man leicht auf dumme Gedanken kommen. (6. Klasse)
(3) Mir gefällt am Fernsehen folgendes:
a) Es informiert, was in der Welt passiert.
b) Es unterhält.
c) Es vertreibt die Langeweile.
Mir gefällt am Fernsehen folgendes nicht:
a) die brutalen Filme,
b) einige interessante Filme werden ziemlich spät gesendet.
Insgesamt finde ich es eigentlich gut, aber man muß auch den Fernseher abschalten können und sich mit anderen Dingen beschäftigen. In vielen Familien ist der Fernseher der Mittelpunkt. (10. Klasse)

Die Äußerung (1) enthält eine undifferenzierte eindimensionale Beurteilung. Sie läßt sich der Stufe des *fixierten Denkens* zuordnen.

In der Äußerung (2) wird eine Denkstruktur erkennbar, bei welcher der Beurteilungsgegenstand aus subjektiver Perspektive neben positiven Aspekten auch negative haben kann. Die Beurteilung ist dabei relativ pauschal oder auf konkrete Einzelheiten beschränkt. Die Aspekte stehen in isolierter Weise einander gegenüber. Eine solche Beurteilung entspricht der Stufe des *isolierenden Denkens*.

Die Äußerung (3) ist dadurch gekennzeichnet, daß allgemeine Vorteile und Nachteile des Beurteilungsgegenstandes angesprochen werden. Darüber hinaus ist der Versuch feststellbar, diese - wenn auch in eher additiver Weise - zusammenzufassen ("Insgesamt finde ich ..."). Diese Äußerung läßt sich der Stufe des *konkret-differenzierenden Denkens* zuordnen.

Über solche Äußerungen hinaus gab es bei unserer Untersuchung in den Klassen 5 bis 10 der Haupt- und Realschule nur einzelne Äußerungen, die erste Ansätze zu einem systematisch-kriterienbezogenen Denken zeigten. Äußerungen, die deutlich einem systematisch-kriterienbezogenen Denken entsprochen hätten, waren nicht zu finden. Ein konstruiertes Beispiel für eine solche Äußerung führe ich im folgenden an:
- Im Hinblick auf seine *Unterhaltungsfunktion* kann das Fernsehen unter Umständen sehr spannend sein. Aber es gibt auch langweilige Sendungen. Außerdem darf man nicht übersehen, daß bei einer zu starken Betonung der Unterhaltungsfunktion die Gefahr besteht, daß das Fernsehen zu sehr von den realen Problemen der Lebenswelt ablenkt und daß andere Möglichkeiten der

Unterhaltung, z.B. gemeinsame Spiele oder Theaterbesuche, verdrängt werden.
- Im Hinblick auf die *Informationsfunktion* ist zunächst positiv hervorzuheben, daß das Fernsehen in Bild und Ton über Ereignisse informieren kann, die für jeden Bürger wichtig sind. Allerdings darf man nicht vergessen, daß jede Nachricht durch die Autoren und Redakteure gefiltert ist, daß sie nicht die Realität an sich wiedergibt, sondern nur einen subjektiv ausgewählten Ausschnitt aus der Realität. Wer dies vergißt, entwickelt schnell unangemessene Vorstellungen über die Realität.
- Im Hinblick auf die *Bildungsfunktion* kann das Fernsehen wichtige Lernanreize und Lernangebote bieten. Allerdings handelt es sich auch dabei immer nur um mittelbare Erfahrungsmöglichkeiten. Diese sollten in der Regel in unmittelbare Erfahrungsmöglichkeiten und soziale Interaktionen eingebettet sein.
- Insgesamt übernimmt das Fernsehen in unserer Gesellschaft wichtige Unterhaltungs-, Informations- und Bildungsfunktionen. Der mögliche gesellschaftliche Nutzen wird unter Umständen jedoch mit verschiedenen Problemen erkauft, die es zu erkennen und denen es vorzubeugen gilt.

Eine solche Beurteilung ließe sich einem *systematisch-kriterienbezogenen Denken* zuordnen, da die Beurteilung systematisch von bestimmten Kriterien - hier von möglichen Funktionen des Fernsehens her - vorgenommen wird.

Eine *kritisch-reflektierende Beurteilung* würde darüber hinaus erfordern, daß die einzelnen Kriterien auf übergeordnete Gesichtspunkte, z.B. Bedeutung des Fernsehens für Kultur, Wirtschaft, Politik und Demokratie, bezogen werden und daß auf dieser Basis eine kritische Reflexion der Möglichkeiten und Gefahren verschiedener Funktionen geleistet würde.

Medienpädagogisch gesehen ist es wünschenswert, daß die Kinder und Jugendlichen im Laufe der Schulzeit mindestens zu einer systematisch-kriterienbezogenen, möglichst jedoch zu einer kritisch-reflektierenden Beurteilung von Medien befähigt werden. Das setzt - wie mehrfach betont - die Förderung der intellektuellen Entwicklung im Rahmen medienrelevanter Lernerfahrungen voraus. Um Ansatzpunkte für eine solche Förderung zu finden, sei noch einmal kurz auf die Aspekte verwiesen, die für entsprechende Entwicklungsstufen relevant sind (vgl. Abschnitt 5.2.4):
- die Zahl der Handlungsmöglichkeiten, die bei einer Medienentscheidung in den Blick kommen,
- die Zahl der Kriterien bzw. Gesichtspunkte, die zur Medienbeurteilung herangezogen werden,

- der Grad der Unterscheidung bzw. der Differenzierung bezogen auf einzelne Kriterien oder Gesichtspunkte,
- der Abstraktionsgrad der Kriterien oder Gesichtspunkte und
- der Grad der Verknüpfung.

Geht man von diesen Aspekten aus, so kann die intellektuelle Entwicklung im Medienbereich z.B. in folgender Weise angeregt werden (vgl. Kapitel 6):

(1) Die Schülerinnen und Schüler lernen im Rahmen der Medienerziehung neue Handlungsmöglichkeiten kennen. Sie erfahren z. B., daß man sein Bedürfnis nach Sinneserregung und Spannung nicht nur durchs Fernsehen, sondern auch durch andere Aktivitäten, etwa gemeinsame Spiele, befriedigen kann; daß man sich nicht nur mit Hilfe eines einzigen Mediums informieren sollte, sondern daß neben der Möglichkeit eigener Erkundungen in der Realität verschiedene Medien - von der Zeitung bis zum Hörfunk - zur Verfügung stehen; daß man Medien nicht nur als Rezipient nutzen, sondern auch selbst mediale Botschaften produzieren und verbreiten kann.

(2) Bei der Auswahl zwischen verschiedenen Medien und anderen Handlungsmöglichkeiten lernen die Schülerinnen und Schüler, daß man diese nach unterschiedlichen Kriterien bzw. Gesichtspunkten beurteilen kann, z.B. nach ihrem Informations-, Unterhaltungs- oder Bildungswert. Bei der Unterscheidung und Einschätzung medialer Angebote erfahren sie, daß sich einzelne Medien sowohl nach ihren Inhalten als auch nach ihrer Form analysieren und bewerten lassen (vgl. auch *Breuer* 1983).

(3) Im Zusammenhang mit eigener Mediengestaltung und beim Erfassen und Durchschauen von Gestaltungsmerkmalen erwerben die Schülerinnen und Schüler u.a. differenzierte Vorstellungen zu den Gestaltungsmöglichkeiten einzelner Medien. Die Gestaltungsmöglichkeiten stellen wichtige Gesichtspunkte für die Produktion und Beurteilung von Medien dar.

(4) Im Rahmen medienpädagogischer Unterrichtseinheiten und Projekte lassen sich Beurteilungskriterien und Gesichtspunkte mit zunehmender Abstraktion vermitteln. So haben beispielsweise bei der Analyse medialer Angebote Gesichtspunkte wie "Absichten des Kommunikators" oder "ökonomische Bedingungen der Medienproduktion" einen höheren Abstraktionsgrad als "Inhalt einer beliebten Serie" oder "filmsprachliche Elemente".

(5) Schließlich ist es wichtig, Verknüpfungen zwischen verschiedenen Kriterien und Gesichtspunkten herzustellen. Bei der Aufarbeitung von Medieneinflüssen läßt sich u.a. die Tatsache irreführender Vorstellungen mit dem Problem der Verwischung von Fiktion und Realität in Verbindung setzen und aufklä-

ren. Bezogen auf die Mediennutzung können z.B. Beziehungen zwischen der Bedürfnisbefriedigung bzw. -frustration im sozialen Kontext und dem Umfang sowie der Art der Mediennutzung aufgezeigt werden. Bei der eigenen Mediengestaltung lassen sich u.a. Verbindungen und Unterschiede zwischen professionellen und selbst produzierten Medien thematisieren. Bei der Beurteilung von Bedingungen der Medienproduktion und Medienverbreitung können z.B. Zusammenhänge zwischen rechtlichen und institutionellen Bedingungen und gesellschaftlichem Kontext hergestellt werden.

Diese Hinweise verdeutlichen, daß sich für die intellektuelle Entwicklung im Rahmen der medienpädagogische Aktivitäten viele Möglichkeiten anregender Lernprozesse bieten. Solche können vor allem durch die folgenden vier Typen von Aufgaben angestoßen werden (vgl. *Tulodziecki* 1996, S. 84 ff.; sowie Abschnitt 7.2):
- Probleme,
- Entscheidungsfälle,
- Gestaltungsaufgaben und
- Beurteilungsaufgaben.

Die Auseinandersetzung mit *Problemen* läßt sich im Medienbereich durch verschiedene Fragen in Gang bringen, z.B.:
- Wie kann man erklären, daß Film, Fernsehen, Video oder Computerspiele eine große Faszination auf Kinder und Jugendliche ausüben?
- Warum schauen sich Kinder bestimmte Sendungen, die sie früher gerne gesehen haben, plötzlich nicht mehr an?
- Wie wird erreicht, daß man einem bestimmten Hörspiel oder Film mit Spannung folgt und andere langweilig findet?
- Was kann man für das Medienverhalten mit einiger Wahrscheinlichkeit vorhersagen, wenn ein Kind in einer Umgebung lebt, die wenig Möglichkeiten bietet, die Bedürfnisse nach Sinneserregung, Sicherheit, Zugehörigkeit und Liebe, Achtung und Geltung zu befriedigen?
- Welche Folgen wären zu erwarten, wenn man im Vorabend- und Abendprogramm vor allem Filme zeigte, in denen die Hauptdarsteller ständig physischen und psychischen Bedrohungen ausgesetzt werden?
- Was muß man tun, wenn man als Kameramann erreichen möchte, daß bestimmte Politiker der Bevölkerung als freundlich und andere als bedrohlich erscheinen?

Diese Beispiele sollen zeigen, daß es bei der Auseinandersetzung mit Problemen vor allem darum geht, Erklärungen für interessante Phänomene zu finden,

Vorhersagen für mögliche Maßnahmen zu erarbeiten oder Handlungsanleitungen zu entwickeln. Erklärungen, Vorhersagen und Handlungsanleitungen sind im Medienbereich u.a. auf der Basis human- bzw. sozialwissenschaftlicher Hypothesen möglich. Dies verdeutliche ich im folgenden an einem Beispiel:
Nehmen wir an, in einem Sendebereich des Fernsehens sei das Phänomen festzustellen, daß die Zahl der Kinder, die mit Unterleibsverletzungen aufgrund von Fußtritten zu Ärzten bzw. in Krankenhäuser kommen, merklich ansteigt. Es besteht die Vermutung, daß dies mit der Ausstrahlung einer Sendereihe zusammenhängt, in der Karate-Techniken gezeigt werden, mit denen ein relativ kleiner Karate-Kämpfer auch große Gegner besiegt. (Eine Häufung solcher Verletzungen soll beispielsweise 1975/76 bei der Ausstrahlung der Serie "Kung Fu" beobachtet worden sein.)
Eine *Erklärung* des Phänomens könnte auf der Basis von Hypothesen zur stellvertetenden Bekräftigung bzw. zum Modellernen folgendermaßen lauten: Die Unterleibsverletzungen von Kindern nehmen zu (Phänomen), weil einzelne Kinder die Karate-Fußtritte des Fernsehhelden nachahmen (Bedingung), und weil mit einer gewissen Wahrscheinlichkeit gilt, daß Kinder in bestimmten Situationen beobachtetes Verhalten, das Erfolg hatte, imitieren (Hypothese).
Eine *Vorhersage* würde bei diesem Beispiel lauten: Wenn die Ausstrahlung der entsprechenden Sendereihe eingestellt wird (Maßnahme), dann nimmt die Zahl der Unterleibsverletzungen durch Fußtritte wieder ab (Vorhersage).
Eine Handlungsanleitung auf der Basis der obigen Hypothese sähe folgendermaßen aus: Soll erreicht werden, daß die Zahl der Unterleibsverletzungen durch Fußtritte wieder abnimmt (Ziel), muß die Ausstrahlung der entsprechenden Sendereihe eingestellt werden (Maßnahme).
Im folgenden demonstriere ich die unterrichtliche Auseinandersetzung mit *Problemen* an einem Beispiel, wobei ich einen möglichen Unterrichtsablauf skizziere. Das Beispiel ist vor allem für Klassen der Sekundarstufe I gedacht:
(1) Problemstellung:
Die Lehrperson gibt folgenden Fall vor: Olaf und Uwe schauen sich beide häufig Karate-Filme aus der Videothek an. Beide verfolgen jeweils mit Begeisterung, wie der Held auch stärkste Gegner mit seinen Karate-Techniken besiegt. In der Schule gilt Olaf als besonders streitsüchtig. Er ist in der Pause und auf dem Heimweg von der Schule häufiger in Schlägereien verwickelt, die teilweise mit Verletzungen anderer Schüler verbunden sind. Uwe dagegen gilt als stiller und zurückhaltender Junge. Niemand kann sich erinnern, daß er sich jemals mit einem anderen geschlagen hätte.

Im Anschluß an die Schilderung des Falls kann die Lehrperson zunächst nach vergleichbaren Erfahrungen fragen und Gelegenheit geben, diese einzubringen. Danach bietet sich die Frage an, wie die unterschiedlichen Verhaltensweisen bzw. möglichen Wirkungen der Videonutzung erklärt werden können. Die Schülerinnen und Schüler äußern erste Vermutungen.

(2) Verständigung über Ziele und Vorgehen:
Die Lehrperson verständigt sich mit den Schülerinnen und Schülern darüber, Gesetzmäßigkeiten bzw. Hypothesen und Untersuchungsergebnisse zur Frage der Wirkung von Gewaltdarstellungen in den Medien zu erarbeiten und auf dieser Basis zu versuchen, Erklärungen für den Eingangsfall zu finden, d.h. für mögliche unterschiedliche Wirkungen von Gewaltdarstellungen.
Ehe dies geschieht, bespricht die Lehrperson mit den Schülerinnen und Schülern, welche Bedeutung ein entsprechendes Vorgehen hat. Dabei sollte erkennbar werden, daß mit den zu erarbeitenden Kenntnissen die Chance besteht, eigenes und fremdes Verhalten zu erklären, eventuell vorherzusagen und Überlegungen zur Verhinderung problematischer Verhaltensweisen anzustellen.

(3) Erarbeitung von Informationsgrundlagen:
Die Lehrperson gibt eine Übersicht über Hypothesen und Untersuchungsergebnisse zur Wirkung von Gewaltdarstellungen in den Medien (vgl. Abschnitt 6.4.3). Andere unterrichtliche Möglichkeiten bestehen darin, einen zusammenfassenden Text zu verteilen und bearbeiten zu lassen oder eine Schülerin bzw. einen Schüler zu bitten, ein Referat vorzubereiten.

(4) Durchführung der Problemlösung:
Auf der Basis der Hypothesen und Untersuchungsergebnisse zur Wirkung von Gewaltdarstellungen erarbeiten die Schülerinnen und Schüler in Kleingruppen verschiedene Erklärungen für den Eingangsfall.

(5) Vergleich der Problemlösungen und Zusammenfassung:
Sprecher bzw. Sprecherinnen aus den Kleingruppen tragen die erarbeiteten Erklärungen vor. Diese werden in der Klasse diskutiert.
Die verschiedenen Hypothesen zur Frage der Gewaltdarstellung in Medien werden an der Tafel oder auf einer Folie zusammengefaßt. Einschränkende Bedingungen für ihre Gültigkeit werden hinzugefügt.

(6) Anwendung:
Der Lehrer gibt den Fall vor, daß ein Redaktionsteam einer Rundfunkanstalt eine Serie für Kinder und Jugendliche plant. Das Redaktionsteam soll allgemeine Empfehlungen für die Darstellung von Konflikten und Konfliktlösungen

innerhalb der Serie erarbeiten. Das Redaktionsteam wird in Kleingruppen simuliert, die Empfehlungen werden vorgestellt und diskutiert.

(7) Reflexion:
Fragen, die die Schülerinnen und Schüler im Zusammenhang mit Gewaltdarstellungen in den Medien noch interessieren, werden bearbeitet. Abschließend werden die erworbenen Kenntnisse in ihrer Bedeutung für das eigene Handeln reflektiert.

Dieses Beispiel zeigt noch einmal, daß die Auseinandersetzung mit Problemen sowohl zu wichtigen medienrelevanten Kenntnissen als auch zur Förderung des intellektuellen Niveaus führen kann. Die Anregung für die intellektuelle Entwicklung liegt z.B. darin, daß die Schülerinnen und Schüler in der gründlichen Auseinandersetzung mit einem Kriterium für die Beurteilung von Medien - mit der Frage der aggressionsfördernden Wirkung von Gewaltdarstellungen - eine differenzierte Sichtweise des Kriteriums erwerben und über diesen Weg Handlungsmöglichkeiten erschließen können.

Neben Problemaufgaben sind *Entscheidungsfälle* geeignet, sowohl zum Erwerb medienrelevanter Kenntnisse als auch zur Entwicklung des intellektuellen Niveaus anzuregen. Dies erläutere ich im folgenden an einem Beispiel. Dabei hebe ich die Bedeutung des jeweiligen Entwicklungsstandes der Kinder und Jugendlichen als Lernvoraussetzung besonders hervor.

Als Beispiel gehe ich von der Situation einer Familie aus, bei der die Frage ansteht, ob ein Computer mit verschiedenen Computerspielen angeschafft oder das Geld lieber für eine gemeinsame Ferienreise verwendet werden soll.

Wenn die Lehrperson eine solche Situation in einer Klasse vorstellt, werden sich die Schülerinnen und Schüler je nach intellektuellem Entwicklungsstand in unterschiedlicher Weise mit der Situation auseinandersetzen.

Bei vorwiegend *fixiertem Denken* werden sie sich ohne große Überlegungen für eine der beiden Möglichkeiten entscheiden und die andere kaum in Erwägung ziehen. Die Aufgabe der Lehrperson wäre es in diesem Falle, mit den Schülerinnen und Schülern Gründe für die - in fixierter Weise getroffenen - Entscheidungen herauszuarbeiten und dabei darauf zu achten, daß die jeweilige Alternative in die Überlegung einbezogen wird.

Auf der Stufe des *isolierenden Denkens* werden die Schülerinnen und Schüler wahrscheinlich eine Handlungsmöglichkeit vorziehen und versuchen, diese positiv zu charakterisieren, wobei die Alternative zwar im Blick ist, jedoch eher negativ gesehen wird. Unter Umständen neigen die Schülerinnen und Schüler auch dazu, sich aufgrund einer gewissen Verunsicherung der Entscheidung zu entziehen. Hier käme es für die Lehrperson darauf an, Impulse zu geben, die dazu führen, daß Vor- und Nachteile beider Handlungsmöglichkeiten zusammengestellt und gegeneinander abgewogen werden.

Entspricht das intellektuelle Niveau dem *konkret-differenzierenden* Denken, so werden die Schülerinnen und Schüler Vor- und Nachteile jeder Handlungsweise auflisten und nach eher "quantitativen Gesichtspunkten" die Handlungsmöglichkeit wählen, welche die meisten Vorteile verspricht. In diesem Falle sollte die Lehrperson fragen, in bezug auf welche Kriterien bzw. Gesichtspunkte man die Vor- und Nachteile ordnen kann, z.B. Erfahrungsqualität, Erlebnisgehalt und Dauerhaftigkeit. Danach wäre die Frage zu stellen, welches Kriterium das wichtigste sein soll. Falls die Stufe des *systematisch-kriterienbezogenen* Denkens schon erreicht ist, werden die Schülerinnen und Schüler Vor- und Nachteile bereits mit Bezug auf bestimmte Kriterien einbringen. Dann käme es darauf an, die Kriterien im Sinne eines kritisch-reflektierenden Denkens zu gewichten und auf dieser Basis eine Entscheidung zu treffen.

Da sich Entscheidungsfälle unter bestimmten Bedingungen besonders eignen, nicht nur die Entwicklung des intellektuellen, sondern auch des sozial-moralischen Urteilsniveaus anzuregen, komme ich auf die Behandlung von Entscheidungsfällen im nächsten Abschnitt noch einmal zurück.

Neben Problemaufgaben und Entscheidungsfällen habe ich *Gestaltungsaufgaben* als entwicklungsanregend bezeichnet. Beispiele für Gestaltungsaufgaben sind die Produktion eines eigenen Hörmagazins oder Videofilms. Entsprechende Vorgehensweisen wurden in den Abschnitten 6.2.2 und 6.2.3 dargestellt. Hier reicht deshalb - mit Blick auf die entwicklungsstimulierende Wirkung - der Hinweis, daß es bei Gestaltungsaufgaben wesentlich darauf ankommt, verschiedene Handlungsmöglichkeiten zu bedenken, jeweils einzelne Handlungsmöglichkeiten begründet bzw. kriterienbezogen auszuwählen und zu erproben.

Probleme, Entscheidungsfälle und Gestaltungsaufgaben müssen nicht immer als offene Situation in den Unterricht eingeführt werden. Es lassen sich auch Problemlösungen, getroffene Entscheidungen und Gestaltungsprodukte vorstellen, wobei es dann darauf ankommt, diese zu beurteilen. In einem solchen Fall liegt eine *Beurteilungsaufgabe* vor. Bei Beurteilungsaufgaben ist es günstig, wenn alternative Problemlösungen, Entscheidungen oder Gestaltungen mitbedacht werden und so eine vergleichende Beurteilung nahegelegt wird. Vergleiche regen normalerweise eher dazu an, Kriterien für die Beurteilung zu entwickeln, als eine einfache Beurteilung.

Da sich Beurteilungsaufgaben wie Entscheidungsfälle besonders eignen, neben der intellektuellen die sozial-moralische Entwicklung zu fördern, komme ich auch auf diese Aufgabenform im nächsten Abschnitt noch einmal zurück.

8.2 Förderung der sozial-moralischen Entwicklung

In Anlehnung an den Ansatz von *Kohlberg* (1974) lassen sich die folgenden fünf Stufen der sozial-moralischen Entwicklung unterscheiden (vgl. Abschnitt 5.2.5):
(1) Egozentrische Fixierung auf die eigenen Bedürfnisse unter Vermeidung von Strafe
(2) Orientierung an den eigenen Bedürfnissen unter Beachtung der Bedürfnisse anderer
(3) Orientierung an der Erwartung von Bezugspersonen und Bezugsgruppen
(4) Orientierung am sozialen System mit einer bewußten Übernahme gerechtfertigter Verpflichtungen
(5) Orientierung an indivuellen Rechten und ihrer kritischen Prüfung unter dem Anspruch der menschlichen Gemeinschaft.

Kohlberg (1974) hat in einer frühen Studie festgestellt, daß 10jährige Knaben aus der Mittelschicht in den USA zu etwa 40% gemäß der Stufe 1, zu etwa 30% gemäß Stufe 2 und zu etwa 20% gemäß der Stufe 3 argumentieren; 13jährige Jugendliche erreichten in ihrer Argumentation zu etwa 20% die Stufe 2, zu etwa 30% die Stufe 3 und zu etwa 25% die Stufe 4, bei den 16jährigen stellte er bei jeweils 20% - 30% ein Argumentationsniveau der Stufen 3, 4 und 5 fest (S. 75). Spätere Untersuchungen mit überarbeiteten Auswertungsmaterialien lassen allerdings vermuten, daß bei dieser frühen Studie eine nach oben verschobene Einschätzung vorliegt (vgl. *Schläfli* 1986, S. 41).

Oser u.a. (1984) berichten von einer Untersuchung mit 17- bis 19jährigen Lehrlingen in der Schweiz. Bei 507 Probanden wurden schriftliche - auf einen Konfliktfall bezogene - Äußerungen den Stufen der sozial-moralischen Entwicklung zugeordnet. Dabei zeigte sich, daß die Lehrlinge zu etwa 15% auf der Stufe 2, zu etwa 26% auf der Zwischenstufe 2 bis 3, zu etwa 52% auf der Stufe 3 und zu etwa 3% auf der Stufe 4 argumentierten (S. 12).

Insgesamt kann man aufgrund der empirischen Untersuchungen - wie schon im Abschnitt 5.2.5 angedeutet - davon ausgehen, daß Kinder bis zu 10 Jahren vor allem auf den Stufen 1 und 2 argumentieren, Jugendliche bis zu 16 Jahren vor allem auf den Stufen 2 bis 4. Das bedeutet zugleich, daß viele 16jährige die Stufe 4 noch nicht erreicht haben.

Erst das Erreichen der Stufen 4 und 5 bietet jedoch einen Schutz gegenüber möglichen Gefährdungen durch die Medien, z.B. gegen die unreflektierte Übernahme von aggressiven Verhaltensmustern (vgl. Abschnitt 6.4.3).

Mit diesen Hinweisen wird noch einmal die Aufgabe einer Förderung der sozialmoralischen Entwicklung im Rahmen medienpädagogischer Aktivitäten begründet. Für die Realisierung dieser Aufgabe kommt verschiedenen Annahmen, die mit dem Stufenkonzept verbunden sind, eine grundlegende Bedeutung zu (vgl. *Kohlberg* 1974, S. 8 ff.):

- Das sozial-moralische Urteilsniveau entwickelt sich in der *Interaktion des Individuums mit seiner Umwelt*. Es ist weder das Ergebnis eines bloßen Reifungsprozesses noch einfach das Resultat eines Lehrprozesses (im Sinne einer direkten Formung des Individuums durch eine Lehrperson). Eine Weiterentwicklung setzt vielmehr die Interaktion bzw. Auseinandersetzung der Jugendlichen mit ihrer Umwelt voraus.
- Die Entwicklung wird durch das Streben des Individuums nach einem *verbesserten Gleichgewicht* in seiner Interaktion mit der Umwelt vorangetrieben. Die Erfahrung von Konflikten im Sinne der Nicht-Übereinstimmung eigenen Verhaltens oder eigener Auffassungen mit Erwartungen, Auffassungen oder Anforderungen der Umwelt ist potentiell ein Auslöser für die Weiterentwicklung.
- Die Entwicklung stellt sich als *invariante Sequenz* dar. Sie kann zwar durch bestimmte Umwelteinflüsse beschleunigt oder verlangsamt werden, eine Änderung der Reihenfolge ist jedoch nicht möglich. Das bedeutet zugleich, daß Konflikte, die eine Argumentation oder Lösung auf der nächsthöheren Stufe erfordern bzw. ermöglichen, am ehesten entwicklungsanregend wirken. Argumente, die mehr als eine Stufe über dem erreichten Niveau liegen, werden nicht mehr adäquat verstanden.
- Das Erreichen der nächsten Stufe ist mit einer grundsätzlichen *Änderung von Orientierungen* und Denkformen verbunden. Zwischen den Stufen bestehen nicht nur graduelle, sondern deutliche qualitative Unterschiede. Aus diesem Grunde sind Weiterentwicklungen auch nicht kurzfristig möglich, sondern als langfristige Prozesse anzulegen.
- Das Verhältnis einer erreichten Stufe zu vorangehenden Stufen kann als *hierarchische Integration* beschrieben werden. Denken und Urteilen auf einer höheren Stufe schließt Denkformen früherer Stufen ein, wenn sie auch in einen neuen Rahmen gestellt werden, der durch die Änderung der grundsätzlichen Orientierung gekennzeichnet ist. Praktisch gesehen bedeutet dies, daß ein

Individuum, daß die Stufe n erreicht hat, in der Lage bleibt, Argumente der darunter liegenden Stufen zu verstehen, allerdings selbst dazu neigt - entsprechende Konfliktsituationen vorausgesetzt - eher auf der Stufe n zu argumentieren.

Die Änderungen in den sozial-moralischen Orientierungen können sich auf verschiedene Aspekte beziehen (vgl. Abschnitt 5.2.5):
- auf die Erweiterung der *sozialen Perspektive* - von einer egozentrischen bis zu einer menschheitsbezogenen Sichtweise,
- auf die Bereitschaft, *Verantwortung* zu übernehmen - von der Verantwortung für sich selbst bis hin zur Verantwortung für die gesamte Menschheit,
- auf die Entwicklung des *Gerechtigkeitsbegriffs* - von der Orientierung an unmittelbaren Konsequenzen einer Handlung bis zur Orientierung an universalen ethischen Prinzipien.

Auf der Basis dieser Annahmen sind folgende Bedingungen für die Förderung des sozialen bzw. moralischen Urteilsniveaus wichtig (vgl. dazu auch *Kohlberg/ Turiel* 1978, S. 20; *Hagemann/ Heidbrink* 1985, S. 67 ff.; *Berkowitz* 1986, S. 97 ff.):

a) Es kommt darauf an, die Kinder und Jugendlichen mit Konflikten zu konfrontieren bzw. bei ihnen Meinungsverschiedenheiten über Entscheidungsfälle zu erzeugen, die zu einer Auseinandersetzung mit dem jeweiligen Konflikt bzw. Entscheidungsfall führen.

b) In der Auseinandersetzung mit dem jeweiligen Konflikt bzw. Entscheidungsfall sollen die Jugendlichen angehalten werden, sich in die Position der verschiedenen am Konflikt beteiligten Personen hineinzuversetzen und möglichst viele Ansprüche zu berücksichtigen.

c) Im Rahmen der Diskussion müssen Denkmodelle bzw. Argumente präsentiert werden, die etwas oberhalb der vom einzelnen Jugendlichen erreichten Stufe liegen. Dabei ist wichtig, daß sich die Jugendlichen auch wirklich mit der neuen Argumentation auseinandersetzen.

d) Die Auseinandersetzung soll in einer angemessenen Atmosphäre stattfinden. Eine solche ist dadurch gekennzeichnet, daß sich alle Mitglieder der jeweiligen Gruppe um eine faire und aktive Mitarbeit an Gruppenentscheidungen bemühen und dabei die sozial-moralischen Aspekte der Entscheidung hervorgehoben werden.

Wie bei der Darstellung medienpädagogischer Aufgabenbereiche deutlich geworden ist, lassen sich im Zusammenhang mit Medienfragen verschiedene

Entscheidungsfälle bzw. Konflikte in Form von Dilemmata einführen bzw. thematisieren. Die Dilemmata können sich beziehen auf:
- Rezeptionssituationen, wie es bei der Computerspiel-Situation der Fall ist (vgl. Abschnitt 5.2.1),
- Medieninhalte, wie es das Derrick-Beispiel gezeigt hat (vgl. Abschnitt 6.4.3),
- Situationen im Bereich von Medienproduktion und Medienverbreitung (Kommunikatorsituationen).

Im folgenden führe ich weitere Beispiele zu diesen drei Bereichen an, zunächst eines aus dem Bereich der *Rezeption*. Das Beispiel bezieht sich noch einmal auf die Nutzung von Computern und wurde im Rahmen unserer Studien von *H.G. Altmiks* und *M. Saake* entwickelt (vgl. *Tulodziecki* 1985):

Michael ist in der Jugendarbeit im "Haus der offenen Tür" tätig. Da viele Jugendliche Interesse an Computer- und Videospielen haben, sind von der Stadt drei Personal Computer angeschafft und im "Haus der offenen Tür" aufgestellt worden. Das Jugendamt erhofft sich davon, daß neue Jugendliche angesprochen werden und daß das bisher nur wenig besuchte "Haus der offenen Tür" einen stärkeren Zulauf bekommt. Insbesondere sollen auch Jugendliche, die einen großen Teil ihrer Freizeit in kommerziell betriebenen Spielotheken verbringen, angezogen werden.

Aus diesem Grund hat das Jugendamt mit den Computern auch eine Reihe von Video- bzw. Computerspielen beschafft, dabei jedoch sorgfältig darauf geachtet, daß keine Kriegsspiele dabei sind. Kriegsspiele - so die Begründung des Jugendamtes - forderten mit großer Selbstverständlichkeit die brutale Vernichtung des jeweiligen Gegners. Diese würde mit Punkten belohnt und führe so letztlich zu einer Verherrlichung des Krieges und zu einer Verrohung der Jugendlichen.

Unter den Jugendlichen hat sich schnell herumgesprochen, daß im "Haus der offenen Tür" nun auch Computer- und Videospiele zur Verfügung stehen. Michael beobachtet zunehmend neue Jugendliche, die von den Spielen Gebrauch machen. Insbesondere freut ihn, daß die Jugendlichen, nachdem sie am Computer gespielt haben, auch andere Angebote des "Hauses der offenen Tür" wahrnehmen.

Nach einiger Zeit bringen immer häufiger Jugendliche Disketten, auf denen Kriegsspiele gespeichert sind, in das "Haus der offenen Tür" mit. Sie bedrängen Michael, diese auf dem Computer spielen zu dürfen. Michael lehnt das ab, muß dann allerdings feststellen, daß die Jugendlichen verschwinden - offenbar, um irgendwo anders ihre Kriegsspiele zu spielen. Auch die zunächst angezogenen

Jugendlichen kommen immer seltener ins "Haus der offenen Tür", weil das Interesse an den vorhandenen Spielen und Angeboten erlahmt ist. Aufgrund verschiedener Gespräche mit Jugendlichen ist Michael sicher, daß er mit der Erlaubnis, Kriegsspiele auf den Computer laufen zu lassen, viele Jugendliche im "Haus der offenen Tür" halten könnte.
Soll Michael die Kriegsspiele im "Haus der offenen Tür" zulassen?
Für die Vorbereitung einer unterrichtlichen Diskussion zu einem solchen Dilemma ist zu empfehlen, daß die Lehrperson Argumente auf verschiedenen Stufen des sozial-moralischen Urteilsniveaus überlegt. Auf dieser Basis kann sie Argumente der Schülerinnen und Schüler besser einordnen und gegebenenfalls geeignete Impulse geben.
Argumente für das Zulassen von Kriegsspielen könnten - gemäß den Stufen der sozial-moralischen Entwicklung - lauten:
(1) Michael soll die Kriegsspiele ruhig zulassen. Das Jugendamt braucht ja nichts davon zu erfahren.
(2) Wenn Michael die Kriegsspiele zuläßt, werden viele Jugendliche weiterhin das Haus der offenen Tür besuchen.
(3) Michael sollte die Jugendlichen, die ins Haus der offenen Tür kommen, nicht enttäuschen und ihnen die Kriegsspiele gestatten.
(4) Solange es keine gesetzliche Regelung zur Nutzung von Kriegsspielen gibt, sollten Jugendliche das Recht haben, diese zu spielen. Indizierte Spiele können ja ausgeschlossen werden.
(5) Jeder Jugendliche hat prinzipiell das Recht, die Spiele selbst zu bestimmen, mit denen er spielt. Allerdings sollte er zu einer kritischen Prüfung im Hinblick auf das Gemeinwohl und universale Prinzipien bereit sein. Kommt er dabei zu der Auffassung, daß die Spiele dem Gemeinwohl nicht schaden und universalen Prinzipien nicht widersprechen, sollte er sie auch spielen können.
Als Kontra-Argumente wären - je nach Entwicklungsstand - denkbar:
(1) Michael sollte die Kriegsspiele nicht zulassen. Das Jugendamt hat sie verboten. Vielleicht würde er entlassen, wenn es herauskäme.
(2) Das Jugendamt hat Michael angestellt und ihm damit eine Stelle verschafft. Jetzt sollte auch er sich nach den Wünschen des Jugendamtes richten.
(3) Das Jugendamt erwartet von Michael, daß er sich an die eingeführten Regelungen hält. Er sollte das Jugendamt nicht enttäuschen.
(4) Als Mitglied der Gesellschaft hat Michael die Pflicht, Spiele, die der Gesellschaft schaden, indem sie z.B. Krieg und Gewalt verherrlichen, zu verbieten.

(5) Wenn Jugendliche Kriegsspiele spielen, besteht die Gefahr, daß der Krieg verherrlicht und Gewalt nachgeahmt wird. Dies würde eine Gefahr für das Gemeinwohl darstellen und ethischen Prinzipien widersprechen.

Diese Beispiel-Argumente zeigen, daß das Dilemma symmetrische Argumente bis zur Stufe 4 zuläßt. Auf der Stufe 5 ist das dargestellte Pro-Argument zwar möglich, aber kaum noch symmetrisch zum entsprechenden Kontra-Argument. Auf Probleme, die damit zusammenhängen können, komme ich später noch einmal zurück.

Zunächst stelle ich ein weiteres Beispiel aus dem Bereich der *Medieninhalte* vor. Ein solches Beispiel könnte auf eine Situation bezogen werden, die im Sport bzw. in Sportsendungen häufig auftritt: das Foulspiel. Beispielsweise gibt es fast bei jedem Fußballspiel, das im Fernsehen übertragen wird, eine Situation, in der ein Stürmer den letzten Abwehrspieler der gegnerischen Mannschaft überläuft und allein den Torwart vor sich hat. Ist der Stürmer noch außerhalb des Strafraums, wird er in der Regel gefoult.

Die Lehrperson kann entsprechende Ausschnitte aus einer Fußballaufzeichnung mitschneiden, in der Klasse vorführen und dann die Frage aufwerfen, ob es richtig oder falsch war, daß der Abwehrspieler den Stürmer gefoult hat.

Als Pro-Argumente sind zu erwarten:

(1) Es war richtig, weil der Abwehrspieler dadurch wahrscheinlich ein Tor verhindert und sich vielleicht die Siegprämie gesichert hat.

(2) Der gegnerische Abwehrspieler hätte es bei einer umgekehrten Situation genauso gemacht. Schließlich geht es in solchen Spielen immer auch um viel Geld.

(3) Die Mannschaft, der Trainer und die Fans erwarten in dieser Situation, daß der Abwehrspieler die "Notbremse" zieht. Sie wären sehr enttäuscht, wenn er es nicht tun und ein Tor riskieren würde.

(4) Foulspiel in einer solchen Situation ist so etwas wie "Gewohnheitsrecht". Es ist in gewisser Weise schon zu einer "Spielregel" geworden und bei "sanftem" Foulen zulässig.

Kontra-Argumente können lauten:

(1) Der Abwehrspieler hätte nicht foulen dürfen, weil er dadurch selbst eine Verletzung oder eine rote Karte riskiert hat.

(2) Der Abwehrspieler würde in einer umgekehrten Situation auch nicht gefoult werden wollen. Insofern sollte er das Foulspiel unterlassen.

(3) Wenn der Abwehrspieler selbst verletzt worden wäre oder die rote Karte bekommen hätte, stände er seiner Mannschaft für die folgenden Spiele nicht

zur Verfügung. Außerdem hätten neutrale Zuschauer erwartet, daß der Abwehrspieler das Spiel nicht durch unfaire Mittel zerstört.
(4) Es widerspricht der Regel des Spiels und dem Gesetz des "Fair Play" sowie dem Sportgedanken, daß der Abwehrspieler foult. Jeder Spieler sollte sich dem Gesetz des "Fair Play" verpflichtet fühlen.
(5) Gesundheit und körperliche Unversehrtheit - sowohl die eigene als auch die des Gegners - sind höhere Werte als ein Sieg und noch so hohe Gewinnprämien und Vorteile für den Verein. Insofern rechtfertigt es die Situation nicht, ein solches Foul zu begehen. Das Recht des Spielers auf körperliche Unversehrtheit ist universal.

Wie dieses Beispiel aus dem Bereich des Sports können auch zahlreiche andere durch Medien präsentierte Inhalte als Anlaß für Diskussionen mit sozialmoralischer Akzentsetzung genommen werden. Ein Beispiel aus dem Bereich der Unterhaltung (Derrick) wurde ja bereits besprochen. Eine Fülle solcher Anlässe bietet darüber hinaus die politische Berichterstattung: Ist es zum Beispiel unter bestimmten Bedingungen akzeptabel, Geiseln gegen Waffen zu tauschen? Ist es vertretbar, sozial Unterdrückte mit Waffen zu versorgen? Kann man eine "Kronzeugenregelung" verantworten? Welche Mittel sind beim politischen Widerstand gerechtfertigt? Die Liste der Fragen ließe sich ohne Schwierigkeiten verlängern.

Allerdings soll mit diesen Hinweisen nicht suggeriert werden, daß sich jeder politische Konflikt als sozial-moralisches Dilemma für den Unterricht eignet. Die Komplexität politischer Prozesse kann dem unter Umständen entgegenstehen (vgl. dazu *Hagemann/ Heidbrink* 1985, S. 69 ff.). Dennoch gibt es bei der politischen Berichterstattung in den Medien immer wieder Fälle, die sich als Anlaß für sozial-moralische Diskussionen anbieten.

Bezogen auf *Kommunikatorsituationen*, sind zwei Formen der Anregung von sozial-moralischer Diskussion denkbar. Zum einen stellen sich bei der eigenen Mediengestaltung für die Schülerinnen und Schüler als Kommunikatoren unter Umständen Fragen von sozial-moralischer Relevanz, z.B.: Soll ein Lehrer, der sich unangemessen verhalten hat, in einem zu produzierenden Videomagazin bloßgestellt werden oder nicht? Sollen mögliche Mißstände an einer Schule öffentlich angeprangert werden? Welche Argumente sollen bei der Darstellung eigener Probleme medial vermittelt werden? Zum anderen können spezielle Dilemmata aus dem Bereich der professionellen Medienproduktion und –verbreitung thematisiert werden. Hier könnte die Lehrperson z.B. folgende Situation einführen:

Der freie Mitarbeiter einer bedeutenden Wochenzeitung, Herr K., hat einen interessanten Artikel über Umweltprobleme verfaßt. Der Chefredakteur ist prinzipiell bereit, den Artikel zu übernehmen und dafür ein gutes Honorar zu zahlen. Er macht dies jedoch davon abhängig, daß eine bekannte Firma, die der freie Mitarbeiter in seinem Artikel wegen der von ihr verursachten Umweltschäden hart attackiert, "schonender" behandelt wird. Als Grund nennt der Chefredakteur mögliche Konflikte mit der Firma und den voraussichtlichen Verlust von erheblichen Einnahmen durch Werbeinserate, welche die Wochenzeitung für die Firma regelmäßig abdruckt. Herr K. braucht das Honorar dringend für den Lebensunterhalt seiner Familie und ist auch in Zukunft darauf angewiesen, daß die Zeitung seine Beiträge übernimmt.
Wie soll er sich verhalten?
Bei diesem Fall könnten Argumente für die Änderung des Artikels folgendermaßen lauten:
(1) Herr K. sollte die Änderung ruhig vornehmen, wenn der Chefredakteur es wünscht. Dieser besitzt die Autorität, so etwas zu verlangen.
(2) Wenn Herr K. die Änderung nicht vornehmen würde, brächte er sich selbst um seinen Verdienst.
(3) Die Familie erwartet von Herrn K., daß er für sie sorgt und dabei nötigenfalls auch zu Kompromissen bereit ist.
(4) Es ist Sache des Staates, im Sinne der Gesellschaft für Gesetze zu sorgen, die Umweltschäden verhindern. Einem einzelnen Journalisten kann nicht die gesellschaftliche Verantwortung für den Umweltschutz zugemutet werden. Er hat in dieser Situation nicht die Verpflichtung, seine Attacke gegen die Firma in dieser Schärfe aufrechtzuerhalten.
(5) Jedes Mitglied der menschlichen Gesellschaft hat das Recht auf einen ausreichenden Verdienst und auf eine finanziell abgesicherte Zukunftsperspektive sowie die Verantwortung, für einen angemessenen Lebensunterhalt der weiteren Familienmitglieder zu sorgen. Von einem Artikel der beschriebenen Art sind kaum so weitreichende Wirkungen für das Gemeinwohl zu erwarten, daß die individuellen Notwendigkeiten hinter das Prinzip der Verantwortung für den Umweltschutz zurückgestellt werden mußten.
Als Kontra-Argumente ließen sich ins Feld führen:
(1) Herr K. sollte die Änderung nicht vornehmen. Der Chefredakteur kann ihn nicht dazu zwingen.
(2) Wenn er den Artikel jetzt ändert, verliert er seine Glaubwürdigkeit. Darunter hätte er dann in Zukunft zu leiden.

(3) Wenn er den Artikel ändert, enttäuscht er eine Reihe seiner Kollegen sehr. Die Änderung ginge gegen seine Berufsehre. Er würde vielleicht seine Selbstachtung verlieren.
(4) Als Mitglied der Gesellschaft sollte Herr K. sich auch für den Umweltschutz mitverantwortlich fühlen. Insofern hat er gegenüber der Gesellschaft die Verpflichtung, auf Mißstände mit aller Deutlichkeit hinzuweisen.
(5) Das Gemeinwohl erfordert es, daß möglichst alle an ihrem Ort auf Mißstände aufmerksam machen. Das demokratische Prinzip verlangt, daß Kritik geäußert und nicht unterdrückt wird. Außerdem ist es das Recht des Journalisten, seine Meinung frei zu äußern. Auf dieses universale Recht sollte er trotz der zu erwartenden Nachteile nicht verzichten.

Auch in diesem Fall fällt es - bei den gegebenen Bedingungen - schwer, ein Pro-Argument auf der Stufe 5 zu formulieren. Insofern kann eine Diskussion, die bis zur Stufe 5 führt, unter Umständen unsymmetrisch werden. Im Zusammenhang mit diesem Beispiel sei noch auf zwei weitere Probleme verwiesen, die möglicherweise bei der Einführung von solchen oder ähnlichen Konfliktfällen auftauchen:

a) Die Schülerinnen und Schüler können versuchen, sich einer Diskussion und Entscheidung sozial-moralischer Art dadurch zu entziehen, daß sie eine "technische" Lösung für das jeweilige Problem vorschlagen. Im Falle des freien Mitarbeiters könnten sie z.B. empfehlen, daß er versuchen sollte, seinen Beitrag bei einer anderen Zeitung zu veröffentlichen. In solchen Fällen sollte die Lehrperson entscheiden, welche der folgenden Vorgehensweisen für die jeweilige Lerngruppe angemessener erscheint. Eine Möglichkeit besteht darin, die Rahmenbedingungen für den Fall so zu setzen, daß die "technische" Lösung nicht möglich ist oder mit sehr großen Schwierigkeiten verbunden ist. Dazu wäre es allerdings wichtig, im Rahmen der Vorbereitung zu überlegen, welche "technischen" Lösungsvorschläge auftreten können und wie man darauf reagieren kann, ohne daß das Problem "verschwindet". In unserem Falle könnte die Lehrperson z.B. darauf hinweisen, daß andere in Frage kommenden Zeitungen bereits über Umweltprobleme berichtet oder schon andere Autoren verpflichtet hätten, so daß die Chance nicht gegeben sei. Dieses Vorgehen ist vor allem zu empfehlen, wenn die Konzentration auf eine Pro-Kontra-Entscheidung dem intellektuellen Entwicklungsstand der Klasse eher entspricht als ein Denken in mehreren Möglichkeiten und wenn die "technische Lösung" als bequemer Weg erscheint, sich der Notwendigkeit einer weitergehenden Auseinandersetzung mit dem Fall zu entziehen. Falls allerdings die Fähigkeit und Bereitschaft bei den Jugendlichen vorhanden ist, sich mit mehreren Alternativen bzw. Handlungsmöglichkeiten auseinanderzusetzen, ist nach den Untersuchungen von *Herzig* (1997) zu empfehlen, erst solche Handlungsmöglichkeiten in offener Form zusammenzutragen und sich dann mit ihnen aus sozial-moralischer Perspektive auseinanderzusetzen. Dadurch können zugleich eine größere Realitätsnähe und verbesserte Chancen für praktische Umsetzungen der diskutierten Lösungen erreicht werden (vgl. ebd., S. 165 ff.).

b) Ein anderes Problem für die Diskussion sozial-moralischer Dilemmata kann darin liegen, daß sich eine Klasse spontan mit großer Mehrheit für eine bestimmte Lösung entscheidet, z.B. der freie Mitarbeiter solle lieber auf das Honorar verzichten als seinen Beitrag - gegen seine Überzeugung - zu verändern.

Um auf eine solche Situation vorbereitet zu sein, sollte die Lehrperson vorher überlegen, wie sie den Fall möglicherweise strittiger machen kann. In unserem Beispiel könnte sie etwa darauf verweisen, daß der freie Mitarbeiter unbedingt auf das Honorar angewiesen sei. Er habe sehr lange an dem Artikel gearbeitet und deshalb keine andere Verdienstmöglichkeit gehabt, seine Frau sei schwer erkrankt und müsse sich einer kostspieligen Operation unterziehen, deren Kosten nur zum Teil von der Krankenkasse übernommen würden, Kreditmöglichkeiten seien bereits ausgeschöpft.

Insgesamt ist es wünschenswert, daß Dilemmata als Anlaß für sozial-moralische Diskussionen folgende Eigenschaften haben (vgl. auch *Hagemann/ Heidbrink* 1985, S. 70 ff.):

a) Sie sollten einen Bezug zur Erfahrungs- und Vorstellungswelt der Schülerinnen und Schüler aufweisen, damit der mit dem Dilemma gegebene Konflikt angemessen verstanden wird. Die Forderung nach Erfahrungsbezug bedeutet zugleich, daß nicht nur konstruierte bzw. von außen vorgegebene Konflikte diskutiert werden sollen, sondern - falls es sich anbietet - auch solche, die unmittelbar aus eigenen sozialen Situationen erwachsen. Selbsterfahrene und vorgegebene Konflikte können sich als Diskussionsanlässe sinnvoll ergänzen.

b) Die Entscheidungssituationen sollten für die Schülerinnen und Schüler bedeutsam sein, d.h. das Bedürfnis wecken, sich mit ihnen auseinanderzusetzen.

c) Die Dilemmata sollten die Schülerinnen und Schüler in eine "Wertzwickmühle" bringen. Die "Wertzwickmühle" muß für sie klar erkennbar sein. Dazu ist es günstig, wenn das jeweilige Dilemma eine überschaubare Struktur auf-

weist. Eine solche ist u.a. dadurch gekennzeichnet, daß nur eine begrenzte Zahl von Personen beteiligt ist und daß sich der Konflikt auf die Entscheidung einer Person zuspitzen läßt.
d) Die Konfliktsituationen sollten bis zu dem bei den Schülerinnen und Schülern zu erwartenden Urteilsniveau gleichrangige Begründungen, d.h. symmetrische Argumentationen zulassen. Solche Konfliktsituationen bewirken in der Regel auch, daß sich spontane Lösungsvorschläge einigermaßen gleichmäßig auf unterschiedliche Positionen verteilen.
e) Bei den Dilemmata sollte es möglich sein - falls notwendig durch ergänzende Setzung von Randbedingungen - zu verhindern, daß sich die Schülerinnen und Schüler einer Diskussion sozial-moralischer Aspekte entziehen.

Eine Unterrichtseinheit mit einem Dilemma bzw. Entscheidungsfall als Ausgangspunkt könnte so ablaufen, wie es im folgenden dargestellt ist (vgl. dazu auch *Beyer* 1977, S. 3 ff.; *Tulodziecki* 1987, S. 90 ff.). Ich komme dabei noch einmal auf den Computerspiel-Fall zurück (vgl. Abschnitt 5.2.1).

(1) Konfrontation mit dem Entscheidungsfall:
Die Lehrperson schildert die Situation, daß Rolf von seinen Eltern einen multimedialen Personal Computer mit der Auflage bekommen hat, daß er ihn nicht für jugendgefährdende Computerspiele benutzt. Was soll er tun, als ihn die Freunde bei längerer Abwesenheit der Eltern bedrängen, ein neues Computerspiel mit jugendgefährdenden Inhalten auszuprobieren?
Nach der Schilderung des Falls sollte die Lehrperson Gelegenheit zu Klärungswünschen geben. Des weiteren kann sie die Frage aufwerfen, ob die Jugendlichen schon einmal vergleichbare Situationen erlebt haben. Dadurch läßt sich ein Bezug zu eigenen Erfahrungen herstellen.
Im Anschluß daran sollte die Lehrperson um spontane Stellungnahmen zum Fall bitten. Falls sich die Meinungen in der Klasse kaum unterscheiden, kann die Lehrperson versuchen, durch Einführung gezielter Argumente oder weiterer Bedingungen unterschiedliche Positionen zu provozieren.

(2) Verständigung über Ziele und Vorgehen:
Vor dem Hintergrund unterschiedlicher Positionen zum angeführten Fall sollte die Lehrperson sich mit den Schülerinnen und Schülern darauf verständigen, eine begründete Entscheidung in Kleingruppen zu erarbeiten und diese später im Rollenspiel zu erproben.
Die Lehrperson kann außerdem anregen, über die Bedeutung eines entsprechenden Vorgehens nachzudenken. Dabei sollte für die Schülerinnen und Schüler deutlich werden, daß das unterrichtliche Vorgehen ihnen helfen kann, bei unter-

schiedlichen Erwartungen von Eltern und Freunden begründete Entscheidungen zu treffen und diese zu vertreten.
(3) Erarbeitung von Argumenten und
(4) Fällen einer Entscheidung:
Diese Phasen können in meinungshomogenen oder meinungsheterogenen Kleingruppen vollzogen werden.
Bei der Bildung meinungshomogener Kleingruppen sollten diese die Aufgabe erhalten, möglichst viele Argumente für ihre Position zusammenzutragen, Gegenargumente zu bedenken und das Argument zu bestimmen, das für sie das wichtigste ist.
Wenn die Lehrperson sicherstellen möchte, daß alle Schülerinnen und Schüler mit entwicklungsstimulierenden Argumenten konfrontiert werden, kann sie auch zwei Arbeitsblätter vorbereiten, auf denen Argumente der Stufen 2 bis 5 in Pro- oder in Kontra-Richtung zusammengestellt sind. Die meinungshomogenen Gruppen würden dann jeweils das Arbeitsblatt zur Auseinandersetzung erhalten, in dem die Argumente der Gegenposition zu finden sind.
Bei der Bildung meinungsheterogener Kleingruppen bietet sich die Aufgabe an, die unterschiedlichen Argumente zu diskutieren und abschließend möglichst zu einer einstimmigen Entscheidung zu gelangen. Die Notwendigkeit einer einstimmigen Entscheidung führt erfahrungsgemäß zum gründlichen Durchdenken möglichst vieler Argumente (vgl. *Maitland/ Goldman* 1974).
Darüber hinaus könnte die Lehrperson noch ein Arbeitsblatt mit allgemeinen Verhaltensorientierungen bei Konflikten in die Diskussion eingeben, das vor oder im Zusammenhang der Entscheidung diskutiert werden sollte. Auf einem solchen Arbeitsblatt könnten "Regeln" gemäß den Stufen der sozial-moralischen Entwicklung in zufälliger Folge aufgeführt sein, z.B.:
In einem Konfliktfall sollte man sich so verhalten,
- daß gesetzliche Bestimmungen eingehalten werden, auch wenn man keine Anklage zu befürchten hat,
- daß möglichst den Erwartungen aller entsprochen und niemand enttäuscht wird,
- daß man vor allen Dingen selbst keine Schwierigkeiten bekommt oder negative Konsequenzen "auszubaden" hat,
- daß man sein mögliches Verhalten unter der Frage prüft, ob es allgemeinen Prinzipien menschlichen Verhaltens entsprechen würde,
- daß man eine Lösung findet, bei der man seine eigenen Interessen durchsetzt, ohne die Interessen anderer zu verletzen.

Bei Verwendung eines solchen Arbeitsblattes sollten die Schülerinnen und Schüler angeregt werden zu überlegen, welche dieser "Verhaltensregeln" ihrem Konfliktlösungsvorschlag schwerpunktmäßig zugrundegelegt werden sollte.
(5) Vorstellung und Diskussion der Entscheidungen:
Die Sprecher der Kleingruppen tragen die Argumente und Entscheidungen vor. Die verschiedenen Entscheidungen und Argumente werden vergleichend diskutiert. Dabei hat die Lehrperson - falls es sich als sinnvoll erweist - die Gelegenheit, weitere Überlegungen anzuregen. Dies kann u.a. durch Fragen folgender Art geschehen (vgl. *Beyer* 1977, S. 9 f.):
- Klärungsfragen, z.B.: Was meinst du, wenn du sagst: "Es ist unfair, sich nicht an Abmachungen zu halten?" Warum sollte man eine Abmachung einhalten?
- Problemfragen, z.B.: Welche Verpflichtung hat man seinen eigenen Freunden, seinen Eltern, dem Staat gegenüber?
- Konfliktfragen, z.B.: Was ist wichtiger, sich nach den Erwartungen der Eltern oder der Freunde zu richten?
- Frage nach der Rolle der Beteiligten, z.B.: Warum gehen die Freunde davon aus, daß Rolf mit ihnen das Computerspiel ausprobiert?
- Frage nach universalen Konsequenzen: z.B.: Was wäre, wenn sich alle nach den Erwartungen ihrer Freunde richteten, wenn man immer versuchen würde, den Erwartungen der Eltern zu entsprechen?

In der Regel werden von den Kleingruppen- und Großgruppendiskussionen genügend entwicklungsstimulierende Impulse ausgehen. Dennoch kann die Lehrperson - falls es sich anbietet - an der einen oder anderen Stelle geeignete Argumente, die noch nicht genügend bedacht wurden, einbringen.
(6) Zusammenfassung:
Nach der Diskussion sollten alle wichtigen Argumente an der Tafel oder auf einer Folie, nach Pro und Kontra geordnet, festgehalten werden.
(7) Anwendung:
Anschließend kann ein Rollenspiel durchgeführt werden, bei dem Rolf - je nach der mehrheitlichen Entscheidung in der Klasse - mit verschiedenen Argumenten dem Drängen seiner Freunde widersteht oder seinen Eltern in einem Gespräch zu erklären versucht, warum er das jugendgefährdende Computerspiel doch gespielt hat. Selbstverständlich können auch beide Rollenspiele durchgeführt und gegebenenfalls wiederholt werden.
(8) Abschließende Reflexion:
Die Lehrperson sollte das Vorgehen und die gewonnenen Einsichten abschließend mit den Jugendlichen reflektieren und Handlungskonsequenzen bedenken.

Dabei können auch weitergehende Fragen des Jugendschutzes besprochen werden.

Spätestens in der abschließenden Phase sollten auch weitere Handlungsalternativen, die Rolf gehabt hätte, bedacht und diskutiert werden, z.b. das Spiel später bei einem der Freunde auszuprobieren oder ein anderes Spiel vorzuschlagen. Es ist auch denkbar, solche Handlungsalternativen schon von Anfang an mitzubedenken und zu bearbeiten. In diesem Falle könnte die Aufgabe für die Kleingruppen z.B. darin bestehen, eine Entscheidung zwischen mehreren Handlungsmöglichkeiten zu fällen und zu begründen oder jeweils bezogen auf eine der verschiedenen Handlungsmöglichkeiten Pro- und Kontra-Argumente zu bedenken und zu einem begründeten Votum für oder gegen die diskutierte Handlungsmöglichkeit zu kommen (vgl. *Herzig* 1997, S. 157 ff.).

Das obige Beispiel ist dadurch gekennzeichnet, daß der Konflikt als *offene Entscheidungssituation* eingeführt wird. In anderen Fällen, insbesondere wenn man bestimmte Medieninhalte als Konflikt thematisieren will, liegt häufig schon eine Entscheidung vor. So hatte im Derrick-Beispiel der Senior der Familie bereits einen Mordanschlag verübt, im Fußball-Beispiel wurde das Foul schon begangen. In solchen Fällen geht es dann nicht um eine Entscheidung, sondern um eine Beurteilung der vom Akteur getroffenen Entscheidung. Dabei kann man im Unterricht strukturell ähnlich vorgehen. Es ist dann nur nicht eine begründete Entscheidung, sondern eine begründete Stellungnahme zu erarbeiten. Soll auch hier ein Rollenspiel integriert werden, könnte man dies so gestalten, daß der "Akteur" jeweils versucht, sich vor dem oder den Betroffenen zu rechtfertigen und auf Gegenargumente einzugehen. Der Unterricht ließe sich mit folgenden Phasen planen:

(1) Konfrontation mit dem Beurteilungsfall, eventuell Einbringen alternativer Lösungen,
(2) Verständigung über Ziele und Vorgehen,
(3) Erarbeitung von Informationen und Argumenten bzw. Kriterien zur Beurteilung,
(4) Erarbeitung von Stellungnahmen,
(5) Vorstellung und Diskussion der Stellungnahmen,
(6) Zusammenfassung der Argumente bzw. Kriterien,
(7) Anwendung, z.B. als Rollenspiel,
(8) Abschließende Reflexion.

Insgesamt sind bei der Auseinandersetzung mit Beurteilungsaufgaben vergleichbare entwicklungsstimulierende Wirkungen zu erhoffen wie bei der Auseinandersetzung mit Entscheidungsfällen.

Allerdings lassen sich getroffene Entscheidungen für den Unterricht auch wieder in offene Entscheidungsfälle "umwandeln", indem z.B. diskutiert wird, wie man selbst in der Situation gehandelt hätte, oder indem die Frage nach angemessenen Strafen bzw. Konsequenzen gestellt wird. Dies wurde beim Derrick-Beispiel kurz angesprochen (vgl. Abschnitt 6.4.3). Beim Foul-Beispiel könnte man im Unterricht z.B. eine Kommission des Deutschen Fußball-Bundes simulieren, in der generelle Richtlinien für Schiedsrichter und für zu verhängende Strafen und Sperren bei entsprechenden Fouls erarbeitet werden sollen. Im Zusammenhang solcher Diskussionen oder Simulationen ließen sich neben fallspezifischen Gesichtspunkten auch generelle Strafregeln diskutieren. Dazu könnte die Lehrperson z.B. ein Arbeitsblatt mit folgenden "Regeln" in den Unterricht einbringen:

Eine Strafe ist dann gerecht,
- wenn durch sie der angerichtete Schaden gegenüber dem Opfer wiedergutgemacht wird,
- wenn sie einem gesetzlich festgelegten Strafmaß entspricht und die soziale Ordnung wiederhergestellt ist.
- wenn sie die Zustimmung des Opfers findet und der Täter erkennt, daß er sich falsch verhalten hat,
- wenn sie zur Läuterung und Besserung des Täters führt und Prinzipien des menschlichen Zusammenlebens gestärkt werden,
- wenn dadurch die Tat gerächt und das Rachebedürfnis des Opfers befriedigt wird.

Durch die Diskussion solcher Regeln, die - in zufälliger Reihenfolge - Argumente der Stufen (1) bis (5) widerspiegeln, kann im Rahmen entsprechender Unterrichtseinheiten erreicht werden, daß die Schülerinnen und Schüler entwicklungsstimulierende Impulse erhalten.

Abschließend sei noch einmal betont, daß es bei solchen Unterrichtseinheiten nicht um kurzfristige Lernergebnisse, sondern um langfristige Entwicklungsanregungen geht. Der Erfolg wird auf lange Sicht wahrscheinlicher, wenn die schulische und außerschulische Lebenswelt der Kinder und Jugendlichen bedürfnisgerecht gestaltet ist und für sie - über die unterrichtliche Diskussion hinaus - die Chance besteht, an Entscheidungen, von denen sie betroffen sind, angemessen und verantwortungsvoll mitzuwirken.

9 Medienpädagogik und Schulentwicklung

Die bisherigen Ausführungen haben gezeigt, daß die Medienpädagogik eine wichtige Aufgabe von Schule und Unterricht darstellt. Es stellt sich die Frage, wie diese Aufgabe unter Berücksichtigung schulischer Bedingungen angemessen wahrgenommen werden kann - insbesondere unter der Bedingung, daß im allgemeinbildenden Schulwesen kein eigenes Unterrichtsfach "Medien" existiert und auch nicht davon auszugehen ist, daß ein solches Fach eingerichtet wird. Allerdings gibt es verschiedene Ansätze, die Medienpädagogik bis zu einem gewissen Grad auch curricularer zu verankern. Dazu existieren in den einzelnen Bundesländern verschiedene Varianten. Die Verankerung kann dadurch erfolgen, daß ein eigener Teillehrplan für die Medienerziehung in einen fachlichen Lehrplan integriert wird, daß ein eigenständiger Sachbereich "Medienpraxis" gebildet wird, daß die Medienerziehung in den Lehrplan ausdrücklich als fächerübergreifendes Thema mit ihren Bezugspunkten zu verschiedenen Fächern ausgewiesen wird und/oder daß bestimmte medienpädagogische Themen in einzelnen Fächern Teil des Lehrplans sind, z.B. in den Fächern Deutsch, Kunst, Musik und Politik (vgl. *Eschenauer* 1989; *Tulodziecki/ Schöpf* 1992; *Leufen/ Tulodziecki* 1996). Eine Sonderrolle nimmt in diesem Zusammenhang die informationstechnische Grundbildung ein, die zunehmend Bezüge zur Medienpädagogik aufweist (vgl. Abschnitt 4.3). Für die informationstechnische Grundbildung existieren in den Ländern der Bundesrepublik Deutschland in der Regel ausdrücklichere curriculare Festlegungen als für die Medienerziehung - wenn auch in unterschiedlichen Formen (vgl. *Lang/ Schulz-Zander* 1994).

Wie sich die lehrplanmäßige Situation auch im Detail darstellt, Medienpädagogik ist zu ihrer Realisierung im schulischen Alltag darauf angewiesen, daß verschiedene Umsetzungsmöglichkeiten genutzt werden (vgl. auch *Reckmann* 1986, S. 3 f.; *LSW* 1987, S. 33 ff.). Als möglicher Rahmen dafür kommen in Betracht:
- einzelne Fächer,
- fachkooperative Vorgehensweisen,
- fächerübergreifende Veranstaltungen und Projekte sowie
- Arbeitsgemeinschaften und Wahlbereiche.

Wie oben erwähnt, werden in einer Reihe von Lehrplänen für einzelne *Fächer* medienpädagogische Ziele und Inhalte ausdrücklich angesprochen. Beispielsweise geht es in sprachlichen Fächern um die Erschließung, den kreativen Umgang und die eigene Gestaltung sowohl von schriftlichen Texten als auch von audiovisuellen Aussagen. Im Fach Kunst spielen - neben herkömmlichen Kunstformen - Fotografie und Film, Video und Computergrafik als Gegenstand der Analyse und als Möglichkeit für Eigenproduktionen eine Rolle. Im Musikunterricht kann der Musikmarkt mit seiner Fülle medialer Angebote sowie die Bedeutung der Musik in verschiedenen Medienarten, z.B. in Spielfilmen, zu einem wichtigen Thema werden. Im Fach Politik wird u.a. eine Auseinandersetzung mit institutionellen Bedingungen und mit der sozialen und gesellschaftlichen bzw. politischen Bedeutung der Medien gefordert.

Medienpädagogik läßt sich insofern bis zu einem gewissen Grad bereits auf der Basis vorhandener Lehrpläne in einzelnen Fächern realisieren. Die damit gegebenen Möglichkeiten lassen sich dadurch erweitern, daß bestimmte Themen, für die im Lehrplan kein ausdrücklicher Bezug zu medienpädagogischen Fragen vorhanden ist, in medienpädagogisch relevanter Weise behandelt werden. Besonders weitreichende Entwürfe gibt es dazu für das Fach Deutsch (vgl. *Gast/ Marci-Boehncke* 1996; *Erlinger* 1997; *Wermke* 1997). Aber auch in anderen Fächern bestehen gute Möglichkeiten medienpädagogischer Arbeit. Beispielsweise lassen sich landeskundliche Themen im Fremdsprachenunterricht mit der Frage verbinden, welches Bild verschiedene Medien von dem jeweiligen Land vermitteln. Auch Themen wie "Unsere Stadt" oder "Die Polizei" können mit medienpädagogischen Intentionen verbunden werden (vgl. Abschnitte 6.2.1, 6.3.3 und 6.4.2).

Allerdings weist Medienpädagogik - das hat die Beschreibung der Aufgabenbereiche deutlich gemacht - nicht nur Bezüge zu einzelnen Fächern auf; in ihr ist vielmehr die Tendenz angelegt, die Fächergrenzen zu überschreiten. Insofern bietet sich für die Medienpädagogik häufig ein fachkooperatives oder fächerübergreifendes Vorgehen an. Ein solches Vorgehen ist in der Grundschule wegen des Klassenlehrerprinzips relativ leicht zu realisieren. In der Sekundarstufe macht es gegebenenfalls Abstimmungen zwischen den beteiligten Lehrpersonen notwendig.

Bei einem *fachkooperativen Vorgehen* muß der Unterricht in verschiedenen Fächern mit Bezug auf das jeweilige medienpädagogische Thema koordiniert werden. So ließen sich beispielsweise zum Thema Fernsehserien im Deutschunterricht Analysen zu einzelnen Folgen und ihrer inhaltlichen und "filmsprachlichen" Gestaltung durchführen; im Religionsunterricht könnte die Frage thematisiert werden, wie in Fernsehserien menschliche Bedürfnisse, z.B. nach Sicherheit, Liebe und Zugehörigkeit, aufgenommen und kanalisiert werden; im Sozialkundeunterricht ließen sich ökonomische und institutionelle Aspekte der Produktion und Verbreitung von Fernsehserien besprechen; im Musikunterricht könnte die Verwendung und Bedeutung von Musik in Fernsehserien ein interessantes Thema sein; im Kunstunterricht ließe sich eine Videocollage erstellen, in der die Wohnsituation in Fernsehserien mit der eigenen Wohnsituation im harten Schnitt gegenübergestellt wird.

Ein solcher fachkooperativer Unterricht würde - außer der gegenseitigen Abstimmung - keine weitergehenden organisatorischen Maßnahmen erfordern. Insofern ließe er sich bei den gegebenen schulorganisatorischen Bedingungen durchaus in die Tat umsetzen.

Bei einem *fächerübergreifenden Vorgehen* müßten darüber hinaus unterrichtsorganisatorische Maßnahmen mitbedacht werden. Der übliche Stundenrhythmus und die Fächeraufteilung müßten zeitweise außer Kraft gesetzt werden. Dies geschieht in der Regel an Projekttagen bzw. in Projektwochen. Insofern sollten solche Gelegenheiten besonders für medienpädagogische Projekte genutzt werden, z.B. für die eigene Produktion eines Hörspiels, eines Videofilms oder einer Home-Page im Internet mit begleitender Reflexion (vgl. Abschnitt 6.2).

Des weiteren sind *Arbeitsgemeinschaften oder Wahlbereiche* gut geeignet, medienpädagogische Aktivitäten - unter Umständen in fächerübergreifender Weise - zu gestalten, z.B. eine Foto- oder Videoarbeitsgemeinschaft. In Arbeitsgemeinschaften solcher Art lassen sich sowohl medientechnische Kenntnisse und Fertigkeiten als auch medienanalytische und mediengestalterische Fähigkeiten vermitteln.

An den verschiedenen medienpädagogischen Aktivitäten einer Schule sollten auch die *Eltern* in angemessener Form beteiligt werden, sei es durch Informationen über medienpädagogische Themen im Unterricht, sei es durch eigene Elternabende zu medienpädagogischen Fragen, sei es durch den Einbezug in medienpädagogische Projekte (vgl. Abschnitte 6.1.2 und 6.4.1).

Bei allen gegebenen Möglichkeiten sollte allerdings nicht übersehen werden, daß die Realisierung medienpädagogischer Unterrichtseinheiten und Projekte zur Zeit (noch) häufig an Ausbildungsdefiziten der Lehrpersonen sowie an einer zum Teil unzureichenden medientechnischen Ausstattung der Schulen leidet (vgl. auch *Dichanz* 1992). Insofern sind für die Zukunft vor allem geeignete Ausbildungs- und Fortbildungsmaßnahmen auf breiter Ebene erforderlich, in deren Rahmen dann auch die notwendige Ausstattung bereitgestellt werden müßte. In solche Fortbildungsmaßnahmen sollten vorhandene unterrichtliche Ansätze, bestehende

Aktivitäten in Schulen, in Bildstellen bzw. Medienzentren sowie in anderen Medieneinrichtungen in sinnvoller Weise integriert werden.

Auch die *Forschung* kann einen wichtigen Beitrag zur Verbesserung der Situation gegenwärtiger Medienpädagogik leisten. Insbesondere sollten Konzepte für medienpädagogisches Handeln - ausgehend von praxisrelevanten Fragestellungen - theoriegeleitet entwickelt und evaluiert werden (vgl. *Tulodziecki* 1983 b; *Biermann/ Schulte* 1997). Auf diese Weise könnte Medienpädagogik in Schule und Unterricht sowohl praxisbezogen weiterentwickelt als auch zunehmend wissenschaftlich fundiert werden.

Allerdings besteht bei bisherigen Umsetzungen die Gefahr, daß medienpädagogische Unterrichtseinheiten und Projekte letztlich nur als unverbindliche Einzelvorhaben stattfinden (vgl. dazu auch die Untersuchung von *Höltershinken/ Kasüschke/ Sobiech* 1991). Soll es zu einer kontinuierlichen medienpädagogischen Arbeit kommen, ist es notwendig, innerhalb der einzelnen Schulen medienpädagogische Unterrichtseinheiten und Projekte zwischen den verschiedenen Jahrgangsstufen und Fächern abzustimmen und zu einer durchgängigen Planung im Sinne eines medienpädagogischen Konzepts der jeweiligen Schule zu kommen (vgl. *Engelen* 1988, 1992; *Tulodziecki* u.a. 1995; *Eickmeier* 1997; *Schaepe* 1997). Ein solches Konzept könnte auch als wichtiger Bestandteil eines schulischen Profils oder Schulprogramms entwickelt werden (vgl. *Bildungskommission NRW* 1995).

Für die Entwicklung eines medienpädagogischen Konzepts innerhalb der einzelnen Schule empfiehlt sich die Bildung einer Arbeitsgruppe mit engagierten und interessierten Lehrpersonen. Für entsprechende Lehrergruppen ist in der Regel ein gestuftes Vorgehen zu empfehlen. Die Stufung kann sich auf verschiedene Gesichtspunkte beziehen, z.B. auf die Zahl der beteiligten Fächer und der zu berücksichtigenden Jahrgangsstufen, auf den Grad der Abstimmung und die Kooperation mit außerschulischen Einrichtungen:

- Bei den Fächern sollte mit einer Abstimmung zwischen möglichen Leitfächern, z.B. Deutsch, Politik, Kunst, Musik und Informatik begonnen werden. Von da aus kann die Arbeitsgruppe mit Lehrpersonen anderer beteiligter Fächer erweitert werden.
- Im Hinblick auf die Abstimmung zwischen den Jahrgangsstufen kann man zunächst mit der Koordination für eine oder zwei Jahrgangsstufen beginnen, ehe diese auf drei oder mehr Jahrgangsstufen ausgedehnt wird. Die Koordination wird erleichtert, wenn einzelne Lehrpersonen ohnehin in aufeinanderfolgenden Jahrgangsstufen unterrichten.

- Der Grad der Abstimmung kann von einem zunächst fächerbezogenen zu einem kooperativen und fächerübergreifenden Vorgehen fortschreiten.
- Begleitend kann die Zusammenarbeit mit schulexternen Einrichtungen, z.B. Bildstellen, Bibliotheken, Kinder- und Jugendzentren, schrittweise entwickelt werden.

Dabei ist es wichtig, daß die Arbeit einer entsprechenden Lehrergruppe von der Schulleitung gestützt und vom Kollegium getragen wird. Wichtige Unterstützungsfunktionen für die Lehrergruppe liegen
- in Möglichkeiten der schulinternen und schulexternen Fortbildung,
- in einer Verbesserung der Personal- und Medienausstattung sowie
- in der Entwicklung angemessener Organisationsformen innerhalb der Schule und bei der Zusammenarbeit mit externen Stellen.

Außerdem können für solche Prozesse hilfreich sein:
- eine evaluative und forschungsmäßige Begleitung der schulischen Medienarbeit und
- die weitere Arbeit an entsprechenden Lehrplänen, Richtlinien und Handreichungen (vgl. z.B. *LISA* 1996).

Ein so zu entwickelndes medienpädagogisches Konzept bietet zugleich die Chance, Aufgaben und Struktur der Schule in einer weitgehend von Medien durchdrungenen Welt neu zu durchdenken. In einer Schule, die sich im wesentlichen als Ort der Belehrung im Stundenrhythmus mit entsprechender Fächertrennung verstehen würde, müßte Medienpädagogik immer ein Fremdkörper bleiben. Erst wenn Schule als Lern-, Erfahrungs-, Entwicklungs- und Lebensraum gestaltet wird, in dem Kinder und Jugendliche in geeigneten Lernumwelten Erfahrungen machen, verarbeiten und reflektieren können, wird sich medienpädagogisches Handeln in der Schule entfalten können.

Eine solche Schule erfordert zugleich ein gesellschaftliches Umfeld, in dem der soziale Kontext und die Medienlandschaft so beschaffen sind, daß sie die kindliche und jugendliche Entwicklung fördern und nicht behindern. Dies setzt allerdings voraus, daß Jugend- und Medienpolitik, Medienangebot und Medienverbreitung in Verantwortung für Kinder und Jugendliche gestaltet werden. Nur dann hat auf Dauer auch die schulische Medienpädagogik eine Chance, ihre Ziele zu erreichen.

Literaturverzeichnis

Adorno, Th.W. (1963): Prolog zum Fernsehen. In: *Adorno, Th.W.* (Hrsg.): Eingriffe. Neun kritische Modelle. Frankfurt a.M.: Suhrkamp, S. 69 - 80

Aebli, H. (1983): Zwölf Grundformen des Lehrens. Eine allgemeine Didaktik auf psychologischer Grundlage. Stuttgart: Klett-Cotta

Andersen, F./ Sörensen, K.K. (1972): Medien im Unterricht. Ein Handbuch. Stuttgart: Klett

Aufenanger, S. (1988): Große Helden mal ganz klein. Zum Umgang mit nachgespielten Fernsehstars. Medien Concret. (1988) 2, S. 66 - 69

Aufenanger, S./ Garz, G./ Zutavern, M. (1981): Erziehung zur Gerechtigkeit. Unterrichtspraxis nach Lawrence Kohlberg. München: Kösel

Ausubel, D.P./ Novak, J.D./ Hanesian, H. (1980): Psychologie des Unterrichts. Band 1. 2. Aufl., Weinheim: Beltz

Autorengruppe Grundschulprojekt Gievenbeck (1986): Hitchcock in der Grundschule. Ein Projekt gegen kindliche Ängste. In: *Hänsel, D.* (Hrsg.): Das Projektbuch Grundschule. Weinheim: Beltz, S. 161 - 178

Baacke, D. (1973): Kommunikation und Kompetenz. Grundlegung einer Didaktik der Kommunikation und ihrer Medien. München: Juventa

Baacke, D. (Hrsg.) (1974): Kritische Medientheorien. Konzepte und Kommentare. München: Juventa

Baacke, D. (1979): "Medienpädagogik" unter den Konstitutionsbedingungen sozialwissenschaftlicher und medientheoretischer Annahmen. In: *Wodraschke, G.* (Hrsg.): Medienpädagogik und Kommunikationslehre. München: Ölschläger, S. 51 - 65

Baacke, D. (1992): Handlungsorientierte Medienpädagogik. In: *Schill, W./ Tulodziecki, G./ Wagner, W.-R.* (Hrsg.), a.a.O., S. 33 - 58

Baacke, D./ Heitmeyer, W. (1985): Neue Widersprüche. Zur Notwendigkeit einer integrierten Jugendtheorie. In: *Baacke, D. / Heitmeyer, W.* (Hrsg.): Neue Widersprüche. Jugendliche in den achtziger Jahren. München: Juventa, S. 7 - 23

Baacke, D./ Kübler, H.D. (Hrsg.) (1989): Qualitative Medienforschung: Konzepte und Erprobungen. Tübingen: Niemeyer

Bachmair, B. (1984): Symbolische Verarbeitung von Fernseherfahrungen in assoziativen Freiräumen. 1. Teil: Fernsehspuren im Handeln von Kindern. Kassel: Gesamthochschule, Erziehungswissenschaft

Bachmair, B. (1992): Gestaltungsräume inszenieren: In: *Schill, W./ Tulodziecki, G./ Wagner, W.-R.* (Hrsg.), a.a.O., S. 237 - 252

Bandura, A./ Ross, D./ Ross, S.A. (1963): Stellvertretende Bekräftigung und Imitationslernen. In*: Hofer, M. / Weinert, E.F.* (Hrsg.), a.a.O., S. 61 - 74

Baumgartner, P./ Payr, S. (1994): Lernen mit Software. Innsbruck: Österreichischer Studienverlag

Bayerisches Staatsministerium für Unterricht und Kultus (1988): Gesamtkonzept der Medienerziehung in der Schule. München: Bayerisches Staatsministerium

Bayerisches Staatsministerium für Unterricht, Kultus, Wissenschaft und Kunst (1995): Gesamtkonzept für die informationstechnische Bildung in der Schule. München: Bayerisches Staatsministerium

Beck, K. (1996): Literaturstudie "Interaktive Medien und Kommunikationskultur". Comenius-Projekt. Grünwald: FWU

Beck, U. (1986): Die Risikogesellschaft. Frankfurt a.M.: Suhrkamp

Bellinghausen, I. (1995): CD-ROM: Einstieg ins Multimediazeitalter? Bestandsaufnahme eines neuen Marktes. Media Perspektiven, (1995) 10, S. 489 - 495

Bentele, G. (1985): Videoterror - Stichworte und Thesen zum Punkt "Inhalte". Papier zum Referat bei der Loccumer Expertentagung "Videoterror als gesellschaftliches und individuelles Phänomen" am 11. / 12. Feburar 1985. Loccum: Evangelische Akademie

Bergler, R./ Six, U. (1979): Psychologie des Fernsehens. Wirkungsmodelle und Wirkungseffekte unter besonderer Berücksichtigung der Wirkung auf Kinder und Jugendliche. Bern: Huber

Berkowitz, M.B. (1986): Die Rolle der Diskussion in der Moralerziehung. In: *Oser, F. / Fatke, R. / Höffe, D.* (Hrsg.), a.a.O., S. 89 - 123

Bertelsmann Stiftung (Hrsg.) (1992): Medienkompetenz als Herausforderung an Schule und Bildung. Gütersloh: Verlag Bertelsmann Stiftung

Bertelsmann Foundation (Ed.) (1995): School Improvement through Media in Education. Gütersloh: Bertelsmann Foundation Publishers

Bertelsmann Stiftung/ Heinz Nixdorf Stiftung (Hrsg.) (1996): Neue Medien in den Schulen. Projekte – Konzepte – Kompetenzen. Gütersloh: Verlag Bertelsmann Stiftung

Beyer, B.K. (1977): Moralische Diskussion im Unterricht: Wie macht man das? Politische Didaktik, (1977) 3, Materialanhang; S. 2 - 14

Biermann, R./ Schulte, H. (1996): Bildschirmmedien im Alltag von Kindern und Jugendlichen. Forschungsbericht, Teil 1, Frankfurt a.M.: Lang

Biermann, R./ Schulte, H. (1997): Leben mit Medien - Lernen mit Medien. Forschungsbericht, Teil 2. Frankfurt a.M.: Lang

Bildungskommission NRW (1995): Zukunft der Bildung - Schule der Zukunft. Denkschrift. Neuwied: Luchterhand

BLK - Bund-Länder-Kommission für Bildungsplanung und Forschungsförderung (1984): Rahmenkonzept Informationstechnische Bildung in Schule und Ausbildung. Bonn: BLK

BLK - Bund-Länder-Kommission für Bildungsplanung und Forschungsförderung (1987): Gesamtkonzept für die informationstechnische Bildung. Bonn: BLK

BLK - Bund-Länder-Kommission für Bildungsplanung und Forschungsförderung (1995): Medienerziehung in der Schule. Orientierungsrahmen. Bonn: BLK

Blumler, J.G./ Katz, E. (Hrsg.) (1974): The Uses of Mass Communications. Current Perspectives on Gratifications Research. Beverly Hills/ London: Sage

Boeck, K./ Bonnet, C. (1988): Schüler machen Filme. Heiß vom Schnittplatz auf den Sender. Praxis Schulfernsehen, (1988) 140, S. 57 - 58

Boeckmann, K. (1987): Wirklichkeitsverlust durch Medien. Sehen - Hören - Bilden, (1987) 147, S. 4 - 9

Boeckmann, K./ Heymen, N. (1990): Unterrichtsmedien selbst gestalten. Handbuch für Schule und Ausbildungspraxis. Neuwied: Luchterhand

Bonfadelli, H., u.a. (1986): Jugend und Medien. Eine Studie der ARD/ZDF-Medienkommission und der Bertelsmann Stiftung. Frankfurt a.M.: Metzner/ Media Perspektiven

Borkmann, K. (1984): Filmsprache. Informationen für Lehrer (zur gleichnamigen Schulfernsehreihe des WDR). Praxis Schulfernsehen, (1984) 101, S. 43 - 56

Bosler, U./ Hansen, K.H. (Hrsg.) (1981): Mikroelektronik, sozialer Wandel und Bildung. Weinheim: Beltz

Brecht, B. (1932): Radiotheorie - 1927 - 1932. In: Brecht, B.: Schriften zur Literatur und Kunst. Band 1. Berlin/Weimar: Aufbau, S. 127 - 147

Brenner, G. (1990): Gesellschaftliche Pluralisierung und Schule. Welche pädagogischen Richtlinien sind vorstellbar? Die Deutsche Schule, 82 (1990) 4, S. 439 - 451

Breuer, K. (1983): Personen und Medien in Interaktion. Das Konzept der kognitiven Komplexität in der Medienpädagogik. Schulpraxis, (1983) 4, S. 22 - 25

Breuer, K./ Kummer, R. (1990): Cognitive effects from process learning with computer-based simulations. Computers in Human Behavior, 6 (1990), S. 69 - 81

Breuer, K./ Tennyson, R.D. (1995): Psychological foundations for instructional design theory: Cognitive complexity theory. Journal of Structural Learning, 12 (1995) 3, pp. 165 - 173

Brockmeyer, R. (1993): Arbeitsperspektiven. In: *Hamm, I.* (Hrsg.), a.a.O., S. 192 - 200

Bruner, J.S./ Olson, D.R. (1975): Lernen durch Erfahrung und Lernen durch Medien. *In: Dichanz, H. / Kolb, G.* (Hrsg.): Quellentexte zur Unterrichtstechnologie 1. Stuttgart: Klett, S. 184 - 208

Buchwald, M. (1994): Ethische Aspekte der journalistischen Praxis. Vortragstyposkript. Saarbrücken: Saarländischer Rundfunk

Buck, S. (1993): Entwicklung von Grundlagen für kognitionspsychologisch orientierte Richtlinien zur Gestaltung von Multimedia-Produkten. Dissertation. Paderborn, Universität-GH, FB 2

Bundeszentrale für politische Bildung (Hrsg.) (1990): Massenmedien, Information zur politischen Bildung 208/209. Bonn: Bundeszentrale

Bundeszentrale für politische Bildung (Hrsg.) (o.J.): Neue Medien und Familie. Broschüre für Eltern. Bonn: Bundeszentrale

Buss, M. (1985): Die Vielseher. Fernseh-Zuschauerforschung in Deutschland. Theorie - Praxis - Ergebnisse. Frankfurt a.M.: Metzner/ Media Perspektiven

Chaney, D. (1972): Processes of Mass Communication. London: Macmillan

Charlton, M./ Jungjohann, C. (1980): Eine Inhaltsanalyse bei Comics unter Verwendung von Kohlbergs Stufendefinition. In: *Eckensberger, H./ Silbereisen, R.K.* (Hrsg.), a.a.O., S.433 - 443

Charlton, M./ Neumann, K. (1986): Medienkonsum und Lebensbewältigung in der Familie. Methoden und Ergebnisse der strukturanalytischen Rezeptionsforschung - mit fünf Falldarstellungen. München/ Weinheim: Psychologie Verlags Union

Chresta, H. (1963): Filmerziehung in Schule und Jugendgruppe. Solothurn: Schweizer Jugend-Verlag

Chu, G.C./ Schramm, W. (1968): Learning from television. What the research says. Washington: National Assoziation of Educational Broadcasters

Colby, A./ Kohlberg, L. (1978): Das moralische Urteil. Der kognitionszentrierte entwicklungspsychologische Ansatz. In: *Steiner, G.* (Hrsg.): Piaget und die Folgen. Die Psychologie des 20. Jahrhunderts. Band 7. Zürich: Kindler, S. 348 - 366

Comenius, J.A. (1657): Große Didaktik. Übers. und hrsg. von Andreas Flitner. 7. Aufl., Stuttgart: Klett-Cotta 1992

Comenius, J.A. (1658): Orbis sensualium pictus. Nachdruck der Erstausgabe von 1658. 2. Aufl., Dortmund: Harenberg 1979

Cube, von, F./ Alshuth, D. (1986): Fordern statt Verwöhnen. Die Erkenntnisse der Verhaltensbiologie in Erziehung und Führung. München: Piper

Dale, E. (1954): Audio-visual methods in teaching. New York: Dryden Press

Dannmeyer, D.H. (1907): Bericht der Kommission für "Lebende Photographien". Hamburg: Lehrerverein (als Manuskript gedruckt)

De Fleur, M.L. (1966): Theories of Mass Communication. New York: Mc Kay

Dichanz, H. (1992): Zum Medienumfeld von Lehrern. In: *Bertelsmann Stiftung* (Hrsg.), a.a.O., S. 266 - 282

Diel, A. (1980): Der Einsatz des Tonbandgerätes in der Schule. In: *Hülsewede, M.* (Hrsg.): Schulpraxis mit AV-Medien. Weinheim: Beltz, S. 54 - 97

Dietrich, G. (1984): Pädagogische Psychologie. Bad Heilbrunn: Klinkhardt

Doelker, Ch. (1989): Kulturtechnik Fernsehen. Analyse eines Mediums. Stuttgart: Klett-Cotta

Doelker, Ch. (1992): Medienpädagogik in der Sekundarstufe – der integrative Ansatz. In: *Schill, W./ Tulodziecki, G./ Wagner, W.-R.* (Hrsg.), a.a.O., S. 107 - 131

Dohmen, G. (1973): Medienwahl und Medienforschung im didaktischen Problemzusammenhang. Unterrichtswissenschaft, 2 (1973) 2/3, S. 2 - 26

Dönhoff, H.-U. (1994): Komplexität als Thema im Unterricht. LOG IN, 14 (1994) 5/6, S. 94 - 99

Döring, K.W. (1969): Lehr- und Lernmittel. Weinheim: Beltz

Döring, N. (1995): Internet: Bildungsreise auf der Infobahn. In: *Issing, L.J./ Klimsa, P.* (Hrsg.), a.a.O., S. 305 - 336

Dorr, A. (1993): Multimedia literacy challenges. In: The Pedagogical Challenge of Multimedia - Abundance for What Purpose? Gütersloh: Bertelsmann Foundation, S. 59 - 64

Dröge, F. (1974): Medien und gesellschaftliches Bewußtsein. In: *Baacke, D.* (Hrsg.), a.a.O., S. 74 - 106

Eckensberger, L.H./ Reinshagen, H. (1980): Kohlbergs Stufentheorie der Entwicklung des moralischen Urteils. Ein Versuch ihrer Reinterpretation im Bezugsrahmen handlungstheoretischer Konzepte. In: *Eckensberger, L.H. / Silbereisen, R.K.* (Hrsg.), a.a.O., S. 65 - 131

Eckensberger, L.H./ Silbereisen, R.K. (Hrsg.) (1980): Entwicklung sozialer Kongitionen. Modelle, Theorien, Methoden, Anwendung. Stuttgart: Klett - Cotta

Edelstein, W. (1986): Moralische Intervention in der Schule. Skeptische Überlegungen. In: *Oser, F. / Fatke, R. / Höffe, O.* (Hrsg.), a.a.O., S. 327 - 349

Eickmeier, R. (1992): Schulische Medienerziehung in Projekten. In: *Schill, W./ Tulodziecki, G./ Wagner, W.-R.* (Hrsg.), a.a.O., S. 273 - 244

Eickmeier, R. (1997): Differenzierte Medienerziehung als Element allgemeiner Bildung. 2. Sachbericht zum Modellversuch. Blomberg: VHS Lippe-Ost

Eimeren, van, B./ Klingler, W. (1995): Elektronische Medien im Tagesablauf von Jugendlichen. Nutzungsdaten 14- bis 19jähriger zu Fernsehen, Video, Hörfunk und Tonträgern. Media Perspektiven, (1995) 5, S. 210 - 219

Ekrut, S. (1977): "Lassie". Ein Beispiel der Identifikationsangebote in fiktionalen Fernsehdarstellungen für Kinder. Praxis Deutsch, (1977) 25, S. 19 - 23

Engelen, U. (1988): Aspekte für die Fortführung unseres Medienprojektes. In: *Evangelisch Stiftisches Gymnasium/ Bertelsmann Stiftung* (Hrsg.): Aktionen und Reflexionen. Schule und Medien. Gütersloh: Verlag Bertelsmann Stiftung, S. 415 - 427

Engelen, U. (1992): Integrierte Medienerziehung in der Schulpraxis - das pädagogisch-didaktische Konzept des Projektes "Schule und Medien" in Gütersloh. In: *Bertelsmann Stiftung* (Hrsg.), a.a.O., S. 329 - 343

Enzensberger, H.M. (1970): Baukasten zu einer Theorie der Medien. In: *Enzensberger, H.M.* (Hrsg.): Kursbuch 20. Frankfurt a.M.: Suhrkamp, S. 160 - 167

Erikson, E. (1970): Jugend und Krise. Stuttgart: Klett

Erlinger, H.D. (Hrsg.) (1997): Neue Medien – Edutainment – Medienkompetenz. München: Kopäd

Eschenauer, B. (1989): Medienpädagogik in den Lehrplänen. Eine Inhaltsanalyse zu den Curricula der allgemeinbildenden Schulen. Gütersloh: Verlag Bertelsmann Stiftung

Euler, D. (1994): (Multi)Mediales Lernen - Theoretische Fundierungen und Forschungsstand. Unterrichtswissenschaft, 22 (1994) 4, S. 291 - 311

Feierabend, S./ Windgasse, Th. (1996): Was Kinder sehen. Eine Analyse der Fernsehnutzung 1995 von 3- bis 13jährigen. Media Perspektiven, (1996) 4, S. 186 - 194

Feierabend, S./ Windgasse, Th. (1997): Was Kinder sehen. Eine Analyse der Fernsehnutzung 1996 von 3- bis 13jährigen. Media Perspektiven, (1997) 4, S. 186 - 197

Fend, H. (1981): Theorie der Schule. 2. Aufl., München: Urban und Schwarzenberg

Feshbach, S./ Singer, A. (1971): Television and Aggression: An Experimental Field Study. San Francisco: Jossey Bass

Festinger, L. (1964): Die Lehre von der kognitiven Dissonanz. In: *Schramm, W.* (Hrsg.), a.a.O., S. 27 - 38

Flechsig, K.H. (1976): Die technologische Wende in der Didaktik. In: *Issing, L.J./ Knigge-Illner, H.* (Hrsg.): Unterrichtstechnologie und Mediendidaktik. Weinheim: Beltz, S. 15 - 38

Freinet; C. (1946): Die moderne französische Schule. Übersetzt und besorgt von Hans Joerg. 2. Aufl. Paderborn: Schöningh 1979

Fröhlich, A. (1982): Handlungsorientierte Medienerziehung in der Schule. Grundlagen und Handreichungen. Tübingen: Niemeyer

Früh, W./ Schönbach, K. (1982): Der dynamisch-transaktionale Ansatz. Ein neues Paradigma der Medienwirkungsforschung. Publizistik, 27 (1982), S. 74 - 88

FWU - Institut für Film und Bild in Wissenschaft und Unterricht (Hrsg.) (1995): Jahresbericht 1995. Grünwald: FWU

FWU - Institut für Film und Bild in Wissenschaft und Unterricht (Hrsg.) (1996): Naturkatastrophen. Phänomene der Erde. CD-ROM und Handbuch. Grünwald: FWU

Gagné, R.M. (1969): Die Bedingungen des menschlichen Lernens. Übersetzung der amerikanischen Ausgabe von 1965. Hannover: Schroedel

Gast, W. (1993): Heinrich Böll/ Volker Schlöndorf, "Die verlorene Ehre der Katharina Blum". In: *Gast, W.* (Hrsg.): Film und Literatur. Band 1. Frankfurt a.M.: Diesterweg, S. 46 - 74

Gast, W. (1996): Filmanalyse. Praxis Deutsch. 23 (1996) 140, S. 14 - 25

Gast, W./ Marci-Boehncke, G. (1996): Medienpädagogik in der Schule. Plädoyer für ein fachspezifisches Curriculum - jetzt. medien praktisch, (1996) 3, S. 47 - 51

Gergen, K.J./ Gergen, M.M. (1981): Social Psychology. New York: Harcourt Brace Jovanovich

Gerhard, H. (1996): Märkte, Marken und Profile. In: ZDF Jahrbuch 95. Mainz: ZDF, S. 198 - 200

Gerhard, H. (1997): Stimmig: Qualität und Quote, Akzeptanz und Image. In: ZDF Jahrbuch 96. Mainz: ZDF, S. 216 - 218

GG-Grundgesetz. Stand 1. Mai 1968. Beck-Texte. 5. Aufl., München: Deutscher Taschenbuchverlag

Gilligan, C. (1983): In a Different Voice. Psychological Theory and Women's Development. 6. Print. Cambridge, Mass.: Harvard University Press

Gizycki, R. von/ Weiler, U. (1980): Mikroprozessoren und Bildungswesen. München: Oldenbourg

GjS - Gesetz über die Verbreitung jugendgefährdender Schriften i.d.F. vom 12. Juli 1985. Stand 1. Mai 1993. Beck-Texte. 19. Aufl., München: Deutscher Taschenbuchverlag

Glogauer, W. (1987): Videofilm-Konsum der Kinder und Jugendlichen. Erkenntnisstand und Wirkungen. Bad Heilbrunn: Klinkhardt

Goltsche, P. (1989): Medien im gesellschaftlichen System. Medienerziehung in der Schule. Medienerziehung Teil 5. Soest: LSW

Gregor, U./ Patalas, E. (1989 a): Geschichte des Films 1. 1895 - 1939. Reinbek: Rowohlt

Gregor, U./ Patalas, E. (1989 b): Geschichte des Films 2. 1940 - 1960. Reinbek: Rowohlt

Groebel, J. (1982): "Macht" das Fernsehen die Umwelt bedrohlich? Strukturelle Aspekte und Ergebnisse einer Längsschnittstudie zu Fernsehwirkungen. Publizistik, 27 (1982), S. 152 - 165

Groebel, J. (1996): Veränderte Medienwelten - veränderte Lernwelten. FWU-Magazin, 8 (1996) 1 - 2, S. 14 - 18

Gudjons, H. (1986): Handlungsorientiert Lehren und Lernen. Projektunterricht und Schüleraktivität. Bad Heilbrunn: Klinkhardt

Haas, H.W./ Hauf, A./ Sturm, L. (Hrsg.) (1982). Mikroelektronik und Schule. Dokumentation einer Fachtagung. Paderborn: FEoLL

Haase, H. (1981): Gewalt im Fernsehen. In: *Haase, H. / Molt, W.* (Hrsg.): Handbuch der Angewandten Psychologie. Band 3. Markt und Umwelt. Landsberg: Moderne Industrie, S. 262 - 282

Haefner, K. (1982): Die neue Bildungskrise. Herausforderung der Informationstechnik an Bildung und Ausbildung. Stuttgart: Birkhäuser

Hagemann, W./ Heidbrink, H. (1985): Politisches Lernen und moralische Entwicklung. In: *Hagemann, W. / Tulodziecki, G.* (Hrsg.): Lehren und Lernen im Politikunterricht - Entwicklungs- und lerntheoretische Aspekte. Bad Heilbrunn / Hamburg: Klinkhardt / Handwerk und Technik, S. 58 - 101

Hagemann, W./ Tulodziecki, G. (1978): Einführung in die Mediendidaktik. Studientexte. Köln: Verlagsgesellschaft Schulfernsehen

Hagemann, W./ Tulodziecki, G. (1979): Unterrichtsplanung und Medienentwicklung. Studientexte. Köln: Verlagsgesellschaft Schulfernsehen

Hamm, I. (Hrsg.) (1993): Medien als Bildungsaufgabe in Ost und West. Gütersloh: Verlag Bertelsmann Stiftung

Happe, H. (1983): Gewalt im Fernsehen. Ein Konzept zur Aufarbeitung von Gewaltdarstellungen in den Massenmedien. Schulpraxis, (1983) 4, S. 12 - 16

Harvey, O.J./ Hunt, D.E./ Schroder, H.M. (1961): Conceptual Systems and Personality Organisations. New York: Wiley

Hasebrook, J.P. (1994): Lernwirksamkeit von Multimedia- und Hypermedia-Systemen. Gutachten. Bonn: Büro für Technikfolgenabschätzung des Deutschen Bundestages (TAB)

Hauf, A./ Tulodziecki, G. (1983): Unterrichtskonzepte für eine Auseinandersetzung mit neuen Technologien. In: *Tulodziecki, G./ Breuer, K./ Hauf, A.*, a.a.O., S. 104 - 146

Hauf-Tulodziecki, A. (1992): Die informationstechnische Grundbildung. In: *Schul/Computer/Jahrbuch.* Ausgabe '93/94. Hannover/Stuttgart: Metzler/Teubner

Hauf-Tulodziecki, A./ Tulodziecki, G. (1996): Der Computer als Medium. Medienerzieherische Sichtweisen für die informationstechnische Bildung. LOG IN, 16 (1996) 3, S. 15 - 22

Heckhausen, H. (1974): Motive und ihre Entstehung. In: *Weinert, F.E., u.a.*: Pädagogische Psychologie. Band 1. Funk-Kolleg. Frankfurt a.M.: Fischer, S. 133 - 171

Heidt, E.U. (1976): Medien und Lernprozesse. Zum Problem einer Medienklassifikation im Zusammenhang didaktischer Modelle und lernpsychologischer Forschung. Weinheim: Beltz

Heimann, P. (1962): Didaktik als Theorie und Lehre. Die Deutsche Schule, 54 (1962) 9, S. 407 - 427

Hengst, H. (1981): Kinder und Massenmedien - Denkanstöße für die Praxis. Heidelberg: Quelle & Meyer

Hentig, von, H. (1989): Das allmähliche Verschwinden der Wirklichkeit. Ein Pädagoge ermutigt zum Nachdenken über die neuen Medien. München: Hanser

Hentig, von, H. (1993): Die Schule neu denken. 2. Aufl., München: Hanser

Herzig, B. (1997): Förderung ethischer Urteils- und Orientierungsfähigkeit im Unterricht. Theoriegeleitete Entwicklung und Evaluation eines Unterrichtskonzepts am Beispiel des Faches Informatik. Dissertation. Paderborn: Universität-GH, FB 2

Herzig, B./ Mütze, Ch./ Greiff, S. (1995): Drehbuch für eine Hypermedia-Arbeitsumgebung zum sozialen Lernen. Entwurf. Paderborn: Universität-GH, FB 2

Hickethier, K. (1974): Zur Tradition schulischer Beschäftigung mit Massenmedien. Ein Abriß der Geschichte deutscher Medienpädagogik. In: *Schwarz, R.* (Hrsg.), a.a.O., S. 21 - 52

Höltershinken, D./ Kasüschke, H.-P./ Sobiech, D. (1991): Praxis der Medienerziehung. Beschreibung und Analyse im schulischen und außerschulischen Bereich. Bad Heilbrunn: Klinkhardt

Hofer, M./ Weinert, F.E. (Hrsg.) (1993): Pädagogische Psychologie, Grundlagentexte 2: Lernen und Instruktion. Frankfurt a.M.: Fischer

Holtmann, R. (1986): Zur Theorie und Praxis der Medienarbeit in der Grundschule. In: *Bundeszentrale für politische Bildung* (Hrsg.): Medien und Kommunikation als Lernfeld. Bonn: Bundeszentrale, S. 94 - 106

Holzer, H. (1974): Kinder und Fernsehen. Materialien zu einem öffentlich-rechtlichen Dressurakt. München: Hanser

Hoogland, V. (1987): Sozialkritischer Spielfilm "asodas" in der Arbeitsgemeinschaft einer Realschule. In: LSW - *Landesinstitut für Schule und Weiterbildung* (Hrsg.): Strukturkonzept für die Sekundarstufe I. Arbeitspapier der Projektgruppe "Medienerziehung" am LSW. Soest: LSW, S. 4

Horton, D./ Wohl, R.R. (1956): Mass Communication and Para-Social Interaction. Observations on Intimacy at a Distance. Psychiatry, 19 (1956), S. 215 - 229

Howe, R. (1987): Unterrichtskonzept zur Medienerziehung. Arbeitspapier für die Projektgruppe "Medienerziehung" am Landesinstitut für Schule und Weiterbildung. Soest: LSW *infas Sozialforschung GmbH*(1996 a): Öffentliche Bibliothek und Schule - Schülerbefragung. Vorläufiger Tabellenband für die Klassenstufen 3 bis 6. Gütersloh: Bertelsmann Stiftung

infas Sozialforschung GmbH(1996 b): Öffentliche Bibliothek und Schule - Schülerbefragung. Vorläufiger Tabellenband für die Klassenstufen 7 bis 10. Gütersloh: Bertelsmann Stiftung

Issing, L.J. (1977): Vergleichsuntersuchungen und Untersuchungen über die Wirkung spezieller Variablen. In: *Eßer, A.* (Hrsg.): Handbuch Schulfernsehen. Weinheim: Beltz, S. 123 - 140

Issing, L.J. (1987 a): Medienpädagogik und ihre Aspekte. In: *Issing, L.J.* (Hrsg.), a.a.O., S.l 19 - 32

Issing, L.J. (Hrsg.) (1987 b): Medienpädagogik im Informationszeitalter. Weinheim: Deutscher Studien Verlag

Issing, L.J./ Klimsa, P. (Hrsg.) (1995): Information und Lernen mit Multimedia. Weinheim: Psychologie Verlags Union

Issing, L.J./ Schellenberg, C. (1973): Anwendung von PU-Prinzipien auf die Gestaltung von Schulfernsehsendungen. In: *Hofer, M./ Weinert, F.E.* (Hrsg.), a.a.O., S. 247 - 260

Jamison, D./ Suppes, P./ Wells, S. (1974): The effectiveness of alternative instructional media: A survey. Review of Educational Research, 44 (1974), pp. 1 - 68

Jonas, H. (1984): Das Prinzip Verantwortung. Versuch einer Ethik für die technologische Zivilisation. Frankfurt a.M.: Suhrkamp

Katz, E. (1964): Die Verbreitung neuer Ideen und Praktiken. In: *Schramm, W.* (Hrsg.), a.a.O., S. 99 - 116

Keck, R.W./ Sandfuchs, U. (Hrsg.) (1979): Schulleben konkret. Zur Praxis einer Erziehung durch Erfahrung. Bad Heilbrunn: Klinkhardt

Keilhacker, M. (1979): Wie Kinder und Jugendliche Film und Fernsehen erleben. Medien und Erziehung, 23 (1979), S. 67 - 78

Keilhacker, M./ Keilhacker, M. (1953): Jugend und Spielfilm. Stuttgart: Klett

Keilhacker, M./ Keilhacker, M. (1955): Kind und Film. Stuttgart: Klett

Kerber, M. (1994): World 3 – 91: Simulation im sozialwissenschaftlichen Unterricht. Computer und Unterricht, (1994) 3, S. 10 - 14

Kerstiens, L. (1971): Medienkunde in der Schule. Lernziele und Vorschläge für den Unterricht. 2. Aufl., 1971. Bad Heilbrunn: Klinkhardt

Kerstiens, L. (1976): Unterrichtsthema: Massenkommunikation. Grundlagen, Erziehungs- und Lehrziele, Vorschläge für den Unterricht. Bad Heilbrunn: Klinkhardt

Kiefer, M.L. (1987): Vielseher und Vielhörer - Profile zweier Mediennutzergruppen. Daten aus der Studie "Massenkommunikation" 1974 - 1980 - 1985. Media Perspektiven, (1987) 11, S. 677 - 692

King, A./ Schneider, B. (1991): Die globale Revolution. Ein Bericht des Rates des Club of Rome. Hamburg: Spiegel Spezial 2/1991

Klafki, W. (1985): Neue Studien zur Bildungstheorie und Didaktik. Weinheim: Beltz

KMK - Kultusministerkonferenz (1977): Empfehlungen zur Arbeit in der gymnasialen Oberstufe gemäß Vereinbarung zur Neugestaltung der gymnasialen Oberstufe in der Sekundarstufe II. Bonn: KMK

KMK-Kultusministerkonferenz (1997): Neue Medien und Telekommunikation im Bildungswesen. Bonn: KMK

Kohlberg, L. (1974): Zur kognitiven Entwicklung des Kindes. Frankfurt a.M.: Suhrkamp

Kohlberg, L. (1977): Kognitive Entwicklung und moralische Erziehung. Politische Didaktik, (1977) 3, S. 5 - 21

Kohlberg, L./ Turiel, E. (1978): Moralische Entwicklung und Moralerziehung. In: *Portele, G.* (Hrsg.): Sozialisation und Moral. Weinheim: Beltz, S. 13 - 80

Kommunikationsordnung 2000 (1997): Grundsatzpapier der Bertelsmann Stiftung zu Leitlinien der zukünftigen Kommunikationsordnung. Gütersloh: Bertelsmann Stiftung

König, E. (1975): Theorie der Erziehungswissenschaft. Band 1. Wissenschaftstheoretische Richtungen der Pädagogik. München: Fink

Kozma, R.B. (1991): Learning with media. Review of Educational Research, 61 (1991), pp. 179 - 211

Krüger, U.M. (1995): Trends im Informationsangebot des Fernsehens. Programmanalyse 1994 von ARD, ZDF, RTL, SAT 1 und PRO SIEBEN. Media Perspektiven, (1995) 2, S. 69 - 87

Kübler, H.D. (1982): Medienbiographien - ein neuer Ansatz der Rezeptionsgeschichte. Medien und Erziehung, 26 (1982) 4, S. 194 - 205

Kübler, H.D./ Kuntz, S./ Melchers, B. (1987): Angst wegspielen. Musikspieltheater in der Medienerziehung. Opladen: Leske + Budrich

Kulik, C.-L./ Kulik, J. (1991): Effectiveness of computer-based instruction: An update analysis. Computers in Human Behavior, 7 (1991), pp. 75 - 94

Kulik, C.-L./ Kulik, J./ Cohen, P. (1980): Instructional technology and college teaching. Teaching of Psychology, 7 (1980), pp. 199 - 205

Kultusminister des Landes Nordrhein-Westfalen (1989): Richtlinien und Lehrpläne für die Hauptschule. Frechen: Verlagsgesellschaft Rittersbach

Kultusminister des Landes Nordrhein-Westfalen (1990): Vorläufige Richtlinien zur Informations- und Kommunikationstechnologischen Grundbildung in der Sekundarstufe I. Frechen: Rittersbach

Kunczik, M. (1993): Gewalt im Fernsehen. Stand der Wirkungsforschung und neue Befunde. Media Perspektiven, (1993) 3, S. 98 - 107

Lang, M./ Schulz-Zander, R. (1994): Informationstechnische Bildung in allgemeinbildenden Schulen. Stand und Perspektiven. In: *Rolff, H.G.* (Hrsg.): Jahrbuch der Schulentwicklung. Band 9. Weinheim/München: Juventa, S. 309 - 353

Lasswell, H.D. (1948): The Structure and Function of Communication in Society. In: *Bryson, L.* (Ed.): The Communication of Ideas. New York: Institute for Religious and Social Studies

Lazarsfeld, P./ Berelson, B./ Gaudet, H. (1944): The People's Choice. New York: Meredith

Leufen, S.: Ansätze zur Bewertung von Unterrichtssoftware. In: *Bertelsmann Stiftung/ Heinz Nixdorf Stiftung* (Hrsg.), a.a.O., S. 55 - 71

Leufen, S./ Tulodziecki, G. (1996): Lehrplandiskussion. In: *Bertelsmann Stiftung/ Heinz Nixdorf Stiftung* (Hrsg.), a.a.O., S. 125 - 142

Levin, J.R./ Anglin, G.J./ Carmey. R.N. (1987): On empirically validating functions of pictures in prose. In: *Willows, D.M./ Houghton, H.A.* (Eds.): The Psychology of Illustration. Volume 1. Basic research. New York: Springer, S. 51 - 85

Lewers, M. (1993): Das Bild der Polizei im Fernsehen - Aufarbeitung medienvermittelter Vorstellungen über die Realität. In: *LSW - Landesinstitut für Schule und Weiterbildung* (Hrsg.): Medienerziehung in der Schule. Teil 6: Unterrichtsbeispiel Grundschule. Soest: LSW, S. 59 - 72

Lewis, R./ Tagg, E.D. (Hrsg.) (1981): Computer in Education. Proceedings of the IFIP TC-3. 3rd Conference on Computers in Education. Preprints. Part 1,2. Amsterdam: North-Holland

Lichtenstein-Rother, L./ Röbe, E. (1987): Grundschule - Der Pädagogische Raum für die Grundlegung der Bildung. 3. Aufl., Weinheim: Beltz

LISA - Landesinstitut für Lehrerfortbildung, Lehrerweiterbildung und Unterrichtsforschung von Sachsen-Anhalt (1996): Wege zur Medienkompetenz - Schulische Medienerziehung in Sachsen-Anhalt. Halle (Saale): LISA

LSW – Landesinstitut für Schule und Weiterbildung (Hrsg.) (1987): Entwicklung eines Konzepts für eine landesweite Lehrerfortbildungsmaßnahme im Schwerpunkt "Medienerziehung". Zwischenbericht. Soest: LSW

LSW - Landesinstitut für Schule und Weiterbildung (Hrsg.) (1988): Zeitung. Informations- und kommunikationstechnologische Grundbildung im Pflichtbereich der Sekundarstufe I. 2. Aufl., Soest: Soester Verlagskontor

LSW - Landesinstitut für Schule und Weiterbildung (Hrsg.) (1994): Interaktive Medien im Unterricht. Gestaltung von Hypermedia - Arbeitsumgebungen: Lernen in Sach- und Sinnzusammenhängen. Soest: LSW

Lück, van, W. (1994): Qualitätssteigerung von Schule und interaktive Medien. Pädagogische Führung, 5 (1994)1, S. 24 - 28

Lukesch, H., u.a. (1994): Jugendmedienstudie. Eine Multi-Medien-Untersuchung über Fernsehen, Video, Kino, Video- und Computerspiele sowie Printprodukte. 3. Aufl., Regensburg: Roderer

Maitland, K.A./ Goldman, J. (1974): Moral Jugdement as a Function of Peergroup Interaction. Journal of Personality and Social Psychology, 30 (1974), pp. 699 - 704

Maletzke, G. (1963): Psychologie der Massenkommunikation. Hamburg: Hans-Bredow-Institut

Mandl, H./ Gruber, H./ Renkl, A. (1995): Situiertes Lernen in multimedialen Lernumgebungen. In: *Issing, L.J./ Klimsa, P.* (Hrsg.), a.a.O., S. 167 - 178

Mandl, H./ Hron, A. (1989): Psychologische Aspekte des Lernens mit dem Computer. Zeitschrift für Pädagogik, 35 (1989) 5, S. 657 - 678

Maslow, A.H. (1981): Motivation und Persönlichkeit. Reinbek: Rowohlt

Mattern, K. (1988): Wir planen und feiern ein Hexen- und Zauberfest. Beispiel für eine Unterrichtsreihe zur Medienerziehung. Arbeitspapier für die Projektgruppe "Medienerziehung" am Landesinstitut für Schule und Weiterbildung. Soest: LSW

Maturana, H.; Varela, F. (1987): Der Baum der Erkenntnis. Bern/ München/ Wien: Scherz

Mead, G.H. (1968): Geist, Identität und Gesellschaft. Frankfurt a.M.: Suhrkamp

Media Perspektiven (1987): Daten zur Mediensituation in der Bundesrepublik 1987. Frankfurt a.M.: Media Perspektiven

Media Perspektiven / Basisdaten (1996): Daten zur Mediensituation in Deutschland 1996. Frankfurt a.M.: Media Perspektiven
Merrill, M.D. (1991): Constructivism and instructional design. Educational Technology, 31 (1991) May, pp. 45 - 53
Meyer, H.U./ Muuli, V. (1997): Hello Spring. Unterrichtsanregung auf der Basis von E-Mail für die Sekundarstufe I/II. Unterrichtsbeispiele, 21 (1997) 221, S. 44 - 46
Meyer, P. (1978): Medienpädagogik. Entwicklung und Perspektiven. Königstein/Ts.: Hain
Meyle, H. (1984): Foto-Fibel für Schüler. 16. Lehrbrief für audio-visuelle Kommunikation. Hrsg. vom Bundesgremium für Schulphotographie. München: Manz
Miller, A. (1981): Conceptual Matching Models and Interactional Research in Education. Review of Educational Research, 51 (1981), pp. 33 - 84
Montessori, M. (1922): Mein Handbuch. Grundsätze und Anwendung meiner neuen Methode der Selbsterziehung der Kinder. Stuttgart: Hoffmann
Moreck, C. (1926): Sittengeschichte des Kinos. Dresden: Aretz
Müller-Doohm, S. (1979): Ich lasse mir in der Schule meinen Spaß am Fernseh-Krimi nicht versauen. Medienpädagogischer Katzenjammer und was dagegen zu tun ist. päd. extra, (1979) 3, S. 31 - 36
Negt, O./Kluge, A. (1974): Wertabstraktion und Gebrauchswert in den Zerfallsformen der bürgerlichen Öffentlichkeit. In: *Baacke, D.* (Hrsg.), a.a.O., S. 22 - 73
Neubauer, W. (1980): Medienerziehung in der Grundschule. Köln: Verlagsgesellschaft Schulfernsehen
Nowak, W. (1967): Visuelle Bildung - ein Beitrag zur Didaktik der Film- und Fernseherziehung. Villingen: Neckar-Verlag
Oser, F., u.a. (1984): Humanisierung der beruflichen Ausbildung durch die Entwicklung des sozial-moralischen Urteils. HASMU-Bericht 1980 - 1983. Fribourg: Universität, Pädagogisches Institut
Oser, F./ Fatke, R./ Höffe, O. (Hrsg.), (1986): Transformation und Entwicklung. Grundlagen der Moralerziehung. Frankfurt a.M.: Suhrkamp
Ott, A. (1988): Die Geräte sind vom Flohmarkt, nur das Material ist teuer. Filmen mit Hauptschülern. Praxis Schulfernsehen, (1988) 139, S. 129 - 130
Overing, R.L./ Travers, R.M. (1973): Die Wirkung verschiedener Übungsbedingungen auf die Übertragung des Gelernten (Transfer). In: *Hofer, M./ Weinert, F.E.* (Hrsg.), a.a.O., S. 89 - 105

Pardon, H. (1983): Orientierungsmuster von Jugendlichen Anfang der 80er Jahre. Ergebnisse einer qualitativen Untersuchung. In: *Bauer, K.O. / Hellmann, D. / Pardon, H.*: Einstellungen und Sichtweisen von Jugendlichen. Trends und neue Ergebnisse der Jugendforschung. Weinheim: Beltz, S. 90 - 164

Parkhurst, H. (1927): Education on the Dalton-Plan. London: Bell

Pausch, R. (1978): Videopraxis. Materialien für ein Curriculum. Köln: Verlagsgesellschaft Schulfernsehen

Pausch, R. (1993): Materialien zur Film- und Fernsehanalyse. Begleitinformationen zum Multimedia-System. Bonn: Bundeszentrale für politische Bildung

Perelman, L.J. (1992): School's out. A radical new formula for the revitalization of America's educational system. New York: Aron Books

Pestalozzi, J.H. (1820): Wie Gertrud ihre Kinder lehrt: Ein Versuch, den Müllern Anleitung zu geben, ihre Kinder selbst zu unterrichten. Stuttgart/Tübingen: Cotta

Peters, J.M. (1963): Grundlagen der Filmerziehung. München: Juventa

Piaget, J. (1972): Psychologie der Intelligenz. 5. Aufl., Olten: Walter

Postman, N. (1983): Das Verschwinden der Kindheit. Frankfurt a.M.: Fischer

Postman, N. (1985): Wir amüsieren uns zu Tode: Urteilsbildung im Zeitalter der Unterhaltungsindustrie. Frankfurt a.M.: Fischer

Preiser, D./ Seibold, W. (1989): Erfahrungen mit Massenmedien. Katalog schulischer Medienproduktionen. Stuttgart: Landesinstitut für Erziehung und Unterricht

Prokop, D. (1974): Chancen spontaner Gegenöffentlichkeit - Medienpolitische Alternativen. In: *Baacke, D.* (Hrsg.), a.a.O., S. 126 - 158

Prokop, D. (1979): Faszination und Langeweile. Die populären Medien. Stuttgart: Enke

Reckmann, H. (1986): Zwischenbericht zum Projekt "Medienerziehung". Arbeitspapier. Soest: LSW

Reckmann, H./ Schulte, H./ Tulodziecki, G. (1988): Medienerziehung. Pädagogische Begründung und didaktische Strukturierung einer Lehrerfortbildungsmaßnahme. Soest: LSW

Renckstorf, K. (1977): Neue Perspektiven der Massenkommunikationsforschung. Beiträge zur Begründung eines alternativen Forschungsansatzes. Berlin: Spiess

Revolution des Lernens (1994): In: Der Spiegel 9/1994, S. 96 - 113

Riley, M.W./ Riley, J.W. (1951): A Sociological Approach to Communications Research. Public Opinion Quarterly, 15 (1951), S. 445 - 460

Rogge, J.U. (1981): Die biographische Methode in der Medienforschung. Medien und Erziehung, 26 (1981) 5, S. 273 - 287

Rogge, J.U. (1987): Montagskinder. Demokratische Erziehung, (1987) 4, S. 8 - 12

Röper, H. (1997): Formation deutscher Medienmultis (1996). Media Perspektiven, (1997) 5, S. 226 - 255

Ruprecht, H. (1970): Lehren und Lernen mit Filmen. Bad Heilbrunn: Klinkhardt

Sacher, W. (1990): Computer und die Krise des Lernens. Eine pädagogisch-anthropologische Untersuchung zur Zukunft des Lernens in der Informationsgesellschaft. Bad Heilbrunn: Klinkhardt

Sacher, W. (1995): Interaktive Multimedia-Systeme und ihr Einsatz in Lehr-Lernprozessen. Augsburg: Universität, Philosophische Fakultät I

Salomon, G. (1976): Können wir kognitive Fertigkeiten durch visuelle Medien beinflussen? Eine Hypothese und erste Befunde. In: *Dichanz, H./ Kolb, G.* (Hrsg.): Quellentexte zur Unterrichtstechnologie II. Stuttgart: Klett, S. 44 - 67

Salziger, B. (1977): Zur Gestaltung von Schulfernsehsendungen. In: *Tulodziecki, G.* (Hrsg.), a.a.O., S. 87 - 131

Sander, U./ Vollbrecht, R. (1987): Kinder und Jugendliche im Medienzeitalter. Opladen: Leske + Budrich

Saxer, U./ Bonfadelli, H./ Hättenschwiler, W. (1980): Die Massenmedien im Leben der Kinder und Jugendlichen. Zug: Klett und Balmer

Scarbath, H. (Hrsg.) (1988): Mit Medien leben. Aktuelle Perspektiven der Medienpädagogik. Bad Heilbrunn: Klinkhardt

Schaepe, R. (1997): Differenzierte Medienerziehung als Element allgemeiner Bildung. 2. Sachbericht zum Modellversuch. Radebeul: Sächsisches Staatsinstitut für Bildung und Schulentwicklung, Comenius Institut

Schell, F. (1993): Aktive Medienarbeit mit Jugendlichen. Theorie und Praxis. München: Kopäd

Schill, W. (1979): Auditive Medien im Unterricht. Studientexte. Köln: Verlagsgesellschaft Schulfernsehen

Schill, W./ Tulodziecki, G./ Wagner, W.-R. (Hrsg.) (1992): Medienpädagogisches Handeln in der Schule. Opladen: Leske + Budrich

Schläfli, A. (1986): Förderung der sozial-moralischen Kompetenz: Evaluation, Curriculum und Durchführung von Interventionsstudien. Frankfurt a.M.: Lang

Schmidt, C. (1995): Fernsehverhalten und politische Interessen Jugendlicher und junger Erwachsener. Ergebnisse einer bundesweiten Repräsentationsbefragung. Media Perspektiven, (1995) 5, S. 220 - 222

Schnoor, D. (1992): Sehen lernen in der Fernsehgesellschaft. Das pädagogische Prinzip. Anschaulichkeit im Zeitalter technischer Bilder. Opladen: Leske + Budrich

Schnoor, D., u.a. (1993): Medienprojekte für die Grundschule. Braunschweig: Westermann

Schnotz, W. (1995): Wissenserwerb mit Diagrammen und Texten. In: *Issing, L.J./Klimsa, P.* (Hrsg.), a.a.O., S. 85 - 105

Schönbach, K./ Früh, W. (1984): Der dynamisch-transaktionale Ansatz II: Konsequenzen. Rundfunk und Fernsehen, 32 (1984) 3, S. 314 - 329

Schorb, B. (1995): Medienalltag und Handeln. Medienpädagogik in Geschichte, Forschung und Praxis. Opladen: Leske + Budrich

Schorb, B., u.a. (1986): Massenmedium Fernsehen. Mit Medien über Medien lernen. Block Produktion - Lehrermaterial. Opladen: Leske + Budrich

Schramm, W. (Hrsg.) (1964): Grundfragen der Kommunikationsforschung. München: Juventa

Schreiner, G. (1979): Muß Strafe sein? Skizze zu einer psychologischen Theorie der Strafe in der Perspektive sozialen Lernens. Zeitschrift für Pädagogik, 25 (1979), S. 231 - 245

Schulte, H. (1983): Didaktisches Handeln mit Medien. Skizze einer alltags- und themenorientierten Mediendidaktik. Arbeiten und Lernen, 5 (1983), S. 16 - 21

Schulz, W. (1981): Unterichtsplanung. 3. Aufl., München: Urban und Schwarzenberg

Schwarz, R. (Hrsg.) (1974): Didaktik der Massenkommunikation 1. Manipulation durch Massenmedien - Aufklärung durch die Schule? Stuttgart: Metzler

Schwittmann, D. (1973): Ansätze zur Medientaxonomierung. Unterrichtswissenschaft, 1 (1973) 2/3, S. 37 - 52

Seibold, W. (1986): KlaRa, ein Hörmagazin von Schülern einer 9. Klasse. Arbeitspapier zum Teilprojekt "Toncassetten - kontrastiv" im Rahmen des Projekts "Medienerziehung". Stuttgart: Landesbildstelle Württemberg

Seibold, W. (1987): Teilprojekt "Mediale Stilübungen" im Rahmen des Projekts "Medienerziehung". Arbeitspapier. Stuttgart: Landesbildstelle Württemberg

Seidel, G. (1982): Wir spielen Märchen. Schattenspiel mit dem Arbeitsprojektor. Grundschule, 14 (1982) 12, S. 592 - 595

Seiffge-Krenke, I/ Todt, E. (1977): Motiv und Motivation im Bereich der Persönlichkeitsforschung. In: *Todt, E.* (Hrsg.): Motivation. Eine Einführung in Probleme, Ergebnisse und Anwendungen. Heidelberg: Quelle & Meyer, S. 148 - 198

Silbermann, A./ Krüger, U.M. (1973): Soziologie der Massenkommunikation. Stuttgart: Kohlhammer

Six, U. /(1992): Medienerziehung - eine unbewältigte Aufgabe. In: *Bertelsmann Stiftung* (Hrsg.), a.a.O., S. 190 - 207

Söltenfuß, G. (1983): Grundlagen handlungsorientierten Lernens. Dargestellt an einer didaktischen Konzeption des Lernens im Simulationsbüro. Bad Heilbrunn: Klinkhardt

Spanhel, D. (1993): Das erzieherische Verhältnis aus systematischer Sicht, am Beispiel der Medienerziehung in der Familie. In: *Brozio, P./ Weiß, E.* (Hrsg.): Pädagogische Anthropologie, biographische Erziehungsforschung, pädagogischer Bezug. Hamburg: Fechner, S. 241 - 265

Spanhel, D./ Kleber, H. (1996): Integrative Medienerziehung in der Hauptschule. Pädagogische Welt, 50 (1996), S. 359 - 364

Staatsvertrag über den Rundfunk im vereinten Deutschland vom 31. August 1991. Media Perspektiven. Dokumentation IIIa/1991

StGB - Strafgesetzbuch. Stand 1. April 1993. Beck-Texte. 27. Aufl., München: Deutscher Taschenbuch Verlag

Straka, G./ Macke, G. (1979): Lehren und Lernen in der Schule. Eine Einführung in Lehr-Lern-Theorien. Stuttgart: Kohlhammer

Streufert, S./ Streufert, S. (1978): Behavior in the Complex Environment. New York: Wiley & Sons

Strittmatter, P./ Seel, N.M. (1984): Externe und interne Medien: Konzepte der Medienforschung. Unterrichtswissenschaft, 12 (1984) 1, S. 2 - 17

Sturm, H. (1982): Der rezipienten-orientierte Ansatz in der Medienforschung. Publizistik, 27 (1982), S. 89 - 97

Teichert, W. (1975): Bedürfnisstruktur und Mediennutzung. Rundfunk und Fernsehen, 23 (1975), S. 269 - 283

Theunert, H., u.a. (1992): Zwischen Vergnügen und Angst – Fernsehen im Alltag von Kindern. Berlin: Vistas

Tulodziecki, G. (1974): Probleme der Unterrichtsplanung und Lehrobjektivierung. Die Deutsche Schule, 66 (1974) 10, S. 654 - 669
Tulodziecki, G. (1977): Zusammenfassung und Ausblick. In: *Tulodziecki, G.* (Hrsg.), a.a.O., S. 161 - 182
Tulodziecki, G. (Hrsg.) (1977): Schulfernsehen in der Bundesrepublik Deutschland. Eine Zusammenstellung von Ergebnissen aus Begleituntersuchungen zu Projekten öffentlichen Schulfernsehens. Köln: Verlagsgesellschaft Schulfernsehen
Tulodziecki, G. (1979): Unterrichtliche Konzepte und Medienentwicklung. In: H*agemann, W. / Tulodziecki, G.*, a.a.O., S. 14 - 56
Tulodziecki, G. (1982 a): Zur Bedeutung von Erhebung, Experiment und Evaluation für die Unterrichtswissenschaft. Unterrichtswissenschaft, 10 (1982) 4, S. 364 - 377
Tulodziecki, G. (1982 b): Zur Begriffsbildung im Bereich der Medienpädagogik. Protokoll der Sitzung des Kuratoriums vom 4. - 6. Mai 1982 im Institut für Film und Bild in Wissenschaft und Unterricht. Grünwald: FWU, S. 1 - 4
Tulodziecki, G. (1983 a): Unterricht und Medienverwendung im Einfluß der Massenkommunikation. In: *Theuring, W.* (Hrsg.): Lehren und Lernen mit Medien. Beiträge aus Medienforschung und Medienpraxis. Grünwald: FWU, S. 41 - 56
Tulodziecki, G. (1983 b): Theoriegeleitete Entwicklung und Evaluation von Lehrmaterialien als eine Aufgabe der Unterrichtswissenschaft. Unterrichtswissenschaft, 11 (1983) 1, S. 27 - 45
Tulodziecki, G. (1985): Unterrichtskonzepte für die Medienerziehung. Köln: Verlagsgesellschaft Schulfernsehen
Tulodziecki, G. (1987): Unterricht mit Jugendlichen. Eine Didaktik für allgemein- und berufsbildende Schulen. Bad Heilbrunn/ Hamburg: Klinkhardt/ Handwerk und Technik
Tulodziecki, G. (1993): Medienerziehung in der Schule - Zielsetzungen, Strategien, Methoden. In: *Hamm, I.* (Hrsg.), a.a.O., S. 59 - 66
Tulodziecki, G. (1994): Beiträge von Medienverwendung und Medienerziehung zu schulischen Innovationen. Vortrag zur dritten Konferenz der Bertelsmann Stiftung zum deutsch-amerikanischen Dialog über Medienkompetenz als Herausforderung an Schule und Bildung, 24 - 27 April 1994, Athens, Georgia. Gütersloh: Bertelsmann Stiftung

Tulodziecki, G. (1996): Unterricht mit Jugendlichen. Eine handlungsorientierte Didaktik mit Unterrichtsbeispielen. 3. Aufl., Bad Heilbrunn/ Hamburg: Klinkhardt/ Handwerk und Technik

Tulodziecki, G./ Aufenanger, S. (1989): Medienethische Reflexionen. Sozialmoralische Argumentationen zu Medieninhalten. Stuttgart: Landesinstitut für Erziehung und Unterricht

Tulodziecki, G./ Breuer, K. (1992): Entwurf von Unterrichtskonzepten. In: *Tulodziecki, G./ Breuer, K./ Hauf, A., a.a.O., S. 13 – 5T*

Tulodziecki, G./ Breuer, K./ Hauf, A. (1992): Konzepte für das berufliche Lehren und Lernen. 3. Aufl., Bad Heilbrunn/ Hamburg: Klinkhardt/ Handwerk und Technik

Tulodziecki, G./ Schöpf, K. (1992): Zur Situation der schulischen Medienpädagogik in Deutschland: Konzepte, Materialien, Praxis und Probleme. In: *Bertelsmann Stiftung* (Hrsg.), a.a.O., S. 104 - 176

Tulodziecki, G., u.a. (1995): Handlungsorientierte Medienpädagogik in Unterrichtsbeispielen. Projekte und Unterrichtseinheiten für Grundschulen und weiterführende Schulen. Bad Heilbrunn: Klinkhardt

Turiel, E. (1966): An experimental test of the sequentiality of developmental stages in the child's moral judgement. Journal of Personality and Social Psychology, 3 (1966), pp. 611 - 618

Turkle, S. (1984): Die Wunschmaschine. Vom Entstehen der Computer-Kultur. Reinbek: Rowohlt

UrhG 2 - Gesetz über Urheberrecht und verwandte Schutzrechte. Stand 7.3.90. Beck-Texte. 5. Aufl. München: Deutscher Taschenbuch Verlag

Wagner, W.R. (1996): Ein umfassendes Medienverständnis - Voraussetzungen für die Integration von Medienerziehung und informationstechnischer Bildung. LOG IN, 16 (1996) 3, S. 10 - 14

Wagner-Winterhager, L. (1990): Jugendliche Ablöseprozesse im Wandel des Generationenverhältnisses. Auswirkungen auf die Schule. Die Deutsche Schule, 82 (1990) 4, S. 452 - 465

Wasem, E. (1969): Medien der Öffentlichkeit. Düsseldorf: Schwann

WDR-Gesetz-Neufassung des Gesetzes über den "Westdeutschen Rundfunk Köln" vom 31. März 1993. Media Perspektiven. Dokumentation II/1993

Weidenmann, B. (1986): Psychologie des Lernens mit Medien. In: *Weidenmann, B. u.a.* (Hrsg.): Pädagogische Psychologie. Ein Lehrbuch. München: Psychologie Verlags Union, S. 493 - 554

Weidenmann, B. (1988): Psychische Prozesse beim Verstehen von Bildern. Bern: Huber

Weidenmann, B. (1993): Instruktionsmedien. München: Universität der Bundeswehr, Institut für Erziehungswissenschaft und Pädagogische Psychologie

Weidenmann, B. (1995): Multicodierung und Multimodalität im Lernprozeß. In: *Issing, L.J./ Klimsa, P.* (Hrsg.), a.a.O., S. 65 -84

Wermke, J. (1997): Integrierte Medienerziehung im Fachunterricht. Schwerpunkt Deutsch. München: KöPäd

Wilkins, J.A. (1986): Bewußter fernsehen. Ein Vier-Wochen-Programm für die Familie. Frankfurt a.M.: Fischer

Winkel, R. (1983): Die kritisch-kommunikative Didaktik. In: *Gudjons, H./ Teske, R./ Winkel, R.* (Hrsg.): Didaktische Theorien. 2. Aufl., Braunschweig: Agentur Pedersen, S. 79 - 93

Winterhoff-Spurk, P. (1986): Fernsehen. Psychologische Befunde zur Medienentwicklung. Bern: Huber

ZDF Jahrbuch '96 (1997). Mainz: ZDF

Zeitter, E. (1987): Teilprojekt "Formen, Farben, Klänge - Wahrnehmen und Gestalten" im Rahmen des Projekts "Medienerziehung". Arbeitspapier. Stuttgart: Landesbildstelle Württemberg

Zimmer, J. (1995): Online-Dienste für ein Massenpublikum. Die Expansion des Online-Marktes in Deutschland. Media Perspektiven, (1995) 10, S. 476 - 488

Zitzlsperger, H. (1989): Kinder spielen Märchen. Schöpferisches Ausgestalten und Nacherleben. Weinheim: Beltz

Autorenverzeichnis

Adorno 76, 77
Aebli 120
Alshuth 122, 124
Andersen 161
Anglin 50
Aufenanger 135, 138, 139, 204
Ausubel 195
Autorengruppe 192, 193
Baacke 31, 71, 76, 81, 82, 83, 102, 125, 126
Bachmair 30, 102, 203
Bandura 202
Baumgartner 60
Bayerisches Staatsministerium für Unterricht und Kultus 116
Bayerisches Staatsministerium für Unterricht, Kultus, Wissenschaft und Kunst 109
Beck, K. 40
Beck, U. 125
Bellinghausen 25
Bentele 203
Berelson 72, 73
Bergler 201, 202
Berkowitz 250
Bertelsmann Foundation 110
Beyer 258, 260
Biermann 163, 189, 266
Bildungskommission NRW 266
BLK 27, 107, 110, 116
Blumler 78
Boeck 156
Boeckmann 35, 37
Bonfadelli 79, 127
Bonnet 156

Borkmann 162, 174
Bosler 107
Brecht 98
Brenner 125
Breuer 62, 129, 226, 242
Brockmeyer 112
Bruner 35, 196
Buchwald 28
Buck 39
Bundeszentrale für politische Bildung 20, 22, 24, 145
Buss 143, 150
Carney 50
Chaney 78
Charlton 30, 81, 102, 191, 209
Chresta 91
Chu 48
Cohen 51
Colby 135
Comenius 65
Cube, von 122, 124
Dale 56, 57
Dannmeyer 85, 87
De Fleur 76
Dichanz 32, 265
Diel 160
Dietrich 120
Doelker 94, 176
Dohmen 65
Dönhoff 148
Döring, K.W. 65
Döring, N. 25
Dorr 233
Dröge 76, 77
Eckensberger 138

Edelstein 135
Eickmeier 156, 266
Eimeren, van 189
Ekrut 194
Engelen 266
Enzensberger 76
Erikson 126
Erlinger 264
Eschenauer 263
Euler 60, 63
Feierabend 15, 16
Fend 113
Feshbach 202
Festinger 197
Flechsig 65
Freinet 66
Fröhlich 83, 102, 103, 104, 105, 140
Früh 80
FWU 26, 41, 235
Gagné 58
Garz 135, 138
Gast 179, 182, 264
Gaudet 72, 73
Gergen, K.J. 138
Gergen, M.M. 138
Gerhard 23, 24
Gilligan 135
Gizycki 106
Glogauer 189, 190, 203
Goldman 259
Goltsche 212, 213
Gregor 90, 91
Greiff 62
Groebel 27, 191
Gruber 63
Gudjons 115, 120

Haas 107
Haase 201
Haefner 31
Hagemann 37, 59, 64, 65, 67, 226, 250, 254, 257
Hanesian 195
Hansen 107
Happe 208
Harvey 132, 239
Hasebrook 228
Hättenschwiler 79
Hauf 106, 107
Hauf-Tulodziecki 108, 110
Heckhausen 118
Heidbrink 250, 254, 257
Heidt 37, 59
Heimann 65
Heitmeyer 125, 126
Hengst 120, 121, 122
Hentig, von 31, 113, 114
Herzig 62, 135, 139, 257, 261
Heymen 37
Hickethier 83, 84, 86
Höltershinken 266
Holtmann 145
Holzer 77, 98, 120
Hoogland 156
Horton 78
Howe 157, 164, 168, 170
Hron 60
Hunt 132, 239
infas 12, 13, 14, 15, 16, 17
Issing 31, 46, 49, 50, 51
Jamison 48
Jonas 135
Jungjohann 209
Kasüschke 266

Katz 73, 78
Keck 152
Keilhacker, Margarete 88
Keilhacker, Martin 88, 89, 196
Kerber 148
Kerstiens 95, 96
Kiefer 150
King 127
Klafki 115
Kleber 231
Klingler 189
Kluge 98
KMK 110, 115
Kohlberg 135, 136, 137, 138, 139, 248, 249, 250
König 44
Kozma 47, 53, 55, 62, 232
Krüger 21, 24, 71, 73, 75, 196
Kübler 81, 192
Kulik, C.-L. 49, 51
Kulik, J. 49, 51
Kultusminister des Landes Nordrhein-Westfalen 108, 109, 115
Kummer 62, 226
Kunczik 201
Lang 108, 263
Lasswell 73
Lazarsfeld 72, 73
Leufen 235, 263
Levin 50
Lewers 200
Lewis 106
Lichtenstein-Rother 114
LISA 267
LSW 63, 68, 227, 263
Lück, van 233

Lukesch 189, 201, 206
Macke 60
Maitland 259
Maletzke 71, 74, 76
Mandl 60, 63
Marci-Boehncke 264
Maslow 121, 122, 123
Mattern 192
Maturana 63
Mead 135
Media Perspektiven 12, 15, 23, 24, 28, 94
Merrill 63
Meyer, H.U. 148
Meyer, P. 83, 85, 87, 88
Meyle 158, 159
Miller 133
Montessori 66
Moreck 84
Müller-Doohm 186
Mütze 62
Muuli 148
Negt 98
Neubauer 192
Neumann 30, 81, 102, 191
Novak 195
Nowak 91
Olson 35, 196
Oser 139, 248
Ott 193
Overing 49, 51
Pardon 125
Parkhurst 66
Patalas 90, 91
Pausch 160, 165, 166, 227
Payr 60
Perelman 112

Pestalozzi 65
Peters 90, 91, 92, 93
Piaget 199
Postman 27, 31
Preiser 175
Prokop 77, 98, 150
Reckmann 31, 263
Reinshagen 138
Renckstorf 71, 72, 78, 79
Renkl 63
Riley, J.W. 79
Riley, M.W. 79
Röbe 114
Rogge 81, 145
Röper 28
Ross, D. 202
Ross, S.A. 202
Ruprecht 87
Sacher 234
Salomon 52
Salziger 54
Sander 79, 81
Sandfuchs 152
Saxer 79
Scarbath 32
Schaepe 266
Schell 155
Schellenberg 50, 51
Schill 160
Schläfli 248
Schmidt 16
Schneider 127
Schnoor 28, 160
Schnotz 62
Schönbach 80
Schorb 110, 164
Schramm 48, 74

Schreiner 209
Schroder 132, 239
Schulte 32, 163, 189, 231, 266
Schulz 115
Schulz-Zander 108, 263
Schwarz 99
Seel 53, 61
Seibold 164, 174, 175
Seidel 178
Seiffge-Krenke 120, 125
Silbermann 71, 73, 75, 196
Singer 202
Six 32, 201, 202
Sobiech 266
Söltenfuß 120
Sörensen 161
Spanhel 145, 231
Straka 60
Streufert, Siegfried 131
Streufert, Susan 131
Strittmatter 53, 61
Sturm, H. 80
Sturm, L. 107
Suppes 48
Tagg 106
Teichert 78
Tennyson 62
Theunert 191
Todt 120, 125
Travers 49, 51
Tulodziecki 32, 35, 37, 46, 54, 55, 56, 59, 62, 64, 65, 67, 68, 106, 110, 115, 116, 119, 129, 136, 139, 140, 143, 146, 148, 189, 209, 214, 218, 224, 226, 227, 239, 243, 251, 258, 263, 266
Turiel 139, 250

Turkle 149
Varela 63
Vollbrecht 79, 81
Wagner 110
Wagner-Winterhager 126
Wasem 89
Weidenmann 37, 39, 47, 50, 51, 53, 55, 60, 63
Weiler 106
Wells 48
Wermke 264

Wilkins 152
Windgasse 15, 16
Winkel 115
Winterhoff-Spurk 71, 75, 84, 201
Wohl 78
ZDF Jahrbuch 216, 219, 220
Zeitter 156
Zimmer 25, 26
Zitzelsperger 179
Zutavern 135, 138

Sachwortverzeichnis

Ablaufstrukturen 38, <u>40 f.</u>, 50, 175, 234, 236
Angst 28, 88, 122, 144, 147, 180, 189, <u>191 ff.</u>
Ansatz
   ästhetischer <u>83</u>
   ideologiekritischer <u>83</u>
   integrativer <u>83</u>
   kulturkritischer <u>83</u>
   präventiv-pädagogischer <u>83</u>
Ansätze
   lerntheoretische 56, <u>59</u>
   mediendidaktische 47, <u>64</u>
   medienerzieherische 82 f., 89, 96, 101, 105, 142
   medientheoretische <u>71</u>, 82 f., 101
Arbeitsgemeinschaft 165, 263, 265
Arbeitsmittelkonzept <u>65 f.</u>, 68
Arbeitsprojektion 37, 228
Arbeitsumgebung, hypermediale 63, 68
Aufgabenbereich 22, 72, 105, <u>142 ff.</u>, 155, 175, 190, 209, 210, 222, 239, 250, 264
Aufgabentypen 243
Autonomie 81 f., 115
Bausteinkonzept 65, <u>66 f.</u>
Bedingungen
   institutionelle <u>22 f.</u>, 75, 210, 218, 243, 264
   ökonomische <u>22 f.</u>, 99, 210, 213 f., 216 ff. 242
   organisationsbezogene 210, <u>218</u>
   rechtliche <u>18</u>, 22, 210 ff., 243
Bedürfnisorientierung 79, 141
Bedürfnisse 30, 68, 78, 79, 82, 94, 98 f., 101, 119, <u>120 ff.</u>, 131, 135 f., 141, 146, 149 ff., 155, 174, 191, 223, 243, 248, 264
Beratungsfunktion 21, 26
Beurteilungsaufgaben <u>226 f.</u>, 243, 247 f., 262
Bibliotheken 12, 26, 223, 233, 267
Bildergeschichte 178, 192
Bildgestaltung <u>158 f.</u>
Bildreihe 36, 66, 234
Bildstellen 26, 87
Bildungsfunktion 21, 241
Buch 18, 22, <u>23</u>, 37
CD-ROM 22, <u>24</u>, 26, 40 f., 148, 235
Codierungsarten <u>38</u>, 49, 51, 175, 236
Comic 16, 96, 175, 181, 214
Computersoftware 22, <u>24</u>, 37
Computerspiel 11, 16, 29, 39, 70, 86, 110, 117 ff., 145, 148, 152, 175, 211, 239, 243, 246, 251, 258, 260
Darstellungsformen <u>38 f.</u>, 58, 175 ff., 234, 236
Datenschutz 108, 211, 213
Denken
   fixiertes <u>132</u>, 239 f., 246
   isolierendes <u>132</u>, 239 f., 246
   konkret-differenzierendes <u>132</u>, 239 f., 247
   kritisch-reflektierendes <u>133</u>, 239, 241, 247

systematisch-kriterienbezogenes 133, 239 ff., 247
Diaprojektion 37, 228
Dilemma 117 ff., 152 ff., 204 ff., 248 ff., 257, 261 f.
Diskussionsforen 25 f.
Dissonanz, kognitive 197, 199
Dokumentation 30, 155 ff., 163, 166, 177, 200, 233
Doppelcodierung 61
Drehbuch 92 f., 169 ff.
Einstellung 39, 158 ff., 162, 174 f., 180, 183 ff., 193, 215, 230, 237
Eltern 11, 34, 145 ff., 177, 193, 265
E-Mail 22, 25, 29, 40, 155
Emotionen 29, 31, 190 ff.
Entscheidungsfälle 62, 226, 228, 243, 246 ff., 250 f., 258, 262
Entwicklung
  intellektuelle 62, 120, 130 ff., 142, 150, 153, 239, 241 ff., 256
  sozial-kognitive 118 f., 129, 140, 142
  sozial-moralische 62, 120, 134 ff., 142, 150, 153, 204 ff., 239, 248 ff.,
Entwicklungsorientierung 141
Erfahrungsformen 34 ff., 51, 225
Erfahrungsorientierung 141
Erregungshypothese 201
Evaluation 54 ff.
Exposé 169 f.
Familie 145 f., 151, 246
Fernsehen 14 ff., 22, 23 f., 26, 27 f., 29, 33, 37 f., 48, 53, 55, 66, 76, 89, 91, 93 f., 96, 110, 144,
146 f., 175, 195 f., 200, 214 f., 217, 239, 240 ff.
Fernsehserie 123, 182 ff., 191, 201, 264
Figurenschattenspiel 178
Fiktion 27, 28, 96, 156, 158, 167, 190, 196, 199, 201, 242
Film 18, 22, 24, 28, 37, 39, 66, 86, 90 ff., 147, 162, 168, 174 f., 179, 180, 196, 200, 211, 215, 216, 228, 234, 243, 264
Filmgespräch 88 f., 93, 96
Filmprotokoll 183 f.
Filmsprache 92, 94, 183 ff.
Fotogeschichte 193, 214
Fotografie 38, 65, 157 ff., 264
Gefühle 128, 150, 177, 189 ff., 201, 203, 228
Gerechtigkeit 135, 250
Gesellschaftskritik 72, 76, 98
Gestaltungsaufgaben 226 ff., 243, 247
Gestaltungsformen 29, 38, 40, 50 f., 165 f., 176, 234, 236
Gestaltungstechniken 38 f., 41, 55, 158, 160, 175, 180, 181 ff., 236
Gewaltdarstellungen 27, 201 f., 208, 245 f.
Grundbildung, informationstechnische 105 ff., 263
Grundrechte 212
Habitualisierungshypothese 202
Handlungsfolgen 139 f., 150
Handlungsmodell 119 f., 150, 191
Handlungsorientierung 31, 102, 105, 115, 140

Hörfunk 18, *22 ff.*, 26, 38 f., 66, 96, 167, 214, 217
Hörmagazin 164, *166*, 218, 247
Hörspiel 33, 38, 40, 62, 167, 175, *178 f.*, 193, 214, 228, 243, 265
Hypertext 25, 53
Identifikation 128, 191, 202
Illustrierte → s. Zeitschrift
Imitation 52, 204
Industrie 76, 86, 97, 99, 106, 221
Informations- und Kommunikationstechnologien 26, 71, 107, 109, 112
Informationsfreiheit *18 f.*, 210 f.
Informationsfunktion *20 f.*, 241
Inhibitionshypothese *202*
Inszenierung 27, 29, 31, 88, *162*
Interaktion 36, 52, 78, 101 f., 104, 223 f.
Internet *25 f.*, 110, 148, 181, 265
Interpretation *78 ff.*
Interview 40, 54, 157, 160, 163, 166, 176, 187 f.
Jugendschutz 86, 211
Kameratechniken → s. Gestaltungstechniken
Katharsishypothese *202*
Kino 16, *24*, 90 f.
Kinoreformbewegung *87*
Kognitionstheorie *60 ff.*
Kommunikationsmodell *73 ff.*, 210
Kommunikationsorientierung 102, 105, *140*
Kommunikator *73 ff.*, 77, 80, 96, 99, 100 f., 209 f., 242
Kompetenz 103, 105, 110, 115, 123, 142, 148, 177

Komplexität, kognitive 62, *131*, 133, 239
Konfliktfall → s. Dilemma
Konstruktivismus *62*
Kontrollfunktion *20 f.*
Konzepte → s. Ansätze
Kreativität 112
Krimi 168, 182, 189, 198, 209
Kritikfähigkeit 42, 44 f., 95
Kritikfunktion *20*
Kunstwerk 90, 92 ff.
Lehrhandlungen *225 f.*
Lehrmittelkonzept *65*, 68
Lehrplan 263 f., 267
Lernaktivitäten *224 ff.*, 233
Lerneffekte 49, 52, 224
Lernen
  entdeckendes 233
  projektorientiertes *103*, 109, 227, 229, 233
Lerntheorie *59 ff.*
Lernumgebungskonzept 65, *68 f.*
Lernvoraussetzungen 59, 67, *223 ff.*, 234 ff.
Manipulation 29, 42, 44 f., 71, 155, 157, 193
Medienanalyse 99, 164, 180 ff.
Medienarten 37, 40 f., 58, 157, 234, 237, 264
Medienausstattung *11 ff.*
Medienbegriff *33 ff.*
Medienbiographie 81
Mediendidaktik 37, *43 ff.*, 65, 222
Medieneinflüsse 71, 83, 116, 142 f., *189 ff.*, 242
Medienentscheidungen 47, *56 ff.*, 133, 238

Medienerziehung 37, <u>43 ff.</u>, 82 f.
 ästhetisch-kulturorientierte 84, <u>90 ff.</u>
 behütend-pflegende <u>84 ff.</u>
 funktional-systemorientierte 84, <u>94 ff.</u>
 handlungs- und interaktions-
  orientierte 84, <u>101 ff.</u>
 kritisch-materialistische 84, <u>97 ff.</u>
Medienerziehungstheorie <u>43 ff.</u>, 70
Medienforschung <u>45</u>, 54, 71 ff., 94
Mediengestaltung 18, 45, 47, 54 ff., 59, 140, 143, <u>155 ff.</u>, 175 ff., 214, 218, 242 f., 254
Medienkonsum 81, 112, 132, 144, 145, 149, 150 ff.
Medienkritik 21, 98, 164, 214 ff.
Medienkultur 211
Medienkunde 33, 95, 96
Medienlandschaft 11 f., <u>18 ff.</u>, 26 ff., 211
Medienmerkmale <u>37 f.</u>, 49, 52, 56, 175, 176
Mediennutzung <u>12 ff.</u>, 29, 31, 51, 78, 81, 101, 120, 129, 130, 134, 143 ff., 191, 222
Medienökologie 81
Medienpädagogik 6, 33, 36, 42, 44, <u>45 f.</u>, 112, 142 f., 239, 263 f.
Medienpolitik 267
Medienpraxis <u>45</u>
Medienprofil <u>237</u>
Medientaxonomien <u>56 ff.</u>
Medientechnik <u>44 f.</u>
Medientheorie <u>43 ff.</u>, 71, 82 f., 94, 97 f., 102
Medienwirkungen 48, 80
Meinungsbildungsfunktion <u>20 f.</u>

Meinungsfreiheit <u>18 f.</u>, 211
Mikroprozessoren 106
Modell, mentales 61, 63
Modellernen 244
Monopolisierung 77, 98 f.
Montage 39, 159, 162, <u>173 f.</u>, 180, 229
Motivation 47, 53, <u>118</u>, 210
Multimedia 28, 33, 110, 112, 228
Nachrichten 16, 18 f., 40, 75, 79, 166, 179, 187, 194, 201, 210, 216 ff.
Nutzenansatz <u>78 f.</u>, 81
Online-Dienste 26
Pluralismus 126
Presse 18, <u>22 f.</u>, 28, 84
Pressefreiheit <u>18</u>, 19, 211
Problemaufgaben <u>226 ff.</u>, 243 ff.
Produktionsbedingungen 38, 41, 176, <u>210 ff.</u>
Projektorientierung <u>103</u>, 105
Reiz-Reaktions-Modell 72 f.
Rezeptionsforschung 72, 77, 81
Rezipient <u>74 ff.</u>, 82, 95 ff., 155, 180, 202, 209, 242
Richtlinien 108, 115, 267
Rundfunk 18, 21, 22, <u>23</u>, 26, 28, 98, 213, 219
Schulentwicklung 111, 263
Schulfilmbewegung <u>87</u>
Selbstbestimmung 89, 115
Selbstkontrolle <u>19</u>, 86
Simulation 40 f., 52, 61 f., 68, 108 f., 156, 209, 211, 230
Sinnesmodalitäten <u>38</u>, 51, 175, 236
Situationsorientierung <u>103</u>, 105, 140

Solidarität 115
Sozialform 225, 235
Spielfilm 11, 16, 24, 40, 88, 137, 156, 168, 189, 194, 227, 264
Spielszene 40, 55, 157, 166 f., 176, 192 f.
Stimulationshypothese 201 f.
Strafe 19, 136, 248, 262
Strafgesetz 19
Supplantationskonzept 52 f.
Systemdenken 72 ff., 95
Systemkonzept 65, 67
Telefon 12, 22, 25
Telekommunikation 22, 25 ff., 110
Tonträger 15, 22, 24, 143, 147
Treatment 52, 169, 170 f.
Unterhaltungsfunktion 21, 240 f.
Unterricht, Modellvorstellung von 225
Unterrichtsablauf 228 ff., 244 ff., 258 ff.
Unterrichtsfilm 26, 33, 67, 87, 234
Urheberrecht 154, 211
Urteilsfähigkeit → s. Urteilsniveau
Urteilsniveau 135 ff., 150, 206, 208 f., 239, 247, 249 ff.

Verantwortung 70, 97, 112, 115 f., 126, 128, 135 ff., 151, 223, 233, 250, 255, 267
Verbreitungsbedingungen 38, 41, 176, 210 ff.
Vergleichsuntersuchungen 48 f.
Verhalten, aggressives 147, 201 ff., 249
Verhalten, prosoziales 201
Video 15, 16, 22, 24, 37, 143, 167, 180, 200, 228, 243, 264
Videomagazin 157, 164, 166, 254
Vielseher 143, 150 f.
Werbung 22 f., 27, 33, 71 f., 91, 96, 126, 129, 175 f., 181, 187, 210, 213, 214 ff.
Wirkungsforschung 72 f.
Wirtschaft 71, 96, 106, 108, 221, 241
Wissenskluft 75
World Wide Web 25
Zeitschrift 22 f.
Zeitung 22 f., 37, 164
Zielvorstellungen 43 f., 92, 98 f., 112 ff., 155 f., 176, 190, 211, 224 f., 235 f.

Verzeichnis der Darstellungen

Darstellung 1: Übersicht über verschiedene Darstellungsformen 39
Darstellung 2: Teilgebiete und Bereiche der Medienpädagogik 46
Darstellung 3: "Erfahrungskegel" nach *Dale* (1954, zitiert nach *Schwittmann* 1973) 57
Darstellung 4: Unterrichtliche Funktion verschiedener Medien (nach *Gagné* 1969) 58
Darstellung 5: Handlungsmodell 119
Darstellung 6: Elemente der Bildgestaltung beim Fotografieren (in Anlehnung an *Meyle* 1984) 159
Darstellung 7: Gestaltungstechniken bei Tonproduktionen (vgl. *Andersen/ Sörensen* 1972) 161
Darstellung 8: Filmische Gestaltungstechniken (vgl. z.B. *Borkmann* 1984) 162
Darstellung 9: Gestaltungsformen für Hör- und Videomagazine (vgl. z.B. *Pausch* 1978) 166
Darstellung 10: Drehbuchauszug zum Beispiel "Tagtraum" 172
Darstellung 11: Montage beim Film (vgl. z.B. *Borkmann* 1984) 174
Darstellung 12: Filmprotokoll zur Sequenz "Jennifers Fluchtversuch" 184
Darstellung 13: Organisationsschema des ZDF (nach *ZDF Jahrbuch '96*) 220
Darstellung 14: Modellvorstellung zum Lernen und Lehren 225
Darstellung 15: Medienprofil für eine Medienentscheidung zum Thema "Verhalten von Haustieren" 237

Verzeichnis der Tabellen

Tabelle 1: Ausstattung von Haushalten mit elektronischen Medien nach Angaben von Schülerinnen und Schülern (zusammengestellt nach *infas* 1996 a;b) 13
Tabelle 2: Eigene elektronische Medien nach Angaben von Schülerinnen und Schülern (zusammengestellt nach *infas* 1996 a;b) 14
Tabelle 3: Freizeitbeschäftigung nach Angaben von Schülerinnen und Schülern der Jahrgangsstufen 7 - 10 in % (n = 1974) (zusammengestellt nach *infas* 1996 b) 15
Tabelle 4: Funktionen der Mediennutzung für Schülerinnen und Schüler der Jahrgangsstufen 7 - 10 in % (n = 1974) (zusammengestellt nach *infas* 1996 b) 17